Juridicum – Schriftenreihe zum Wirtschafts-, Unternehmens- und Bankrecht / Series on Business, Corporate and Banking Law

Reihe herausgegeben von

Florian Möslein, Marburg, Deutschland

Sebastian Omlor, Marburg, Deutschland

Mirjam Eggen, Bern, Schweiz

Francesco Paolo Patti, Milano, Italy

Die Schriftenreihe zum **Wirtschafts-, Unternehmens- und Bankrecht / Series on Business, Corporate and Banking Law** bietet ein Forum für aktuelle und herausragende wissenschaftliche Beiträge aus den genannten Rechtsgebieten. Veröffentlicht werden vor allem Dissertationsschriften, daneben auch ausgewählte Sammelbände zu aktuellen und rechtswissenschaftlich interessanten Fragestellungen. Der Fokus liegt vor allem auf dem deutschen und deutschsprachigen Recht, typischerweise jedoch mit europäischen und internationalen Bezügen. Die Reihe zeichnet sich auch ansonsten durch ihre internationale Ausrichtung aus: Publikationen sind sowohl in deutscher als auch in englischer Sprache möglich. Herausgegeben wird sie von renommierten Wissenschaftlerinnen und Wissenschaftlern aus Deutschland, der Schweiz und Italien, die damit einen grenzüberschreitenden wissenschaftlichen Dialog im Wirtschafts-, Unternehmens- und Bankrecht fördern möchten.

Lisa Beer

Zertifizierung nachhaltiger Finanzprodukte

Springer

Lisa Beer
Frankfurt am Main, Deutschland

Das Werk wurde als Dissertation vom Fachbereich Rechtswissenschaften der Philipps-Universität Marburg am 11. August 2025 angenommen.

ISSN 3091-5384 ISSN 3091-5392 (electronic)
Juridicum – Schriftenreihe zum Wirtschafts-, Unternehmens- und Bankrecht / Series on Business, Corporate and Banking Law
ISBN 978-3-658-52192-9 ISBN 978-3-658-52193-6 (eBook)
https://doi.org/10.1007/978-3-658-52193-6

Die Deutsche Nationalbibliothek verzeichnet diese Publikation in der Deutschen Nationalbibliografie; detaillierte bibliografische Daten sind im Internet über https://portal.dnb.de abrufbar.

Planung/Lektorat: Carina Reibold
Springer ist ein Imprint der eingetragenen Gesellschaft Springer Fachmedien Wiesbaden GmbH und ist ein Teil von Springer Nature.
Die Anschrift der Gesellschaft ist: Abraham-Lincoln-Str. 46, 65189 Wiesbaden, Germany

Wenn Sie dieses Produkt entsorgen, geben Sie das Papier bitte zum Recycling.

Vorwort

Die Bewältigung ökologischer und sozialer Krisen stellt zweifellos eine der herausforderndsten Aufgaben unserer Zeit dar. Klimawandel, Ressourcenknappheit und soziale Ungleichheit verlangen nach wirksamen Lösungsansätzen, die weit über einzelne Disziplinen hinausreichen. In diesem Kontext kommt auch den Rechtswissenschaften eine zentrale Rolle zu: Sie schaffen die normativen Rahmenbedingungen, innerhalb derer wirtschaftliches Handeln gesteuert, Anreize gesetzt und verantwortungsvolle Entwicklungen gefördert werden können.

Die vorliegende Arbeit widmet sich der Zertifizierung nachhaltiger Finanzprodukte. Die Entscheidung für dieses Thema beruht auf der Überzeugung, dass klar definierte und verlässliche Standards im Finanzsektor maßgeblich dazu beitragen können, Kapitalströme in nachhaltige Investitionen zu lenken.

Das Thema hat mich sowohl fachlich als auch persönlich in besonderem Maße begeistert. Die Verbindung von rechtlichen Fragestellungen mit ökonomischen und ökologischen Herausforderungen eröffnet nicht nur spannende wissenschaftliche Perspektiven, sondern trägt zugleich dazu bei, konkrete Lösungsansätze für drängende gesellschaftliche Probleme zu entwickeln. Diese Motivation hat die Arbeit an der vorliegenden Dissertation maßgeblich geprägt.

Mein besonderer Dank gilt meinem Promotionsbetreuer, Herr Prof. Dr. Florian Möslein, LL.M. (London), der mir die Möglichkeit gegeben hat, diese Arbeit anhand meiner persönlichen Forschungsinteressen zu gestalten. Er stand mir während der gesamten Forschungszeit jederzeit unterstützend zur Seite. Seine fachkundige Begleitung sowie seine zahlreichen, stets weiterführenden Anregungen haben den Fortgang und die Qualität dieser Arbeit entscheidend geprägt. Auch danken möchte ich meinem Zweitgutachter, Herr Prof. Dr. Markus Roth, sowie Frau Prof. Dr. Silvia Pernice-Warnke, LL.M. (Edin.), die bei meiner Disputation im November 2025 den Vorsitz übernommen hat.

Auch der Friedrich-Ebert-Stiftung möchte ich meinen Dank aussprechen. Durch die finanzielle Förderung im Rahmen eines Promotionsstipendiums wurde mir eine konzentrierte und kontinuierliche Arbeit ermöglicht. Darüber hinaus habe ich die ideelle Unterstützung, den Austausch sowie die vielfältigen Angebote der Stiftung als äußerst wertvoll empfunden.

Mein herzlicher Dank gilt auch meiner Familie und meinen Freunden, die mich während der gesamten Zeit auf vielfältige Weise unterstützt, ermutigt und bestärkt haben. Ihr Rückhalt, ihre Geduld und ihr Vertrauen waren für mich von unschätzbarem Wert und haben wesentlich zum Gelingen dieser Arbeit beigetragen. An dieser Stelle möchte ich besonders meine

Lieblingshündin Kimi erwähnen: Trotz der räumlichen Entfernung war sie immer in der Lage, mir Kraft zu geben und ein Lächeln ins Gesicht zu zaubern.

Schließlich möchte ich auch meinen Arbeitskolleginnen und Arbeitskollegen danken, die durch ihre offene Art, ihre Hilfsbereitschaft und den stets bereichernden Austausch (vor allem bei den unzähligen Kaffeepausen) dafür gesorgt haben, dass ich mich gerne an meine Promotionszeit zurückerinnern werde.

Inhaltsverzeichnis

Einleitung

Durch Unterzeichnung der UN-Agenda 2030[1] und des Pariser Klimaschutzabkommens[2] haben sich zahlreiche Staaten dazu verpflichtet, größtmögliche Anstrengungen zur Bewältigung globaler ökologischer und sozialer Krisen zu unternehmen. Zur Entstehung oder Verschärfung solcher Krisen trägt unter anderem wirtschaftliches Handeln von Unternehmen bei, die kurzfristigen Gewinninteressen Vorrang vor Umwelt- und Sozialbelangen einräumen. Aus diesem Grund werden immer mehr Rechtsvorschriften erlassen, die Unternehmen zur Berücksichtigung sozialer und ökologischer Aspekte bewegen sollen. Auf europäischer Ebene wurde zum Zwecke der Förderung unternehmerischer Tätigkeiten, die mit den Zielen der UN-Agenda 2030 und des Pariser Klimaschutzabkommens im Einklang stehen, eine Strategie zur Förderung eines nachhaltigen Finanzwesens (sog. *Sustainable-Finance*-Strategie) entwickelt. Im Kern geht es dabei darum, durch eine Reihe gezielter Maßnahmen privates Kapital in nachhaltige Investitionen umzulenken.

Bei einem der Instrumente, die der Förderung eines nachhaltigen Finanzwesens dienen können, handelt es sich um die Zertifizierung nachhaltiger Finanzprodukte. Die Zertifizierung von Finanzprodukten kann sich zur Umlenkung privaten Kapitals in nachhaltige Investitionen eignen, indem solche Investitionen *sichtbar* gemacht werden. Vor dem Hintergrund der zunehmenden Berücksichtigung von ökologischen und sozialen Aspekten im Rahmen von Investitionsentscheidungsprozessen[3] können Kennzeichen bzw. Labels, mit denen Finanzprodukte nach erfolgreichem Durchlaufen eines Zertifizierungsverfahrens beworben werden dürfen, die Auswahl geeigneter Anlageprodukte erheblich erleichtern.

Ob die mit dem Instrument der Zertifizierung verfolgten Ziele tatsächlich erreicht werden können, hängt maßgeblich von der konkreten Ausgestaltung der materiellen und prozeduralen Zertifizierungskriterien ab. Eine nähere Betrachtung verschiedener Zertifizierungssysteme für Finanzprodukte, die von Staaten oder der Finanzindustrie entwickelt wurden, zeigt, dass äußerst vielfältige Ausgestaltungsoptionen existieren. Beispielsweise kennzeichnet das in der französischen Rechtsordnung verankerte Label GreenFin (*France Finance Verte*) Finanzprodukte, deren Vermögenswerte zu einem bestimmten Anteil in den „energetischen und ökologischen Wandel" investiert sind. Zur Erlangung des Labels ISR (*Investissement*

[1] *United Nations*, Transforming Our World: The 2030 Agenda for Sustainable Development, A/RES/70/1.

[2] *United Nations*, Paris Agreement (2015), https://unfccc.int/files/meetings/paris_nov_2015/application/pdf/paris_agreement_english_.pdf (letzter Abruf: 26. März 2026).

[3] Hierzu *PricewaterhouseCoopers (PwC)*, PwC's Global investor survey, The economic realities of ESG (2021), https://www.pwc.de/de/nachhaltigkeit/pwc-global-investor-survey-2021.pdf (letzter Abruf: 26. März 2026).

L. Beer, *Zertifizierung nachhaltiger Finanzprodukte*, Juridicum – Schriftenreihe zum Wirtschafts-, Unternehmens- und Bankrecht / Series on Business, Corporate and Banking Law, https://doi.org/10.1007/978-3-658-52193-6_1

Socialement Responsable), welches ebenfalls in das französische Recht integriert wurde, bedarf es hingegen der Anwendung einer bestimmten Finanzprodukt-Managementmethode, die sich durch eine besondere Einbeziehung von ökologischen, sozialen und Governance-bezogenen Aspekten in die Anlagestrategie auszeichnet.

Auf europäischer Ebene wird die Einführung eines Zertifizierungssystems für „ökologisch nachhaltige" Finanzprodukte erwogen. Mittels eines solchen Zertifizierungssystems sollen Finanzprodukte gekennzeichnet werden können, die in einem bestimmten Umfang in „ökologisch nachhaltige" Wirtschaftstätigkeiten investiert sind. Bei der Bestimmung, ob und unter welchen Voraussetzungen eine Wirtschaftstätigkeit als „ökologisch nachhaltig" anzusehen ist, muss der europäische Gesetzgeber auf das Klassifizierungssystem der am 12. Juni 2020 in Kraft getretenen Verordnung (EU) 2020/852 (sog. Taxonomie-VO)[4] Bezug nehmen. Die Taxonomie-VO bildet das Herzstück der europäischen *Sustainable-Finance*-Strategie. Das darin gesetzlich verankerte Klassifizierungssystem für „ökologisch nachhaltige" Wirtschaftstätigkeiten muss nicht nur einem europäischen, sondern auch mitgliedstaatlichen Zertifizierungssystemen für „ökologisch nachhaltige" Finanzprodukte zugrunde gelegt werden (s. Art. 1 Abs. 2 lit. a) Taxonomie-VO).

Der Fokus der Taxonomie-VO liegt eindeutig auf ökologischen Aspekten. Die vollumfängliche Verwirklichung der Ziele, die in der UN-Agenda 2030 und dem Pariser Klimaschutzabkommen festgelegt sind, erfordert jedoch eine umfassende Berücksichtigung ökologischer, sozialer *und* wirtschaftlicher Belange, die komplexen Verflechtungen unterliegen können. Daher stellt sich die Frage, ob ein Zertifizierungssystem für „ökologisch nachhaltige" Finanzprodukte überhaupt geeignet sein kann, einen Beitrag zur Förderung eines *nachhaltigen* Finanzwesens zu leisten. Die EU-Kommission ist sich der Notwendigkeit, soziale Aspekte zu berücksichtigen, durchaus bewusst und hat die PSF (*Platform on Sustainable Finance*) beauftragt, einen Vorschlag zur Erweiterung der Taxonomie-VO um solche Aspekte auszuarbeiten. Die PSF hat diesbezüglich im Februar 2022 einen Abschlussbericht veröffentlicht.[5]

Die europäischen Maßnahmen zur Umsetzung der europäischen *Sustainable-Finance*-Strategie (z.B. Erlass der Taxonomie-VO und Ausarbeitung eines Zertifizierungssystems für „ökologisch nachhaltige" Finanzprodukte) lassen den Spielraum des nationalen Gesetzgebers bei der Ausgestaltung eines Zertifizierungssystems für Finanzprodukte keineswegs unberührt. Eine

---

[4] Verordnung (EU) 2020/852 des Europäischen Parlaments und des Rates vom 18. Juni 2020 über die Einrichtung eines Rahmens zur Erleichterung nachhaltiger Investitionen und zur Änderung der Verordnung (EU) 2019/2088.

[5] *Platform on Sustainable Finance*, Final Report on Social Taxonomy (2022), https://finance.ec.europa.eu/system/files/2022-08/220228-sustainable-finance-platform-finance-report-social-taxonomy_en.pdf (letzter Abruf: 26. März 2026).

gewisse Beschränkung des Gestaltungsspielraums ist im Interesse der Einheitlichkeit und Rechtssicherheit durchaus geboten. Dem nationalen Gesetzgeber kommt jedoch unabhängig davon, ob ein nationales Zertifizierungssystem neben einem europäischen eingeführt wird, eine bedeutende Rolle zu. Die Durchsetzung sowohl nationaler als auch europäischer Rechtsvorschriften, die im Kontext der Zertifizierung von Finanzprodukten erlassen werden, richtet sich nämlich grundsätzlich nach nationalem Recht.

Gang der Untersuchung

Die vorliegende Arbeit soll einen Beitrag zur Klärung der Frage leisten, ob und unter welchen Voraussetzungen ein Zertifizierungssystem für Finanzprodukte dazu beitragen kann, die Wirtschaft *nachhaltig* zu gestalten.[6]

Im ersten Kapitel werden zunächst der Begriff der Nachhaltigkeit (A. I.) und, daran anknüpfend, der Begriff des nachhaltigen Finanzwesens (A. II.) erörtert. Außerdem werden die Ziele vorgestellt, die mit der Förderung eines nachhaltigen Finanzwesens verfolgt werden (A. III.). Anschließend wird thematisiert, ob und unter welchen Voraussetzungen die Zertifizierung von Finanzprodukten geeignet sein kann, einen Beitrag zur Förderung eines solchen Finanzwesens zu leisten (A. IV.). Das Instrument der Zertifizierung interagiert mit einer Reihe weiterer Instrumente, die auf die Förderung eines nachhaltigen Finanzwesens gerichtet sind und deshalb untersucht werden müssen (B.). Auch ESG-Ratings können im Kontext der Zertifizierung von Finanzprodukten eine bedeutende Rolle spielen (C.).

Im zweiten Kapitel werden europäische Rahmenbedingungen und Maßnahmen im Bereich der Zertifizierung nachhaltiger Finanzprodukte erörtert. Das Ziel besteht darin, herauszufinden, ob die im Rahmen der europäischen *Sustainable-Finance*-Strategie erlassenen Rechtsakte, die für den Erlass von Regelungen bezüglich der Zertifizierung nachhaltiger Finanzprodukte relevant sein können, *tatsächlich* geeignet sind, ein nachhaltiges Finanzwesen zu fördern. Zu diesem Zweck wird in einem ersten Schritt die *Sustainable-Finance*-Strategie der EU vorgestellt (A.). Anschließend wird dargelegt, welche Chancen sich aus der Entwicklung einer europäischen Nachhaltigkeitstaxonomie insbesondere für die Ausgestaltung eines Zertifizierungssystems ergeben würden (B.). Daran anknüpfend wird die Taxonomie-VO analysiert, die ein Klassifizierungssystem für „ökologisch nachhaltige" Wirtschaftstätigkeiten enthält und als zentraler Baustein zur Umsetzung der europäischen *Sustainable-Finance*-Strategie bezeichnet

[6] Die vorliegende Arbeit wurde im Mai 2024 an der Philipps-Universität Marburg eingereicht. Auf einige Änderungen und aktuelle Entwicklungen, die für den Untersuchungsgegenstand relevant sind, wird an geeigneter Stelle hingewiesen, insbesondere in Fußnoten und in dem neu eingefügten Gliederungspunkt in Kapitel 1, B. I. 4. e).

werden kann (C.). Zur Erweiterung der Taxonomie-VO wurden inzwischen zwei konkrete Vorschläge vorgelegt, die für die Entwicklung eines glaubwürdigen europäischen Zertifizierungssystems für nachhaltige Finanzprodukte relevant sein können und deshalb näher untersucht werden. Der erste Vorschlag hat die Entwicklung einer nicht-binären Umwelt-Taxonomie (D.) zum Gegenstand, der zweite Vorschlag bezieht sich auf die Einführung einer europäischen Sozial-Taxonomie (E.). In einem letzten Schritt werden die Zertifizierungssysteme analysiert, die auf europäischer Ebene bereits existieren oder geplant sind (F.). Dem Vorschlag zu EU-Umweltzeichen-Kriterien zur Kennzeichnung „ökologisch nachhaltiger“ Finanzprodukte kommt dabei eine besondere Bedeutung zu (F. II.).

Gegenstand des dritten Kapitels ist die Analyse von Zertifizierungssystemen, die in den Mitgliedstaaten zur Kennzeichnung verantwortungsvoll verwalteter Finanzprodukte bereits existieren. Bei der Einführung von Labels, um Investitionen in eine bestimmte Richtung zu lenken, handelt es sich keineswegs um eine „neue Erfindung“ (A.). Die wohl bekanntesten staatlichen Labels für „nachhaltige“ Finanzprodukte im europäischen Raum stellen das GreenFin-Label (B. I.) und das ISR-Label (B. II.) dar. Beide Labels wurden vom französischen Gesetzgeber ins Leben gerufen. Weitere, auch von der Finanzindustrie entwickelte Labels sorgen für eine bunte Vielfalt an Zertifizierungssystemen auf dem europäischen Finanz- und Kapitalmarkt (C.).

Im vierten Kapitel wird schwerpunktmäßig die Frage behandelt, ob auf nationaler Ebene ein Zertifizierungssystem für „ökologisch nachhaltige“ Finanzprodukte eingeführt werden sollte. Diese Frage stellt sich insbesondere vor dem Hintergrund, dass auf europäischer Ebene grundsätzlich jederzeit EU-Umweltzeichen-Kriterien für Finanzprodukte eingeführt werden könnten. Zunächst muss geklärt werden, ob die Einführung eines nationalen Zertifizierungssystems EU-rechtlich überhaupt zulässig wäre (A. I.). Anschließend kann diskutiert werden, welche Vor- und Nachteile eine EU-rechtliche Zulässigkeit mit sich bringt (A. II.) und inwiefern der nationale Gesetzgeber von seinem Gestaltungsspielraum hinsichtlich der Ausgestaltung eines Zertifizierungssystems für „ökologisch nachhaltige“ Finanzprodukte Gebrauch machen *sollte* (A. III.). Im letzten Teil des vierten Kapitels wird thematisiert, ob auf nationaler Ebene weitere Zertifizierungssysteme (z.B. für „soziale“ Finanzprodukte) eingeführt werden sollten (B.).

Ob die Rechtsakte, die die Zertifizierung von Finanzprodukten betreffen, wirksam durchgesetzt werden können, wird im fünften Kapitel untersucht. In einem ersten Schritt wird dargelegt, welche Bedeutung wirksamen Mechanismen zur Durchsetzung finanz- und kapitalmarktrechtlicher Vorschriften zukommt, die auf die Förderung eines nachhaltigen Finanzwesens gerichtet sind (A.). Anschließend wird kurz die Rolle der Mitgliedstaaten bei der Durchsetzung europäischer Vorschriften thematisiert (B.). Den Schwerpunkt des fünften Kapitels bilden die Durchsetzungsmechanismen, die im Kontext ESG-bezogener Offenlegungs- und Berichterstattungspflichten (C.) und der Regelungen, die die Zertifizierung von Finanzprodukten unmittelbar betreffen (D.), existieren.

Das sechste Kapitel enthält schließlich eine kurze Zusammenfassung der gewonnenen Erkenntnisse.

Kapitel 1: Grundlagen

A. Zertifizierung nachhaltiger Finanzprodukten als Instrument zur Förderung eines nachhaltigen Finanzwesens (*Sustainable Finance*)

Der europäische Gesetzgeber ordnet die Zertifizierung nachhaltiger Finanzprodukte als eines von zahlreichen Instrumenten zum Zwecke der Förderung eines nachhaltigen Finanzwesens (*Sustainable Finance*) ein.[1] Um beurteilen zu können, ob und unter welchen Voraussetzungen ein Zertifizierungssystem diesem Zweck tatsächlich dient, muss zunächst geklärt werden, was unter einem nachhaltigen Finanzwesen zu verstehen ist und welche Ziele mit dessen Förderung verfolgt werden. Anschließend kann erörtert werden, welche Steuerungswirkung das Instrument der Zertifizierung konkret entfaltet und welche Aspekte bei der Ausgestaltung eines Zertifizierungssystems für Finanzprodukte Berücksichtigung finden müssen.

I. Begriff der Nachhaltigkeit

Die Bestimmung des Begriffs des nachhaltigen Finanzwesens erfordert eine Auseinandersetzung mit dem Begriff der Nachhaltigkeit.

Soll ein Begriff allgemein definiert werden, scheint ein Blick in ein Wörterbuch nicht völlig fernliegend. In dem 1807 von *Heinrich Joachim Campe* herausgegebenen „Wörterbuch der deutschen Sprache" wird „nachhaltig" mit „einen Nachhalt habend [und] nachher, später noch anhaltend, dauernd"[2] umschrieben. „Nachhalt" wird wiederum (sehr poetisch) als ein „Halt, […] woran man sich hält, wenn alles andere nicht mehr hält"[3] definiert. Dem lässt sich entnehmen, dass das Adjektiv „nachhaltig" nur dann sinnvoll einem Substantiv vorangestellt werden kann, wenn dieses mit einem Zustand von einer gewissen, in die Zukunft ragenden Stabilität in Verbindung gebracht werden soll.[4] Eine ähnliche Worterläuterung ist auch im 209 Jahre später erschienenen „Duden-Bedeutungswörterbuch" zu finden, in dem „sich für längere Zeit stark auswirkend"[5] als erster Definitionseintrag erscheint. Als „nachhaltig" kann diesem Wörterbuch zufolge auch etwas gedeutet werden, das „so gestaltet [ist], dass es nicht schädlich und endgültig verbraucht, sondern auch in Zukunft nutzbar"[6] ist. Um einiges konkreter scheint die im OED (*Oxford English Dictionary*) enthaltene Definition von „*sustainable*" zu sein, derzufolge eine Form menschlicher Tätigkeit vornehmlich wirtschaftlicher Art dann „nachhaltig" sei, wenn Umweltschäden so gering wie möglich gehalten würden, indem etwa

---

[1] *Europäische Kommission*, Aktionsplan: Finanzierung nachhaltigen Wachstums, COM(2018) 97 final, S. 6.
[2] *Campe* (Hrsg.), Wörterbuch der deutschen Sprache, Band 3 (1809), S. 403.
[3] *Campe* (Hrsg.), Wörterbuch der deutschen Sprache, Band 3 (1809), S. 403.
[4] S. auch *Grober*, Die Entdeckung der Nachhaltigkeit, Kulturgeschichte eines Begriffs (2010), S. 166.
[5] *Dudenredaktion* (Hrsg.), Das Bedeutungswörterbuch (2018), S. 689.
[6] *Dudenredaktion* (Hrsg.), Das Bedeutungswörterbuch (2018), S. 689.

L. Beer, *Zertifizierung nachhaltiger Finanzprodukte*, Juridicum – Schriftenreihe zum Wirtschafts-, Unternehmens- und Bankrecht / Series on Business, Corporate and Banking Law, https://doi.org/10.1007/978-3-658-52193-6_2

eine langfristige Erschöpfung natürlicher Ressourcen vermieden werde.[7] Auch in dem vom *Larousse*-Verlag herausgegebenen französischsprachigen Wörterbuch finden sich zwei Erläuterungseinträge zu dem Wort „*durable*", welche die natürlichen Gegebenheiten des Planeten Erde – wenn auch sehr allgemein – in den Blick nehmen. Diesen zufolge wird „nachhaltig" als „eine gewisse Stabilität, eine gewisse Widerstandsfähigkeit aufweisend" und „die Zukunft unseres Planeten berücksichtigend" definiert.[8]

Diese Worterläuterungen sind sehr allgemein und kaum geeignet, dem Begriff der Nachhaltigkeit klare Konturen zu verleihen. Auch außerhalb von Wörterbüchern erweist sich die Suche nach einer umfassenden und verbindlichen Definition von „nachhaltig" als schwieriges Unterfangen.[9] Dennoch repräsentiert der Begriff, nachdem er im 18. Jahrhundert wohl erstmals zur Umschreibung eines forstwirtschaftlichen Handlungskonzepts verwendet wurde, im 21. Jahrhundert unter dem Stichwort „nachhaltige Entwicklung" ein globalpolitisches Leitziel. Da die EU im Rahmen ihrer Nachhaltigkeitsstrategie[10] auf das globalpolitische Leitziel einer nachhaltigen Entwicklung regelmäßig Bezug nimmt,[11] ist eine intensive Auseinandersetzung mit diesem Leitziel unentbehrlich. Ohne eine solche Auseinandersetzung ist eine Beurteilung, ob Rechtsakte, die zur Umsetzung der europäischen Nachhaltigkeitsstrategie erlassen wurden oder erwogen werden, zielführend sind, nicht möglich.

1. „Nachhaltende Nutzung" als forstwirtschaftliches Handlungskonzept im 18. Jahrhundert

Die erste Einbettung des Begriffs „nachhaltig" in ein konkretes wirtschaftspolitisches Handlungskonzept ist wohl im 18. Jahrhundert gelungen. Dort repräsentierte der Begriff „nachhaltende Nutzung" ein forstwirtschaftliches Konzept, welches von *Hans Carl von Carlowitz* in seinem Werk *Sylvicultura Oeconomica* niedergeschrieben wurde. Das 1713 in Leipzig veröffentlichte Werk wird oft herangezogen, wenn der Begriff „Nachhaltigkeit" als Leitkonzept in einem politischen Sprachgebrauch definiert oder veranschaulicht werden soll.[12] Obwohl in dem Buch das entsprechende Adjektiv in Gestalt von „*nachhaltender* Nutzung" nur

[7] Der Eintrag zu „*sustainable*" im OED ist abrufbar unter: https://www.oed.com/dictionary/sustainable_adj (letzter Abruf: 26. März 2026).

[8] Der Eintrag zu „*durable*" im Wörterbuch von *Larousse* ist abrufbar unter: https://www.larousse.fr/dictionnaires/francais/durable/27025 (letzter Abruf: 26. Januar 2026).

[9] Ausführlich zum Begriff der Nachhaltigkeit *Grober*, Die Entdeckung der Nachhaltigkeit, Kulturgeschichte eines Begriffs (2010).

[10] Hiervon ist auch die europäische *Sustainable-Finance*-Strategie umfasst, s. hierzu Kapitel 2, A.

[11] S. A. III. und Kapitel 2, A.

[12] S. *Hamberger* (Hrsg.), Hans Carl von Carlowitz, Sylvicultura oeconomica oder Haußwirthliche Nachricht und Naturmäßige Anweisung zur Wilden Baumzucht (2. Aufl. 2022), S. 17.

ein einziges Mal erscheint,[13] wird *Carlowitz* noch drei Jahrhunderte nach Veröffentlichung als „Erfinder der Nachhaltigkeit" bezeichnet.[14] Diese Bezeichnung kann insofern irreführen, als dass *Carlowitz* keineswegs das *Wort an sich* erfunden hat.[15] Die hohe Wertschätzung wird dem Begriff „nachhaltend" in seinem Werk vielmehr deshalb zuteil, da er damit ein Prinzip, welches eines der bedeutendsten Leitprinzipien der Forstwirtschaft in der damaligen Zeit darstellt, verbindet, dieses Prinzip veranschaulicht und dadurch gewissermaßen „greifbar" macht.[16]

Hans Carl von Carlowitz wurde 1645 auf Burg Rabenstein bei Chemnitz geboren und hatte von 1711 bis zu seinem Tod 1714 das Amt des Oberberghauptmanns in Freiberg und damit die Position als oberster sächsischer Bergbeamte inne.[17] Zeit seines Lebens hat er sich der Forstwirtschaft gewidmet und nach Lösungen für ein Problem gesucht, welches im 17. Jahrhundert deutlich sichtbar geworden war: Die zunehmende Verknappung der natürlichen Ressource Holz.[18] Grund für den Ressourcenmangel war insbesondere die seit Jahrhunderten stattfindende übermäßige Beanspruchung der Wälder in der Umgebung durch Rodungen, um Holz für den Bergbau, der existenziell auf diese Ressource angewiesen war, zu gewinnen.[19] Mit der Ressourcenknappheit ging seit der Mitte des 17. Jahrhunderts ein spürbarer Anstieg der Holzpreise einher, der auch durch die Erschließung weiter entfernt gelegener Wälder durch die Flößerei, wodurch die heimischen Wälder allenfalls kurzfristig entlastet werden konnten, nicht verhindert werden konnte.[20]

Carlowitz war angesichts dieser bedrohlichen Entwicklung um das Wohl der Allgemeinheit sehr besorgt und suchte nach Lösungen, um dem Problem der abnehmenden Holzbestände begegnen zu können.[21] In seinem mehr als 400 Seiten umfassenden Werk *Sylvicultura Oeconomica* schildert er ausführlich die Gefahren, die für den Rückgang der Baumbestände und den damit verbundenen Holzmangel verantwortlich sein können, und empfiehlt eine ganze Reihe von Maßnahmen, die ergriffen werden können, um eine langfristige Nutzung von

---

[13] *Grober*, Die Entdeckung der Nachhaltigkeit, Kulturgeschichte eines Begriffs (2010), S. 115 f.

[14] So im ZEIT-Artikel von *Grober*, Hans Carl von Carlowitz, Der Erfinder der Nachhaltigkeit (7. Februar 2012), https://www.zeit.de/1999/48/Der_Erfinder_der_Nachhaltigkeit (letzter Abruf: 26. März 2026).

[15] Das Wort wurde schon im Mittelalter verwendet, s. *Grober*, Die Entdeckung der Nachhaltigkeit, Kulturgeschichte eines Begriffs (2010), S. 116; *Hamberger* (Hrsg.), Hans Carl von Carlowitz, Sylvicultura oeconomica oder Haußwirthliche Nachricht und Naturmäßige Anweisung zur Wilden Baumzucht (2. Aufl. 2022), S. 40.

[16] *Hamberger* (Hrsg.), Hans Carl von Carlowitz, Sylvicultura oeconomica oder Haußwirthliche Nachricht und Naturmäßige Anweisung zur Wilden Baumzucht (2. Aufl. 2022), S. 40 f.

[17] *Hamberger* (Hrsg.), Hans Carl von Carlowitz, Sylvicultura oeconomica oder Haußwirthliche Nachricht und Naturmäßige Anweisung zur Wilden Baumzucht (2. Aufl. 2022), S. 46 ff.

[18] *Grober*, Die Entdeckung der Nachhaltigkeit, Kulturgeschichte eines Begriffs (2010), S. 111 f.

[19] *Grober*, Die Entdeckung der Nachhaltigkeit, Kulturgeschichte eines Begriffs (2010), S. 111.

[20] *Grober*, Die Entdeckung der Nachhaltigkeit, Kulturgeschichte eines Begriffs (2010), S. 111.

[21] *Hamberger* (Hrsg.), Hans Carl von Carlowitz, Sylvicultura oeconomica oder Haußwirthliche Nachricht und Naturmäßige Anweisung zur Wilden Baumzucht (2. Aufl. 2022), S. 51.

Wäldern zu gewährleisten.[22] *Carlowitz* äußert sich insbesondere denjenigen Personen kritisch gegenüber, die ihr Verhalten an kurzfristigen Gewinninteressen ausrichten und deshalb einen verantwortungslosen Umgang mit Holz pflegen würden.[23] Er betont immer wieder den hohen Stellenwert des Gemeinwohls und die Verantwortung gegenüber nachfolgenden Generationen, die ebenfalls mit Holz wirtschaften und damit ihren Lebensunterhalt bestreiten können sollen.[24] Insofern lässt er sich besonders vom Gedanken der *Vorsorge für künftige Generationen* leiten.[25] Dieser Gedanke ist auch in der heutigen Zeit sehr präsent.

2. Nachhaltigkeitsbegriff als Repräsentant des globalpolitischen Leitziels einer nachhaltigen Entwicklung

Mehr als 300 Jahre nach Erscheinen der *Sylvicultura Oeconomica* – in einer Zeit, in der die Weltgemeinschaft vor weitaus komplexeren Herausforderungen steht als eine übermäßige Abholzung von Wäldern, um die Lebensgrundlagen künftiger Generationen zu sichern – ist Nachhaltigkeit zum Repräsentanten *des* globalpolitischen Leitziels einer nachhaltigen Entwicklung geworden. Der hohe Stellenwert dieses Leitziels auf globaler Ebene kommt unter anderem dadurch zum Ausdruck, dass es sich bei der „Förderung einer nachhaltigen Entwicklung und Klimaschutzmaßnahmen" um einen von insgesamt fünf Hauptarbeitsbereichen der Vereinten Nationen (*United Nations* [UN]) handelt.[26] Die Arbeit der UN im Rahmen dieses Bereichs zeichnet sich durch eine ganze Reihe von Maßnahmen und Initiativen aus.[27]

Der Begriff der nachhaltigen Entwicklung, der als Leitfaden für eine erstrebenswerte Zukunft dient, wurde im sog. Brundtland-Bericht aus dem Jahr 1987 definiert. Diese Definition, die als Kernstück des Brundtland-Berichts bezeichnet werden kann, dient als Anknüpfungspunkt für weitere Entwicklungen im Rahmen der Konkretisierung, Verankerung und schließlich der Verwirklichung der UN-Nachhaltigkeitsziele. Diese Entwicklungen haben sich in verschiedenen, aufeinander aufbauenden und sich ergänzenden, globalen Rahmenwerken manifestiert.

---

[22] Ausführlich zum Inhalt des Werks *Hamberger* (Hrsg.), Hans Carl von Carlowitz, Sylvicultura oeconomica oder Haußwirthliche Nachricht und Naturmäßige Anweisung zur Wilden Baumzucht (2. Aufl. 2022), S. 53 ff.

[23] *Grober*, Die Entdeckung der Nachhaltigkeit, Kulturgeschichte eines Begriffs (2010), S.114.

[24] *Grober*, Die Entdeckung der Nachhaltigkeit, Kulturgeschichte eines Begriffs (2010), S. 114 ff.

[25] *Grober*, Die Entdeckung der Nachhaltigkeit, Kulturgeschichte eines Begriffs (2010), S. 118.

[26] Allgemeine Informationen zur Arbeit der UN sind abrufbar unter: https://www.un.org/en/our-work (letzter Abruf: 26. März 2026).

[27] S. *United Nations*, Support Sustainable Development and Climate Action, https://www.un.org/en/our-work/support-sustainable-development-and-climate-action (letzter Abruf: 26. März 2026).

a) Begriffsbestimmung durch die Weltkommission für Umwelt und Entwicklung im Brundtland-Bericht von 1987

Im Jahr 1983 haben die Vereinten Nationen die Weltkommission für Umwelt und Entwicklung (*World Commission on Environment and Development* [WCED]) ins Leben gerufen, deren Vorsitz der damaligen norwegischen Ministerpräsidentin und Vorsitzenden der norwegischen Arbeiterpartei *Gro Harlem Brundtland* übertragen wurde. Die verantwortungsvolle und herausfordernde Aufgabe der unabhängigen Kommission bestand darin, Leitlinien und Handlungsempfehlungen für eine langfristige Umweltstrategie und allgemein für eine nachhaltige Entwicklung zu entwerfen.[28] Nach mehr als drei Jahren Arbeit konnte die WCED im Jahr 1987 einen umfassenden Bericht mit einer darin enthaltenen Definition von nachhaltiger Entwicklung vorlegen. Unter einer nachhaltigen Entwicklung versteht die Weltkommission eine solche, die die Bedürfnisse der Gegenwart befriedigt, ohne die Fähigkeit zukünftiger Generationen zur eigenen Bedürfnisbefriedigung zu gefährden.[29]

Im Brundtland-Bericht werden auch Wechselbeziehungen zwischen ökologischen, sozialen und wirtschaftlichen Herausforderungen erörtert. Die WCED hebt hervor, dass wirtschaftliches Wachstum grundsätzlich erforderlich sei, um Armut in Entwicklungsländern bekämpfen zu können.[30] Die Entwicklung des Wirtschaftswachstums in Entwicklungsländern hänge wiederum maßgeblich von der wirtschaftlichen Entwicklung in Industriestaaten ab.[31] Wirtschaftswachstum in Industriestaaten ermögliche beispielsweise Einkommensumverteilungen zur Verringerung von Armut.[32] An einigen Stellen wird im Brundtland-Bericht jedoch betont, dass wirtschaftliches Wachstum nicht nur unabdingbar für bessere soziale (und ökologische) Standards sei, sondern auch die Gefahr von Umweltzerstörung mit sich bringe.[33] Diesem Problem könne unter anderem mit technischem Fortschritt, der zu einer effizienteren Produktion von (lebensnotwendigen) Gütern führen und Umweltschäden verringern oder beseitigen könne, begegnet werden.[34]

---

[28] Hierzu ausführlich das Vorwort von *Gro Harlem Brundtland* in *World Commission on Environment and Development*, Our Common Future (1987), S. ix-xv.

[29] *World Commission on Environment and Development*, Our Common Future (1987), S. 43.

[30] *World Commission on Environment and Development*, Our Common Future (1987), S. 44, 49 ff.; in dem Bericht wird hervorgehoben, dass es einer Änderung der Qualität von Wachstum („*Changing the quality of Growth*“) bedarf, s. *World Commission on Environment and Development*, Our Common Future (1987), S. 52 ff.

[31] *World Commission on Environment and Development*, Our Common Future (1987), S. 51.

[32] *World Commission on Environment and Development*, Our Common Future (1987), S. 50 ff.

[33] S. *World Commission on Environment and Development*, Our Common Future (1987), S. 4 f., 52 ff., 89 f.

[34] Gleichzeitig wird betont, dass aus neuen Technologien auch neue Gefahren erwachsen können, s. *World Commission on Environment and Development*, Our Common Future (1987), S. 4 f., 60 ff., 87 ff.

Den Zusammenhang zwischen Armut und Umweltzerstörung veranschaulicht die Weltkommission anhand einiger konkreter Beispielszenarien. Beispielsweise könne der vor dem Hintergrund wachsender Bevölkerungszahlen steigende Bedarf an landwirtschaftlicher Bodennutzung zum Zwecke der Nahrungsmittelproduktion zu einer übermäßigen Beanspruchung von Ackerflächen führen.[35] Dies könne wiederum schädliche Bodenerosionen und infolgedessen einen Verlust von fruchtbarem Ackerland zur Folge haben.[36] Auch die Abholzung von Wäldern, die in Anbauflächen umgewandelt werden sollen, gehe mit erheblichen ökologischen und sozialen Risiken (z.B. Verlust der genetischen Vielfalt sowie Ernten zerstörende Überschwemmungen) einher.[37] Armut könne insofern sowohl *Ursache* als auch *Folge* von Umweltzerstörung sein.[38]

Die WCED hat im Brundtland-Bericht allgemeinverständlich veranschaulicht, dass ökologische, soziale und wirtschaftliche Aspekte nicht isoliert voneinander betrachtet werden können. Ein umfassendes Verständnis von bestehenden Wechselbeziehungen zwischen diesen Aspekten ist unumgänglich, um den Weg zu einer nachhaltigen Entwicklung ebnen zu können. Allein aus dieser Erkenntnis lassen sich jedoch keine konkreten (rechts-)politischen Handlungsempfehlungen zur Förderung einer nachhaltigen Entwicklung ableiten. Außerdem stellt sich die Frage, ob die Ausführungen im Brundtland-Bericht, der vor mehr als 25 Jahren veröffentlicht worden ist, im Einzelnen überhaupt noch aktuell sind. Diese Frage stellt sich deshalb, weil sich die natur- und geisteswissenschaftliche Forschung, die sich mit der Verbesserung ökologischer und sozialer Standards und deren Wechselbeziehungen befasst, lebhaft aktualisiert und weiterentwickelt.[39] Die Forschung auf dem Gebiet der Nachhaltigkeit hat sich inzwischen zu einer eigenen Wissenschaftsdisziplin, zur sog. *Sustainability Science* verselbstständigt.[40] Auch politische Prioritäten und Ansichten unterliegen ständigen Veränderungen. Vor diesem Hintergrund kann der Brundtland-Bericht mit der sich darin befindenden Definition von nachhaltiger Entwicklung lediglich – aber immerhin – als *Ausgangspunkt* einer Entwicklung betrachtet werden, die das globalpolitische Leitziel in globalen Rahmenwerken zu konkretisieren, verankern (und schließlich zu verwirklichen) versucht.

---

[35] *World Commission on Environment and Development*, Our Common Future (1987), S. 122 ff.
[36] *World Commission on Environment and Development*, Our Common Future (1987), S. 122 ff., 125 f.
[37] *World Commission on Environment and Development*, Our Common Future (1987), S. 29 ff., 35. 126 f.
[38] *World Commission on Environment and Development*, Our Common Future (1987), S. 3, 28 f.
[39] Hierzu A. I. 3.
[40] S. hierzu die Beiträge im *Sustainability Science Journal* (Springer Nature), https://www.springer.com/journal/11625 (letzter Abruf: 26. März 2026).

b) Konkretisierung und Verankerung des Leitziels der nachhaltigen Entwicklung in globalen Rahmenwerken

Die bedeutendsten Rahmenwerke, die in Anknüpfung an den Brundtland-Bericht zum Zwecke der Förderung einer nachhaltigen Entwicklung entstanden sind, stellen die Rio-Deklaration (*Rio Declaration on Environment and Development*), die Millennium-Deklaration (*Millennium Declaration*), die UN-Agenda 2030 (*The 2030 Agenda for Sustainable Development*) und das Klimaschutzabkommen von Paris (*Paris Agreement*) dar. Diese Rahmenwerke bauen teilweise aufeinander auf. Anhand einer chronologischen Betrachtung der einzelnen Werke wird deutlich, wie sich das Verständnis der globalen Weltgemeinschaft von einer nachhaltigen Entwicklung, wie sie im Brundtland-Bericht definiert wurde, entwickelt hat. Insbesondere die UN-Agenda 2030 und das Klimaschutzabkommen von Paris bilden den aktuellen globalen Rahmen für eine erwünschte Umwelt- und Entwicklungspolitik.

aa) Rio-Deklaration (*Rio Declaration on Environment and Development*)

Die Rio-Deklaration (*Rio Declaration on Environment and Development*) ging neben einer Reihe weiterer Dokumente aus der Konferenz der Vereinten Nationen über Umwelt und Entwicklung (*United Nations Conference on Environment and Development* [UNCED]), die im Jahr 1992 in Rio de Janeiro stattgefunden hat, hervor.[41] Im Rahmen dieser Konferenz sollten gemeinsame Leitlinien zur Umsetzung des Konzepts der nachhaltigen Entwicklung erarbeitet werden. Die herausragende Bedeutung der UNCED ist bereits daran erkennbar, dass an ihr über 30.000 Personen aus 176 Staaten teilgenommen haben und zahlreiche NGOs beteiligt waren.[42] In der Rio-Deklaration haben die drei Dimensionen des Konzepts der nachhaltigen Entwicklung eine bedeutende Konkretisierung erfahren. Inhalt der Erklärung sind 27 Grundsätze, die von Staaten beachtet werden sollen, um den Schutz der Umwelt und eine nachhaltige Entwicklung zu gewährleisten. Die Grundsätze orientieren sich an ökologischen, sozialen und wirtschaftlichen Aspekten, wobei auf deren Verflechtung hingewiesen wird. Beispielsweise steht im vierten Grundsatz, dass Umweltschutz ein integraler Teil des Entwicklungsprozesses sei und nicht isoliert von diesem betrachtet werden könne. Der Grundsatz 25 statuiert die Interdependenz und Untrennbarkeit von Frieden, Entwicklung und Umweltschutz.

Die Grundsätze sind sehr allgemein formuliert. Die Implementierung der Grundsätze sollte deshalb durch einen umfangreichen Aktionsplan (sog. Agenda 21) unterstützt werden.[43] In

[41] *United Nations,* Rio Declaration on Environment and Development (1992), A/CONF.151/26, http://www.un-documents.net/rio-dec.htm (letzter Abruf: 26. März 2026).
[42] Ausführlich zur UNCED *Gehne*, Nachhaltige Entwicklung als Rechtsprinzip (2011), S. 35 ff.
[43] *United Nations*, Agenda 2021 (1992), https://sustainabledevelopment.un.org/content/documents/Agenda21.pdf (letzter Abruf: 26. März 2026); s. hierzu auch *Gehne*, Nachhaltige Entwicklung als Rechtsprinzip (2011), S. 39.

diesem Aktionsplan werden die in den Grundsätzen zum Ausdruck kommenden Nachhaltigkeitsziele durch Festlegung von Unterzielen (z.B. Armutsbekämpfung und Schutz der Ozeane) konkretisiert. Außerdem werden Maßnahmen vorgeschlagen, die zur Verwirklichung eines jedes dieser (Unter-)Ziele ergriffen werden sollten.

Im Anschluss an die UNCED hat eine ganze Reihe weiterer, teilweise bereichsspezifischer, Weltkonferenzen zur weiteren Konkretisierung und Konsolidierung des Konzepts der nachhaltigen Entwicklung stattgefunden.[44]

bb) Millennium-Deklaration (*Millennium Declaration*)

Als weitere Errungenschaft im Bereich der Förderung einer nachhaltigen Entwicklung kann die Millennium-Deklaration (*Millennium Declaration*), die im September 2000 auf dem Millennium-Gipfel in New York (*Millennium Assembly*) mit Unterstützung von 189 Staaten verabschiedet wurde, bezeichnet werden.[45] Die Erklärung enthält insgesamt acht Entwicklungsziele (*Millennium Development Goals* [MDGs]), die bis Ende des Jahres 2015 durch enge Zusammenarbeit zwischen Entwicklungs- und Industrienationen verwirklicht werden sollten. Außerdem finden sich in der Erklärung 18 konkretere Zielvorgaben und 48 Indikatoren, die eine Umsetzung der Entwicklungsziele unterstützen sollten.

Der primäre Fokus der Millennium-Deklaration liegt auf der globalen Armutsbekämpfung.[46] Beispielsweise sollte bis Ende 2015 der Anteil an Personen, die mit einem Einkommen von weniger als einem USD pro Tag leben müssen, halbiert werden und es sollte sichergestellt werden, dass alle Kinder gleiche Bildungschancen haben (vgl. MDG 1).[47]

Die MDGs sind thematisch eng an die *International Development Goals* angelehnt,[48] die vom *Development Assistance Committee* (DAC) der OECD entwickelt und 1996 veröffentlicht worden sind.[49] Die *International Development Goals* waren ebenfalls zeitgebunden und quantifizierbar. Beispielsweise sollte der Anteil der in extremer Armut lebenden Menschen bis 2015 mindestens halbiert werden.[50] Diese Zielvorgabe entspricht MDG 1. Allerdings haben die

---

[44] Hierzu *Gehne*, Nachhaltige Entwicklung als Rechtsprinzip (2011), S. 40 ff.
[45] *United Nations*, United Nations Millennium Declaration (2000), A/RES/55/2.
[46] *Messner*, Entwicklungspolitik als globale Strukturpolitik, in: Jäger/Höse/Oppermann (Hrsg.), Deutsche Außenpolitik (2. Aufl. 2011), S. 431 f.; *United Nations Development Programme*, Human Development Report 2003, S. 27, https://hdr.undp.org/system/files/documents/human-development-report-2003-english.human-development-report-2003-english (letzter Abruf: 26. März 2026).
[47] S. auch *Gehne*, Nachhaltige Entwicklung als Rechtsprinzip (2011), S. 57 f.
[48] *Development Assistance Committee*, Shaping the 21st Century: The Contribution of Development Co-operation (1996), https://www.oecd.org/dac/2508761.pdf (letzter Abruf: 26. März 2026).
[49] *United Nations Development Programme*, Human Development Report 2003, S. 29.
[50] *Development Assistance Committee*, Shaping the 21st Century: The Contribution of Development Co-operation (1996), S. 9.

vom DAC entwickelten Ziele in der Gesellschaft und in Entwicklungsländern keine breite Akzeptanz gefunden.[51] Der Grund lag wohl darin, dass die Ziele ausschließlich aus der Perspektive wohlhabender Staaten, also ohne hinreichende Konsultation von Entwicklungsländern, festgelegt wurden.[52]

Obwohl die Verwirklichung der MDGs (anders als die Verwirklichung der *International Development Goals*) als gemeinsame Verantwortung von Industrie- *und* Entwicklungsnationen verstanden wurde, blieb die Millennium-Deklaration von Kritik keineswegs verschont.[53] Kritisiert wurde beispielsweise, dass die Erklärung inhaltlich zu eng auf bestimmte Themenfelder begrenzt worden sei.[54] Umweltschutz sei im MDG 7 („*ensure environmental sustainability*") als separates Ziel definiert worden, ohne einen Bezug zu den Wechselbeziehungen zwischen ökologischen, sozialen und wirtschaftlichen Aspekten herzustellen.[55] Außerdem könne die Festlegung eines konkreten Zieljahres von der Notwendigkeit ablenken, bis dahin nicht verwirklichte Ziele weiter zu verfolgen oder neue, ambitioniertere Zielvorgaben nach Ablauf des Zieljahres zu definieren.[56] Dem integralen und generationenübergreifenden Verständnis von einer nachhaltigen Entwicklung wäre insgesamt nicht ausreichend Rechnung getragen worden.[57]

Im MDG-Bericht 2015 (*The Millennium Development Goals Report 2015*) wurde über den Stand der Verwirklichung der MDGs berichtet.[58] Aus dem Bericht geht hervor, dass zwischen den Jahren 2000 und 2015 durchaus bedeutende Fortschritte hinsichtlich der Beseitigung von Armut und Ungleichheit gemacht wurden. Insbesondere seien der Anteil der in extremer Armut lebenden Menschen reduziert und die Bildungssituation vieler Kinder verbessert worden.[59] Allerdings müssten zur vollständigen Zielerreichung in einigen Bereichen weitere Anstrengungen unternommen werden.[60] Unter anderem in den Bereichen

---

[51] *United Nations Development Programme*, Human Development Report 2003, S. 29.
[52] So jedenfalls *United Nations Development Programme*, Human Development Report 2003, S. 29.
[53] *United Nations Development Programme*, Human Development Report 2003, S. 29 f.; *Mittwoch*, Nachhaltigkeit und Unternehmensrecht (2022), S. 23 f.
[54] *United Nations Development Programme*, Human Development Report 2003, S. 30; zur Kritik an der Abkehr vom umfassenden Nachhaltigkeitskonzept s. *Mittwoch*, Nachhaltigkeit und Unternehmensrecht (2022), S. 23 ff.; *Gehne*, Nachhaltige Entwicklung als Rechtsprinzip (2011), S. 58 f.
[55] *Messner/Scholz*, Entwicklungspolitik als Beitrag zur globalen Zukunftssicherung, in: Faust/Neubert (Hrsg.), Wirksamere Entwicklungspolitik (2010), S. 71, 74 f.; *Fischer*, Corporate Sustainability Governance (2017), S. 39.
[56] *United Nations Development Programme*, Human Development Report 2003, S. 30; *Fischer*, Corporate Sustainability Governance (2017), S. 39.
[57] *Fischer*, Corporate Sustainability Governance (2017), S. 39 m.w.N.
[58] *United Nations*, The Millennium Development Goals Report 2015, https://www.un.org/millenniumgoals/2015_MDG_Report/pdf/MDG%202015%20rev%20(July%201).pdf, (letzter Abruf: 26. März 2026).
[59] *United Nations*, The Millennium Development Goals Report 2015, S. 4.
[60] *United Nations*, The Millennium Development Goals Report 2015, S. 8.

Geschlechtergleichheit sowie Klima- und Umweltschutz bestünde noch erheblicher Handlungsbedarf.[61] Mit anderen Worten: Die vollumfängliche Verwirklichung der MDGs ist gescheitert.

cc) <u>UN-Agenda 2030 (*The 2030 Agenda for Sustainable Development*)</u>

Anknüpfend an die MDGs ist die UN-Agenda 2030 für nachhaltige Entwicklung (*The 2030 Agenda for Sustainable Development*) entstanden.[62] Mit der Verabschiedung der UN-Agenda 2030 wurde verhindert, dass die globale Entwicklungspolitik, nachdem das Zieljahr für die Verwirklichung der MDGs erreicht worden ist, in die „Ziellosigkeit" abrutscht.[63] Als neues Zieljahr wurde 2030 festgelegt. Die grundlegende Vorarbeit zur Entstehung der UN-Agenda 2030 wurde bei der Konferenz der Vereinten Nationen über nachhaltige Entwicklung (*United Nations Conference on Sustainable Development*) im Juni 2012 in Rio de Janeiro geleistet (sog. Rio+20 Konferenz).[64] In der Präambel der UN-Agenda 2030 wird diese zu einem Aktionsplan für *People, Planet* und *Prosperity* erhoben und klargestellt, dass eine nachhaltige Entwicklung von einer *sozialen*, einer *ökologischen* und einer *wirtschaftlichen* Dimension geprägt sei.[65]

Die UN-Agenda 2030 enthält 17 Ziele (*Sustainable Development Goals* [SDGs]), die in insgesamt 169 Unterziele gegliedert wurden. Die Ziele sind auf soziale (z.B. Beseitigung von Armut [SDG 1] und Erreichung von Geschlechtergleichheit [SDG 5]), ökologische (z.B. Bekämpfung des Klimawandels [SDG 13] und der Schutz terrestrischer Ökosysteme [SDG 15]) und wirtschaftliche (z.B. die Förderung inklusiver und nachhaltiger Industrialisierung [SDG 9]) Standards gerichtet. Beispielsweise sieht SDG 1 als Unterziel vor, dass bis 2030 kein Mensch von weniger als 1,25 USD pro Tag leben müssen soll (vgl. SDG 1, 1.1). SDG 1, 1.5 verlangt außerdem, dass bis 2030 das Risiko insbesondere in Armut lebender Menschen, klimabezogenen Extremereignissen und anderen ökologischen Katastrophen ausgesetzt zu sein, reduziert wird.

In der UN-Agenda 2030 wird die Gleichwertigkeit der ökologischen, sozialen und wirtschaftlichen Dimension und das Erfordernis eines integrierten Verständnisses von einer nachhaltigen Entwicklung stark betont.[66] Der Planet müsse durch nachhaltigen Konsum,

---

[61] *United Nations*, The Millennium Development Goals Report 2015, S. 8.
[62] *United Nations*, Transforming Our World: The 2030 Agenda for Sustainable Development, A/RES/70/1; s. hierzu *Berrou/Dessertine/Migliorelli*, An Overview of Green Finance, in: Migliorelli/Dessertine (Hrsg.), The Rise of Green Finance in Europe (2019), S. 3 (10 ff.).
[63] *Fischer*, Corporate Sustainability Governance (2017), S. 39 f.
[64] Hierzu *United Nations*, United Nations Conference on Sustainable Development, 20-22 June, 2012, Rio de Janeiro, https://www.un.org/en/conferences/environment/rio2012 (letzter Abruf: 26. März 2026); s. auch *Mittwoch*, Nachhaltigkeit und Unternehmensrecht (2022), S. 26 f.
[65] *United Nations*, Transforming Our World: The 2030 Agenda for Sustainable Development, A/RES/70/1, S. 3.
[66] *Mittwoch*, Nachhaltigkeit und Unternehmensrecht (2022), S. 25 f.

nachhaltigen Verbrauch und einen nachhaltigen Umgang mit natürlichen Ressourcen geschützt werden, um die Bedürfnisse gegenwärtiger und künftiger Generationen befriedigen zu können.[67]

dd) Klimaschutzabkommen von Paris (*Paris Agreement*)

Das Klimaschutzabkommen von Paris (*Paris Agreement*) wurde am 12. Dezember 2015 auf der COP 21 (*Conference of the Parties*), der 21. Sitzung im Rahmen des UN-Rahmenübereinkommens über Klimaänderungen (*United Nations Framework Convention on Climate Change* – UNFCCC) von 1992, angenommen.[68] Als Kernstück des Abkommens können die in dessen Art. 2 genannten Ziele bezeichnet werden. Nach Art. 2 Nr. 1 lit. a) sollen Anstrengungen unternommen werden, um den Anstieg der globalen Durchschnittstemperatur auf 1,5 °C gegenüber dem vorindustriellen Niveau, jedenfalls aber auf 2 °C, zu begrenzen. Auch soll die Fähigkeit zur Anpassung an die negativen Auswirkungen des Klimawandels verbessert und die Klimaresilienz sowie eine Entwicklung mit geringen Treibhausgasemissionen gefördert werden, ohne dabei die Nahrungsmittelproduktion zu gefährden (Art. 2 Nr. 1 lit. b)). Schließlich sollen gem. Art. 2 Nr. 1 lit. c) Finanzströme mit einem Weg zu niedrigen Treibhausgasemissionen und einer klimaresilienten Entwicklung in Einklang gebracht werden. Dem Finanzsektor wird also eine entscheidende Rolle bei der Verwirklichung von Klimazielen beigemessen.

Während die UN-Agenda 2030 die Verwirklichung sowohl ökologischer als auch sozialer und wirtschaftlicher Ziele vorsieht, liegt im Pariser Klimaschutzabkommen ein spezieller Fokus auf einem ökologischen (Teil-)Aspekt (Klima). Das Klimaschutzabkommen kann insofern als *Konkretisierung eines Teilbereichs* der UN-Agenda 2030 (konkret: SDG 13 [„*Climate Action*“]) betrachtet werden. Angesichts der negativen ökologischen, sozialen und wirtschaftlichen Folgen, die ein deutlicher Anstieg der globalen Durchschnittstemperatur mit sich bringen würde,[69] ist eine Begrenzung der Erderwärmung unentbehrliche Voraussetzung zur langfristigen Sicherung der ökologischen, sozialen und wirtschaftlichen Grundbedürfnisse eines jeden Menschen.[70]

---

[67] *United Nations*, Transforming Our World: The 2030 Agenda for Sustainable Development, A/RES/70/1, S. 3.

[68] *United Nations*, Paris Agreement (2015); s. hierzu auch *Berrou/Dessertine/Migliorelli*, An Overview of Green Finance, in: Migliorelli/Dessertine (Hrsg.), The Rise of Green Finance in Europe (2019), S. 3 (8 ff.); sehr ausführlich zum Klimaschutzabkommen *Bischof*, Das Pariser Klimaschutzabkommen (2022), S. 97 ff.

[69] Hierzu *Intergovernmental Panel on Climate Change*, Climate Change 2022: Impacts, Adaption and Vulnerability (2022), https://www.ipcc.ch/report/ar6/wg2/downloads/report/IPCC_AR6_WGII_FullReport.pdf, (letzter Abruf: 26. März 2026).

[70] Im Folgenden umschreibt der Begriff „globale Nachhaltigkeitsziele“ diejenigen Ziele, die in der UN-Agenda 2030 festgelegt (SDGs) und durch das Klimaschutzabkommen von Paris in einem speziellen Teilbereich konkretisiert worden sind.

3. Operationalisierung des Nachhaltigkeitsbegriffs

Die herausfordernde Aufgabe der globalen Weltgemeinschaft besteht also darin, *ökologische*, *soziale* und *wirtschaftliche* Aspekte, die von einer *räumlichen* (globalen) und einer *zeitlichen* (generationenübergreifenden) Dimension überlagert werden, miteinander in Einklang zu bringen.[71] Es soll eine Welt geschaffen werden, in der die Erderwärmung auf 1,5 °C gegenüber dem vorindustriellen Niveau begrenzt ist und alle SDGs verwirklicht sind. Dieser Zustand muss jedoch nicht nur *geschaffen*, sondern auch *aufrechterhalten* werden. Von nachhaltiger Entwicklung kann nur die Rede sein, wenn jegliches menschliche Handeln mit den globalen Nachhaltigkeitszielen, also mit *sämtlichen* Zielen, die in der UN-Agenda 2030 und dem Pariser Klimaschutzabkommen festgehalten sind, langfristig vereinbar ist. Die Entwicklung von konkreten Handlungskonzepten, durch deren Umsetzung ein Beitrag zur Verwirklichung der globalen Nachhaltigkeitsziele geleistet werden kann, stellt sich in der Praxis angesichts des abstrakten Charakters des Nachhaltigkeitsbegriffs jedoch als herausfordernd dar. Aus diesem Grund ist die *Operationalisierung* dieses Begriffs von entscheidender Bedeutung. Diese dient der Festlegung klarer und messbarer Kriterien, anhand derer Fortschritte bewertet und nachhaltige Maßnahmen implementiert werden können. Eine Auseinandersetzung mit der Operationalisierung des Nachhaltigkeitsbegriffs ist beispielsweise erforderlich, um bestimmen zu können, in welchem Umfang Treibhausgasemissionen reduziert werden sollten oder welche Maßnahmen ergriffen werden müssen, um Menschen vor klimawandelbedingten Extremwetterereignissen zu schützen.

a) Erfordernis interdisziplinärer Forschung

In der natur- und geisteswissenschaftlichen Forschung hat sich eine ganze Reihe von Ansätzen entwickelt, um den facettenreichen Nachhaltigkeitsbegriff praktisch umsetzbar zu machen. Ohne diese Forschung wäre eine Verwirklichung der globalen Nachhaltigkeitsziele von vornherein aussichtslos. Die Naturwissenschaften beschäftigen sich dabei primär mit den Grenzen der ökologischen Tragfähigkeit des Planeten, die den „äußeren Rahmen menschlichen Handelns" bilden sollen.

Die Integration sozial- und geisteswissenschaftlicher Überlegungen zur Verbindung von Konzepten zu ökologischen Belastbarkeitsgrenzen mit sozialen Aspekten, insbesondere mit Fragen sozialer Gerechtigkeit, hat in den letzten Jahren zu einer lebhaften Debatte um die Operationalisierung des Nachhaltigkeitsbegriffs geführt. Diese Debatte verdeutlicht nicht nur

[71] Die räumliche und zeitliche Komponente des Nachhaltigkeitsbegriffs gehen aus dem Brundtland-Bericht hervor, s. *World Commission on Environment and Development*, Our Common Future (1987), S. 43 f.; s. auch die Definition von Nachhaltigkeit in *Mittwoch*, Nachhaltigkeit und Unternehmensrecht (2022), S. 38 f.

die *Notwendigkeit* einer interdisziplinären Zusammenarbeit, um die SDGs und die Pariser Klimaschutzziele vollumfänglich verwirklichen zu können, sondern auch die damit verbundenen *Herausforderungen*. Darüber hinaus lässt sie erhebliche Zweifel an den vorherrschenden wirtschaftlichen und gesellschaftlichen Strukturen aufkommen.

b) Grenzen der ökologischen Tragfähigkeit des Planeten

Verschiedene (Natur-)Wissenschaftsdisziplinen arbeiten teilweise seit vielen Jahren daran, die Grenzen der ökologischen Tragfähigkeit des Planeten zu erforschen und aufzuzeigen. Unter den vielfältigen Forschungsansätzen hat sich insbesondere das Konzept der neun planetaren Grenzen (*Planetary Boundaries*) herauskristallisiert.[72] Dieses Konzept wurde von einem internationalen Team aus Wissenschaftlern unter der Leitung von *Johan Rockström*, einem ehemaligen Direktor des *Stockholm Resilience Centre*, und unter Beteiligung des Chemienobelpreisträgers *Paul Crutzen* entwickelt. Das Ziel besteht darin, einen neuen Ansatz für „globale Nachhaltigkeit“ („*a new approach to global sustainability*“) zu vermitteln, indem ein Perspektivwechsel von sektoralen Analysen der „Grenzen des Wachstums“ („*limits-to-growth*“), die auf eine Minimierung negativer Externalitäten abzielen, zu einer Abschätzung eines „sicheren Raumes für die menschliche Entwicklung“ („*safe space for human development*“) herbeigeführt wird.[73] Dieser Ansatz, der den biophysikalischen Erdsystemprozessen, welche die „selbstregulierende Kapazität“ („*self-regulating capacity*“) der Erde bestimmen, eine fundamentale Bedeutung einräumt, kann insofern als bedeutender Fortschritt auch zu dem 1972 veröffentlichten Werk *The Limits to Growth* vom *Club of Rome* betrachtet werden.[74] Beim *Club of Rome* handelt es sich um einen informellen Zusammenschluss von Wissenschaftlern unterschiedlichster Disziplinen zu einem internationalen Team, welches es sich zur Aufgabe gemacht hat, ein verständliches Modell zu entwickeln, um die Menschen insbesondere darauf aufmerksam zu machen, welche enormen Gefahren für das menschliche Leben davon ausgehen, *Wachstum* mit *Fortschritt* gleichzusetzen.[75] Das Werk basiert auf einem Computermodell, welches anhand von Daten zu

---

[72] Grundlegend *Rockström* et al., Planetary Boundaries: Exploring the Safe Operating Space for Humanity, Ecology and Society 14 (2009), Art. 32; *Rockström* et al., A safe operating space for humanity, Nature 461 (2009), 472; *Steffen* et al., Planetary Boundaries: Guiding human development on a changing planet, Science 347 (2015), 1259855.

[73] *Rockström* et al., Planetary Boundaries: Exploring the Safe Operating Space for Humanity, Ecology and Society 14 (2009), Art. 32.

[74] So *Rockström* et al., Planetary Boundaries: Exploring the Safe Operating Space for Humanity, Ecology and Society 14 (2009), Art. 32; näher zu den Unterschieden zwischen den „*Limits to Growth*“ und den planetaren Grenzen *Saunders*, Planetary boundaries: at the threshold… again: sustainable development ideas and politics, Environment, Development and Sustainability 17 (2015), 823 (828).

[75] *Club of Rome*, The Limits to Growth (1972), S. 12, http://www.donellameadows.org/wp-content/userfiles/Limits-to-Growth-digital-scan-version.pdf (letzter Abruf: 26. März 2026).

den fünf untersuchten Faktoren, die Wachstum auf der Erde *bestimmen* und *begrenzen* (Bevölkerungswachstum, landwirtschaftliche Produktion, Erschöpfung nicht erneuerbarer Ressourcen, Industrieproduktion und Verschmutzung), entwickelt wurde, um alternative Verhaltensmuster zur Sicherung der Zukunft des Menschen bestimmen zu können.[76] Als erstrebenswert deklariert der *Club of Rome* ein nachhaltiges, nicht plötzlich und unkontrolliert kollabierendes Erdsystem, welches fähig ist, die Grundbedürfnisse aller Menschen zu befriedigen.[77]

Die neun planetaren Grenzen lassen sich in eine ganze Reihe von weiteren, früheren Ansätzen der Erdsystemforschung einfügen, darunter das Konzept der „tolerierbaren Fenster" („*Tolerable Windows*"), entwickelt in den 1990er Jahren vom *German Advisory Council on Global Change* in Zusammenarbeit mit dem *Potsdamer Institut für Klimafolgenforschung*.[78]

aa) <u>Konzept der planetaren Grenzen (*Planetary Boundaries*)</u>

Dem Konzept der planetaren Grenzen liegt die Annahme zugrunde, der von Menschen ausgeübte Druck auf das Erdsystem habe eine Größenordnung erreicht, bei der nichtlineare, abrupte Umweltveränderungen, die schädliche Auswirkungen auf das menschliche Wohlergehen haben könnten und deshalb unbedingt vermieden werden sollten, nicht mehr ausgeschlossen werden könnten.[79] Um von solchen Umweltveränderungen ausgehende Gefahren verhindern zu können, müssten die biophysikalischen Prozesse, die für die *Resilienz* von Teilsystemen der Erde und damit auch des *Erdsystems als Ganzes* relevant seien, hinreichend Beachtung finden.[80] Der im Zusammenhang mit Umweltveränderungen verwendete Ausdruck „nichtlinear" wird dahingehend verstanden, dass Ursache und Wirkung eines Vorgangs zueinander in einem *disproportionalen Verhältnis* stehen.[81]

---

[76] *Club of Rome*, The Limits to Growth (1972), S. 17 ff.
[77] *Club of Rome*, The Limits to Growth (1972), S. 158.
[78] *Petschel-Held/Schellnhuber/Bruckner/Tóth/Hasselmann*, The Tolerable Windows Approach: Theoretical and Methodological Foundations, Climate Change 41 (1999), 303; s. auch *Biermann/Kim*, The Boundaries of the Planetary Boundary Framework: A Critical Appraisal of Approaches to Define „Safe Operating Space" for Humanity, Annual Reviews of Environment and Ressources 45 (2020), 497 (500); *Saunders*, Planetary boundaries: at the treshold… again: sustainable development ideas and politics, Environment, Development and Sustainability 17 (2015), 823 (826 f.).
[79] *Rockström* et al., Planetary Boundaries: Exploring the Safe Operating Space for Humanity, Ecology and Society 14 (2009), Art. 32.
[80] *Rockström* et al., Planetary Boundaries: Exploring the Safe Operating Space for Humanity, Ecology and Society 14 (2009), Art. 32. *Resilienz* verleiht einem System die Fähigkeit, trotz natürlicher und vom Menschen verursachten Störungen zu bestehen, sich anzupassen und zu verändern, wobei in der Forschungsarbeit von *Rockström* et al. der Fokus ausdrücklich auf der Fähigkeit von (aus menschlicher Sicht) wünschenswerten Zuständen des Erdsystems, trotz anthropogener Störung zu bestehen, liegen soll.
[81] Dies ergibt sich aus einem Verweis von *Rockström* et al. auf *Schellnhuber*, Coping with Earth System Complexity and Irregularity, in: Steffen/Jäger/Carson/Bradshaw (Hrsg.), Challenges of a Changing Earth (2002), S. 151.

Zur Beurteilung dessen, was als inakzeptable, katastrophale Umweltveränderung zu verstehen ist, richten die Wissenschaftler, die an der Entwicklung der planetaren Grenzen beteiligt waren (im Folgenden: Das Forschungsteam), den Blick auf den gegenwärtigen Zeitabschnitt der Erdgeschichte. Vor über 10.000 Jahren habe das erdgeschichtliche Zeitalter des Holozän begonnen, welches sich insbesondere durch eine stabile Umwelt, in der sich landwirtschaftliche und gesellschaftliche Strukturen gut entwickeln konnten, auszeichne.[82] Der zunehmende anthropogene Druck auf das Erdsystem gefährde diesen „holozänen Zustand" des Erdsystems und berge das Risiko von Schwellenwertüberschreitungen, die mit Umweltveränderungen einhergehen würden, die dem menschlichen Wohlergehen abträglich sein könnten.[83] Bei Schwellenwerten handele es sich um nichtlineare Übergänge in der Funktionsweise gekoppelter Mensch-Umwelt-Systeme („*non-linear transitions in the functioning of coupled human-environmental systems*").[84] Sie seien intrinsische Merkmale dieser Systeme und würden grundsätzlich durch eine Position entlang einer oder mehrerer Kontrollvariablen bestimmt.[85] Als Beispiel für einen Schwellenwert wird in der Forschungsarbeit der abrupte Rückgang des arktischen Meereises aufgrund anthropogener globaler Erwärmung angeführt. Ohne dem aktuell starken anthropogenen Druck könnte ein „holozän-ähnlicher Zustand" des Erdsystems noch mehrere tausend Jahre fortbestehen.[86]

Das Forschungsteam hat insgesamt neun Erdsystemprozesse identifiziert, die für eine Aufrechterhaltung eines stabilen Erdsystemzustands als relevant erachtet werden. Diese Erdsystemprozesse umfassen die globalen biogeochemischen Zyklen (insbesondere von Stickstoff und Phosphor), die wichtigsten physikalischen Zirkulationssysteme des Planeten (Klima, Stratosphäre und Ozeansysteme), biophysikalische Merkmale, die zur grundlegenden Widerstandsfähigkeit der Selbstregulierungskapazität der Erde beitragen (marine und terrestrische Biodiversität sowie Landnutzungssysteme), und schließlich zwei Merkmale, die

---

[82] *Rockström* et al., Planetary Boundaries: Exploring the Safe Operating Space for Humanity, Ecology and Society 14 (2009), Art. 32.

[83] *Rockström* et al., Planetary Boundaries: Exploring the Safe Operating Space for Humanity, Ecology and Society 14 (2009), Art. 32.

[84] *Rockström* et al., Planetary Boundaries: Exploring the Safe Operating Space for Humanity, Ecology and Society 14 (2009), Art. 32.

[85] *Rockström* et al., Planetary Boundaries: Exploring the Safe Operating Space for Humanity, Ecology and Society 14 (2009), Art. 32; zur Bedeutung von Schwellenwerten im Zusammenhang mit Kipppunkten s. auch *Lenton* et al., Tipping elements in the Earth`s climate system, PNAS 105 (2008), 1786.

[86] *Rockström* et al., Planetary Boundaries: Exploring the Safe Operating Space for Humanity, Ecology and Society 14 (2009), Art. 32; näher zum „Zeitalter des Anthropozäns" *Crutzen/Stoermer*, The 'Anthropocene' (2000), in: Robin/Sörlin/Warde (Hrsg.), The Future of Nature, Documents of Global Change (2013), S. 479; *Lewis/Maslin*, Defining the Anthropocene, Nature 519 (2015), 171; s. auch *Keys* et al., Anthropocene risks, Nature Sustainability 2 (2019), 667.

mit dem anthropogenen globalen Wandel in Verbindung stehen (Aerosolbelastung und Einführung neuartiger Substanzen).

Die identifizierten Erdsystemprozesse wurden, soweit möglich, durch festgelegte Werte von Kontrollvariablen mit *Grenzen* auf regionaler oder globaler Ebene, die zur Vermeidung unerwünschter Umweltveränderungen durch Schwellenwertüberschreitungen nicht überschritten werden sollten, verbunden.[87] Aufgrund wissenschaftlicher Kenntnislücken und Unsicherheiten könne sich die Festlegung einer Grenze durch einen genauen Wert einer Kontrollvariablen jedoch als schwierig gestalten.[88] Aus diesem Grund, und damit den Menschen vor Erreichen eines Schwellenwerts ausreichend Zeit zum Handeln verbleibe, würden Grenzen regelmäßig in einem „sicheren Abstand“ („*'safe' distance*“) zu einem globalen Schwellenwert, sozusagen am „unteren Ende einer Unsicherheitszone“ positioniert.[89]

Dieser Vorgang kann an der Festlegung der für den Erdsystemprozess „Klima“ bestimmten Grenzen veranschaulicht werden. Als Kontrollvariablen dienen die atmosphärische CO_2-Konzentration, die in der Einheit ppm (*parts per million*) angegeben wird, und der Strahlungsantrieb in der Einheit Wm^{-2} (*Watt per square metre*). Als kritische Schwellenwerte wurden insbesondere der Verlust der polaren Eisschilde und der Süßwasservorräte der Gletscher identifiziert. Nach aktuellen wissenschaftlichen Erkenntnissen soll das Risiko, dass solche und weitere Schwellenwerte erreicht würden, besonders hoch sein, wenn sich der Wert der atmosphärischen CO_2-Konzentration zwischen 350 und 450 ppm und der Strahlungsantrieb zwischen +1,0 und +1,5 Wm^{-2} (gegenüber dem vorindustriellen Niveau) bewegt.[90] Dementsprechend wurde für den Klimawandel eine planetare Grenze bei 350 ppm und +1,0 Wm^{-2} („unteres Ende der Unsicherheitszone“) festgelegt.

Das Forschungsteam legt besonderen Wert darauf, die Wechselbeziehungen zwischen den Erdsystemprozessen aufzuzeigen. Beispielsweise könnten Veränderungen von Landsystemen zu einer Schwächung natürlicher Kohlenstoffsenken führen, wodurch wiederum das

[87] Zum Stand der Kontrollvariablen im September 2023 *Richardson* et al., Earth beyond six of nine planetary boundaries, Science Advances 9 (2023), https://www.science.org/doi/10.1126/sciadv.adh2458 (letzter Abruf: 26. März 2026).
[88] *Rockström* et al., Planetary Boundaries: Exploring the Safe Operating Space for Humanity, Ecology and Society 14 (2009), Art. 32.
[89] *Rockström* et al., Planetary Boundaries: Exploring the Safe Operating Space for Humanity, Ecology and Society 14 (2009), Art. 32.
[90] *Rockström* et al., Planetary Boundaries: Exploring the Safe Operating Space for Humanity, Ecology and Society 14 (2009), Art. 32.

Klimasystem weiter destabilisiert und ein damit verbundener Schwellenwert überschritten oder die Wahrscheinlichkeit hierfür erhöht werden könnte.[91]

Infolge einer umfassenden Analyse der komplexen Wechselbeziehungen zwischen den einzelnen Grenzen, wurden die Grenzen für den Klimawandel und die Biosphärenintegrität zu sog. Kerngrenzen (*Core Boundaries*) erhoben. Diese hätten jeweils für sich genommen das Potenzial, das Erdsystem in einen neuen Zustand zu versetzen, wenn sie erheblich und anhaltend überschritten würden.[92] Die beiden Kerngrenzen würden durch die anderen Erdsystemprozesse reguliert und die planetaren, übergreifenden Systeme bilden, innerhalb derer die anderen Prozesse ablaufen.[93] Die Überschreitung anderer Grenzen könne das menschliche Wohlergehen erheblich beeinträchtigen und zur Überschreitung einer Kerngrenze beitragen, würde aber nicht *von selbst* zu einem neuen Zustand des Erdsystems führen.[94] Diese Erkenntnisse sind insbesondere vor dem Hintergrund, dass beide Kerngrenzen bereits vor vielen Jahren überschritten wurden,[95] besonders alarmierend. Inzwischen (Stand: November 2023) sind insgesamt sogar sechs, also zwei Drittel der neun planetaren Grenzen überschritten.[96]

bb) Problem des abstrakten Charakters des Konzepts der planetaren Grenzen

Die Grenzen der ökologischen Tragfähigkeit des Planeten werden im Rahmen des Konzepts der planetaren Grenzen primär aus einer *globalen* Perspektive skizziert. Hieraus lassen sich jedoch keine *konkreten* (rechts-)politischen Handlungsanweisungen ableiten.[97] Deshalb müssen die planetaren Grenzen, soweit möglich, auf eine subglobale Ebene, auf der konkrete politische

[91] *Rockström* et al., Planetary Boundaries: Exploring the Safe Operating Space for Humanity, Ecology and Society 14 (2009), Art. 32.
[92] *Steffen* et al., Planetary Boundaries: Guiding human development on a changing planet, Science 347 (2015), 1259855.
[93] *Steffen* et al., Planetary Boundaries: Guiding human development on a changing planet, Science 347 (2015), 1259855.
[94] *Steffen* et al., Planetary Boundaries: Guiding human development on a changing planet, Science 347 (2015), 1259855.
[95] *Steffen* et al., Planetary Boundaries: Guiding human development on a changing planet, Science 347 (2015), 1259855; s. auch *Stockholm Resilience Centre*, Planetary boundaries, https://www.stockholmresilience.org/research/planetary-boundaries.html (letzter Abruf: 26. März 2026); zur biosphärischen Integrität s. *Newbold* et al., Global effects of land use on local terrestrial biodiversity, Nature 520 (2015), 45; ausführlich zum Thema Klimawandel *Rahmstorf/Schellnhuber*, Der Klimawandel (2019).
[96] Im Jahr 2025 wurde dann eine Überschreitung von sieben der neun planetaren Grenzen verzeichnet, s. *Stockholm Resilience Centre*, Planetary boundaries, https://www.stockholmresilience.org/research/planetary-boundaries.html (letzter Abruf: 26. März 2026); s. auch *Richardson* et al., Earth beyond six of nine planetary boundaries, Science Advances 9 (2023), https://www.science.org/doi/10.1126/sciadv.adh2458 (letzter Abruf: 26. März 2026).
[97] So auch *Rockström* et al., Planetary Boundaries: Exploring the Safe Operating Space for Humanity, Ecology and Society 14 (2009), Art. 32.

Entscheidungen regelmäßig getroffen werden, „herunterskaliert" werden.[98] Die globalen Grenzen müssen also in lokale oder nationale Handlungsanweisungen „übersetzt" werden. Hierbei handelt es sich angesichts der Vielschichtigkeit der planetaren Grenzen und deren Wechselbeziehungen untereinander um eine komplexe Herausforderung, deren Bewältigung jedoch unumgänglich ist, um den Nachhaltigkeitsbegriff zu operationalisieren.[99] Auch an dieser Stelle wird die große Bedeutung interdisziplinärer Forschung zur Verwirklichung der globalen Nachhaltigkeitsziele deutlich.

c) Verbindung der Grenzen der ökologischen Tragfähigkeit des Planeten mit sozialen Aspekten und entwicklungspolitischen Zielen

Eine nicht weniger relevante Aufgabe als die „Herunterskalierung" von Konzepten, die dem Aufzeigen der Grenzen der ökologischen Tragfähigkeit des Planeten dienen, auf eine subglobale Ebene, besteht darin, diese Konzepte mit sozialen Aspekten und entwicklungspolitischen Zielen zu verbinden.

Dass bei der Erarbeitung der planetaren Grenzen soziale Aspekte und entwicklungspolitische Ziele nicht berücksichtigt wurden, wurde scharf kritisiert.[100] Es seien weder von der Zivilgesellschaft noch von Regierungen Stellungnahmen eingeholt worden.[101] Außerdem seien Fragen der *Verursachung* und der *Auswirkungen* von Grenzüberschreitungen, der sozialen Gerechtigkeit sowie der Ungleichheit zwischen dem globalen Norden und dem globalen Süden außer Acht geblieben.[102] Mit dieser Kritik befasst sich die Wissenschaft seit vielen Jahren unter den Stichwörtern „*Earth System Governance*"[103] und „Erdsystemgerechtigkeit"[104]. Im Kern

[98] So auch *Rockström* et al., Planetary Boundaries: Exploring the Safe Operating Space for Humanity, Ecology and Society 14 (2009), Art. 32.
[99] Hierzu *Biermann/Kim*, The Boundaries of the Planetary Boundary Framework: A Critical Appraisal of Approaches to Define „Safe Operating Space" for Humanity, Annual Reviews of Environment and Ressources 45 (2020), 497 (504 ff.) m.w.N.; s. auch *Stockholm Resilience Centre*, Global sustainability, national responsibility (2017), https://www.stockholmresilience.org/research/research-news/2017-01-09-global-sustainability-national-responsibility.html (letzter Abruf: 26. März 2026).
[100] S. hierzu *Biermann/Kim*, The Boundaries of the Planetary Boundary Framework: A Critical Appraisal of Approaches to Define „Safe Operating Space" for Humanity, Annual Reviews of Environment and Ressources 45 (2020), 497 (501 f.) m.w.N.
[101] *Biermann/Kim*, The Boundaries of the Planetary Boundary Framework: A Critical Appraisal of Approaches to Define „Safe Operating Space" for Humanity, Annual Reviews of Environment and Ressources 45 (2020), 497 (499).
[102] Hierzu *Biermann/Kim*, The Boundaries of the Planetary Boundary Framework: A Critical Appraisal of Approaches to Define „Safe Operating Space" for Humanity, Annual Reviews of Environment and Ressources 45 (2020), 497 (502 f.) m.w.N.
[103] Hierzu *Kashwan/Biermann/Gupta/Okereke*, Planetary justice: Prioritizing the poor in Earth System Governance, Earth System Governance 6 (2020), 100075.
[104] Hierzu *Rammelt* et al., Impacts of meeting minimum access on critical earth system amidst the Great Inequality, Nature Sustainability 6 (2023), 212; *Gupta* et al., Earth system justice needed to identify and live within Earth system boundaries, Nature Sustainability 6 (2023), 630.

geht es dabei darum, Ansätze zur Schaffung eines „sicheren *und gerechten* Raumes [*safe and just space*] für die menschliche Entwicklung“ zu entwickeln.[105]

Dass zur vollumfänglichen Verwirklichung der globalen Nachhaltigkeitsziele mehr als ein Aufzeigen der Grenzen der ökologischen Tragfähigkeit des Planeten erforderlich ist, sind sich auch Wissenschaftler, die an der Veröffentlichung des Konzepts der planetaren Grenzen im Jahr 2009 beteiligt waren, bewusst. Im November 2022 wurde ein unter Beteiligung von *Johan Rockström* entstandener Artikel, der sich in die Forschung zur „Erdsystemgerechtigkeit“ einordnen lässt, veröffentlicht.[106] „Erdsystemgerechtigkeit“ beinhalte, dem Artikel zufolge, eine „prozedurale Gerechtigkeit“ (z.B. Zugang zu Informationen, Entscheidungsfindungen und Gerichten) und eine „materielle Gerechtigkeit“ für „Gemeinschaften, Nationen, Generationen und Arten“.[107] Die „materielle Gerechtigkeit“ gewährleiste ein Mindestmaß an Zugang zu wesentlichen Ressourcen und eine gerechte Aufteilung der verbleibenden Ressourcen, Risiken und Verantwortlichkeiten.[108]

In dem Artikel wird dargelegt, welche ökologischen Folgen damit verbunden gewesen wären, wenn im Jahr 2018 alle Menschen ein bestimmtes (Mindest-)Maß an Zugang zu bestimmten Ressourcen (z.B. Wasser und Nahrung) gehabt hätten. Die zusätzlichen Umweltbelastungen hätten eine Größenordnung erreicht, die mit dem Bestreben, die planetaren Grenzen nicht (weiter) zu überschreiten, nicht vereinbar gewesen wäre.[109] Konkret wurde eine hypothetische Mehrbelastung von 2-26 % ermittelt.[110] Diese Erkenntnis nehmen die Verfasser des Artikels jedoch nicht etwa zum Anlass, ökologische und soziale Aspekte gegeneinander auszuspielen. Sie weisen vielmehr auf bestehende *Ungleichheiten* bei der Nutzung und Verteilung von Ressourcen sowie bei der Verursachung von ökologischen Schäden hin: Die hypothetische Mehrbelastung von 2-26 % wäre von einem Drittel aller Menschen verursacht worden und hätte denjenigen Auswirkungen entsprochen, die im Jahr 2018 von 1-4 % des „wohlhabendsten

[105] S. auch *Raworth*, A Safe and Just Space for Humanity: Can we live within the doughnut?, Oxfam Discussion Paper (2012), abrufbar unter: https://www.oxfam.org/en/research/safe-and-just-space-humanity (letzter Abruf: 26. März 2026); *Raworth*, Doughnut Economics (2017); *Fanning/O'Neill/Hickel/Roux*, The social shortfall and ecological overshoot of nations, Nature Sustainability 5 (2022), 26.
[106] *Rammelt* et al., Impacts of meeting minimum access on critical earth systems amidst the Great Inequality, Nature Sustainability 6 (2023), 212.
[107] *Rammelt* et al., Impacts of meeting minimum access on critical earth systems amidst the Great Inequality, Nature Sustainability 6 (2023), 212 (213).
[108] *Rammelt* et al., Impacts of meeting minimum access on critical earth systems amidst the Great Inequality, Nature Sustainability 6 (2023), 212 (213).
[109] *Rammelt* et al., Impacts of meeting minimum access on critical earth systems amidst the Great Inequality, Nature Sustainability 6 (2022), 212 (212).
[110] *Rammelt* et al., Impacts of meeting minimum access on critical earth systems amidst the Great Inequality, Nature Sustainability 6 (2022), 212 (212).

Teils" der Weltbevölkerung verursacht worden seien.[111] Diese, als „*Great Inequality*" bezeichnete Ungleichheit stehe einem „gerechten Zugang" innerhalb eines „stabilen Erdsystems" diametral entgegen.[112] Eine „*faire globale Umverteilung*" müsse deshalb zu einem Kernelement „planetarer Stabilität" erhoben werden.[113]

Im Juli 2023 wurde ein weiterer Forschungsbeitrag veröffentlicht, der ebenfalls unter Beteiligung von *Johan Rockström* entstanden ist und der Forschung im Bereich der Schaffung von „Erdsystemgerechtigkeit" zuzuordnen ist.[114] Der Forschungsbeitrag hat die Festlegung „sicherer *und gerechter*" planetarer Grenzen („*safe and just Earth system boundaries*") zum Gegenstand.[115] Hierdurch soll der Tatsache Rechnung getragen werden, dass einige Staaten und Bevölkerungsgruppen für Grenzüberschreitungen stärker verantwortlich sind als andere. Außerdem soll den berechtigten Erwartungen, im Rahmen der Festlegung planetarer Grenzen zu berücksichtigen, dass soziale Gruppen und Staaten in unterschiedlichem Maße von den Auswirkungen von Erdsystemveränderungen betroffen sind, entsprochen werden.

Den Ausgangspunkt der Quantifizierung bildeten die aus einer naturwissenschaftlichen Perspektive festgelegten *sicheren* Grenzen. Anhand bestimmter Kriterien wurde beurteilt, ob diese sicheren Grenzen eingehalten werden können, ohne dass erhebliche Schäden für Menschen (z.B. Verlust von Lebensgrundlagen, Einkommen und Nahrungsmitteln) drohen. Als Kriterien wurden unter anderem „Gerechtigkeit zwischen gegenwärtigen und künftigen Generationen" und „Gerechtigkeit zwischen Ländern und Gemeinschaften unter Berücksichtigung der jeweiligen Interessenlage" festgelegt.[116] Um schließlich „sichere *und gerechte*" Grenzen zu quantifizieren, wurden die Kriterien mit historischen Analysen, internationalen Gesundheitsstandards, Erdsystemmodellen und Expertenurteilen kombiniert.[117] Die Einhaltung dieser Grenzen sei erforderlich, um das Risiko, dass Erdsystemveränderungen signifikante Schäden für Menschen hervorrufen, zu minimieren („*no significant harm [NSH])*".[118] Im Forschungsbeitrag wird beispielsweise hervorgehoben, dass eine globale

---

[111] *Rammelt* et al., Impacts of meeting minimum access on critical earth systems amidst the Great Inequality, Nature Sustainability 6 (2022), 212 (212).
[112] *Rammelt* et al., Impacts of meeting minimum access on critical earth systems amidst the Great Inequality, Nature Sustainability 6 (2022), 212 (212).
[113] *Rammelt* et al., Impacts of meeting minimum access on critical earth systems amidst the Great Inequality, Nature Sustainability 6 (2022), 212 (212); die Bedeutung von Ungleichheit für die ökologischen Auswirkungen bei der Bestimmung des globalen Energiebedarfs für ein allgemeines menschenwürdiges Leben beleuchtend *Millward-Hopkins*, Inequality can double the energy required to secure universal decent living, Nature Communications 13 (2022), Art. 5028.
[114] *Rockström* et al., Safe and just Earth system boundaries, Nature 619 (2023), 102.
[115] *Rockström* et al., Safe and just Earth system boundaries, Nature 619 (2023), 102.
[116] Ausführlich *Rockström* et al., Safe and just Earth system boundaries, Nature 619 (2023), 102 (103).
[117] *Rockström* et al., Safe and just Earth system boundaries, Nature 619 (2023), 102 (103).
[118] *Rockström* et al., Safe and just Earth system boundaries, Nature 619 (2023), 102 (103).

Erderwärmung von bereits 1 °C ausreichen würde, um negative Folgen für das Leben von mehreren Millionen Menschen auszulösen. Dies müsse bei der Festlegung der planetaren Grenze für den Erdsystemprozess Klima berücksichtigt werden.[119]

Bei einer völligen Außerachtlassung von sozialen Aspekten und entwicklungspolitischen Zielen würde die Umsetzung der globalen Nachhaltigkeitsziele scheitern. Dies gilt nicht nur deshalb, weil die UN-Agenda 2030 ökologische *und* soziale Zielvorgaben enthält und zwischen ökologischen und sozialen Aspekten Wechselbeziehungen bestehen. Ohne eine Einbeziehung von sozialen und entwicklungspolitischen Zielen in die Forschungsansätze zur Entwicklung ökologischer Belastbarkeitsgrenzen würde außerdem die erforderliche Handlungsmotivation zur Umsetzung wissenschaftsbasierter Handlungskonzepte fehlen. Ein Staat, dessen Bevölkerung zu einem großen Teil von Armut und Hunger bedroht ist, dürfte in erster Linie daran interessiert sein, die soziale Situation der Bevölkerung zu verbessern. Gerade dann, wenn menschliche Grundbedürfnisse auf dem Spiel stehen, dürften ökologische Gesichtspunkte im Rahmen politischer Entscheidungen in den Hintergrund rücken. An der Umsetzung des Konzepts der planetaren Grenzen müssen jedoch nicht nur wohlhabende Industriestaaten, sondern auch Staaten des globalen Südens mitwirken. Wenn menschliches Handeln innerhalb der planetaren Grenzen als Voraussetzung zur Verwirklichung der globalen Nachhaltigkeitsziele akzeptiert werden soll, müssen alle Interessen derjenigen Staaten, die die UN-Agenda 2030 und das Klimaschutzabkommen von Paris unterzeichnet haben, einbezogen werden.[120] Nur auf diese Weise besteht die Chance, dass der Umsetzung von Handlungskonzepten, die auf wissenschaftlichen Erkenntnissen beruhen, ein hoher Stellenwert eingeräumt wird. Wird wissenschaftsbasierten Handlungskonzepten keine große Bedeutung beigemessen, kann die Verwirklichung der globalen Nachhaltigkeitsziele, die eine gemeinsame Anstrengung der globalen Weltgemeinschaft verlangt, nicht gelingen.

d) Paradigma des Wirtschaftswachstums und Erfordernis der Auseinandersetzung mit Alternativen

Im Rahmen der Begründung von (rechts)politischen Maßnahmen, die auf eine Verwirklichung der globalen Nachhaltigkeitsziele gerichtet sind, ist oftmals von „grünem Wachstum" („*green growth*") oder von „nachhaltigem Wachstum" („*sustainable growth*") die Rede.[121] Solche

---

[119] *Rockström* et al., Safe and just Earth system boundaries, Nature 619 (2023), 102 (104 f.).

[120] S. auch *Saunders*, Planetary boundaries: at the threshold… again: sustainable development ideas and politics, Environment, Development and Sustainability 17 (2015), 823.

[121] S. exemplarisch den EU-Aktionsplan zur Finanzierung „nachhaltigen Wachstums", der als Grundlage zahlreicher Legislativakte dient, *Europäische Kommission*, Aktionsplan: Finanzierung nachhaltigen Wachstums, COM(2018) 97 final, S. 1 f.; s. auch die Erwägungsgründe 6 und 35 der Taxonomie-VO; s. auch *Europäische Kommission*, Der europäische Grüne Deal, COM(2019) 640 final, S. 2.

Formulierungen erwecken den Eindruck, dass wirtschaftliches Wachstum der Erreichung der globalen Nachhaltigkeitsziele nicht entgegensteht. Im Brundtland-Bericht wird wirtschaftliches Wachstum in Industriestaaten sogar als *Voraussetzung* zur Befriedigung grundlegender sozialer Bedürfnisse von Menschen in Entwicklungsländern qualifiziert.[122]

Dass zwischen Wirtschaftswachstum und ökologischen bzw. sozialen Zielen Konflikte existieren, wird insbesondere bei einer Betrachtung des enormen Verbrauchs von natürlichen Ressourcen, der seit Beginn der Industrialisierung ein besorgniserregendes Ausmaß erreicht hat, deutlich.[123] Von den Folgen der damit einhergehenden Umweltzerstörung ist ein großer Teil der Bevölkerung der Erde auf unterschiedliche Art und Weise betroffen.[124] Bezüglich der Auflösung wirtschaftlicher, ökologischer und sozialer Zielkonflikte wird oftmals auf technischen Fortschritt und eine „Entkopplung" von Wirtschaftswachstum und Ressourcenverbrauch verwiesen.[125] Ob technologische Neuerungen *für sich allein* ausreichen können, ist nicht unumstritten.[126] In der geistes- und sozialwissenschaftlichen Literatur wird auch zunehmend die Debatte geführt, ob die Bewältigung ökologischer und sozialer Krisen unter Beibehaltung des vorherrschenden Paradigmas des Wirtschaftswachstums gelingen *kann*.[127] Als viel diskutierte Alternativen zum „ewigen Wachstum" haben sich unter anderem „*De-Growth*" und „*A-Growth*" herauskristallisiert.

„*De-Growth*" bezeichnet ein Wirtschaftsmodell, das auf eine bewusste Herabsetzung der wirtschaftlichen Produktion und des wirtschaftlichen Verbrauchs zum Zwecke des Nicht-Überschreitens der Grenzen der ökologischen Tragfähigkeit des Planeten abzielt.[128] „*A-Growth*" zeichnet sich hingegen durch eine von Wirtschaftswachstum *losgelöste* Umwelt-,

[122] S. A. I. 2. a).

[123] Als Indikator für den Ressourcenverbrauch dient z.B. der *Earth Overshoot Day*, s. https://www.wwf.de/earth-overshoot-day/ (letzter Abruf: 26. März 2026).

[124] *United Nations Environment Programme*, Facts about the nature crisis, https://www.unep.org/facts-about-nature-crisis (letzter Abruf: 26. März 2024).

[125] S. *Europäische Kommission*, Der europäische Grüne Deal, COM(2019) 640 final, S. 2, 8; s. auch die Ausführungen im Brundtland-Bericht A. I. 2. a).

[126] Fortschrittliche Technologien als *notwendig*, nicht jedoch als *für sich allein ausreichend* einstufend *Rammelt* et al., Impacts of meeting minimum access on critical earth system amidst the Great Inequality, Nature Sustainability 6 (2023), 212 (216); *Millward-Hopkins/Steinberger/Rao/Oswald*, Providing decent living with minimum energy: A global scenario, Global Environmental Change 65 (2020), 102168; allgemein *Ruth*, Innovation, technology and economic growth, in: A. Victor/Dolter (Hrsg.), Handbook on Growth and Sustainability (2017), S. 213 ff.

[127] *Biermann/Kim*, The Boundaries of the Planetary Boundary Framework: A Critical Appraisal of Approaches to Define „Safe Operating Space" for Humanity, Annual Reviews of Environment and Ressources 45 (2020), 497 (508 f.); s. hierzu auch *Jeroen/van den Bergh/Kallis*, Growth, A-Growth or Degrowth to Stay within Planetary Boundaries?, Journal of Economic Issues 46 (2012), 909; *Kosoy* et al., Pillars for a flourishing Earth: planetary boundaries, economic growth delusion and green economy, Environmental Sustainability 4 (2012), 74; *Hepburn/Beinhocker/Farmer/Teytelboym*, Resilient and Inclusive Prosperity within Planetary Boundaries, China & World Economy 22 (2014), 76.

[128] *Jeroen/van den Bergh/Kallis*, Journal of Economic Issues 46 (2012), 909 (912 ff.).

Sozial- und Wirtschaftspolitik aus.[129] Dabei wird nicht ausgeschlossen, dass wirtschaftliches Wachstum in bestimmten Ländern nicht auch förderlich sein kann. Ein Fokus auf Wirtschaftswachstum als wünschenswertes *Ziel* soll einer „nachhaltigen Entwicklung" jedoch entgegenstehen.[130] Hierin unterscheidet sich „*A-Growth*" von „*De-Growth*": Letzteres lehnt eine stagnierende oder wachsende Wirtschaft von Vornherein ab.[131]

Die Diskussion, ob globale Nachhaltigkeitsziele *trotz* (oder *aufgrund von*) Wirtschaftswachstum erreicht werden können, veranschaulicht erneut die Komplexität, die mit der Operationalisierung des Nachhaltigkeitsbegriffs verbunden ist. Außerdem verdeutlicht sie, dass bei der Entwicklung von Handlungskonzepten zur Förderung einer nachhaltigen Entwicklung die Forschung verschiedenster Disziplinen eine Rolle spielen muss. Politische Entscheidungsträger sollten auch die Forschung in diesem Bereich im Blick behalten, um einen zielführenden „Fahrplan" zur Förderung einer nachhaltigen Entwicklung zu entwickeln. Schlichte Hinweise auf die Möglichkeit von „grünem" oder „nachhaltigem" Wachstum, ohne eine Debatte um die Vereinbarkeit von wirtschaftlichem Wachstum mit der Verwirklichung ökologischer und sozialer Ziele zu führen, sollten jedenfalls unterlassen werden.

4. Rechtliche Operationalisierung des Nachhaltigkeitsbegriffs

Der Nachhaltigkeitsbegriff repräsentiert also ein globalpolitisches Leitziel, dessen Operationalisierung die Wissenschaft vor große Herausforderungen stellt. Deshalb gestaltet sich auch die *rechtliche* Operationalisierung des Nachhaltigkeitsbegriffs, bei der die „Übersetzung" des abstrakten Nachhaltigkeitsbegriffs in konkrete rechtliche Normen, Prinzipien und Maßnahmen im Vordergrund steht, als ein herausforderndes Unterfangen.[132]

In der rechtswissenschaftlichen Literatur wird im Rahmen der Bestimmung des Nachhaltigkeitsbegriffs häufig auf die sog. ESG-Formel (E = *Environmental*, S = *Social* und G

[129] *Jeroen/van den Bergh/Kallis*, Journal of Economic Issues 46 (2012), 909 (910 ff.).
[130] Umfassend zu den Unterschieden zwischen „*A-Growth*" und „*De-Growth*" s. *Jeroen/van den Bergh/Kallis*, Journal of Economic Issues 46 (2012), 909.
[131] Aufgrund des radikalen Charakters von „*De-Growth*" und des zu Wachstum grundsätzlich unvoreingenommen gegenüberstehenden „*A-Growth*" dürfte Letzteres breitere Akzeptanz in der Politik und Zivilgesellschaft finden; so auch *Jeroen/van den Bergh/Kallis*, Journal of Economic Issues 46 (2012), 909.
[132] S. hierzu auch *Hellgardt/Jouannaud*, Nachhaltigkeitsziele und Privatrecht, AcP 2022, 163 (167 ff.).

= *Governance*) verwiesen.[133] Unter Corporate Governance ist die Unternehmensverfassung als Gesamtheit der Regeln der Unternehmensleitung und -überwachung zu verstehen.[134]

Rechtliche Maßnahmen, die (explizit) auf die Verwirklichung der globalen Nachhaltigkeitsziele gerichtet sind, müssen stets an dem integrierten Nachhaltigkeitsverständnis gemessen werden. In diesem Kontext müssen *ESG-Aspekte* als *Nachhaltigkeitsaspekte* betrachtet werden.[135]

Ein Rechtsakt, der Unternehmen zur Verwendung von Technologien, die eine ressourcenschonende Produktion ermöglichen, aber enorme Treibhausgasemissionen verursachen, verpflichtet, sollte nicht als nachhaltigkeitsfördernd eingestuft werden. Dasselbe gilt für Rechtsvorschriften, die zu einer Verbesserung der Trinkwasserversorgung von Menschen, die in einer bestimmten Region leben, beitragen, gleichzeitig aber die Zerstörung der Lebensgrundlagen anderer Menschen erheblich erleichtern. Vor diesem Hintergrund sollten in der rechtswissenschaftlichen Literatur, die sich mit Rechtsakten, die auf die Förderung einer nachhaltigen Entwicklung gerichtet sind, befasst, schlichte Verweise auf die ESG-Formel unterlassen werden. Andernfalls besteht die Gefahr, dass Rechtsakte nur in Bezug auf ökologische *oder* soziale (Teil-)Aspekte beleuchtet werden. Ohne eine intensive Auseinandersetzung mit dem Bedeutungsgehalt des Nachhaltigkeitsbegriffs kann die Rechtswissenschaft keinen Beitrag zur rechtlichen Operationalisierung dieses Begriffs und infolgedessen zu einer nachhaltigen Entwicklung leisten. Ein solcher Beitrag wäre jedoch angesichts dessen, dass Rechtsvorschriften abhängig von ihrer konkreten Ausgestaltung das Verhalten von Unternehmen und Einzelpersonen erheblich steuern können, sehr sinnvoll.[136]

Obwohl in der rechtswissenschaftlichen Literatur der wissenschaftlichen Forschung um die Grenzen der ökologischen Tragfähigkeit des Planeten immer mehr Bedeutung beigemessen wird,[137] wird einem integrierten Begriffsverständnis nicht immer Rechnung getragen. Oftmals wird darauf hingewiesen, dass diese Grenzen den „äußeren Rahmen" menschlichen Handelns

---

[133] S. z.B. *Litten*, ESG – Wind of Change im Kapitalmarktrecht, BKR 2023, 569 (569 f.); *Weller/Hoppmann*, Environmental Social Governance (ESG). Neue Kompetenzen der Hauptversammlung?, AG 2022, 640 (641); s. auch *Ruland/Bürger/Weber/Kroth*, Environment, Social, Governance – ESG-bezogene Haftungsrisiken, Newsdienst Compliance 2022, 220027.

[134] *Stephan/Tieves*, in: MüKoGmbHG, Bd. 2 (5. Aufl. 2026), § 37 Rn. 40; *Kalss/Klampfl*, in: Dauses/Ludwigs (Hrsg.), Handbuch des EU-Wirtschaftsrechts (Werkstand: 64. EL August 2025), Kap. 5, § 20 Gesellschaftsrecht, Rn. 534; *Nietsch*, in: Nietsch (Hrsg.), Corporate Social Responsibility Compliance (2021), § 1 Rn. 8.

[135] Näher zum Kontext, in dem sich ESG entwickelt hat, *Nietsch*, in: Nietsch (Hrsg.), Corporate Social Responsibility Compliance (2021), § 1 Rn. 9.

[136] Zur potenziellen Steuerungswirkung von Rechtsakten, die mit der Zertifizierung von Finanzprodukten im Zusammenhang stehen, s. B. I. 2.

[137] S. im Kontext des Art. 20a GG *Calliess*, in: Dürig/Herzog/Scholz, Art. 20a GG (Werkstand: 108. EL August 2025), Bd. I, Rn. 41 ff.; s. auch *Mittwoch*, Nachhaltigkeit und Unternehmensrecht (2022), S. 34 ff.; *Mittwoch/Wetenkamp/Bleier*, Unternehmensrechtliche Nachhaltigkeit und ESG, NJW 2022, 3601 (3602).

bilden sollen.[138] Doch auch wenn die Einhaltung dieser Grenzen unabdingbare Voraussetzung für die Sicherung sozialer Grundbedürfnisse darstellt, sollten die Grenzen der ökologischen Tragfähigkeit nicht als „unverhandelbar“ und „kompromisslos“ dargestellt werden, ohne die Notwendigkeit der Berücksichtigung sozialer Aspekte zu thematisieren. Ansonsten wird der Eindruck erweckt, soziale Belange müssten jedenfalls dann zurücktreten, wenn zwischen ökologischen und sozialen Aspekten Zielkonflikte existieren.[139] Ein derartiger Fokus auf ökologische Aspekte wird der Bedeutung sozialer Belange hinsichtlich der Verwirklichung *aller* SDGs, also auch der umweltbezogenen (SDGs 13, 14 und 15), nicht gerecht.[140] Außerdem wird hierdurch verkannt, dass zwischen ökologischen und sozialen Aspekten Wechselbeziehungen bestehen und ohne eine hinreichende Berücksichtigung sozialer Aspekte und entwicklungspolitischer Ziele eine Umsetzung beispielsweise des Konzepts der planetaren Grenzen, das eine gemeinsame Anstrengung der globalen Weltgemeinschaft erfordert, aussichtslos sein dürfte. Mit einem schlichten Verweis auf die Unverhandelbarkeit von ökologischen Belastbarkeitsgrenzen des Planeten macht es sich ein Teil der rechtswissenschaftlichen Literatur jedenfalls „viel zu einfach“.

5. Zwischenfazit

Durch Unterzeichnung der UN-Agenda 2030 und des Pariser Klimaschutzabkommens hat sich die globale Weltgemeinschaft bereit erklärt, gemeinsame Anstrengungen zur Bewältigung ökologischer, sozialer und wirtschaftlicher Krisen zu unternehmen. Ein jeder Staat sollte der ihm dabei zukommenden Verantwortung gerecht werden und Maßnahmen ergreifen, die sich an dem integrierten globalen Begriffsverständnis von Nachhaltigkeit messen lassen. Eine (rechtliche) Maßnahme, die beispielsweise einen ökologischen (Teil-)Aspekt (z.B. Klima) schützt, andere ökologische und soziale Aspekte jedoch beeinträchtigt, wird dieser Anforderung nicht gerecht.

Politische Entscheidungsträger sollten sich mit der Forschung im Bereich der *„Earth System Governance“* und *„Erdsystemgerechtigkeit“* auseinandersetzen, um einen zielführenden „Fahrplan“ zur Verwirklichung der SDGs und Pariser Klimaschutzziele entwickeln zu können.

---

[138] S. *Sjåfjell/Bruner*, Corporations and Sustainability, in: Sjåfjell/Bruner (Hrsg.), The Cambridge Handbook of Corporate Law, Corporate Governance and Sustainability (2020), S. 3 (7 ff.); *Möslein/Mittwoch*, Der Europäische Aktionsplan zur Finanzierung nachhaltigen Wachstums, WM 2019, 481 (481 f.).

[139] S. *Hellgardt/Jouannaud*, Nachhaltigkeitsziele und Privatrecht, AcP 2022, 163 (168 f.); *Möslein/Mittwoch*, Der Europäische Aktionsplan zur Finanzierung nachhaltigen Wachstums, WM 2019, 481 (482).

[140] *„Environment“* als das „wohl prominenteste Nachhaltigkeitselement“ bezeichnend *Ruland/Bürger/Weber/Kroth*, Environment, Social, Governance – ESG-bezogene Haftungsrisiken, Newsdienst Compliance 2022, 220027.

Auf Grundlage eines solchen „Fahrplans“ können auch Rechtsakte erlassen werden, die einen Beitrag zur Förderung einer nachhaltigen Entwicklung leisten.

II. Begriff des nachhaltigen Finanzwesens (*Sustainable Finance*)

Der Begriff des nachhaltigen Finanzwesens (*Sustainable Finance*) verbindet das Substantiv „Finanzwesen“ mit dem Adjektiv „nachhaltig“. Im *Gabler Banklexikon* findet sich ab S. 1941 folgender Definitionseintrag zu *Sustainable Finance*:

„‚*Sustainable Finance*‘ […] bezieht sich nach verbreitetem Verständnis auf ein Spektrum finanzwirtschaftlicher Ansätze und Instrumente […], die sich nicht nur an ökonomischen Kriterien orientieren, sondern – simultan und systematisch – auch an sog. […] ‚Nachhaltigkeitskriterien‘ […]. Dazu zählen etwa Aspekte wie die Verringerung von Umwelt- und Klimaschäden, die Förderung von sozialer Teilhabe und die gute Unternehmensführung. – Dabei ist zu beachten, dass der Begriff ‘Sustainable Finance‘ nicht einheitlich definiert ist […]. Verschiedene Definitionen ähneln sich zwar in Teilen, unterscheiden sich aber auch mehr oder weniger deutlich in anderen Bereichen, z.B. hinsichtlich Bezugsrahmen, Detaillierungsgrad, Rigidität oder Transparenz. So wird der Begriff ‘Sustainable Finance‘ auch für Aktivitäten – v.a. öffentlicher Institutionen – verwendet, die die langfristige Stabilität des Finanzsystems insgesamt sichern sollen, etwa durch die bessere Berücksichtigung sog. ‚ESG-Risiken‘ (d.h. Risiken aus der unzureichenden Berücksichtigung von ESG-Kriterien) einzelner Unternehmen oder ganzer Sektoren. Noch allgemeiner verstanden, wird der Begriff ‚Sustainable Finance‘ auch für ‚langfristig tragfähige Finanzaktivitäten‘ oder ‚Finanzaktivitäten zur Förderung eines dauerhaften Wirtschaftswachstums‘ verstanden, ohne expliziten Bezug zu ESG oder ähnlichen Kriterien.“[141]

Der Eintrag zur „Abgrenzung“ vermittelt einen interessanten Einblick in das verbreitete Verständnis von *Sustainable Finance*:

„Zu ‚Sustainable Finance‘ verwandte Begriffe sind u.a. ‚Environmental Finance‘ bzw. […] ‚Green Finance‘, […] ‚Climate Finance‘ und […] ‚Carbon Finance‘. Während diese manchmal als Teilbereiche von Sustainable Finance verstanden werden, legt ihr stärkerer bzw. ausschließlicher Fokus auf Umwelt- bzw. Klimaaspekten eher eine Behandlung als eigenständige Bereiche nahe. Gleiches gilt für den Bereich […] ‚Socially Responsible bzw. Sustainable and Responsible‘ Investing, bei dem es zumeist darum geht, mittels ‚Negativ-Screenings‘ bestimmte als (sozial) ‚nicht nachhaltig‘ eingestufte Sektoren oder Unternehmen

---

[141] *Gramlich/Gluchowski/Horsch/Schäfer/Waschbusch* (Hrsg.), Gabler Banklexikon (K Z) (15. Aufl. 2020), S. 1941, https://www.gabler-banklexikon.de/definition/sustainable-finance-99711 (letzter Abruf: 26. März 2026).

aus dem Investment-Universum auszuschließen – ohne jedoch notwendigerweise verschiedene Kategorien von relevanten [...] Nachhaltigkeits- oder ESG-Kriterien simultan zu bewerten."[142]

Welche Gefahren damit verbunden sind, *Climate Finance* als Teilbereich von *Sustainable Finance* einzuordnen, geht bereits aus den obigen Ausführungen hervor.[143] Eine Gleichsetzung birgt das Risiko, dass beispielsweise Investitionen in treibhausgasreduzierende Wirtschaftstätigkeiten als nachhaltig qualifiziert werden, obwohl durch die Investition soziale Krisen verursacht oder verstärkt werden. Ein Rechtsakt, der auf die Förderung von *Climate Finance* gerichtet ist, *kann* zwar zur Förderung von *Sustainable Finance* beitragen. Dies ist jedoch keineswegs zwingend. Auch gilt zu beachten, dass beispielsweise eine Investition, die den Ausbau erneuerbarer Energien fördert und zur großflächigen Rodung von Wäldern beiträgt, aufgrund bestehender Wechselbeziehungen zwischen ökologischen Aspekten[144] nicht geeignet sein kann, *Climate Finance* zu fördern.

Eine allgemeine Definition von *Sustainable Finance*, die in ihrem Wortlaut mit dem oben dargelegten Verständnis von Nachhaltigkeit übereinstimmt, liefern *Romain Berrou*, *Philippe Dessertine* und *Marco Migliorelli* im ersten Kapitel des Werkes *The Rise of Green Finance in Europe*: *Sustainable Finance* umfasst demnach die Bestände und Ströme von Finanzressourcen und Vermögenswerten (in der Banken-, Investment- und Versicherungsbranche), die mit einer Vielzahl ökologischer, sozialer und wirtschaftlicher Ziele und *ganz allgemein mit der Verwirklichung der SDGs* im Einklang stehen.[145] (Rechtliche) Maßnahmen, die explizit zur Förderung eines nachhaltigen Finanzwesens ergriffen werden, um die SDGs und Pariser Klimaschutzziele zu erreichen, müssen sich auch an einem solchen Verständnis von *Sustainable Finance* messen lassen.

III. Ziele der Förderung eines nachhaltigen Finanzwesens durch finanz- und kapitalmarktrechtliche Vorschriften

Der europäische Gesetzgeber hat eine umfassende *Sustainable-Finance*-Strategie entwickelt. Die Umsetzung dieser Strategie soll unter anderem durch Erlass spezifischer Rechtsakte, die auf die Schaffung einheitlicher finanz- und kapitalmarktrechtlicher Vorschriften im europäischen Raum abzielen, gelingen.[146] Dass auf europäischer Ebene Rechtsakte erlassen

---

[142] *Gramlich/Gluchowski/Horsch/Schäfer/Waschbusch* (Hrsg.), Gabler Banklexikon (K Z) (15. Aufl. 2020), S. 1942.

[143] *Green Finance* als Komponente von *Sustainable Finance* einordnend *Migliorelli/Dessertine*, Preface, in: Migliorelli/Dessertine (Hrsg.), The Rise of Green Finance in Europe (2019), S. v (v).

[144] Diese werden im Rahmen des Konzepts der neun planetaren Grenzen hervorgehoben, s. A. I. 3. b) aa).

[145] *Berrou/Dessertine/Migliorelli*, An Overview of Green Finance, in: Migliorelli/Dessertine (Hrsg.), The Rise of Green Finance in Europe (2019), S. 3 (5 f. [Fn. 6], 13).

[146] Hierzu ausführlich Kapitel 2, A.

werden, die eine Harmonisierung finanz- und kapitalmarktrechtlicher Regelungen bezwecken, ist keineswegs ein neues Phänomen.[147] Durch einheitliche Regelungen soll ganz allgemein ein Beitrag zur Errichtung eines europäischen Binnenmarkts (Art. 3 Abs. 3 EUV) geleistet werden.[148] Der Finanz- und Kapitalmarkt bilden einen Teil eines solchen Binnenmarktes.[149]

Europäische Maßnahmen, die auf die Förderung eines nachhaltigen Finanzwesens gerichtet sind, müssen sich an obigem Verständnis von *Sustainable Finance* messen lassen. Dies geht daraus hervor, dass im Rahmen der Entwicklung und Umsetzung der europäischen *Sustainable-Finance*-Strategie *ausdrücklich* auf die Verwirklichung der SDGs und Pariser Klimaschutzziele als übergeordnetes Ziel verwiesen wird.[150] Im Folgenden werden die auf europäischer Ebene mittels rechtlicher Regulierung verfolgten *Ziele* der Förderung eines nachhaltigen Finanzwesens erörtert. Dies dient dazu, nachvollziehen zu können, aus welchen Gründen die Schaffung eines nachhaltigen Finanzwesens dringend zu empfehlen ist. Ohne eine transparente Begründung, weshalb Maßnahmen zur Förderung eines nachhaltigen Finanzwesens ergriffen werden (sollten), werden solche Maßnahmen kaum Akzeptanz und Unterstützung einer breiten Öffentlichkeit finden. Diese Akzeptanz und Unterstützung ist in einem demokratischen Staat allerdings unentbehrlich, um ein nachhaltiges Finanzwesen zu schaffen. Eine Auseinandersetzung mit den Zielen der Förderung eines nachhaltigen Finanzwesens ist außerdem erforderlich, um einordnen zu können, ob und unter welchen Voraussetzungen die Zertifizierung von Finanzprodukten ein wirkungsvolles Instrument sein kann, um ein nachhaltiges Finanzwesen zu fördern.

Im Fokus der folgenden Ausführungen stehen diejenigen Ziele, die konkret mit der Entwicklung und Umsetzung der europäischen *Sustainable-Finance*-Strategie verfolgt werden. Der Grund hierfür liegt darin, dass das europäische Verständnis von *Sustainable Finance* mit obigem Verständnis[151] übereinzustimmen scheint. Außerdem beeinflussen europäische Rechtsakte, die im Rahmen der Umsetzung der europäischen *Sustainable-Finance*-Strategie erlassen werden, in teils erheblichem Umfang nationale Strategien und Maßnahmen zur Förderung eines nachhaltigen Finanzwesens.

1. Allgemeine Regelungsziele des Finanz- und Kapitalmarktrechts

[147] Ausführlich zur Entwicklung des europäischen Finanz- und Kapitalmarktrechts *Veil*, in: Veil (Hrsg.), Europäisches und deutsches Kapitalmarktrecht (3. Aufl. 2022), § 1.

[148] Zum Binnenmarktziel *Geiger/Kirchmair*, in: Geiger/Khan/Kotzur/Kirchmair (Hrsg.), EUV/AEUV (7. Aufl. 2023), Art. 3 EUV Rn. 7 ff.

[149] Zum Begriff des Binnenmarkts *Terhechte*, in: Grabitz/Hilf/Nettesheim, Das Recht der Europäischen Union, Bd. I (Werkstand: 86. EL September 2025), Art. 3 EUV Rn. 38 f.

[150] S. hierzu Kapitel 2, A.

[151] S. A. II.

Die Ziele, die auf europäischer Ebene mit der Förderung eines nachhaltigen Finanzwesens verfolgt werden, stehen zum Teil in einem engen Zusammenhang mit den allgemeinen Regelungszielen des europäischen Finanz- und Kapitalmarktrechts. Finanz- und kapitalmarktrechtliche Vorschriften werden in der Regel eingeführt, um die Funktionsfähigkeit der Märkte sowie Anleger zu schützen. Die Sicherung der Finanzsystemstabilität hat sich insbesondere durch die Finanzkrise im Jahr 2008 als weiteres Regelungsziel herauskristallisiert. Die Regelungsziele weisen Überschneidungen und Wechselbeziehungen untereinander auf.

a) Schutz der Funktionsfähigkeit der Märkte

Im Rahmen des Regelungsziels „Schutz der Funktionsfähigkeit der Märkte" wird zwischen der allokativen, der operationalen und der institutionellen Funktionsfähigkeit unterschieden.

Die allokative Funktionsfähigkeit beschreibt die Fähigkeit, der Kapitalnachfrageseite Kapital derart zuzuführen, dass das zur Verfügung gestellte Kapital optimal verwendet wird.[152] Anlagefähiges Kapital soll grundsätzlich dorthin fließen, wo es am dringendsten benötigt wird und die höchste Rendite bei ausreichender Sicherheit verspricht.[153] Allokationseffizienz erfordert Informations- und Bewertungseffizienz.[154] Zum allokativen Funktionsschutz tragen deshalb in erster Linie Informationspflichten bei, die dafür Sorge tragen, dass dem Markt Informationen zur Verfügung gestellt werden, Informationsvorteile ausgeschlossen sind und die zur Verfügung gestellten Informationen korrekt verarbeitet werden können.[155]

Die operationale Funktionsfähigkeit ist gegeben, wenn die Allokation zu möglichst geringen Transaktionskosten erfolgt.[156] Als Mittel zur Senkung von Transaktionskosten dienen Regelungen, die diejenigen zur Offenlegung von Informationen verpflichten, die diese Informationen mit geringstmöglichem Aufwand beschaffen und bereitstellen können.[157]

---

[152] *Dornis*, in: BeckOGK Internationales Gesellschaftsrecht, Internationales und europäisches Finanzmarktrecht (Stand: 1. November 2022), Rn. 66.

[153] *Veil*, in: Veil (Hrsg.), Europäisches und deutsches Kapitalmarktrecht (3. Aufl. 2022), § 2 Rn. 8; *Poelzig*, in: Ebenroth/Boujong, HGB, Bd. 2, §§ 343-475h, Transportrecht, Bank- und Kapitalmarktrecht, Kap. 4, Teil 3 (5. Aufl. 2024), Vorbem. (Vor § 1) Rn. 7.

[154] *Poelzig*, in: Ebenroth/Boujong, HGB, Bd. 2, §§ 343-475h, Transportrecht, Bank- und Kapitalmarktrecht, Kap. 4, Teil 3 (5. Aufl. 2024), Vorbem. (Vor § 1) Rn. 7.

[155] *Poelzig*, in: Ebenroth/Boujong, HGB, Bd. 2, §§ 343-475h, Transportrecht, Bank- und Kapitalmarktrecht, Kap. 4, Teil 3 (5. Aufl. 2024), Vorbem. (Vor § 1) Rn. 7.

[156] *Dornis*, in: BeckOGK Internationales Gesellschaftsrecht, Internationales und europäisches Finanzmarktrecht (Stand: 1. November 2022), Rn. 66; *Poelzig*, in: Ebenroth/Boujong, HGB, Bd. 2, §§ 343-475h, Transportrecht, Bank- und Kapitalmarktrecht, Kap. 4, Teil 3 (5. Aufl. 2024), Vorbem. (Vor § 1) Rn. 9.

[157] *Poelzig*, in: Ebenroth/Boujong, HGB, Bd. 2, §§ 343-475h, Transportrecht, Bank- und Kapitalmarktrecht, Kap. 4, Teil 3 (5. Aufl. 2024), Vorbem. (Vor § 1) Rn. 9.

Die institutionelle Funktionsfähigkeit bezieht sich schließlich auf das Vorliegen der Grundbedingungen für einen funktionsfähigen Finanzmarkt.[158] Diese Funktionsfähigkeit wird sichergestellt, indem beispielsweise ein freier Marktzugang von Emittenten und Anlegern gewährleistet wird.[159] Außerdem muss das Vertrauen von (auch potenziellen) Anlegern in die Integrität und Stabilität der Märkte gestärkt werden, um deren Teilnahme an Finanz- und Kapitalmarktaktivitäten zu fördern.[160]

b) Anlegerschutz

Ohne ein ausreichendes Maß an Vorschriften zum Schutz von Anlegern kann die Funktionsfähigkeit von Finanzmärkten nicht gewährleistet werden.[161] Eine besondere Bedeutung kommt speziell dem Schutz des *Vertrauens* in funktionierende Finanzmärkte zu. Der Grund hierfür besteht darin, dass Vertrauen als „alternativer Mechanismus zur Information zwecks Reduktion von Komplexität“ begriffen werden kann.[162] Der Finanzmarkt zeichnet sich durch eine Komplexität aus, die selbst bei Geltung weitreichender Transparenzvorschriften nicht in jedem Detail durchdrungen werden kann. Deshalb verzichten „Vertrauende“ bewusst auf die Möglichkeiten uneingeschränkter Vorhersage und somit in einem gewissen Maß auf Beherrschbarkeit und Kontrolle, um am Finanzmarktsystem teilhaben zu können.[163] Dieser bewusste Verzicht dient auch der Senkung von Transaktionskosten.[164] Gegenstand von Vertrauen kann vergangenes, gegenwärtiges oder künftiges Verhalten von Personen oder Organisationen sein.[165] Ein Anleger, der eine Wertpapiertransaktion tätigen möchte, vertraut beispielsweise in der Regel darauf, dass ihm alle entscheidungsrelevanten Informationen vorliegen.[166] Aus diesem Grund sollte der Gesetzgeber Maßnahmen ergreifen, um sicherzustellen, dass Vertrauen geschaffen und aufrechterhalten wird.

---

[158] *Dornis*, in: BeckOGK Internationales Gesellschaftsrecht, Internationales und europäisches Finanzmarktrecht (Stand: 1. November 2022), Rn. 66.

[159] *Poelzig*, in: Ebenroth/Boujong, HGB, Bd. 2, §§ 343-475h, Transportrecht, Bank- und Kapitalmarktrecht, Kap. 4, Teil 3 (5. Aufl. 2024), Vorbem. (Vor § 1) Rn. 8.

[160] *Poelzig*, in: Ebenroth/Boujong, HGB, Bd. 2, §§ 343-475h, Transportrecht, Bank- und Kapitalmarktrecht, Kap. 4, Teil 3 (5. Aufl. 2024), Vorbem. (Vor § 1) Rn. 8.

[161] *Dornis*, in: BeckOGK Internationales Gesellschaftsrecht, Internationales und europäisches Finanzmarktrecht (Stand: 1. November 2022), Rn. 67; s. auch *Veil*, in: Veil (Hrsg.), Europäisches und deutsches Kapitalmarktrecht (3. Aufl. 2022), § 2 Rn. 11.

[162] *Veil*, in: Veil (Hrsg.), Europäisches und deutsches Kapitalmarktrecht (3. Aufl. 2022), § 2 Rn. 12; *Mülbert/Sajnovits*, Vertrauen und Finanzmarktrecht, ZfPW 2016, 1 (6).

[163] *Mülbert/Sajnovits*, Vertrauen und Finanzmarktrecht, ZfPW 2016, 1 (6).

[164] *Mülbert/Sajnovits*, Vertrauen und Finanzmarktrecht, ZfPW 2016, 1 (6).

[165] *Mülbert/Sajnovits*, Vertrauen und Finanzmarktrecht, ZfPW 2016, 1 (6).

[166] *Veil*, in: Veil (Hrsg.), Europäisches und deutsches Kapitalmarktrecht (3. Aufl. 2022), § 2 Rn. 12.

Im Rahmen des Regelungsziels „Anlegerschutz“ wird zwischen dem institutionellen und dem individuellen Schutz unterschieden.[167] Während Ersterer den Schutz der Anleger in ihrer Gesamtheit (sog. „Anlegerpublikum“) bezweckt, zielt Letzterer darauf ab, Einzelpersonen zu ermöglichen, sich unmittelbar auf einen Verstoß gegen geltende Vorschriften zu berufen.[168]

c) Sicherung der Finanzsystemstabilität

Als Finanzsystemstabilität kann ein Zustand des Finanzsystems definiert werden, in dem über einen längeren Zeitraum eine effiziente Ressourcenallokation erfolgt, Finanzrisiken relativ genau erkannt und vernünftig bewertet werden, und in dem interne und externe Schocks durch Eigenkorrekturmechanismen überwunden werden, ohne dass die Realwirtschaft darunter leidet.[169]

Das Regelungsziel, die Finanzsystemstabilität zu sichern, kann nicht isoliert von den beiden anderen dargelegten Regelungszielen betrachtet werden. Werden Anleger beispielsweise aufgrund unzureichender Transparenzvorschriften nicht hinreichend geschützt, kann dies die Entstehung von Informationsasymmetrien und einen erheblichen Verlust an Vertrauen in funktionierende Finanzmärkte (z.B. Vertrauen, dass entscheidungsrelevante Informationen offengelegt werden) verursachen.[170] Ein Vertrauensverlust könnte unter bestimmten Umständen sogar ein Marktversagen, welches mit Mitteln des Finanzmarktrechts gerade verhindert werden sollte, zur Folge haben.[171]

2. Förderung eines nachhaltigen Finanzwesens

Anknüpfend an die allgemeinen Regelungsziele des europäischen Finanz- und Kapitalmarktrechts kann nun der Frage nachgegangen werden, welche Ziele auf europäischer Ebene mit der Förderung eines nachhaltigen Finanzwesens verfolgt werden. Die europäische Kommission betont im Rahmen der Begründung der europäischen *Sustainable-Finance*-Strategie, dass Maßnahmen zur Umsetzung dieser Strategie dazu beitragen sollen, dass die SDGs und Pariser Klimaschutzziele verwirklicht werden.[172] Dies legt die Vermutung nahe, dass die Verwirklichung der globalen Nachhaltigkeitsziele als *eigenständiges* Regelungsziel des

[167] *Dornis*, in: BeckOGK Internationales Gesellschaftsrecht, Internationales und europäisches Finanzmarktrecht (Stand: 1. November 2022), Rn. 68 f.
[168] *Seiler/Geier*, in: Ellenberger/Bunte (Hrsg.), Bankrechts-Handbuch, Bd. I (6. Aufl. 2022), § 83 Rn. 79; s. auch *Buck-Heeb*, Kapitalmarktrecht (13. Aufl. 2023), § 1 Rn. 11 ff.
[169] *Veil*, in: Veil (Hrsg.), Europäisches und deutsches Kapitalmarktrecht (3. Aufl. 2022), § 2 Rn. 19.
[170] Hierzu *Veil*, in: Veil (Hrsg.), Europäisches und deutsches Kapitalmarktrecht (3. Aufl. 2022), § 2 Rn. 12.
[171] *Dornis*, in: BeckOGK Internationales Gesellschaftsrecht, Internationales und europäisches Finanzmarktrecht (Stand: 1. November 2022), Rn. 64, 69.1.
[172] S. Kapitel 2, A. I. 1. a) und Kapitel 2, B. I.

europäischen Finanz- und Kapitalmarktrechts begriffen werden soll.[173] Allerdings beschreibt die EU-Kommission auch regelmäßig den Zusammenhang zwischen Nachhaltigkeit und Finanzsystemstabilität. Hierdurch fügt sie Nachhaltigkeit in gewisser Weise in die tradierten Regelungsziele des Finanz- und Kapitalmarktrechts ein.[174]

a) Verwirklichung globaler Nachhaltigkeitsziele als eigenständiges Regelungsziel

Ohne eine Umlenkung privaten Kapitals in nachhaltige Investitionen – also Investitionen, die zur Erreichung der globalen Nachhaltigkeitsziele beitragen – lassen sich die globalen Nachhaltigkeitsziele nicht verwirklichen. Die finanziellen Ressourcen, die zur Verwirklichung der SDGs und Pariser Klimaschutzziele eingesetzt werden müssen, übersteigen die öffentlichen Haushaltsmittel erheblich. Aus einem Bericht der *United Nations Sustainable Development Group* (UNSDG)[175] von 2018 geht hervor, dass die Verwirklichung der SDGs schätzungsweise Investitionen in Höhe von jährlich 3,3 bis 4,5 Billionen USD erfordert.[176] Im *Special Report 2015* des Weltklimarates IPCC (*Intergovernmental Panel on Climate Change*) ist von Investitionen in Höhe von jährlich durchschnittlich 2,4 Billionen USD allein im Energiebereich, um die Erderwärmung auf 1,5 °C entsprechend dem Klimaschutzabkommen von Paris begrenzen zu können, die Rede.[177] Die *Organisation for Economic Co-operation and Development* (OECD) geht in einem Bericht mit dem Titel *Investing in Climate, Investing in Growth* aus dem Jahr 2017 davon aus, dass zwischen 2016 und 2030 allein im Infrastrukturbereich (z.B. Verkehrs- und Energiebereich) Investitionen in Höhe von jährlich mehr als sechs Billionen USD erforderlich (gewesen) wären, um mit einer Wahrscheinlichkeit von 66 % die Erderwärmung auf 2 °C gegenüber dem vorindustriellen Niveau begrenzen zu können.[178] Außerdem besteht großer Bedarf an Investitionen in soziale Projekte. Dieser Bedarf

---

[173] S. hierzu auch *Möllers*, Green Deal: Greenwashing, Information Overload und der vergessene Good Corporate Citizen als Investor, ZHR 185 (2021), 881 (893 f.).

[174] S. auch *Veil*, in: Veil (Hrsg.), Deutsches und europäisches Kapitalmarktrecht (3. Aufl. 2022), § 2 Rn. 22.

[175] Bei der UNSDG handelt es sich um einen Zusammenschluss von 37 Fonds, Programmen, Sonderorganisationen, Abteilungen und Büros der UN, die gemeinsam einen Beitrag zu einer nachhaltigen Entwicklung leisten sollen, s. *United Nations Sustainable Development Group*, UN Sustainable Development Group, https://unsdg.un.org/ (letzter Abruf: 26. März 2026).

[176] *United Nations*, Unlocking SDG Financing: Good Practices from Early Adopters (2018), S. 3, https://unsdg.un.org/sites/default/files/Unlocking-SDG-Financing-Good-Practices-Early-Adopters.pdf (letzter Abruf: 26. März 2026).

[177] *Intergovernmental Panel on Climate Change*, Special Report 2015, Summary for Policymakers, S. 22, https://www.ipcc.ch/site/assets/uploads/sites/2/2022/06/SPM_version_report_LR.pdf (letzter Abruf: 26. März 2026).

[178] *OECD*, Investing in Climate, Investing in Growth (2017), S. 28, abrufbar unter: https://www.oecd.org/env/investing-in-climate-investing-in-growth-9789264273528-en.htm (letzter Abruf: 26. März 2026). Die Wahrscheinlichkeit von 66 % zur Einhaltung des 2 °C-Ziels hat die OECD einem Bericht der *International Energy Agency* (IEA) aus dem Jahr 2017 entnommen, s. *International Energy Agency*, World Energy Outlook 2017, https://iea.blob.core.windows.net/assets/4a50d774-5e8c-457e-bcc9-513357f9b2fb/World_Energy_Outlook_2017.pdf (letzter Abruf: 26. März 2026).

ist durch den Krieg in der Ukraine und die Folgen der Covid-19-Pandemie, die für extreme soziale Not verantwortlich sind, weiter gestiegen. Die Pandemie hat beispielsweise dazu geführt, dass allein im Jahr 2020 die absolute Zahl an Menschen, die von 1,90 USD täglich leben müssen, auf bis zu 115 Millionen gestiegen ist.[179] Im selben Jahr wurde ein Rückgang des *Human Development Index* (HDI) verzeichnet – erstmals seit dessen Implementierung durch die UN im Jahr 1990.[180]

Dieser enorme Investitionsbedarf verlangt eine Umlenkung privaten Kapitals in nachhaltige Investitionen. Dies kann gelingen, indem Finanzdienstleistungs- und Kreditinstitute durch gezielte Rechtsakte dazu angehalten werden, Nachhaltigkeitsbelangen mehr Gewicht zu verleihen. Finanzdienstleistungs- und Kreditinstitute spielen eine entscheidende Rolle in der Finanzierungspraxis von Unternehmen der Realwirtschaft. Sie treffen Entscheidungen darüber, in welche Unternehmen investiert bzw. unter welchen Voraussetzungen und in welcher Höhe ein Kredit vergeben werden soll. Der Finanzsektor hat sich von einem der Realwirtschaft *dienenden* zu einem die Realwirtschaft zunehmend *dominierenden* Wirtschaftssektor gewandelt.[181] Wird nachhaltigkeitsfördernden Projekten und Wirtschaftstätigkeiten im Rahmen dieser Entscheidungen ein besonderer Stellenwert eingeräumt, kann sich dies verhaltenssteuernd auf realwirtschaftlich handelnde Unternehmen dahingehend auswirken, dass diese ihre Tätigkeiten stärker an einer nachhaltigen Entwicklung ausrichten.[182] Rechtsakte, die den Finanzsektor zu einer stärkeren Einbeziehung von Nachhaltigkeitserwägungen in Entscheidungsprozesse zwingen, können also die erwünschte „nachhaltige Transformation" der (Real-)Wirtschaft fördern.

Vor diesem Hintergrund kann durch die Umsetzung der europäischen *Sustainable-Finance*-Strategie die immer beliebter werdende Praxis der „nachhaltigen Finanzierung"[183] reguliert und

[179] *Yonzan/Lakner/Gerszon Mahler/Castaneda Aguilar/Wu*, The impact of COVID-19 on global poverty under worsening growth and inequality (2020), https://blogs.worldbank.org/opendata/impact-covid-19-global-poverty-under-worsening-growth-and-inequality (letzter Abruf: 26. März 2026); zu aktuellen sozialen und ökologischen Herausforderungen s. auch *World Economic Forum*, Global Risks Report 2026 (2026), https://reports.weforum.org/docs/WEF_Global_Risks_Report_2026.pdf (letzter Abruf: 26. März 2026).

[180] Die Tabelle mit den Entwicklungen des HDI ist abrufbar unter: https://hdr.undp.org/data-center/documentation-and-downloads (letzter Abruf: 26. März 2026).

[181] *Mittwoch*, Nachhaltigkeit und Unternehmensrecht (2022), S. 192.

[182] Hierzu *Filipiak*, Interdependencies Between Sustainable Financial Market and Sustainable Business, in: Ziolo/Escrig-Olmedo/Lozano (Hrsg.), Fostering Sustainable Business Models through Financial Markets (2022), S. 35; s. auch *Bueren*, Sustainable Finance, ZGR 48 (2019), 813 (820 f.); näher zu „grüner" und „nachhaltiger" Kreditfinanzierung *Kropf*, Aktuelle vertragsrechtliche und regulatorische Entwicklungen zu Grünen und Nachhaltigen Kreditfinanzierungen, WM 2022, 162.

[183] „Nachhaltige Finanzierung" wird deshalb in Anführungszeichen gesetzt, weil im Rahmen dieser Arbeit nicht abschließend beurteilt werden soll und kann, ob die rechtswissenschaftliche Literatur und die Praxis dem integrierten Begriffsverständnis von Nachhaltigkeit bei Gebrauch des Begriffs „nachhaltige Finanzierung" tatsächlich Rechnung tragen oder ob „nachhaltige Finanzierung" synonym für „soziale Finanzierung" oder „grüne Finanzierung" verwendet wird.

gestärkt werden. Von einer „nachhaltigen Finanzierung“ ist die Rede, wenn ökologische oder soziale Kriterien in die Entscheidungsfindung über Finanzinstrumente einbezogen werden.[184] Grundsätzlich lassen sich zwei Kategorien von „nachhaltigen Finanzierungen“ unterscheiden. Zum einen können Finanzmittel zur Verwirklichung eines konkreten Projekts zur Verfügung gestellt werden (z.B. zweckgebundene Darlehen oder Anleihen).[185] Ökologische oder soziale Kriterien können zum anderen in die Finanzierung einbezogen werden, ohne dass ein spezifischer Verwendungszweck der Finanzmittel im Vordergrund steht.[186] Die Finanzmittel werden in diesem Fall beispielsweise für einen generellen Unternehmenszweck oder für einen breiteren Verwendungszweck zur Verfügung gestellt.[187] Gleichzeitig wird vereinbart, dass (unabhängig vom konkreten Verwendungszweck der Finanzmittel) bestimmte ökologische oder soziale Ziele über die Laufzeit der Finanzierung erreicht werden müssen.[188]

b) Verhältnis von Nachhaltigkeit zu den tradierten Regelungszielen des Finanz- und Kapitalmarktrechts

Die Förderung eines nachhaltigen Finanzwesens soll nicht nur der Verwirklichung der globalen Nachhaltigkeitsziele, sondern auch der Funktionsfähigkeit von Finanz- und Kapitalmärkten und der Finanzsystemstabilität insgesamt dienen. Rechtsakte, die Finanzdienstleistungs- und Kreditinstitute zu einer stärkeren Berücksichtigung von Nachhaltigkeitsaspekten bewegen, werden grundsätzlich auch den tradierten Regelungszielen des Finanz- und Kapitalmarktrechts gerecht. Dies ergibt sich aus dem zunehmend zu verzeichnenden Wunsch von Anlegern, ökologische und soziale Aspekte in Investitionsentscheidungsprozesse einzubeziehen,[189] sowie aus den Nachhaltigkeits*risiken*, von denen Unternehmen immer stärker betroffen sind.

aa) Publizitätsvorschriften zum Abbau von Informationsasymmetrien

Sowohl private als auch institutionelle Anleger beziehen ökologische und soziale Aspekte immer stärker in Investitionsentscheidungen ein. Allerdings ist die Beurteilung der Nachhaltigkeit einer Investition oftmals mit erheblichen Schwierigkeiten verbunden. Dies folgt

---

[184] *Reudelhuber/Baldwin*, Nachhaltige Finanzierungen – schon ein Standard oder noch ein Trend?, ESG 2022, 69 (69).
[185] *Reudelhuber/Baldwin*, Nachhaltige Finanzierungen – schon ein Standard oder noch ein Trend?, ESG 2022, 69 (70).
[186] *Reudelhuber/Baldwin*, Nachhaltige Finanzierungen – schon ein Standard oder noch ein Trend?, ESG 2022, 69 (70 f.).
[187] *Reudelhuber/Baldwin*, Nachhaltige Finanzierungen – schon ein Standard oder noch ein Trend?, ESG 2022, 69 (69).
[188] Hierzu *Reudelhuber/Baldwin*, Nachhaltige Finanzierungen – schon ein Standard oder noch ein Trend?, ESG 2022, 69 (69).
[189] Hierzu *Forum Nachhaltige Geldanlagen*, Pressemitteilung vom 9. Juni 2022, FNG-Marktbericht 2022, https://www.forum-ng.org/de/neuigkeiten/artikel/pressemitteilung-fng-marktbericht-2022-deutschland (letzter Abruf: 26. März 2026).

zum einen daraus, dass Außenstehende keinen Einblick in unternehmensinterne Abläufe und Strukturen (z.B. einer Kapitalverwaltungsgesellschaft) haben. Zum anderen sind Finanzprodukte häufig komplex strukturiert, deren Vermögenswerte sind in der Regel in eine Vielzahl von Unternehmen verschiedenster Sektoren investiert. Insbesondere private Anleger sind deshalb darauf angewiesen, dass ihnen Informationen, anhand derer sie die „Nachhaltigkeitsleistung“ eines Finanzprodukts beurteilen können, zur Verfügung gestellt werden. Informationsasymmetrien müssen abgebaut werden, um die Funktionsfähigkeit der Märkte und die Finanzsystemstabilität nicht zu gefährden.[190]

Das Mittel der Publizität durch gesetzliche Vorschriften hat sich zu einem der bedeutendsten Regulierungskonzepte des Finanz- und Kapitalmarktrechts entwickelt.[191] Offenlegungs- und Berichterstattungspflichten werden in der Regel denjenigen auferlegt, die anlageentscheidungsrelevante Informationen am kostengünstigsten zur Verfügung stellen können (Stichwort: Informationseffizienz und Senkung von Transaktionskosten).[192] Dass Informationsasymmetrien adverse Selektion und einen Verlust an Vertrauen in funktionierende Märkte begünstigen, wird eindrücklich in dem 1970 von *George A. Akerlof* veröffentlichten Werk *„Market for Lemons“* geschildert.[193] *George A. Akerlof* beschreibt in diesem Werk, dass die Nachfrageseite, die sich kein verlässliches Bild von der Qualität eines Produkts machen könne, dem ökonomisch rationalen, opportunistischen Verhalten der Anbieter von Produkten ausgesetzt sei.[194] Dies führe in der Regel zu einer Verbreitung qualitativ minderwertiger Produkte.[195] Im Falle eines Bekanntwerdens der Informationsasymmetrien und der Qualitätsmängel sinke auch die Zahlungsbereitschaft der Nachfrageseite.[196] Hierdurch würden qualitativ adäquate Angebote vom Markt verdrängt.[197] Die Überlegungen von *George A. Akerlof*, der als Beispiel den Automobilmarkt heranzieht, lassen sich auch auf den Finanzmarkt

[190] S. auch *Möllers*, Green Deal: Greenwashing, Information Overload und der vergessene Good Corporate Citizen als Investor, ZHR 185 (2021), 881 (894 f.).
[191] Ausführlich zur Publizität als Regulierungskonzept und zu anderen Regulierungskonzepten *Veil*, in: Veil (Hrsg.), Europäisches und deutsches Kapitalmarktrecht (3. Aufl. 2022), § 2 Rn. 25 ff.
[192] Zur Bedeutung von Informationseffizienz im Rahmen der Regelungsziele des europäischen Finanz- und Kapitalmarktrechts s. A. III. 1. a); ausführlich zu Publizitätsvorschriften *Brinckmann*, in: Veil (Hrsg.), Europäisches und deutsches Kapitalmarktrecht (3. Aufl. 2022), § 16.
[193] *Akerlof*, Market for „Lemons“: Quality Uncertainty and the Market Mechanism, The Quarterly Journal of Economics 84 (1970), 488.
[194] *Akerlof*, Market for „Lemons“: Quality Uncertainty and the Market Mechanism, The Quarterly Journal of Economics 84 (1970), 488 (489 ff.).
[195] *Akerlof*, Market for „Lemons“: Quality Uncertainty and the Market Mechanism, The Quarterly Journal of Economics 84 (1970), 488 (489 ff.).
[196] *Akerlof*, Market for „Lemons“: Quality Uncertainty and the Market Mechanism, The Quarterly Journal of Economics 84 (1970), 488 (489 ff.).
[197] S. auch *Dornis*, BeckOGK Internationales Gesellschaftsrecht, Internationales und europäisches Finanzmarktrecht (Stand: 1. November 2022), Rn. 50.

übertragen.[198] Anleger müssen in der Lage sein, die „Nachhaltigkeitsleistung" eines Finanzprodukts beurteilen zu können.

Der europäische Gesetzgeber hat Unternehmen sowohl der Finanz- als auch der Realwirtschaft nachhaltigkeitsbezogene Offenlegungs- und Berichterstattungspflichten auferlegt.[199] Angesichts des steigenden Interesses, ökologische und soziale Aspekte im Rahmen von Investitionsentscheidungsprozessen zu berücksichtigen, fügen sich nachhaltigkeitsbezogene Transparenzvorschriften problemlos in die tradierten Regelungsziele des Finanz- und Kapitalmarktrechts ein.[200]

bb) Nachhaltigkeitsrisiken als finanzielle Risiken

Die Identifizierung und Bewertung von *Risiken* durch Finanzdienstleistungs- und Kreditinstitute im Rahmen ihrer Geschäftstätigkeit ist für die Sicherung der Finanzsystemstabilität von hoher Relevanz. Aus diesem Grund finden sich in zahlreichen Rechtsordnungen umfangreiche Vorschriften, die im europäischen Raum oftmals auf EU-Rechtsakten beruhen und den Umgang mit Risiken regeln.[201]

Als Risiko kann allgemein die (positive oder negative) Auswirkung von Unsicherheit auf die Fähigkeit einer Organisation, ihre Ziele zu erreichen, definiert werden.[202] Bei den Risiken, mit denen sich Finanzdienstleistungs- und Kreditinstitute prinzipiell befassen, handelt es sich um „klassische" Kredit-, Liquiditäts- und Marktrisiken (z.B. Zins- und Transaktionsrisiken) sowie um operationale Risiken, die sich z.B. aus ineffizienten internen Kontrollen oder einer inadäquaten technischen Infrastruktur ergeben können.[203] Risiken werden regelmäßig im Rahmen eines Risikomanagementsystems, zu dessen Einrichtung Finanzdienstleistungs- und Kreditinstitute grundsätzlich gesetzlich verpflichtet sind, ermittelt und bewertet.

Neben diesen „klassischen", häufig als „finanziell" bezeichneten Risiken treten sog. Nachhaltigkeitsrisiken immer stärker in das Blickfeld von Finanzdienstleistungs- und

---

[198] *Dornis*, in: BeckOGK Internationales Gesellschaftsrecht, Internationales und europäisches Finanzmarktrecht (Stand: 1. November 2022), Rn. 51 ff.; grundlegend zur Bedeutung nationaler Schutzvorschriften für Anleger *Grundmann*, Deutsches Anlegerschutzrecht in internationalen Sachverhalten, RabelsZ 54 (1990), 283.

[199] Hierzu ausführlich B. I.

[200] S. auch *Veil*, in: Burgi/Möslein (Hrsg.), Zertifizierung nachhaltiger Kapitalgesellschaften (2021), § 14 S. 341 f. ; dass Transparenzvorschriften nicht nur eine Informations-, sondern auch eine Regulierungsfunktion zukommt, wird an späterer Stelle thematisiert, s. B. I. 2.

[201] Hierzu insbesondere bezüglich Kreditinstituten *Kumpan/Misterek*, Nachhaltigkeitsrisiken für Kreditinstitute, ZBB 2023, 1.

[202] *Kluza/Kluza*, Interdependencies Between Sustainable Financial Market and Sustainable Business, in: Ziolo/Escrig-Olmedo/Lozano (Hrsg.), Fostering Sustainable Business Models through Financial Markets (2022), S. 1 (1 ff.).

[203] Ausführlich zu verschiedenen Risikokategorien *Kluza/Kluza*, Interdependencies Between Sustainable Financial Market and Sustainable Business, in: Ziolo/Escrig-Olmedo/Lozano (Hrsg.), Fostering Sustainable Business Models through Financial Markets (2022), S. 1 (1 ff.).

Kreditinstituten.[204] Dem Umstand, dass Nachhaltigkeitsrisiken nicht streng von den „klassischen“ Risikokategorien getrennt werden können, ist sich auch die BaFin bewusst. Diese hat im Jahr 2019 ein Merkblatt zum Umgang mit Nachhaltigkeitsrisiken veröffentlicht.[205] Auch der europäische Gesetzgeber hat die Unterscheidung zwischen „finanziellen“ und „nicht-finanziellen“ Risiken inzwischen aufgegeben und den Begriff der „nicht-finanziellen Risiken“ durch den Begriff der „Nachhaltigkeitsrisiken“ ersetzt.[206] Der Zusammenhang zwischen „klassischen“ Risiken und Nachhaltigkeitsrisiken wird bei einer näheren Betrachtung einzelner Nachhaltigkeitsrisiken deutlich.

Eine Legaldefinition von Nachhaltigkeitsrisiken ist in Art. 2 Nr. 22 der VO (EU) 2019/2088 (Offenlegungs-VO)[207] zu finden. Demnach handelt es sich dabei um Ereignisse oder Bedingungen in den Bereichen Umwelt, Soziales oder Unternehmensführung, deren Eintreten tatsächlich oder potenziell wesentliche negative Auswirkungen auf den Wert der Investition haben könnte. In den technischen Regulierungsstandards (s. Delegierte VO (EU) 2022/1288[208]), die auf Grundlage der Offenlegungs-VO erlassen worden sind, finden sich konkretere Ausführungen zu den drei Bereichen. Auch in Art. 1 des CRR-III-Entwurfs ist eine Definition von Umwelt-, Sozial- und Governance-Risiken enthalten.[209]

---

[204] Zur Entwicklung der Bedeutung bestimmter Risikofaktoren s. *Kluza/Kluza*, Interdependencies Between Sustainable Financial Market and Sustainable Business, in: Ziolo/Escrig-Olmedo/Lozano (Hrsg.), Fostering Sustainable Business Models through Financial Markets (2022), S. 1 (8 ff.); s. auch *Gadow/Hartmann/Lienland/Bruhn*, Berücksichtigung von ESG-Risiken im Rahmen der Kreditvergabe und -überwachungsprozesse von Finanzinstituten, DB 2023, 564.

[205] *Bundesanstalt für Finanzdienstleistungsaufsicht (BaFin)*, Merkblatt zum Umgang mit Nachhaltigkeitsrisiken (2019), abrufbar unter: https://www.bafin.de/SharedDocs/Downloads/DE/Merkblatt/dl_mb_Nachhaltigkeitsrisiken.html (letzter Abruf: 26. März 2026).

[206] S. Erwägungsgrund 8 der CSRD; ausführlich zur CSRD s. B. I. 4. b).

[207] Verordnung (EU) 2019/2088 des Europäischen Parlaments und des Rates vom 27. November 2019 über nachhaltigkeitsbezogene Offenlegungspflichten im Finanzdienstleistungssektor.

[208] Delegierte Verordnung (EU) 2022/1288 der Kommission vom 6. April 2022 zur Ergänzung der Verordnung (EU) 2019/2088 des Europäischen Parlaments und des Rates im Hinblick auf technische Regulierungsstandards zur Festlegung der Einzelheiten des Inhalts und der Darstellung von Informationen in Zusammenhang mit dem Grundsatz der Vermeidung erheblicher Beeinträchtigungen, des Inhalts, der Methoden und der Darstellung von Informationen in Zusammenhang mit Nachhaltigkeitsindikatoren und nachteiligen Nachhaltigkeitsauswirkungen sowie des Inhalts und der Darstellung von Informationen in Zusammenhang mit der Bewerbung ökologischer oder sozialer Merkmale und nachhaltiger Investitionsziele in vorvertraglichen Dokumenten, auf Internetseiten und regelmäßigen Berichten.

[209] Nach Art. 1 des CRR-III-Entwurfs soll in Art. 4 Abs. 1 der Verordnung (EU) Nr. 575/2013 die Nummer 52d eingefügt werden, in der „ESG-Risiko“ als das Risiko von Verlusten aufgrund negativer finanzieller Auswirkungen, die sich für das Institut aus den derzeitigen oder künftigen Auswirkungen von ESG-Faktoren auf die Gegenparteien oder die angelegten Vermögenswerte des Instituts ergeben, definiert werden soll, s. *Europäische Kommission*, Vorschlag für eine Verordnung des Europäischen Parlaments und des Rates zur Änderung der Verordnung (EU) Nr. 575/2013 im Hinblick auf Vorschriften für das Kreditrisiko, das Risiko einer Anpassung der Kreditbewertung, das operationelle Risiko, das Marktrisiko und die Eigenmitteluntergrenze (Output-Floor), COM(2021) 664 final, S. 56. Dieser Verordnungsvorschlag wurde nach Einreichung dieser Dissertation an der Philipps-Universität Marburg durch Erlass der Verordnung (EU) 2024/1623 umgesetzt.

*Umwelt*risiken werden grundsätzlich in „physische" und „transitorische" Risiken unterteilt.[210] „Physische" Risiken sind solche, die sich aus den Auswirkungen von physischen Effekten von Umweltfaktoren ergeben können.[211] Solchen Risiken dürften Finanzdienstleistungs- und Kreditinstitute eher selten *unmittelbar* ausgesetzt sein. Durch ihre laufenden und intensiven Beziehungen zu Unternehmen der Realwirtschaft sind die *mittelbaren* Risiken jedoch beachtlich. Die insbesondere für den Versicherungssektor möglicherweise relevant werdenden Schäden, die bei ungehindertem Fortschreiten der globalen Erderwärmung durch Klimarisiken entstehen könnten, werden beispielsweise in einem Bericht vom *CRO Forum* auf 550 Billionen USD beziffert.[212] „Transitorische Risiken" hingegen bestehen im Zusammenhang mit der Umstellung auf eine kohlenstoffarme Wirtschaft, wenn beispielsweise politische Maßnahmen eine Verteuerung fossiler Energieträger zur Folge haben.[213]

*Sozial*risiken resultieren insbesondere aus den Bereichen Menschenrechte, Gesundheit, arbeitsrechtliche Standards und Diversität. Als Orientierungshilfe zur Auswahl relevanter und im Rahmen des Risikomanagements zu berücksichtigender Aspekte können die „Europäische Säule Sozialer Rechte" sowie die erste und dritte Tabelle des ersten Anhangs der Delegierten VO (EU) 2022/1288 (mit Verweisen auf europäische und internationale Rahmenwerke) herangezogen werden.[214]

---

[210] S. hierzu den Vorschlag der EU-Kommission bezüglich der Einfügung der Nummern 52e, 52f und 52g in Art. 4 Abs. 1 der Verordnung (EU) Nr. 575/2013, *Europäische Kommission*, Vorschlag für eine Verordnung des Europäischen Parlaments und des Rates zur Änderung der Verordnung (EU) Nr. 575/2013 im Hinblick auf Vorschriften für das Kreditrisiko, das Risiko einer Anpassung der Kreditbewertung, das operationelle Risiko, das Marktrisiko und die Eigenmitteluntergrenze (Output-Floor), COM(2021) 664 final, S. 56 f.; s. auch die nach Einreichung dieser Dissertation an der Philipps-Universität Marburg eingefügten Nummern 52e, 52f und 52g des Art. 4 Abs. 1 der Verordnung (EU) Nr. 575/2013; s. auch *Bundesanstalt für Finanzdienstleistungsaufsicht (BaFin)*, Merkblatt zum Umgang mit Nachhaltigkeitsrisiken (2019), S. 14.

[211] S. hierzu den Vorschlag der EU-Kommission bezüglich der Einfügung der Nummer 52f in Art. 4 Abs. 1 der Verordnung (EU) Nr. 575/2013, *Europäische Kommission*, Vorschlag für eine Verordnung des Europäischen Parlaments und des Rates zur Änderung der Verordnung (EU) Nr. 575/2013 im Hinblick auf Vorschriften für das Kreditrisiko, das Risiko einer Anpassung der Kreditbewertung, das operationelle Risiko, das Marktrisiko und die Eigenmitteluntergrenze (Output-Floor), COM(2021) 664 final, S. 57; s. auch die nach Einreichung dieser Dissertation an der Philipps-Universität Marburg eingefügte Nummer 52f des Art. 4 Abs. 1 der Verordnung (EU) Nr. 575/2013; s. auch *Bundesanstalt für Finanzdienstleistungsaufsicht (BaFin)*, Merkblatt zum Umgang mit Nachhaltigkeitsrisiken (2019), S. 14.

[212] *CRO Forum*, The heat is on, Insurability and Resilience in a Changing Climate (2019), S. 14, https://www.thecroforum.org/wp-content/uploads/2019/01/CROF-ERI-2019-The-heat-is-on-Position-paper-1.pdf (letzter Abruf: 26. März 2026).

[213] S. hierzu den Vorschlag der EU-Kommission bezüglich der Einfügung der Nummer 52g in Art. 4 Abs. 1 der Verordnung (EU) Nr. 575/2013, *Europäische Kommission*, Vorschlag für eine Verordnung des Europäischen Parlaments und des Rates zur Änderung der Verordnung (EU) Nr. 575/2013 im Hinblick auf Vorschriften für das Kreditrisiko, das Risiko einer Anpassung der Kreditbewertung, das operationelle Risiko, das Marktrisiko und die Eigenmitteluntergrenze (Output-Floor), COM(2021) 664 final, S. 57; s. auch die nach Einreichung dieser Dissertation an der Philipps-Universität Marburg eingefügte Nummer 52g des Art. 4 Abs. 1 der Verordnung (EU) Nr. 575/2013.

[214] S. hierzu *Kumpan/Misterek*, Nachhaltigkeitsrisiken für Kreditinstitute, ZBB 2023, 1 (11 f.).

Schließlich spielen im Rahmen der Identifizierung und Bewertung von Governance-Risiken Aspekte einer verantwortungsvollen Unternehmensführung eine Rolle (z.B. Compliance).[215]

Da Nachhaltigkeitsrisiken die „klassischen" Risikokategorien erheblich beeinflussen und im Interesse funktionierender Finanz- und Kapitalmärkte ermittelt und bewertet werden müssen, lassen sich auch europäische Rechtsakte, die auf eine transparente Berücksichtigung von Nachhaltigkeitsrisiken durch Finanzdienstleistungs- und Kreditinstitute abzielen, in die tradierten Regelungsziele des Finanz- und Kapitalmarktrechts einordnen.

3. Zwischenfazit

Eine nähere Auseinandersetzung mit den Zielen, die mit der Förderung eines nachhaltigen Finanzwesens mittels rechtlicher Regulierung verfolgt werden, ist notwendig, um die breite Akzeptanz und Unterstützung bestimmter Rechtsakte zu fördern. Die Verwirklichung der globalen Nachhaltigkeitsziele *kann*, *muss* aber nicht als eigenständiges Regelungsziel des europäischen Finanz- und Kapitalmarktrechts verstanden werden. Bei einer genaueren Betrachtung der tradierten Regelungsziele finanz- und kapitalmarktrechtlicher Vorschriften wird deutlich, dass sich die Ziele der Förderung eines nachhaltigen Finanzwesens in die tradierten Regelungsziele einfügen lassen. Dieser Zusammenhang verdeutlicht, dass eine nachhaltige Entwicklung im Interesse funktionierender und stabiler Finanz- und Kapitalmärkte dringend erforderlich ist.

IV. Zertifizierung nachhaltiger Finanzprodukte als Steuerungsinstrument

Der europäische Gesetzgeber ordnet die Zertifizierung nachhaltiger Finanzprodukte als ein geeignetes Instrument zur Förderung eines nachhaltigen Finanzwesens ein.[216] Ob und unter welchen Voraussetzungen das Instrument der Zertifizierung tatsächlich geeignet ist, Kapitalströme in Richtung Verwirklichung der globalen Nachhaltigkeitsziele umzulenken, ist Gegenstand der folgenden Ausführungen. Dabei stehen der Begriff der Zertifizierung, der Begriff des Finanzprodukts und die Frage, welche Funktion der Zertifizierung von Finanzprodukten zukommt, im Vordergrund. Daran anknüpfend kann erörtert werden, worauf bei der Ausgestaltung eines Zertifizierungssystems geachtet werden muss, damit ein solches einen Beitrag zu einem nachhaltigen Finanzwesen leisten kann. Rechtsakte, die zur Förderung eines nachhaltigen Finanzwesens erlassen werden und die Zertifizierung nachhaltiger

---

[215] S. *Kumpan/Misterek*, Nachhaltigkeitsrisiken für Kreditinstitute, ZBB 2023, 1 (12).
[216] *Europäische Kommission*, Aktionsplan: Finanzierung nachhaltigen Wachstums, COM(2018) 97 final, S. 6.

Finanzprodukte betreffen, müssen sich an einem „idealen Zertifizierungssystem" messen lassen.[217]

1. Begriff der Zertifizierung

Eine Definition von Zertifizierung findet sich beispielsweise in der Norm EN ISO 14024. Demnach handelt es sich bei der Zertifizierung um ein Verfahren, nach dessen erfolgreichem Durchlaufen ein „Dritter" schriftlich bestätigt, dass ein Produkt, eine Dienstleistung oder ein Prozess mit festgelegten Anforderungen im Einklang steht.[218] Mit dieser Bestätigung geht in der Regel die Erteilung einer Lizenz zur Verwendung eines Kennzeichens bzw. Labels einher.[219] „Dritter" im Sinne dieser Definition ist jede Person oder Stelle, die als unabhängig von den beteiligten Seiten (in der Regel Anbieter und Abnehmer eines Labels) bezüglich der zu behandelnden Angelegenheiten anerkannt ist.[220]

Bei der Ausgestaltung eines Zertifizierungssystems für nachhaltige Finanzprodukte geht es also darum, ein strukturiertes Verfahren zu entwickeln, um die Einhaltung festgelegter Standards, die sich auf die Verwaltung der Vermögenswerte eines Finanzprodukts beziehen, festzustellen und zu überwachen. Das am Ende eines erfolgreich durchlaufenen Zertifizierungsverfahrens vergebene Label hebt die Einhaltung dieser Standards hervor.

2. Begriff des Finanzprodukts

Der Begriff des Finanzprodukts ist weit zu verstehen und umfasst eine ganze Reihe von Finanzinstrumenten. Bei Finanzinstrumenten handelt es sich um mehr oder weniger komplexe Rechtsprodukte, deren Produktmerkmale durch rechtliche Regelungen oder Vereinbarungen definiert werden.[221] Anbieter von Finanzprodukten (z.B. Banken, Versicherungen und Kapitalanlagegesellschaften) sammeln grundsätzlich Kapital, um es im eigenen oder fremden Namen und auf eigene oder fremde Rechnung zu investieren.[222] Als Gegenleistung werden den Kapitalgeber in der Regel Rechte an einem Finanzprodukt übertragen.[223]

Der Anwendungsbereich eines Zertifizierungssystems sollte weit gefasst sein, um möglichst viele nachhaltige Investitionsmöglichkeiten sichtbar zu machen. Ein besonderes Augenmerk

---

[217] Diese Rechtsakte sind Gegenstand insbesondere des zweiten und vierten Kapitels dieser Arbeit.

[218] *DIN Deutsches Institut für Normierung e.V.*, Umweltmanagement 2, Umweltbezogene Kennzeichnung und Ökobilanzen (3. Aufl. 2024), S. 100; s. auch *Jahn/Schramm/Spiller*, The Reliability of Certification: Quality Labels as a Consumer Policy Tool, Journal of Consumer Policy 28 (2005), 53 (57).

[219] Als Kennzeichen oder Labels werden im Sinne dieser Arbeit nur solche verstanden, die auf einem Zertifizierungssystem beruhen.

[220] *DIN Deutsches Institut für Normierung e.V.*, Umweltmanagement 2, Umweltbezogene Kennzeichnung und Ökobilanzen (3. Aufl. 2024), S. 99.

[221] *Poelzig*, Kapitalmarktrecht (3. Aufl. 2023), § 1 Rn. 5.

[222] *Nastold*, in: Martinek/Semler/Flohr (Hrsg.), Handbuch des Vertriebsrechts (4. Aufl. 2016), § 49 Rn. 32.

[223] *Nastold*, in: Martinek/Semler/Flohr (Hrsg.), Handbuch des Vertriebsrechts (4. Aufl. 2016), § 49 Rn. 32.

sollte auf dem Vermögensverwaltungssektor liegen, der das Potenzial hat, enorme finanzielle Ressourcen in nachhaltige Projekte und Tätigkeiten, die der Verwirklichung der globalen Nachhaltigkeitsziele dienen, zu lenken.[224]

3. Funktion der Zertifizierung

Das Instrument der Zertifizierung zeichnet sich durch eine Informations- und Regulierungsfunktion aus.[225] Labels, die die Übereinstimmung mit den Anforderungen eines Zertifizierungssystems nach außen bestätigen, dienen ganz allgemein der Komplexitätsreduzierung, der Informationsvermittlung und der Vertrauensbildung.[226] Sie sind vor allem dann hilfreich, wenn bestimmte Eigenschaften von Unternehmen, Produkten oder Dienstleistungen mangels Einblick in interne unternehmerische Abläufe und Strukturen nicht ohne Weiteres von außen beurteilt werden können.[227] Auf Märkten, auf denen viele Unternehmen, Produkte und Dienstleistungen mit „verdeckten Eigenschaften" existieren, ist die komplexitätsreduzierende Wirkung von Labels besonders groß.[228] Nachhaltigkeitsbezogene Eigenschaften sind in aller Regel „verdeckt".[229] Verbraucher können z.B. meistens nicht sicher beurteilen, ob eine Ware, die mit einem sozialen Label beworben wird, *tatsächlich* unter Einhaltung bestimmter sozialer Standards hergestellt wurde. Bei solchen Waren handelt es sich deshalb um sog. „Vertrauensgüter".[230]

Das EU-Öko-Siegel dient beispielsweise der Kennzeichnung von Lebensmitteln, die sich durch besonderes hohe ökologische Standards auszeichnen. Art. 11 Abs. 1 der VO (EU) 2018/848 (Ökobasis-VO)[231] sieht vor, dass im Rahmen der Produktion von Lebens- und Futtermitteln keine genetisch veränderten Organismen zum Einsatz kommen dürfen. Personen, die keine Lebensmittel, bei deren Produktion Gentechnik eingesetzt wurde, konsumieren wollen, können

---

224 Zum Anlagevolumen allein in Deutschland *Statista*, Vermögensverwaltung – Deutschland, https://de.statista.com/outlook/fmo/vermoegensverwaltung/deutschland (letzter Abruf: 26. März 2026).

225 S. zur Funktion eines Labels auch *Meyer-Eller*, Label für nachhaltige Investmentfonds (2025), S. 39 ff.

226 *Schnell*, Ökolabel zwischen Greenwashing und Entscheidungshilfe (2020), S. 227.

227 Von „*unobservable quality attributes*" und „*Potemkin attributes*" sprechend *Jahn/Schramm/Spiller*, The Reliability of Certification: Quality Labels as a Consumer Policy Tool, Journal of Consumer Policy 28 (2005), 53 (53 f.).

228 *Schnell*, Ökolabel zwischen Greenwashing und Entscheidungshilfe (2020), S. 227.

229 Die „Nachhaltigkeit unternehmerischen Handelns" als verdeckte Eigenschaft („*hidden characteristic*") eines Unternehmens bezeichnend *Möslein*, in: Burgi/Möslein (Hrsg.), Zertifizierung nachhaltiger Kapitalgesellschaften (2021), § 1 S. 4; *Möslein*, in: Burgi/Möslein (Hrsg.), Zertifizierung nachhaltiger Kapitalgesellschaften (2021), § 15 S. 344; s. auch *Klinger*, Vom Blauen Engel zum Bekleidungsengel? Umweltsiegel als Vorbild staatlicher Zertifizierungen in der Textilindustrie, ZUR 2015, 270 (272).

230 *Crifo/Durand/Gond*, The role of labels in green finance: construction and regulation of a label market in France, Revue d'economie financiere 138 (2020), 209 (210 f.).

231 Verordnung (EU) 2018/848 des Europäischen Parlaments und des Rates vom 30. Mai 2018 über die ökologische/biologische Produktion und die Kennzeichnung von ökologischen/biologischen Erzeugnissen sowie zur Aufhebung der Verordnung (EG) Nr. 834/2007 des Rates.

sich also an dem europäischen Öko-Label orientieren, welches in der Regel eindeutig erkennbar an zertifizierten Produkten angebracht ist.

Komplexitätsreduzierung, Informationsvermittlung und Vertrauensbildung sind für funktionierende Finanz- und Kapitalmärkte entscheidend.[232] Deshalb kommt Zertifizierungssystemen für Finanzprodukte eine besondere Bedeutung zu.[233] Finanzprodukte sind häufig sehr komplex strukturiert. Anlegern ist es deshalb in der Regel nicht möglich, zu beurteilen, ob und inwiefern sich die konkrete Verwaltung von Vermögenswerten eines Finanzprodukts auf die Verwirklichung sozialer und ökologischer Ziele auswirkt. Zu einer solchen Beurteilung sind allenfalls die Anbieter des Finanzprodukts in der Lage. Diese können unternehmens- und produktbezogene Informationen am kostengünstigsten bereitstellen und das Informationsdefizit von Anlegern ausgleichen.[234]

Anbieter von Finanzprodukten können sich in der Regel frei entscheiden, ob sie ein Zertifizierungsverfahren durchlaufen oder nicht. Sie werden also nicht gesetzlich dazu *verpflichtet*, die Anforderungen eines bestimmten Zertifizierungssystems zu erfüllen.[235] Die zunehmende Nachfrage nach nachhaltigen Anlagemöglichkeiten erhöht jedoch die Motivation, ökologischen und sozialen Aspekten im Rahmen der Verwaltung der Vermögenswerte eines Finanzprodukts mehr Gewicht zu verleihen. Zertifizierungssysteme, die glaubwürdig ausgestaltet sind,[236] bieten Anbietern von Finanzprodukten eine Möglichkeit, die nachhaltigen Eigenschaften eines Finanzprodukts nach außen kenntlich zu machen. Insbesondere dann, wenn sich eine Zertifizierung, die auf einem glaubwürdigen Zertifizierungssystem basiert, zu einem Marktstandard etabliert hat, besteht aus Wettbewerbsgesichtspunkten ein Anreiz, die Anforderungen eines Zertifizierungssystems zu erfüllen. Das Instrument der Zertifizierung entfaltet seine (komplexitätsreduzierende, informationsvermittelnde und vertrauensbildende) Wirkung also grundsätzlich über den Hebel von Angebot und Nachfrage.[237] Zertifizierungssysteme setzen vor diesem Hintergrund in gewisser Weise auf die

---

[232] Zu den Regelungszielen des Finanz- und Kapitalmarktrechts s. A. III. 1.

[233] S. auch *Voit*, Nachhaltige Geldanlagen und ihre Bewertung durch Siegel, in: Seidel/Reuse (Hrsg.), Banking & Innovation 2022/2023 (2023), S. 27 (31).

[234] *Möllers*, Green Deal: Greenwashing, Information Overload und der vergessene Good Corporate Citizen als Investor, ZHR 185 (2021), 881 (894 f.) (Unternehmen als „*cheapest cost avoider*").

[235] Zumindest sehen die Zertifizierungssysteme, die im europäischen Raum für verantwortungsbewusst verwaltete Finanzprodukte beantragt werden können, keine Zertifizierungspflicht vor. Einzelne Zertifizierungssysteme werden im dritten Kapitel dieser Arbeit vorgestellt.

[236] Zur Ausgestaltung von Zertifizierungssystemen sogleich, A. IV. 4.

[237] So auch *Mittwoch*, in: Burgi/Möslein (Hrsg.), Zertifizierung nachhaltiger Kapitalgesellschaften (2021), § 4 S. 64 f.

Selbstregulierung der Marktteilnehmer.[238] Die Grenze zwischen Fremd- und Selbstregulierung verschwimmt.[239]

Die verbesserte Sichtbarkeit von Finanzprodukten mit bestimmten Eigenschaften trägt dazu bei, dass mehr finanzielle Ressourcen, die dem Finanz- und Kapitalmarkt zur Verfügung gestellt werden, in Finanzprodukte mit diesen Eigenschaften fließen.[240] Außerdem können Labels das Bewusstsein für die Einbeziehung ökologischer und sozialer Aspekte in Investitionsentscheidungen schärfen.[241] Die vermehrte Konfrontation mit Finanzprodukten, die mit einem bestimmten Label beworben werden, kann die Motivation von Anlegern erhöhen, das eigene Anlageverhalten zu überdenken und sich mit den Möglichkeiten zur Einbeziehung von ökologischen und sozialen Aspekten in Investitionsentscheidungen auseinanderzusetzen.[242]

Die verhaltenssteuernde Wirkung des Instruments der Zertifizierung erstreckt sich auch auf Unternehmen der Realwirtschaft. Diese sind in nicht unerheblichem Umfang auf Finanzmittel, die durch den Finanzsektor bereitgestellt werden, angewiesen.[243] Im Finanzsektor haben sich *Sustainable and Responsible Investment* (SRI)[244] und „nachhaltige Finanzierung" zu einem Trend entwickelt.[245] Dies kommt unter anderem dadurch zum Ausdruck, dass immer mehr Vermögenswerte im Einklang mit den *Principles for Responsible Investment* (PRI) verwaltet werden.[246] Das steigende Interesse, die Vermögenswerte eines Finanzprodukts umwelt- und sozialbewusst zu investieren, geht mit einem steigenden Interesse an dem Erhalt eines Nachhaltigkeitslabels einher. Vor diesem Hintergrund besteht auch für Unternehmen der Realwirtschaft ein Anreiz, in ökologischer und sozialer Hinsicht verantwortungsvoll zu wirtschaften, um beispielsweise in das Portfolio eines Investmentfonds, der mit einem Nachhaltigkeitslabel beworben werden soll, aufgenommen zu werden.

---

[238] S. im Kontext der Zertifizierung von Kapitalgesellschaften *Rast*, in: Burgi/Möslein (Hrsg.), Zertifizierung nachhaltiger Kapitalgesellschaften (2021), § 12 S. 269; s. auch *Möslein*, in: Burgi/Möslein (Hrsg.), Zertifizierung nachhaltiger Kapitalgesellschaften (2021), § 1 S. 25 f.

[239] *Möslein*, in: Burgi/Möslein (Hrsg.), Zertifizierung nachhaltiger Kapitalgesellschaften (2021), § 15 S. 365 f.; s. auch *Mittwoch*, in: Burgi/Möslein (Hrsg.), Zertifizierung nachhaltiger Kapitalgesellschaften (2021), § 4 S. 64 ff.

[240] S. auch Erwägungsgrund 11 der Taxonomie-VO.

[241] S. auch Erwägungsgrund 11 der Taxonomie-VO.

[242] Eine ähnliche verhaltenssteuernde Wirkung entfalten nachhaltigkeitsbezogene Offenlegungs- und Berichterstattungspflichten, hierzu B. I. 2.

[243] S. A. III. 2. a).

[244] SRI kann definiert werden als langfristiger Investmentansatz, der ESG-Faktoren in die Forschungs-, Analyse- und Auswahlprozesse von Wertpapieren in einem Investmentportfolio integriert, s. hierzu *Eurosif*, Promoting sustainability through European financial markets, https://www.eurosif.org/ (letzter Abruf: 26. März 2026).

[245] So *Friede/Busch/Bassen*, ESG and Financial Performance: Aggregated Evidence from More than 2000 Empirical Studies, Journal of Sustainable Finance & Investment 5 (2015), 210.

[246] S. *PRI*, 2022-23 Annual Report, S. 18, https://dwtyzx6upklss.cloudfront.net/Uploads/z/s/n/pri_ar2023_smaller_file_8875.pdf (letzter Abruf: 26. März 2026).

Ob das Instrument der Zertifizierung für sich allein „stark genug" sein kann, um eine nachhaltige Ausrichtung des Finanzwesens herbeizuführen, kann bezweifelt werden.[247] Zertifizierungssysteme für nachhaltige Finanzprodukte können jedoch, abhängig von ihrer konkreten Ausgestaltung, als sinnvolle Ergänzung der Regelungen, die auf eine umfassende Information und Verhaltenssteuerung von Anlegern abzielen, betrachtet werden.[248]

4. Ausgestaltung von Zertifizierungssystemen

Ob durch das Instrument der Zertifizierung von Finanzprodukten Investitionen, die zur nachhaltigen Entwicklung beitragen, tatsächlich gefördert werden können, ist eine Frage der konkreten Ausgestaltung der materiellen und prozeduralen Zertifizierungskriterien eines Zertifizierungssystems.[249] Die Zertifizierung muss insgesamt als glaubwürdiges Indiz dafür, dass Vermögenswerte eines Finanzprodukts tatsächlich nachhaltig investiert sind, wahrgenommen werden.[250] Dabei kann auch eine Rolle spielen, ob ein Zertifizierungssystem durch staatliche Institutionen eingeführt wurde oder rein privater Natur ist.[251]

a) Institutioneller Rahmen

Staatliche Zertifizierungssysteme für Finanzprodukte finden sich beispielsweise in Frankreich (ISR- und GreenFin-Label).[252] Auf europäischer Ebene wurde im Jahr 2016 mit dem EuSEF-Label ein Zertifizierungssystem für „soziale" Finanzprodukte eingeführt.[253] Eine staatliche Gestaltungsform scheint naheliegend, weil die Zertifizierung von Finanzprodukten zum Abbau von Informationsasymmetrien auf Finanz- und Kapitalmärkten beitragen kann. Die Ziele, die mit dem Erlass von Rechtsvorschriften zur Einführung von Zertifizierungssystemen verfolgt werden, lassen sich deshalb hervorragend in die tradierten Regelungsziele des Finanz- und Kapitalmarktrechts einfügen.[254] Private Zertifizierungssysteme beruhen hingegen nicht auf einer gesetzlichen Grundlage.[255]

---

[247] *Diederichsen*, Ein neues Umweltzeichen für Europa, RIW 1993, 224 (224); in Bezug auf die Zertifizierung von Lebensmitteln s. auch *Golan/Kuchler/Mitchell*, Economics of Food Labeling, Journal of Consumer Policy 24 (2001), 117 (119).

[248] Zu anderen Regelungen B. und C.

[249] So in Bezug auf die Zertifizierung nachhaltiger Kapitalgesellschaften *Möslein*, in: Burgi/Möslein (Hrsg.), Zertifizierung nachhaltiger Kapitalgesellschaften (2021), § 1 S. 5.

[250] So in Bezug auf die Zertifizierung nachhaltiger Kapitalgesellschaften *Möslein*, in: Burgi/Möslein (Hrsg.), Zertifizierung nachhaltiger Kapitalgesellschaften (2021), § 1 S. 4; in Bezug auf die Zertifizierung von Lebensmitteln *Jahn/Schramm/Spiller*, The Reliability of Certification: Quality Labels as a Consumer Policy Tool, Journal of Consumer Policy 28 (2005), 53 (54).

[251] Zum institutionellen Rahmen s. auch *Meyer-Eller*, Label für nachhaltige Investmentfonds (2025), S. 62 ff.

[252] Hierzu ausführlich Kapitel 3, B.

[253] Hierzu Kapitel 2, F. I. Ob diese Zertifizierungssysteme tatsächlich geeignet sind, einen Beitrag zu einem nachhaltigen Finanzwesen zu leisten, wird im Kontext der Ausführungen zu diesen Zertifizierungssystemen thematisiert.

[254] S. z.B. Erwägungsgrund 3 der VO (EU) 346/2013 (EuSEF-VO).

[255] *Möslein*, in: Burgi/Möslein (Hrsg.), Zertifizierung nachhaltiger Kapitalgesellschaften (2021), § 1 S. 10.

Ein Vorteil privater Zertifizierungssysteme besteht darin, dass die Zertifizierungskriterien flexibler an Veränderungen und aktuelle Entwicklungen angepasst werden können. Eine solche Anpassung könnte insbesondere deshalb erforderlich werden, weil sich die natur- und geisteswissenschaftliche Forschung zur Operationalisierung des Nachhaltigkeitsbegriffs laufend aktualisiert und weiterentwickelt. Angesichts der Komplexität, die mit der Erarbeitung eines operablen Nachhaltigkeitskonzepts einhergeht, kann ein positiver Wettbewerb zwischen privaten Anbietern von Zertifizierungssystemen um die „nachhaltigkeitsförderndsten" Zertifizierungskriterien entstehen.[256]

In den vergangenen Jahren hat sich jedoch eine enorme Vielzahl von privaten Labels, die zur Kennzeichnung von Finanzprodukten als „grün", „sozial" oder „nachhaltig" beantragt werden können, entwickelt.[257] Diese Labels beruhen teilweise auf sehr unterschiedlichen materiellen und prozeduralen Zertifizierungskriterien.[258] Eine solche Vielfalt hat zur Folge, dass sich Anleger, die nachhaltig investieren wollen, mit vielen verschiedenen Zertifizierungssystemen auseinandersetzen müssen, um Labels zumindest annähernd sinnvoll miteinander vergleichen zu können. Damit ist in der Regel ein hoher Informationsbeschaffungsaufwand verbunden, der insbesondere privaten Anlegern kaum zugemutet werden kann. Ein Übermaß an Informationen (*Information Overload*) kann nicht nur Informationsasymmetrien verstärken, sondern auch die Bedeutung neuer Labels deutlich schmälern.[259]

Ein weiteres Problem besteht darin, dass bei der Festlegung von Zertifizierungskriterien im Rahmen privater Zertifizierungssysteme keine Mindeststandards eingehalten werden müssen. Es ist nicht ausgeschlossen, dass private „Nachhaltigkeitslabels" eingeführt werden, die nachhaltigkeitsschädliche Investitionen kennzeichnen. Beispielsweise könnte die Vergabe eines „Nachhaltigkeitslabels" ausschließlich davon abhängig gemacht werden, dass die Vermögenswerte eines OGAW-Aktienfonds nicht in Unternehmen, die Tätigkeiten im Zusammenhang mit dem Abbau fossiler Brennstoffe ausüben, investiert sein dürfen. In diesem Fall wäre nicht ausgeschlossen, dass sich ein Großteil der Portfoliounternehmen eines gelabelten Fonds anderweitig nachhaltigkeitsschädlich verhält. Die Portfoliounternehmen können z.B. zur Zerstörung von Regenwäldern beitragen oder grundlegende Menschenrechte missachten. Von einem Nachhaltigkeitslabel, welches einen Beitrag zur Förderung nachhaltiger

[256] *Möslein*, in: Burgi/Möslein (Hrsg.), Zertifizierung nachhaltiger Kapitalgesellschaften (2021), § 1 S. 11.

[257] Zur diesbezüglichen Entwicklung insbesondere in Frankreich *Crifo/Durand/Gond*, Le rôle des labels dans la finance verte : construction et régulation d'un marché des labels en France, Revue D'Économie Financière (2020), 209.

[258] S. hierzu die Ausführungen in Kapitel 3.

[259] *Crifo/Durand/Gond*, The role of labels in green finance: construction and regulation of a label market in France, Revue d'economie financière 138 (2020), 209 (220 f.).

Entwicklung leistet, kann hier kaum die Rede sein. Auch ein solches Label könnte jedoch das Verhalten von Anlegern dahingehend beeinflussen, dass diese entgegen ihrer eigentlichen Intention in nicht-nachhaltige Finanzprodukte investieren. Dies gilt selbst dann, wenn über die konkreten Vergabekriterien (z.B. im Internet) wahrheitsgemäß informiert wird. Ein Grund hierfür liegt darin, dass sich auch Anleger, die nachhaltig investieren wollen, nicht immer über die genaue Bedeutung eines Labels informieren. Oftmals ziehen sie im Rahmen ihrer Investitionsentscheidung lediglich heran, *ob* – und nicht *aus welchen Gründen* – ein Finanzprodukt mit einem „Nachhaltigkeitslabel" beworben wird. Dies kann nicht nur dem Zeitaufwand, den eine umfassende Information mit sich bringt, sondern in manchen Fällen auch dem (mehr oder minder bewussten) Wunsch, sich einen „moralischen Spielraum" (*„moral wiggle room"*) zu erhalten, geschuldet sein.[260] Dieser Wunsch äußert sich in der Regel in einer bewussten Informationsvermeidung.[261] Zu einem solchen Verhalten kann es kommen, wenn Anleger (mehr oder minder bewusst) befürchten, dass ihnen eine Auseinandersetzung mit zur Verfügung stehenden Informationen vor Augen führen würde, dass sie ihr Anlageverhalten ändern und dabei eventuell auf höhere Renditen verzichten müssten, um im Einklang mit den eigenen moralischen Vorstellungen zu investieren.[262]

Eine große Vielfalt an Labels, die sich nicht gerade durch strenge Zertifizierungskriterien auszeichnen, ist außerdem mit Nachteilen für Anbietern von Finanzprodukten, die *tatsächlich* nachhaltig investieren wollen, verbunden. Finanzprodukte, die mit einem „Nachhaltigkeitslabel" beworben werden, genießen in der Regel einen Wettbewerbsvorteil gegenüber anderen Finanzprodukten. Anbieter von Finanzprodukten, die von einem solchen Wettbewerbsvorteil profitieren wollen, ohne intrinsisch motiviert zu sein, ökologische und soziale Aspekte zu berücksichtigen, werden sich in der Regel für die Beantragung eines Labels entscheiden, dessen Erhalt am kostengünstigsten und erfolgversprechendsten scheint.[263] Die zu verzeichnende Vielfalt an privaten Labels bietet jedenfalls eine große Auswahl. Dies kann dazu führen, dass zahlreiche Finanzprodukte als „nachhaltig" gekennzeichnet werden, obwohl die

[260] Hierzu im Kontext von *Green Bonds Renner*, Die geplante „European Green Bond"-Verordnung und ihre (international-)privatrechtliche Durchsetzung, ZBB 35 (2023), 23 (24); näher zum *„moral wiggle room"* *Momsen/Ohndorf*, When do people exploit moral wiggle room? An experimental analysis of information avoidance in a market setup, Ecological Economics 169 (2020), 106479.

[261] Hierzu ausführlich *Bosco*, The Moral Wiggle Room: When Avoiding Information is Strategically Optimal, International Journal of Business and Social Science 13 (2022), 20.

[262] Ausführlich zu den Gründen einer Informationsvermeidung von Personen *Bosco*, The Moral Wiggle Room: When Avoiding Information is Strategically Optimal, International Journal of Business and Social Science 13 (2022), 20.

[263] *Jahn/Schramm/Spiller*, The Reliability of Certification: Quality Labels as a Consumer Policy Tool, Journal of Consumer Policy 28 (2005), 53 (60 f.).

Vermögenswerte keineswegs nachhaltig investiert sind.[264] Hierdurch könnte der Druck auf Anbieter von Finanzprodukten, die nachhaltig investieren und von Greenwashing[265] eigentlich Abstand nehmen wollen, steigen, sich ebenfalls um den Erhalt eines Labels zu bemühen. Führt dieser Druck dazu, dass „Nachhaltigkeitslabels" ohne Rücksicht darauf, ob diese tatsächlich zur Kennzeichnung ausschließlich *nachhaltiger* Finanzprodukte geeignet sind, beantragt werden, wäre das Ziel, mittels des Instruments der Zertifizierung ein nachhaltiges Finanzwesen zu fördern, verfehlt. Eine Zunahme von Greenwashing könnte einen erheblichen Verlust an Vertrauen in Zertifizierungssysteme und funktionierende Finanz- und Kapitalmärkte mit sich bringen.

Den mit einer bunten Vielfalt an privaten Labels einhergehenden Problemen könnte mit der Einführung staatlicher Zertifizierungssysteme für nachhaltige Finanzprodukte begegnet werden.[266] Eine gesetzliche Verankerung der materiellen und prozeduralen Zertifizierungskriterien gewährleistet Transparenz. Auch die EU-Kommission hält eine weite Verbreitung verschiedener privater Labels für problematisch und die Einführung eines staatlichen (europäischen) Labels für sinnvoll. Dies kommt insbesondere im Entwurf einer *Green-Claims*-RL zum Ausdruck.[267] In diesem Entwurf nimmt die EU-Kommission Bezug auf eine Studie, derzufolge bei einer beachtlichen Anzahl von privaten Labels nicht hinreichend überprüft werde, ob ein zertifiziertes Produkt den Anforderungen der Zertifizierungskriterien entspreche.[268] Eine starke Zunahme von unzuverlässigen oder intransparenten Labels benachteilige nicht nur Verbraucher, sondern auch Unternehmen, die sich um den Erhalt eines glaubwürdigen Labels bemühen würden.[269] Die EU-Kommission bezieht sich in ihren

[264] S. auch *Crifo/Durand/Gond*, The role of labels in green finance: construction and regulation of a label market in France, Revue d'economie financière 138 (2020), 209 (220 f.).

[265] Greenwashing wird im europäischen Aktionsplan zur Finanzierung nachhaltigen Wachstums als Nutzung von Marketinginstrumenten, um Produkte, Tätigkeiten oder Vorgehensweisen eines Unternehmens fälschlicherweise als umweltfreundlich darzustellen, definiert, s. *Europäische Kommission*, Aktionsplan: Finanzierung nachhaltigen Wachstums, COM(2018) 97 final, S. 9. Der Begriff Greenwashing ist nicht identisch mit Socialwashing und Sustainabilitywashing, wird im Rahmen dieser Arbeit jedoch synonym verwendet.

[266] Staatliche Zertifizierungssysteme befürwortend *Crifo/Durand/Gond*, The role of labels in green finance: construction and regulation of a label market in France, Revue d'economie financière 138 (2020), 209 (221 f.).

[267] *Europäische Kommission*, Vorschlag für eine Richtlinie des Europäischen Parlaments und des Rates über die Begründung ausdrücklicher Umweltaussagen und die diesbezügliche Kommunikation (Richtlinie über Umweltaussagen), COM(2023) 166 final. Im Juni 2025, also nach Einreichung dieser Arbeit an der Philipps-Universität Marburg, wurde bekannt, dass es zu einer Verabschiedung der Richtlinie vorerst nicht kommen wird, s. *Europäische Kommission*, Pressemitteilung vom 23. Juni 2025, https://www.europarl.europa.eu/news/de/press-room/20250623IPR29094/green-claims-directive-ep-co-rapporteurs-hold-a-press-conference-at-15-15?utm_source=chatgpt.com (letzter Abruf: 26. März 2026).

[268] *Europäische Kommission*, Vorschlag für eine Richtlinie des Europäischen Parlaments und des Rates über die Begründung ausdrücklicher Umweltaussagen und die diesbezügliche Kommunikation (Richtlinie über Umweltaussagen), COM(2023) 166 final, S. 5.

[269] *Europäische Kommission*, Vorschlag für eine Richtlinie des Europäischen Parlaments und des Rates über die Begründung ausdrücklicher Umweltaussagen und die diesbezügliche Kommunikation (Richtlinie über Umweltaussagen), COM(2023) 166 final, S. 5.

Erwägungen zum Erlass einer *Green-Claims*-RL zwar explizit auf *Umwelt*-Kennzeichen für Waren oder Dienstleistungen. Standards und Zertifizierungssysteme für Finanzprodukte sollen hingegen *nicht* in den Anwendungsbereich einer *Green-Claims*-RL fallen.[270] Die Ausführungen der EU-Kommission lassen sich jedoch auf Zertifizierungssysteme für Finanzprodukte übertragen. Der Grund für diese Ausnahme vom Anwendungsbereich liegt nämlich lediglich darin, dass Standards und Zertifizierungssysteme für Finanzprodukte bereits durch europäische Vorschriften reguliert werden. Diese Regulierung soll von einer *Green-Claims*-RL unberührt bleiben.[271]

Die soeben erfolgten Ausführungen sollen verdeutlichen, welche Gefahren mit der Existenz einer großen Vielzahl an Labels verbunden sind.[272] Es soll nicht unterstellt werden, dass private Zertifizierungssysteme per se weniger glaubwürdig ausgestaltet sind als staatliche Zertifizierungssysteme. Der Gesetzgeber sollte auf die Gefahren, die mit einer großen Vielfalt an Labels einhergehen, jedoch reagieren, um die Funktionsfähigkeit von Finanz- und Kapitalmärkten und auch private Labels, die sich durch hohe Standards und Qualität auszeichnen, zu schützen. Er könnte beispielsweise bestimmte Rahmenbedingungen oder Mindeststandards für Zertifizierungssysteme festlegen, auf denen private Labels aufbauen müssen.

Eine staatliche Ausgestaltung eines Zertifizierungssystems würde schließlich ganz allgemein den Vorteil mit sich bringen, dass an eine Zertifizierung besondere Formen der staatlichen Förderung geknüpft werden könnten. Im Bereich der Zertifizierung von Herstellerprodukten und Unternehmen kann beispielsweise das Vergaberecht eine Rolle spielen.[273]

b) Ausgestaltung der Zertifizierungskriterien

Ein staatliches Zertifizierungssystem für nachhaltige Finanzprodukte ist gegenüber einer Vielzahl an privaten Zertifizierungssystemen nur dann von Vorteil, wenn die materiellen und prozeduralen Zertifizierungskriterien glaubwürdig ausgestaltet sind. Die Glaubwürdigkeit eines Zertifizierungssystems setzt allgemein voraus, dass die *objektiven* Zertifizierungskriterien (zumindest teilweise) denjenigen Kriterien entsprechen, auf deren Grundlage Investitionsentscheidungen getroffen werden.[274] Darüber hinaus ist erforderlich, dass ein am

[270] Näher zum Anwendungsbereich des *Green-Claims*-RL-Entwurfs Kapitel 4, A. I. 3.
[271] S. hierzu erneut Kapitel 4, A. I. 3.
[272] Der Umstand, dass die EU-Kommission von der Einführung einer *Green-Claims*-RL im Jahr 2025 Abstand genommen hat, ändert an der Existenz dieser Gefahren nichts.
[273] Zum Vergaberecht im Kontext der Zertifizierung nachhaltiger Kapitalgesellschaften s. *Burgi/Rast*, in: Burgi/Möslein (Hrsg.), Zertifizierung nachhaltiger Kapitalgesellschaften (2021), § 2.
[274] *Möslein*, in: Burgi/Möslein (Hrsg.), Zertifizierung nachhaltiger Kapitalgesellschaften (2021), § 1 S. 4.

Ende eines erfolgreich durchlaufenen Zertifizierungsverfahrens vergebenes Label *subjektiv* mit den festgelegten Vergabekriterien in Verbindung gebracht wird.[275] Wird diesen Anforderungen an ein glaubwürdiges Zertifizierungssystem nicht entsprochen, trägt ein Label nicht zum *Abbau*, sondern zur *Verstärkung* von Informationsasymmetrien bei.

aa) Festlegung materieller Zertifizierungskriterien

Die materiellen Zertifizierungskriterien bilden regelmäßig das Herzstück eines Zertifizierungssystems und die Grundlage einer Investitionsentscheidung, in deren Rahmen ökologische und soziale Belange berücksichtigt werden sollen.

(1) Ausgangspunkt: ESG-Anlagestrategien

Als Ausgangspunkt zur Festlegung materieller Zertifizierungskriterien dienen die verschiedenen Strategien, die Finanzdienstleistungs- und Kreditinstitute entwickelt haben, um ESG-Aspekte in ihre Anlagetätigkeiten einzubeziehen (sog. ESG-Anlagestrategien). Diese Strategien zeichnen sich durch eine große Vielfalt aus und können miteinander kombiniert werden.[276]

Dass der Entwicklung von ESG-Anlagestrategien ein besonderes Gewicht verliehen wird, ist nicht nur regulatorischen Eingriffen des Gesetzgebers, sondern auch dem steigenden Interesse von Anlegern, ökologische und soziale Gesichtspunkte in Investitionsentscheidungen einzubeziehen, geschuldet. Die Aufnahme ökologisch und sozial verantwortungsbewusst handelnder Unternehmen in ein Anlageportfolio kann aber auch aus einem ganz anderen Grund attraktiv sein: Zahlreiche Studien, die sich mit dem Zusammenhang zwischen der Einbeziehung von ESG-Aspekten in unternehmerische Entscheidungsprozesse und der finanziellen Performance (*Corporate Financial Performance* [CFP]) eines Unternehmens beschäftigt haben, lassen eine grundsätzlich positive „ESG-CFP-Relation" erkennen.[277] Außerdem werden Unternehmen zunehmend mit Nachhaltigkeitsrisiken konfrontiert, vor denen sie nicht die Augen verschließen können.

---

[275] *Möslein*, in: Burgi/Möslein (Hrsg.), Zertifizierung nachhaltiger Kapitalgesellschaften (2021), § 1 S. 4.

[276] Zu einzelnen ESG-Anlagestrategien *Forum Nachhaltige Geldanlagen*, Nachhaltige Geldanlagen, https://www.forum-ng.org/de/markt/nachhaltige-anlagestrategien (letzter Abruf: 26. März 2026); s. auch *Eurosif*, Classification Scheme for Sustainable Investments (2022), https://www.eurosif.org/wp-content/uploads/2022/07/FINAL-White-Paper-Eurosif-Classification.pdf (letzter Abruf: 26. März 2026); *Bueren*, Sustainable Finance, ZGR 48 (2019), 813 (842 ff.).

[277] *Friede/Busch/Bassen*, ESG and Financial Performance: Aggregated Evidence from More than 2000 Empirical Studies, Journal of Sustainable Finance & Investment 5 (2015), 210; s. auch *Schmidt/Kube*, in: Nietsch (Hrsg.), Corporate Social Responsibility Compliance (2021), § 9 Rn. 2; *Schiereck/Friede/Bassen*, Financial Performance of Green Securities, in: Migliorelli/Dessertine (Hrsg.), The Rise of Green Finance in Europe (2019), S. 95; *Fleischer*, Corporate Social Responsibility, AG 2017, 509 (518 f.).

Bei der sog. Ausschlussstrategie (*Exclusion*) handelt es sich um die älteste und am einfachsten handhabbare Methode, um ESG-Aspekte in Investitionsentscheidungen einzubeziehen.[278] Dabei geht es darum, bestimmte Handels- und Produktionspraktiken, die sich besonders schädlich auf ökologische oder soziale Belange auswirken, zu identifizieren und aus einem Finanzprodukt auszuschließen.[279]

Als ESG-Integration wird die explizite Einbeziehung von ESG-Kriterien und ESG-Risiken in die traditionelle Finanzanalyse bezeichnet.[280] Bei dieser Anlagestrategie steht die Maximierung finanzieller Erträge weiterhin im Vordergrund, messbare positive Auswirkungen auf die Verwirklichung sozialer und ökologischer Ziele werden nicht primär angestrebt.[281] Allerdings werden ESG-Faktoren im Rahmen der Bewertung von Risiken und Chancen herangezogen.[282]

Finanzdienstleistungs- und Kreditinstitute können auch die sog. „*Best-in-Class*"-Strategie verfolgen. Hierbei werden bei der Zusammensetzung eines Portfolios in erster Linie Unternehmen eines bestimmten Sektors berücksichtigt, die hinsichtlich der Erfüllung bestimmter ESG-Kriterien durch ihre Tätigkeiten eine bessere Bewertung erhalten als andere Unternehmen desselben Sektors.[283]

Bei der Anlagestrategie, der das wohl höchste Potenzial, einen Beitrag zur Verwirklichung der globalen Nachhaltigkeitsziele zu leisten, beigemessen wird, handelt es sich um das sog. Impact Investing.[284] Impact Investing wird vom *Global Impact Investing Network* (GIIN) definiert als eine Investition, die mit der Absicht, neben einer finanziellen Rendite positive, messbare soziale und ökologische Auswirkungen zu erzielen, getätigt wird.[285] Diese Anlagestrategie ist weniger

---

278 *Mittwoch*, Nachhaltigkeit und Unternehmensrecht (2022), S. 196 f., 201; s. auch *Trinks/Scholtens*, The Opportunity Cost of Negative Screening in Socially Responsible Investing, Journal of Business Ethics 140 (2017), 193; *Folqué/Escrig-Olmedo/Corzo Santamaría*, Sustainable development and financial system: Integrating ESG-risks through sustainable investment strategies in a climate change context, Sustainable Development 29 (2021), 876 (878).

279 *Mittwoch*, Nachhaltigkeit und Unternehmensrecht (2022), S. 201.

280 *Forum Nachhaltige Geldanlagen*, Nachhaltige Geldanlagen, https://www.forum-ng.org/de/markt/nachhaltige-anlagestrategien (letzter Abruf: 26. März 2026).

281 *Nagel/Lorenz/El-Qalqili*, Nachhaltige Investitionen im System der Offenlegungs-VO und Taxonomie-VO, BKR 2022, 360 (361).

282 *Nagel/Lorenz/El-Qalqili*, Nachhaltige Investitionen im System der Offenlegungs-VO und Taxonomie-VO, BKR 2022, 360 (361).

283 *Forum Nachhaltige Geldanlagen*, Nachhaltige Geldanlagen, https://www.forum-ng.org/de/markt/nachhaltige-anlagestrategien (letzter Abruf: 26. März 2026).

284 S. hierzu *Carè/Wendt*, Investing with Impact: An Integrated Analysis Between Academics and Practitioners, in: La Torre/Calderini (Hrsg.), Social Impact Investing Beyond the SIB (2018), S. 5; *Rodin/Brandenburg*, The Power of Impact Investing (2014).

285 *Global Impact Investing Network*, Core Characteristics of Impact Investing, https://thegiin.org/publication/post/core-characteristics-of-impact-investing/ (letzter Abruf: 26. März 2026); ausführlich zum Impact Investing *Busch* et al., Impact Investments: a call for (re)orientation, SN Business & Economics 1 (2021), Art. 33.

weit verbreitet als die ESG-Integration.[286] Ein Grund hierfür liegt darin, dass letztere Strategie Finanzdienstleistungs- und Kreditinstituten einen deutlich größeren Spielraum im Rahmen von Investitionsentscheidungen belässt als Impact Investing.[287]

(2) <u>Orientierung an Impact Investing</u>

Bei der Ausgestaltung der materiellen Zertifizierungskriterien für nachhaltige Finanzprodukte empfiehlt sich eine Orientierung am Impact Investing. Hierbei handelt es sich um die einzige Anlagestrategie, bei der *messbare* positive Auswirkungen auf soziale und ökologische Belange eine entscheidende Rolle spielen. Die materiellen Zertifizierungskriterien könnten beispielsweise so ausgestaltet werden, dass die Vermögenswerte eines Finanzprodukts zu einem bestimmten Anteil zur Finanzierung nachhaltigkeitsfördernder Projekte eingesetzt werden müssen (z.B. durch den Erwerb bestimmter Anleihen). Die Vergabe eines Labels könnte auch davon abhängig gemacht werden, dass in einem bestimmten Umfang in Unternehmen investiert wird, deren Umsatz zu einem erheblichen Anteil aus nachhaltigen Wirtschaftstätigkeiten resultiert.

Um mittels des Instruments der Zertifizierung einen Beitrag zur Förderung eines nachhaltigen Finanzwesens zu leisten, müssen die materiellen Vergabekriterien eines Impact-Investing-Labels dem integrierten Begriffsverständnis von Nachhaltigkeit Rechnung tragen. Dies gestaltet sich deshalb als schwierig, weil Tätigkeiten von Unternehmen sowohl der Real- als auch der Finanzwirtschaft äußerst komplex und vielseitig sein können. Zur Veranschaulichung der Problematik dient folgendes Beispiel:

Die Vergabekriterien des Labels L sehen vor, dass die Vermögenswerte eines OGAW-Aktienfonds zu mindestens 50 % in „nachhaltige Wirtschaftstätigkeiten" investiert sein müssen. Zur Berechnung dieses prozentualen Anteils wird unter anderem der Umsatz, den Portfoliounternehmen mit solchen Wirtschaftstätigkeiten erwirtschaften, herangezogen. Die Gesellschaft G beabsichtigt, einen Antrag auf Erhalt des Labels L zu stellen, um den von ihr verwalteten OGAW-Aktienfonds O mit diesem Label bewerben zu dürfen. G legt der zuständigen Zertifizierungsstelle Dokumente vor, aus denen hervorgeht, dass 60 % der Vermögenswerte des Fonds in das Unternehmen A investiert sind. 80 % des Umsatzes, den A in den vergangenen Jahren im Durchschnitt erzielt hat, resultieren aus der Produktion und dem Vertrieb von Teilen, die zum Bau von Windkraftanlagen benötigt werden. Weitere 20 % der

[286] Streng genommen handelt es sich bei Impact Investing um einen Sonderfall der ESG-Integration, da auch beim Impact Investing ESG-Kriterien im Rahmen der Anlagestrategie berücksichtigt werden.

[287] *Nagel/Lorenz/El-Qalqili*, Nachhaltige Investitionen im System der Offenlegungs-VO und Taxonomie-VO, BKR 2022, 360 (361).

Fondsvermögenswerte sind in das Unternehmen B investiert. Dessen Umsatz ist zu 70 % auf Tätigkeiten, die zu einer erheblichen Verbesserung der Arbeitsbedingungen zahlreicher Menschen in Entwicklungsländern beitragen, zurückzuführen.

Sind die materiellen Vergabekriterien so ausgestaltet, dass die genannten Tätigkeiten, die im Zusammenhang mit der Förderung von Windkraft und der Verbesserung von Arbeitsbedingungen stehen, als „nachhaltig" eingeordnet werden, wären die Fondsvermögenswerte insgesamt zu 62 % in „nachhaltige Tätigkeiten" investiert.[288] Dies sollte für die Vergabe eines Nachhaltigkeitslabels jedoch nicht ausreichen. Es muss sichergestellt sein, dass Tätigkeiten im Zusammenhang mit der Förderung von Windkraft nur dann als „nachhaltig" eingestuft werden, wenn diese Tätigkeiten keine anderen ökologischen oder sozialen Belange beeinträchtigen. Eine „grüne" Tätigkeit *kann*, *muss* aber nicht nachhaltig sein.[289]

Anhand des Beispiels wird auch eine andere Herausforderung deutlich, die es bei der Ausgestaltung der materiellen Vergabekriterien eines Zertifizierungssystems für nachhaltige Finanzprodukte zu bewältigen gilt:

Es könnte sein, dass die 20 % des Umsatzes des Unternehmens A, die *nicht* auf „nachhaltige Tätigkeiten" zurückzuführen sind, mit Tätigkeiten, die sich besonders schädlich auf soziale oder ökologische Belange auswirken (z.B. Abbau fossiler Brennstoffe), erzielt werden. Möglich wäre auch, dass der „nicht nachhaltige" Anteil der Vermögenswerte eines Finanzprodukts (im vorigen Beispiel: 38 %) in umwelt- oder sozialschädliche Wirtschaftstätigkeiten oder Projekte investiert ist. Auf derartige Gefahren gilt es angemessen zu reagieren. Dies kann beispielsweise geschehen, indem ein zusätzliches Zertifizierungskriterium eingeführt wird, demzufolge die Vergabe des Labels ausgeschlossen ist, wenn (irgend-)ein Portfoliounternehmen Umsatz aus dem Abbau fossiler Brennstoffe erzielt oder die „nicht nachhaltigen" Vermögenswerte eines Finanzprodukts sozialschädlich investiert sind.[290]

Sämtlichen materiellen Zertifizierungskriterien sollte also das Nachhaltigkeitsverständnis der globalen Weltgemeinschaft zugrunde gelegt werden. Dies würde auch dem Erfordernis Rechnung tragen, dass die objektiven Zertifizierungskriterien (zumindest teilweise) denjenigen Kriterien entsprechen, aufgrund deren Investitionsentscheidungen getroffen werden. Es mag

[288] Um diese Berechnung nachvollziehen zu können, s. Ausführungen in Kapitel 2, F. II. 3. b) aa) (1).
[289] Ebenso wenig kann der Begriff *Green Finance* mit *Sustainable Finance* gleichgesetzt werden, s. A. II.
[290] An dieser Stelle wird deutlich, dass ein Zertifizierungssystem auf der Kombination zweier ESG-Anlagestrategien basieren kann: Die Ausschlussstrategie und Impact Investing.

Anleger geben, die beispielsweise bewusst „nur" Klimaschutzaspekte in ihre Anlageentscheidungsprozesse einbeziehen wollen. Das Klima kann langfristig jedoch nicht geschützt werden, ohne auf andere ökologische (und soziale) Belange (z.B. Schutz der biosphärischen Integrität und Erhaltung von Regenwäldern) zu achten. Ein Zertifizierungssystem, bei dessen Ausgestaltung dieser Zusammenhang beachtet wird, eignet sich also zur Kennzeichnung „klimaschützender" *und* „nachhaltiger" Finanzprodukte. Die objektiven Kriterien entsprechen in diesem Fall denjenigen Kriterien, auf deren Grundlage *sowohl* Anleger, die nur einen ökologischen oder sozialen (Teil-)Aspekt im Blick haben, *als auch* Anleger, die *ganz bewusst* einen Beitrag zur Verwirklichung der globalen Nachhaltigkeitsziele leisten wollen, Anlageentscheidungen treffen.[291]

Sowohl die Informations- als auch die Regulierungsfunktion eines Impact-Investing-Labels kommen nur dann zum Tragen, wenn ausreichend Finanzprodukte mit nachhaltigen Eigenschaften existieren und eine entsprechende Zertifizierung beantragt wird. Je strenger die Vergabekriterien ausgestaltet sind, desto geringer ist die Wahrscheinlichkeit, dass sich Impact-Investing-Labels schnell verbreiten und in der Praxis Bedeutung erlangen. Ohne praktische Bedeutung würde ein Label auch keinen Beitrag zur Förderung eines nachhaltigen Finanzwesens leisten können. Dass zu hohe Anforderungen an den Erhalt eines Labels in Konflikt mit der Informations- und Regulierungsfunktion des Instruments der Zertifizierung stehen, muss im Rahmen der konkreten Ausgestaltung der Zertifizierungskriterien berücksichtigt werden.[292] Dies ist nicht nur deshalb herausfordernd, weil Impact Investing weniger weit verbreitet als ist andere ESG-Anlagestrategien (z.B. ESG Integration). Schwierigkeiten ergeben sich auch, wie oben dargestellt, aus einem integrierten Verständnis von Nachhaltigkeit. Die Anforderungen an den Erhalt eines Labels dürfen jedoch auch nicht zu gering sein. Zu niedrige Standards würden nicht nur die Glaubwürdigkeit eines Labels gefährden, sondern auch dafür sorgen, dass kein Anreiz besteht, die Vermögenswerte eines Finanzprodukts nachhaltig zu investieren. Ein Zertifizierungssystem wäre in diesem Fall kein geeignetes Instrument zur Förderung eines nachhaltigen Finanzwesens.

---

[291] Streng genommen handelt es sich hierbei um ein und dieselbe „Kategorie von Anlegern". Würde beispielsweise ein Anleger, der infolge unzureichender Recherche die bloße Reduzierung von Treibhausgasemissionen für ausreichend hält, um die Grenzen der ökologischen Tragfähigkeit des Planeten nicht zu überschreiten, wissen, welche Bedeutung beispielsweise Regenwälder für das Klima haben, wäre er wohl kaum damit einverstanden, mit seiner Investition ein treibhausgasreduzierendes, aber in erheblichem Umfang regenwaldzerstörendes Unternehmen zu investieren.

[292] So im Kontext der Zertifizierung von Nicht-Finanzprodukten *Diederichsen*, Ein neues Umweltzeichen für Europa, RIW 1993, 224 (227).

Den objektiven und subjektiven Anforderungen an ein glaubwürdiges Zertifizierungssystem wird durch *Transparenz* Rechnung getragen. Nur dann, wenn Anleger klar und verständlich einsehen können, wofür ein Nachhaltigkeitslabel steht, können sie eine fundierte Entscheidung darüber treffen, ob die Zertifizierungskriterien ihren Investitionswünschen entsprechen. Ohne eine transparente Ausgestaltung der objektiven Zertifizierungskriterien ist die Wahrscheinlichkeit, dass ein Nachhaltigkeitslabel subjektiv mit den objektiven Kriterien in Verbindung gebracht wird, außerdem gering. Transparenz *kann* und *muss* durch eine gesetzliche Verankerung der materiellen (und auch prozeduralen) Zertifizierungskriterien gewährleistet werden.

bb) Festlegung prozeduraler Zertifizierungskriterien

Die prozeduralen Zertifizierungskriterien können sich zwischen einzelnen Zertifizierungssystemen erheblich voneinander unterscheiden und einen unterschiedlichen Grad an Formalisierung aufweisen.[293] Die Festlegung prozeduraler Zertifizierungskriterien sollte ebenso sorgfältig erfolgen wie die Festlegung materieller Kriterien. Sehen die Kriterien eines Zertifizierungssystems beispielsweise vor, dass die Einhaltung der (für sich betrachtet glaubwürdigen) materiellen Kriterien nicht oder nicht hinreichend überprüft wird, können sich nachhaltigkeitsbewusste Anleger nicht sicher sein, dass ein gelabeltes Finanzprodukt den Anforderungen des Labels tatsächlich gerecht wird. Hierunter würde die Glaubwürdigkeit eines Zertifizierungssystems erheblich leiden.[294] Wirksame Kontroll- und Überwachungsmechanismen spielen insbesondere dann eine wichtige Rolle, wenn die Eigenschaften eines Unternehmens, eines Produkts oder einer Dienstleistung, die durch ein Label hervorgehoben werden sollen, prozessbezogen (bzw. „verdeckt") sind. In diesem Fall ist die Gefahr, dass ein Zertifizierungssystem für opportunistische Verhaltensweisen und Greenwashing ausgenutzt wird, besonders groß.[295] Deshalb sollte auch unbedingt sichergestellt werden, dass das Personal in den Zertifizierungsstellen unabhängig ist und eine hinreichende Expertise aufweist.

---

[293] So in Bezug auf die Zertifizierung von Kapitalgesellschaften *Möslein*, Certifying 'Good' Companies, A Comparative Study of Regulatory Design, in: Sjåfjell/Bruner (Hrsg.), The Cambridge Handbook of Corporate Law, Corporate Governance and Sustainability (2020), S. 669 (673 f.).

[294] *Jahn/Schramm/Spiller*, The Reliability of Certification: Quality Labels as a Consumer Policy Tool, Journal of Consumer Policy 28 (2005), 53 (57).

[295] *Jahn/Schramm/Spiller*, The Reliability of Certification: Quality Labels as a Consumer Policy Tool, Journal of Consumer Policy 28 (2005), 53 (54 f.); s. auch *Glöckner*, in: Burgi/Möslein (Hrsg.), Zertifizierung nachhaltiger Kapitalgesellschaften (2021), § 5 S. 83.

Eine Schwäche privater Zertifizierungssysteme besteht darin, dass es keine Rechtsgrundlage für eine öffentliche oder private Kontrolle des Produktionsprozesses gibt.[296] Durch eine gesetzliche Verankerung eines Zertifizierungssystems könnte Transparenz bezüglich der prozeduralen Zertifizierungskriterien gewährleistet werden. Transparenz ist im Rahmen der objektiven und subjektiven Anforderungen an ein glaubwürdiges Zertifizierungssystem entscheidend.

5. Zwischenfazit

Ob und unter welchen Voraussetzungen ein Zertifizierungssystem für Finanzprodukte geeignet ist, einen Beitrag zur Förderung eines nachhaltigen Finanzwesens zu leisten, hängt maßgeblich von der konkreten Ausgestaltung der materiellen und prozeduralen Zertifizierungskriterien ab. Dem Instrument der Zertifizierung kommt ganz allgemein sowohl eine Informations- als auch eine Regulierungsfunktion zu. Die Informationsfunktion erstreckt sich darauf, dass bestimmte Eigenschaften eines Finanzprodukts, die von außen mangels Einblick in unternehmensinterne Abläufe und Strukturen nicht oder nicht ohne Weiteres beurteilt werden können, *sichtbar* gemacht werden. Eine verbesserte Sichtbarkeit nachhaltiger Anlageoptionen hat zur Folge, dass mehr finanzielle Ressourcen in die Verwirklichung der globalen Nachhaltigkeitsziele fließen (Regulierungsfunktion). Labels, die am Ende eines erfolgreich durchlaufenen Zertifizierungsverfahrens vergeben werden, dienen der Komplexitätsreduzierung, der Informationsvermittlung und der Vertrauensbildung. Deshalb lassen sich die Ziele, die mit dem Erlass von Rechtsvorschriften in Bezug auf die Einführung von Zertifizierungssystemen für nachhaltige Finanzprodukte verfolgt werden, in die tradierten Regelungsziele des Finanz- und Kapitalmarktrechts einfügen.

Impact-Investing-Labels sind grundsätzlich besonders geeignet, nachhaltige Finanzprodukte zu kennzeichnen. Angesichts der Gefahren, die von einer großen Vielzahl an privaten Labels ausgehen (z.B. Verstärkung von Informationsasymmetrien und Greenwashing), empfiehlt sich grundsätzlich eine staatliche Ausgestaltung eines Impact-Investing-Labels.

Die gewünschte Informations- und Regulierungsfunktion des Instruments der Zertifizierung kann nur dann zum Tragen kommen, wenn ein Zertifizierungssystem *glaubwürdig* ausgestaltet ist. Schwierigkeiten bei der Ausgestaltung materieller Zertifizierungskriterien ergeben sich bereits aus dem integrierten Begriffsverständnis von Nachhaltigkeit. Bei der Entscheidung, unter welchen Voraussetzungen ein Finanzprodukt als nachhaltig gekennzeichnet werden soll,

---

[296] *Jahn/Schramm/Spiller*, The Reliability of Certification: Quality Labels as a Consumer Policy Tool, Journal of Consumer Policy 28 (2005), 53 (56).

ist äußerste Sorgfalt geboten. Die Zertifizierungskriterien dürfen einerseits nicht die Zertifizierung „nicht-nachhaltiger“[297] Finanzprodukte ermöglichen, andererseits aber auch nicht *zu* streng sein. Letzteres könnte die praktische Bedeutung eines Zertifizierungssystems auf ein Minimum reduzieren.

Die Glaubwürdigkeit der prozeduralen Zertifizierungskriterien ist nicht weniger relevant als die Glaubwürdigkeit der materiellen Zertifizierungskriterien. Unzureichende Überwachungs- und Kontrollmechanismen tragen zu einem Verlust an Vertrauen in ein Zertifizierungssystem insbesondere dann bei, wenn dieses der Kennzeichnung „verdeckter“ (also in der Regel auch nachhaltigkeitsbezogener) Eigenschaften dienen soll.

Materielle und prozedurale Zertifizierungskriterien müssen transparent eingesehen werden können. Andernfalls kann den objektiven und subjektiven Anforderungen an ein glaubwürdiges Zertifizierungssystem nicht entsprochen werden. Transparenz kann durch eine gesetzliche Verankerung eines Zertifizierungssystems gewährleistet werden. An dieser Stelle zeigt sich ein weiterer Vorteil, der mit einem *staatlichen* Nachhaltigkeitslabel verbunden ist.

B. Weitere Instrumente zur Förderung eines nachhaltigen Finanzwesens

Neben der Zertifizierung nachhaltiger Finanzprodukte gibt es eine Reihe weiterer Instrumente, die auf die Förderung eines nachhaltigen Finanzwesens gerichtet sind. Im Folgenden werden einige Instrumente, die mit der Zertifizierung in einem besonderen Zusammenhang stehen, vorgestellt.

I. ESG-bezogene Offenlegungs- und Berichterstattungspflichten

In den vergangenen Jahren wurden zahlreichen Unternehmen ESG-bezogene Offenlegungs- und Berichterstattungspflichten auferlegt.[298] Die diesbezüglichen Regelungen, die für Unternehmen mit Sitz innerhalb der EU gelten, beruhen in der Regel auf europäischen Rechtsakten.[299] Auch im außereuropäischen Raum wird ESG-bezogenen Transparenzvorschriften eine große Bedeutung beigemessen. Beispielsweise wurde im Jahr 2021 im US-Bundesstaat Kalifornien ein Gesetzentwurf, der grundsätzlich alle Unternehmen mit einem Bruttojahresumsatz von 500 Millionen USD zur Offenlegung „klimabezogener

[297] „Nicht-nachhaltig“ ist nicht gleichzusetzen mit „nachhaltigkeitsschädlich“.

[298] S. hierzu *Chiu*, Disclosure Regulation and Sustainability, in: Sjåfjell/Bruner (Hrsg.), The Cambridge Handbook of Corporate Law, Corporate Governance and Sustainability (2020), S. 521.

[299] Zur Entwicklung ESG-bezogener Berichterstattungspflichten im europäischen Raum *Brinckmann*, in: Veil (Hrsg.), Europäisches und deutsches Kapitalmarktrecht (3. Aufl. 2022), § 18 Rn. 11.

finanzieller Risiken“ verpflichten soll (*Climate-Related Financial Risk Act*), vorgelegt.[300] Das Gesetz wurde im Jahr 2023 verabschiedet.[301] Im Vereinigten Königreich sind am 6. April 2021 Regelungen, die bestimmte große Unternehmen zur „klimabezogenen Finanzberichterstattung“ verpflichten, in Kraft getreten (*Companies [Strategic Report] [Climate-related Financial Disclosure] Regulations 2022)*.[302]

Transparenzpflichten lassen sich allgemein in den Bereich der Corporate-Governance-Regulierung einordnen.[303]

1. Keine unmittelbare Verpflichtung zu verantwortungsvollem Handeln

Durch ESG-bezogene Offenlegungs- und Berichterstattungspflichten werden Unternehmen nicht unmittelbar verpflichtet, sich in sozialer und ökologischer Hinsicht verantwortungsvoll zu verhalten.[304] Sie müssen „lediglich“ bestimmte Informationen zu ESG-Aspekten, die mit den eigenen unternehmerischen Tätigkeiten im Zusammenhang stehen, ordnungsgemäß im Einklang mit geltenden Vorschriften zur Verfügung stellen. Unternehmen steht es also trotz Einführung ESG-bezogener Offenlegungs- und Berichterstattungspflichten grundsätzlich frei, in erheblichem Umfang umwelt- und sozialschädliche Tätigkeiten auszuüben.[305] Transparenzvorschriften greifen vor diesem Hintergrund deutlich weniger intensiv in die unternehmerische Gestaltungsfreiheit ein als beispielsweise das deutsche Lieferkettensorgfaltspflichtengesetz (LkSG) oder das französische *Loi de Vigilance* (LdV).[306] Diese beinhalten eine Verpflichtung für Unternehmen, aktiv Vorkehrungen zu treffen, um umwelt- und menschenrechtsbezogene Risiken entlang der gesamten Wertschöpfungskette zu

---

[300] S. *Wiener*, Mitteilung vom 30. Januar 2023, California Senators Announce Climate Accountability Package To Raise The Bar For Corporate Climate Action, https://sd11.senate.ca.gov/news/california-senators-announce-climate-accountability-package-raise-bar-corporate-climate-action (letzter Abruf: 26. März 2026).

[301] *California Legislative Counsel*, Senate Bill No. 261, https://leginfo.legislature.ca.gov/faces/billTextClient.xhtml?bill_id=202320240SB261 (letzter Abruf: 26. März 2026).

[302] The Companies (Strategic Report) (Climate-related Financial Disclosure) Regulations 2022, S.I. 2022/31; Regelungen zum Anwendungsbereich finden sich insbesondere in Sec. 414CA Companies Act 2006.

[303] *Beisheim/Dopychai*, in: Nietsch (Hrsg.), Corporate Social Responsibility Compliance (2021), § 3 Rn. 1; zur Publizität als Regulierungskonzept im Finanz- und Kapitalmarktrecht *Veil*, in: Veil (Hrsg.), Europäisches und deutsches Kapitalmarktrecht (3. Aufl. 2022), § 1 Rn. 25 ff.

[304] *Nietsch*, Von der nichtfinanziellen Berichterstattung zur Nachhaltigkeitsberichterstattung – Eine Momentaufnahme zum Vorschlag der Corporate Sustainability Reporting Directive, ZIP 2022, 449 (449).

[305] Auch Zertifizierungssysteme verpflichten Unternehmen nicht zu nachhaltigem Handeln. Unternehmen können in der Regel freiwillig entscheiden, ob sie ein bestimmtes Label beantragen wollen.

[306] Ausführlicher zum deutschen Lieferkettensorgfaltspflichtengesetz *Wüstemann/Büchner*, Das Lieferkettensorgfaltspflichtengesetz: Pflichten und Verantwortung von Unternehmen – Eine kritische Würdigung, BB 2024, 579; *Hembach*, Das LkSG und seine Umsetzung – ein Überblick, LMuR 2023, 9; *Giesberts*, Sorgfaltspflichten für die Lieferkette, Das deutsche Gesetz und der EU-Richtlinienentwurf, NVwZ 2022, 1497; zum *Loi de Vigilance Fleischer*, in: Fleischer/Mankowski (Hrsg.), LkSG-Kommentar (2023), Einleitung, Rn. 115 ff.; zum Entwurf eines britischen Lieferkettengesetzes *Blach*, Der Entwurf eines britischen Lieferkettengesetzes – LkSG on steroids?, NZG 2024, 235.

identifizieren und zu minimieren.[307] Auch auf europäischer Ebene werden sog. „unternehmerische Sorgfaltspflichten" zum Zwecke der Förderung der ökologischen und sozialen Transformation der Wirtschaft eingeführt (s. den Entwurf über eine sog. *Corporate Sustainability Due Diligence Directive* [CSDDD]).[308]

2. Informations- und Regulierungsfunktion

Durch die Einführung ESG-bezogener Offenlegungs- und Berichterstattungspflichten soll dafür Sorge getragen werden, dass dem Markt ESG-bezogene Informationen über bestimmte Unternehmen zur Verfügung gestellt werden (Informationsfunktion). Auf solche Informationen sind beispielsweise Kapitalverwaltungsgesellschaften, die ökologische und soziale Aspekte in Investitionsentscheidungsprozesse einbeziehen wollen, angewiesen. Mit dem auf Finanz- und Kapitalmärkten zu verzeichnenden steigenden Interesse an der Einbeziehung solcher Aspekte nimmt auch die Relevanz ESG-bezogener Informationen zu. Informationsbeschaffungsaufwand und Transaktionskosten können durch Transparenzvorschriften erheblich reduziert werden.[309] Außerdem können Informationsasymmetrien, mit denen eine ernstzunehmende Greenwashing-Gefahr mit negativen Konsequenzen für das Vertrauen in funktionierende Finanz- und Kapitalmärkte einhergeht, abgebaut werden. Die Ziele, die mit der Einführung ESG-bezogener Offenlegungs- und Berichterstattungspflichten verfolgt werden, überschneiden sich deshalb mit den tradierten Regelungsziele des Finanz- und Kapitalmarktrechts.

Offenlegungs- und Berichterstattungspflichten kommt jedoch nicht nur eine Informations-, sondern auch eine Regulierungsfunktion zu. Transparenzpflichten können sich *mittelbar* verhaltenssteuernd auf offenlegungs- und berichtspflichtige Unternehmen auswirken.[310] Diese verhaltenssteuernde Wirkung wird in der Literatur unter dem Stichwort „*Nudging*"[311] oder „Prinzip des nachhaltigen Gedankenanstoßes"[312] thematisiert. Dabei geht es im Kern darum, dass die Unternehmensleitung ihrer Pflicht, über beispielsweise soziale und umweltbezogene

[307] Zu den unterschiedlichen Regelungsansätzen *Renner*, Menschenrechts- und umweltbezogene Unternehmensverantwortung zwischen Kapitalmarkt und Lieferkette, ZEuP 2022, 782 (785).

[308] *Europäische Kommission*, Vorschlag für eine Richtlinie des Europäischen Parlaments und des Rates über die Sorgfaltspflichten von Unternehmen im Hinblick auf Nachhaltigkeit und zur Änderung der Richtlinie (EU) 2019/1937, COM(2022) 71 final. Die CSDDD ist im Juli 2024, also wenige Wochen nach Einreichung dieser Dissertation an der Philipps-Universität Marburg, in Kraft getreten.

[309] Ausführlich zur allgemeinen Bedeutung von Transparenz auf Finanz- und Kapitalmärkten *Brinckmann*, in: Veil (Hrsg.), Europäisches und deutsches Kapitalmarktrecht (3. Aufl. 2022), § 16.

[310] S. hierzu auch *Möslein/Sørensen*, Nudging for corporate long-termism and sustainability? Regulatory instruments from a comparative and functional perspective, Columbia Journal of European Law 24 (2018), 391.

[311] *Möslein/Sørensen*, Nudging for corporate long-termism and sustainability? Regulatory instruments from a comparative and functional perspective, Columbia Journal of European Law 24 (2018), 391 (413 ff.).

[312] *Nietsch*, Von der nichtfinanziellen Berichterstattung zur Nachhaltigkeitsberichterstattung – eine Momentaufnahme zum Vorschlag der Corporate Sustainability Reporting Directive, ZIP 2022, 449 (449).

Auswirkungen der unternehmerischen Tätigkeiten zu berichten, nur dann nachkommen kann, wenn sie sich mit diesen Auswirkungen intensiv auseinandersetzt. Eine solche Auseinandersetzung könnte das Bewusstsein für (potenziell) umwelt- und sozialschädliche Verhaltensweisen steigern.[313] Damit könnte wiederum die Motivation, solche Verhaltensweisen künftig zu vermeiden, einhergehen. Dabei ist unerheblich, ob diese Motivation aus eigener, persönlicher Überzeugung (Selbstverhaltenssteuerung) oder aus der Befürchtung von Reputationsschäden, die mit der Offenlegung oder Berichterstattung einhergehen (Fremdverhaltenssteuerung), entsteht.[314] Reputationsrisiken sind vor dem Hintergrund, dass immer mehr Anleger im Rahmen ihrer Investitionsentscheidungen ökologischen und sozialen Aspekten eine Bedeutung einräumen, jedenfalls nicht zu unterschätzen. Vor diesem Hintergrund können ESG-bezogene Offenlegungs- und Berichterstattungspflichten als sinnvolle Ergänzung zu materiellen Verhaltensanforderungen, die über eine „bloße" ordnungsgemäße Offenlegung und Berichterstattung hinausgehen, bezeichnet werden.[315] Eine inhaltliche Auseinandersetzung mit ökologischen und sozialen Themen kann außerdem dabei helfen, einen Leitfaden für ein effektives „Nachhaltigkeitsprogramm" zu entwickeln.[316]

Eine gewisse Regulierungsfunktion kommt zwar auch Transparenzpflichten zu, die *nicht* im Kontext ökologischer und sozialer Bestrebungen gesetzlich verankert worden sind.[317] Im Rahmen der Einführung und Thematisierung ESG-bezogener Offenlegungs- und Berichterstattungspflichten spielt die Regulierungsfunktion jedoch eine besonders große Rolle.[318]

3. Verhältnis zum Instrument der Zertifizierung

Sowohl ESG-bezogene Offenlegungs- und Berichterstattungspflichten als auch Zertifizierungssysteme für nachhaltige Finanzprodukte zielen im Allgemeinen auf Transparenz und den Abbau von Informationsasymmetrien ab.[319] Allerdings existieren zwischen beiden Instrumenten einige wesentliche Unterschiede.

[313] *Schmidt/Kube*, in: Nietsch (Hrsg.), Corporate Social Responsibility Compliance (2021), § 9 Rn. 12.
[314] *Beisheim/Dopychai*, in: Nietsch (Hrsg.), Corporate Social Responsibility Compliance (2021), § 3 Rn. 2.
[315] So *Veil*, in: Veil (Hrsg.), Europäisches und deutsches Kapitalmarktrecht (3. Aufl. 2022), § 1 Rn. 41.
[316] *Ulmer-Eilfort*, Soziale Nachhaltigkeit – Risiken, Auswirkungen, Chancen, ESG 2022, 76 (77).
[317] Hierzu *Veil*, in: Veil (Hrsg.), Europäisches und deutsches Kapitalmarktrecht (3. Aufl. 2022), § 1 Rn. 39 ff.
[318] Hierzu *Beisheim/Dopychai*, in: Nietsch (Hrsg.), Corporate Social Responsibility Compliance (2021), § 3 Rn. 2; *Hell*, Grundsatzfragen der Ausgestaltung der nicht-finanziellen Unternehmenspublizität, EuZW 2018, 1015 (1017).
[319] S. bezüglich der Zertifizierung nachhaltiger Kapitalgesellschaften und der Offenlegung von Unternehmensinformationen *Möslein*, in: Burgi/Möslein (Hrsg.), Zertifizierung nachhaltiger Kapitalgesellschaften (2021), § 1 S. 22.

Ein Unterschied zwischen beiden Instrumenten besteht darin, dass Transparenzvorschriften Unternehmen zur Offenlegung und Berichterstattung *verpflichten*. Bei der Zertifizierung handelt es sich hingegen in der Regel um ein *freiwilliges* Angebot, ein Finanzprodukt bei Vorliegen bestimmter Voraussetzungen mit einem Label bewerben zu dürfen.[320]

Anders als Offenlegungs- und Berichterstattungspflichten sehen Zertifizierungssysteme die Vergabe eines Labels regelmäßig dann vor, wenn *ganz bestimmte* Anforderungen erfüllt werden. Im obigen Beispiel (s. A. IV. 4. b) aa) (2)) ist ein Zertifizierungssystem so ausgestaltet, dass ein OGAW-Aktienfonds mit einem Label beworben werden darf, wenn mindestens 50 % der Fondsvermögenswerte in „nachhaltige Wirtschaftstätigkeiten" investiert sind. Eine Fondsverwaltungsgesellschaft muss gegenüber der Zertifizierungsstelle das Vorliegen dieser Voraussetzung nachweisen. Ein solcher Nachweis kann in der Regel nur erbracht werden, wenn spezifische Informationen über die Wirtschaftstätigkeiten von Portfoliounternehmen vorgelegt werden. ESG-bezogene Offenlegungs- und Berichterstattungspflichten können dazu beitragen, dass solche Informationen auf Märkten verfügbar sind. Transparenzvorschriften können vor diesem Hintergrund also *notwendig* sein, damit Zertifizierungssysteme in der Praxis Bedeutung erlangen.[321]

Der Nachweis, dass die Vermögenswerte eines Finanzprodukts im Einklang mit den Zertifizierungskriterien eines Zertifizierungssystems investiert sind, kann jedoch auch die Darlegung von Tatsachen, die sich *nicht* aus offenlegungs- und berichtspflichtigen Informationen ergeben, erfordern. Abgesehen davon sind oftmals nur bestimmte große Unternehmen zur ESG-bezogenen Offenlegung und Berichterstattung verpflichtet. Dies stellt Finanzdienstleistungs- und Kreditinstitute, die die ESG-bezogenen Eigenschaften eines Finanzprodukts durch ein Label sichtbar machen wollen, in der Regel vor eine Herausforderung.

Ein Vorteil von Zertifizierungssystemen gegenüber Offenlegungs- und Berichterstattungspflichten besteht darin, dass Anleger bestimmte Eigenschaften von zertifizierten Finanzprodukten *auf einen Blick* erkennen können. Sie müssen sich nicht mit den Informationen, die von Unternehmen, in die die Vermögenswerte eines Finanzprodukts investiert sind, veröffentlicht wurden, beschäftigen, um beispielsweise zu erfahren, ob ein

[320] Die Freiwilligkeit einer Zertifizierung ist im Allgemeinen keineswegs zwingend. In der Praxis existieren im Kontext der Zertifizierung von Finanzprodukten, die an ESG-Anlagestrategien angelehnt sind, jedoch bisher nur freiwillige Zertifizierungssysteme. Einige dieser Zertifizierungssysteme werden im dritten Kapitel dieser Arbeit vorgestellt.

[321] Es ist zwar nicht ausgeschlossen, dass Unternehmen auf freiwilliger Basis über beispielsweise ökologische und soziale Auswirkungen ihrer Tätigkeiten berichten. Ohne eine gesetzliche Verpflichtung ist die Gefahr einer verschwindend geringen praktischen Bedeutung von Zertifizierungssystemen jedoch besonders groß.

Finanzprodukt in besonders klimaschädliche Tätigkeiten investiert ist.[322] Insbesondere privaten Anlegern dürfte es in der Regel nicht oder nicht ohne erheblichen Aufwand möglich sein, die Komplexität und den Umfang der aufgrund gesetzlicher Vorschriften bereitgestellten Informationen zu durchdringen.[323] Aus diesem Grund helfen Offenlegungs- und Berichterstattungspflichten bei der Auswahl geeigneter Anlageprodukte oftmals nur begrenzt. Dies gilt selbst dann, wenn nicht nur (Portfolio-)Unternehmen der Realwirtschaft, sondern auch Finanzdienstleistungs- und Kreditinstitute zu ESG-bezogener Transparenz verpflichtet sind. Ein *Information Overload* trägt in der Regel nicht zum Abbau, sondern zur Verstärkung von Informationsasymmetrien bei.

Anhand obiger Ausführungen wird deutlich, dass die Einführung von Zertifizierungssystemen eine sinnvolle *Ergänzung* zu Offenlegungs- und Berichterstattungspflichten, auf die Zertifizierungssysteme zur Erlangung praktischer Relevanz wiederum *angewiesen* sind, sein kann.[324] Anlegern bleibt es zwar nicht erspart, sich mit den konkreten Anforderungen eines Zertifizierungssystems zu befassen, um beurteilen zu können, ob die materiellen und prozeduralen Zertifizierungskriterien denjenigen Kriterien entsprechen, die sie in ihre Investitionsentscheidungen einbeziehen wollen. Der Informationsbeschaffungsaufwand kann jedoch erheblich reduziert werden, indem Transparenz bezüglich der Zertifizierungskriterien hergestellt wird. Eine kompakte, klare, verständliche und vollständige Darstellung der Kriterien, z.B. auf einer Internetseite, kann dabei helfen, einer breiten Öffentlichkeit die Bedeutung eines Labels nahezubringen.

Sowohl der Einführung von Zertifizierungssystemen als auch ESG-bezogenen Offenlegungs- und Berichterstattungspflichten kommt eine Regulierungsfunktion zu. Da Transparenzpflichten Unternehmen in gewisser Weise zu einer Auseinandersetzung mit ESG-bezogenen Aspekten *zwingen*, ist die Regulierungsfunktion von Zertifizierungssystemen, deren Anforderungen in der Regel *freiwillig* erfüllt werden können, schwächer. Die verhaltenssteuernde Wirkung dürfte sich jedoch mit Zunahme der praktischen Bedeutung eines Zertifizierungssystems verstärken: Steigt das Interesse an der Berücksichtigung ökologischer und sozialer Aspekte bei Anlageentscheidungen, dürfte auch das Interesse von Anbietern von Finanzprodukten steigen, ein Finanzprodukt, dessen Vermögenswerte in ökologische und soziale Projekte und Wirtschaftstätigkeiten investiert sind, mit einem Nachhaltigkeitslabel zu bewerben. Eine

[322] Informationspflichten bergen vor diesem Hintergrund das Risiko hoher Transaktionskosten und eines *Information Overloads*, so *Möllers*, Green Deal: Greenwashing, Information Overload und der vergessene Good Corporate Citizen als Investor, ZHR 185 (2021), 881 (895 f.).

[323] *Steuer/Tröger*, The Role of Disclosure in Green Finance, Journal of Financial Regulation 8 (2022), 1 (7). Zu einigen Offenlegungs- und Berichterstattungspflichten im Einzelnen B. I. 4.

[324] S. auch *Möslein*, in: Burgi/Möslein (Hrsg.), Zertifizierung nachhaltiger Kapitalgesellschaften (2021), § 1 S. 22.

zunehmende Verbreitung zertifizierter Finanzprodukte kann wiederum den Druck auf Anbieter „nicht-zertifizierter" Finanzprodukte erhöhen, bei der Verwaltung von Finanzproduktvermögenswerten ökologischen und sozialen Aspekten mehr Gewicht zu verleihen, um die Anforderungen eines Zertifizierungssystems zu erfüllen. Die verhaltenssteuernde Wirkung von Zertifizierungssystemen kann auch das Verhalten von Unternehmen der Realwirtschaft beeinflussen.[325]

4. Nachhaltigkeitsbezogene Offenlegungs- und Berichterstattungspflichten auf europäischer Ebene

Der europäische Gesetzgeber hat mit der im Jahr 2014 in Kraft getretenen *Non Financial Reporting Directive* (NFRD)[326] einen ersten bedeutenden Schritt unternommen, um bestimmte große Unternehmen zur sog. „nicht-finanziellen" Berichterstattung zu verpflichten. Um die Vollständigkeit und Vergleichbarkeit ESG-bezogener Unternehmensinformationen zu verbessern, wurde im Jahr 2022 die *Corporate Sustainability Reporting Directive* (CSRD)[327] verabschiedet. Durch die CSRD wurden der Kreis der berichtspflichtigen Unternehmen und die berichtspflichtigen Inhalte im Vergleich zur NFRD erheblich erweitert. Außerdem wurden einheitliche europäische Berichtsstandards (*European Sustainability Reporting Standards* [ESRS]) entwickelt.[328] Die europäischen Richtlinienvorgaben wurden durch die im Jahr 2019 in Kraft getretene Offenlegungs-VO und durch die Taxonomie-VO, die im Jahr 2020 in Kraft getreten ist, ergänzt.

Die genannten europäischen Rechtsakte, die ESG-bezogene Offenlegungs- und Berichterstattungspflichten zum Gegenstand haben und weitgehend aufeinander abgestimmt sind, werden im Folgenden überblicksartig vorgestellt. Ein grundlegendes Verständnis von den Transparenzvorschriften, die im europäischen Raum gelten, kann dabei helfen, nachzuvollziehen, unter welchen Voraussetzungen einem europäischen oder mitgliedstaatlichen Zertifizierungssystem für nachhaltige Finanzprodukte praktische Bedeutung verschafft werden kann.

---

[325] S. hierzu A. IV. 3.

[326] Richtlinie 2014/95/EU des Europäischen Parlaments und des Rates vom 22. Oktober 2014 zur Änderung der Richtlinie 2013/34/EU im Hinblick auf die Angabe nichtfinanzieller und die Diversität betreffender Informationen durch bestimmte große Unternehmen und Gruppen.

[327] Richtlinie (EU) 2022/2464 des Europäischen Parlaments und des Rates vom 14. Dezember 2022 zur Änderung der Verordnung (EU) Nr. 537/2014 und der Richtlinien 2004/109/EG, 2006/43/EG und 2013/34/EU hinsichtlich der Nachhaltigkeitsberichterstattung von Unternehmen.

[328] Die EU-Kommission hat im Februar 2025, also nach Einreichung dieser Arbeit an der Philipps-Universität Marburg, einen weitreichenden Vorschlag zur Überarbeitung der CSRD vorgelegt. Die Umsetzung dieses Vorschlags ist in den vergangenen Monaten fortgeschritten, s. hierzu B. I. 4. e).

a) ***Non Financial Reporting Directive* (NFRD)**

Der Anwendungsbereich der NFRD erstreckt sich gem. Art. 19a Abs. 1 UAbs. 1 bzw. Art. 29a Abs. 1 UAbs. 1 Bilanz-RL a.F.[329] grundsätzlich auf große Unternehmen von „öffentlichem Interesse", die am Bilanzstichtag das Kriterium erfüllen, im Durchschnitt des Geschäftsjahres mindestens 500 Mitarbeiter zu beschäftigen.[330] Den Mitgliedstaaten stand es im Rahmen der Umsetzung der NFRD frei, den berichtspflichtigen Unternehmen alternativ zur Abgabe der „nichtfinanziellen" Erklärung *im Lagebericht* zu erlauben, einen *gesonderten „nichtfinanziellen" Bericht* zu erstellen (Art. 19a Abs. 1 UAbs. 1, Abs. 4 bzw. Art. 29a Abs. 1 UAbs. 1, Abs. 4 Bilanz-RL a.F.).[331]

Die „nichtfinanziellen" Angaben müssen gem. Art. 19a Abs. 1 UAbs. 1 bzw. Art. 29a Abs. 1 UAbs. 1 Bilanz-RL a.F. für das Verständnis des Geschäftsverlaufs, des Geschäftsergebnisses, der Lage des Unternehmens sowie der Auswirkungen seiner Tätigkeit erforderlich sein (sog. Wesentlichkeitsgrundsatz).[332] Inhaltlich müssen sich die Angaben mindestens auf Umwelt-, Sozial- und Arbeitnehmerbelange, die Achtung der Menschenrechte sowie die Bekämpfung von Korruption und Bestechung beziehen (Art. 19a Abs. 1 UAbs. 1 bzw. Art. 29a Abs. 1 UAbs. 1 Bilanz-RL a.F.). Verfolgt ein Unternehmen in Bezug auf mindestens eines dieser Belange kein Konzept, müssen in der „nichtfinanziellen" Erklärung die Gründe hierfür klar erläutert werden („*Comply or Explain*", Art. 19a Abs. 1 UAbs. 2 bzw. Art. 29a Abs. 1 UAbs. 2 Bilanz-RL a.F.).

Die inhaltlichen Anforderungen an die „nichtfinanzielle" Erklärung weisen keinen hohen Detaillierungsgrad auf. Außerdem sieht die NFRD keine Vorgaben zur konkreten Darstellung der erforderlichen Angaben vor. Die EU-Kommission hat im Juni 2017 lediglich unverbindliche Leitlinien für die Berichterstattung veröffentlicht.[333] Diese wurden im Juni 2019

---

329 Richtlinie 2013/34/EU des Europäischen Parlaments und des Rates vom 26. Juni 2013 über den Jahresabschluss, den konsolidierten Abschluss und damit verbundene Berichte von Unternehmen bestimmter Rechtsformen und zur Änderung der Richtlinie 2006/43/EG des Europäischen Parlaments und des Rates und zur Aufhebung der Richtlinien 78/660/EWG und 83/349/EWG des Rates. Die Vorschriften der Bilanz-RL in der Fassung der NFRD wurden durch die CSRD neugefasst. Die alte (NFRD-)Fassung (im Folgenden: a.F.) galt vom 5. Dezember 2014 bis zum 4. Januar 2023.

330 Ausführlich zum Anwendungsbereich der NFRD *Geier/Meringdal/Stille*, Taxonomie – Offenlegung – Governance (2023), § 2 Rn. 27 ff.

331 Der deutsche Gesetzgeber hat von dieser Möglichkeit Gebrauch gemacht, s. § 289b Abs. 3 HGB; ausführlich zur deutschen Umsetzungsvorschrift *Kajüter*, in: MüKoHGB, Bd. 4 (5. Aufl. 2024), §§ 289b-289e Rn. 23 ff.

332 Näher zum Wesentlichkeitsgrundsatz und dessen Umsetzung durch den deutschen Gesetzgeber *Kajüter*, in: MüKoHGB, Bd. 4 (5. Aufl. 2024), §§ 289b-289c Rn. 33 ff.; *Kleindiek*, in: BeckOGK Bilanzrecht (Stand: 1. Februar 2025), § 289c Rn. 53 ff.

333 *Europäische Kommission*, Mitteilungen der Kommission, Leitlinien für die Berichterstattung über nichtfinanzielle Informationen (Methode zur Berichterstattung über nichtfinanzielle Informationen) vom 5. Juli 2017, https://eur-lex.europa.eu/legal-content/DE/TXT/PDF/?uri=CELEX:52017XC0705(01) (letzter Abruf: 26. März 2026).

überarbeitet.[334] Art. 19a Abs. 1 UAbs. 5 bzw. Art. 29a Abs. 1 UAbs. 5 Bilanz-RL a.F. normiert, dass sich Unternehmen bei der „nichtfinanziellen" Berichterstattung auf internationale, unionsbasierte oder nationale Rahmenwerke stützen *dürfen* (nicht: *müssen*). Wird von einem solchen Rahmenwerk Gebrauch gemacht, muss hierüber informiert werden (Art. 19a Abs. 1 UAbs. 5 bzw. Art. 29a Abs. 1 UAbs. 5 Bilanz-RL a.F.).

Der weitreichende Gestaltungsspielraum bei der Erstellung einer „nichtfinanziellen" Erklärung ist mit erheblichen Nachteilen verbunden. Er ermöglicht eine heterogene Berichterstattung, wodurch ein Vergleich der von verschiedenen Unternehmen zur Verfügung gestellten Informationen erschwert oder nahezu unmöglich gemacht wird.[335] Dies erhöht die Gefahr einer selektiven Informationsbereitstellung und von Greenwashing. Hierdurch wird es Anbietern von Finanzprodukten erheblich erschwert, Informationen zu erhalten, die zur Erbringung des Nachweises, dass die Anforderungen eines Zertifizierungssystems erfüllt sind, erforderlich sind.

Ein weiteres Problem besteht darin, dass die NFRD keine gesetzliche Pflicht zur inhaltlichen Überprüfung der „nichtfinanziellen" Erklärung vorsieht. Die NFRD verlangt lediglich eine Prüfung, *ob* eine „nichtfinanzielle" Erklärung abgegeben wurde.[336]

b) ***Corporate Sustainability Reporting Directive*** **(CSRD)**

Durch die CSRD wurden der Kreis der berichtspflichtigen Unternehmen und die berichtspflichtigen Inhalte im Vergleich zur NFRD erheblich ausgeweitet. Die Einführung einheitlicher europäischer Berichtsstandards (*European Sustainability Reporting Standards* [ESRS]), die durch die *European Financial Reporting Advisory Group* (EFRAG) ausgearbeitet wurden, soll außerdem die Vollständigkeit und Vergleichbarkeit der von Unternehmen zur Verfügung gestellten Informationen spürbar verbessern. Dies kommt letztlich auch der praktischen Bedeutung und infolgedessen der verhaltenssteuernden Wirkung von Zertifizierungssystemen zugute.[337]

---

[334] *Europäische Kommission*, Mitteilung der Kommission, Leitlinien für die Berichterstattung über nichtfinanzielle Informationen: Nachtrag zur klimabezogenen Berichterstattung vom 20. Juni 2019, https://eur-lex.europa.eu/legal-content/DE/TXT/PDF/?uri=CELEX:52019XC0620(01) (letzter Abruf: 26. März 2026).

[335] *Feisel/Makowka*, Die neue Nachhaltigkeitsberichterstattung – Welche Anforderungen kommen durch die CSRD auf deutsche Unternehmen zu?, DB 2024, 65 (65); s. auch *Möslein*, in: Burgi/Möslein (Hrsg.), Zertifizierung nachhaltiger Kapitalgesellschaften (2021), § 1 S. 23; *Möslein*, in: Burgi/Möslein (Hrsg.), Zertifizierung nachhaltiger Kapitalgesellschaften (2021), § 15 S. 357 f.

[336] *Möslein*, in: Burgi/Möslein (Hrsg.), Zertifizierung nachhaltiger Kapitalgesellschaften (2021), § 15 S. 359 f.

[337] S. B. I. 3.; zu den Änderungen, die die CSRD nach Einreichung dieser Arbeit an der Philipps-Universität Marburg erfahren hat, und zur Frage, inwieweit sich diese Änderungen auf Zertifizierungssysteme für Finanzprodukte auswirken können, s. B. I. 4. e).

Der europäische Gesetzgeber hat mit der CSRD den Begriff der „nichtfinanziellen Berichterstattung" durch den der „Nachhaltigkeitsberichterstattung" ersetzt. Dadurch, dass die Unterscheidung zwischen „nichtfinanziellen" und „finanziellen" Aspekten aufgegeben wird, kommt die wachsende Bedeutung, die Nachhaltigkeitsgesichtspunkten beigemessen wird, zum Ausdruck.[338]

aa) Anwendungsbereich

Durch die Umsetzung der CSRD sollte sich allein in Deutschland die Zahl ESG-berichtspflichtiger Unternehmen von ca. 500 auf ca. 1.500 erhöhen.[339] Im europäischen Raum werden künftig ca. 49.000 statt bisher ca. 11.900 Unternehmen zur ESG-bezogenen Berichterstattung verpflichtet sein.[340] Der europäische Gesetzgeber begründet die erhebliche Ausweitung des Anwendungsbereichs mit dem wachsenden Bedarf an Nachhaltigkeitsinformationen und der zunehmenden Bedeutung von Nachhaltigkeitsrisiken.[341] Die Regelungen zum Anwendungsbereich finden sich in Art. 19a Abs. 1 UAbs. 1 bzw. Art. 29a Abs. 1 UAbs. 1 Bilanz-RL.[342]

Unternehmen, die in den Anwendungsbereich der NFRD fallen, sind auch nach der CSRD berichtspflichtig. Allerdings ist das Erfordernis des „öffentlichen Interesses" bei großen Unternehmen gestrichen worden. Außerdem können nach der CSRD auch Unternehmen, die während des Geschäftsjahres durchschnittlich 250 Personen beschäftigen, zur Berichterstattung verpflichtet sein. Gem. Art. 3 Abs. 4 Bilanz-RL müssen diese Unternehmen zusätzlich *entweder* eine Bilanzsumme von 25 Millionen *oder* einen Nettoumsatzerlös von 50 Millionen Euro aufweisen. Um ein großes Unternehmen handelt es sich, unabhängig von der Beschäftigtenzahl, auch dann, wenn die *beiden* letztgenannten Kriterien (bezüglich Bilanzsumme und Nettoumsatzerlös) kumulativ vorliegen.

---

338 S. Erwägungsgrund 8 der CSRD; s. auch *Nietsch*, Von der nichtfinanziellen Berichterstattung zur Nachhaltigkeitsberichterstattung – eine Momentaufnahme zum Vorschlag der Corporate Sustainability Reporting Directive, ZIP 2022, 449.

339 So einer Stellungnahme des DRSC-Verwaltungsrates zufolge, s. *Deutsches Rechnungslegungs Standards Committee e.V. (DRSC)*, Kernbotschaften des DRSC-Verwaltungsrates zur Corporate Sustainability Reporting Directive (CSRD), https://www.drsc.de/app/uploads/2021/04/210430_Kernbotschaften_VR_CSRD.pdf (letzter Abruf: 26. März 2026).

340 *Europäische Kommission*, Vorschlag für eine Richtlinie des Europäischen Parlaments und des Rates zur Änderung der Richtlinien 2013/34/EU, 2004/109/EG und 2006/43/EG und der Verordnung (EU) Nr. 537/2014 hinsichtlich der Nachhaltigkeitsberichterstattung von Unternehmen, COM(2021) 189 final, S. 13.

341 Erwägungsgründe 17 und 21 der CSRD.

342 Die Vorschriften der Bilanz-RL sind nach Einreichung dieser Arbeit an der Philipps-Universität Marburg erneut geändert worden, s. hierzu B. I. 4. e). Werden im Rahmen dieser Dissertation Vorschriften der „Bilanz-RL" zitiert, ist damit die Bilanz-RL in der Fassung der CSRD gemeint. Diese Fassung galt vom 5. Januar 2023 bis zum 17. März 2026. Werden im Rahmen dieser Dissertation Vorschriften der Bilanz-RL in der aktuell geltenden Fassung zitiert, wird dies besonders kenntlich gemacht.

In den Anwendungsbereich der CSRD fallen jedoch auch kleine und mittlere Unternehmen, bei denen es sich um Unternehmen von „öffentlichem Interesse" i.S.d. Art. 2 Nr. 1 lit. a) Bilanz-RL handelt. Ausgenommen sind lediglich Kleinstunternehmen. Gem. Art. 2 Nr. 1 lit. a) Bilanz-RL sind Unternehmen dann von „öffentlichem Interesse", wenn sie unter das Recht eines Mitgliedstaats fallen. Die übertragbaren Wertpapiere der Unternehmen müssen außerdem zum Handel an einem geregelten Markt eines Mitgliedstaats zugelassen sein.[343]

Auch Mutterunternehmen einer großen Gruppe sind vom Anwendungsbereich der CSRD umfasst (Art. 29a Abs. 1 UAbs. 1 Bilanz-RL). Große Gruppen bestehen gem. Art. 3 Abs. 7 Bilanz-RL aus Mutter- und Tochterunternehmen, die in die Konsolidierung einzubeziehen sind. Die Gruppen müssen außerdem, um als *groß* zu gelten, auf konsolidierter Basis am Bilanzstichtag des Mutterunternehmens die Grenzen von mindestens zwei der drei folgenden Größenmerkmale überschreiten: Bilanzsumme von 25 Millionen Euro (lit. a)), Nettoumsatzerlöse von 50 Millionen Euro und eine durchschnittliche Zahl der während des Geschäftsjahres Beschäftigten von 250.

Unternehmen, die bereits nach den Vorgaben der NFRD berichtspflichtig sind, müssen erstmals für das Geschäftsjahr 2024 im Einklang mit der CSRD berichten. Für alle anderen Unternehmen gelten längere Übergangsfristen, die insbesondere in Abhängigkeit von der Unternehmensgröße gestaffelt sind.[344]

bb) <u>Berichtspflichtige Inhalte</u>

Gem. Art. 19a Abs. 1 UAbs. 1 bzw. Art. 29a Abs. 1 UAbs. 1 Bilanz-RL müssen Angaben, die für das Verständnis der Auswirkungen der Tätigkeiten des Unternehmens auf Nachhaltigkeitsaspekte sowie das Verständnis der Auswirkungen von Nachhaltigkeitsaspekten auf den Geschäftsverlauf, das Geschäftsergebnis und die Lage des Unternehmens erforderlich sind („*Inside-Out*" und „*Outside-In*"), in den Lagebericht aufgenommen werden.[345]

---

[343] Bei einem geregelten Markt handelt es sich gem. Art. 4 Abs. 1 Nr. 21 RL 2014/65/EU um ein „von einem Marktbetreiber betriebenes und/oder verwaltetes multilaterales System, das die Interessen einer Vielzahl Dritter am Kauf und Verkauf von Finanzinstrumenten innerhalb des Systems und nach seinen nichtdiskretionären Regeln in einer Weise zusammenführt oder das Zusammenführen fördert, die zu einem Vertrag in Bezug auf Finanzinstrumente führt, die gemäß den Regeln und/oder den Systemen des Marktes zum Handel zugelassen wurden, und das eine Zulassung erhalten hat und ordnungsgemäß und gemäß Titel III dieser Richtlinie funktioniert".

[344] Hierzu *Feisel/Makowka*, Die neue Nachhaltigkeitsberichterstattung – Welche Anforderungen kommen durch die CSRD auf deutsche Unternehmen zu?, DB 2024, 65 (67 f.). Die Regelungen hinsichtlich des zeitlichen Geltungsbereichs der CSRD wurden nach Einreichung dieser Arbeit an der Philipps-Universität Marburg geändert, s. hierzu B. I. 4. e).

[345] *Feisel/Makowka*, Die neue Nachhaltigkeitsberichterstattung – Welche Anforderungen kommen durch die CSRD auf deutsche Unternehmen zu?, DB 2024, 65 (66). Die Möglichkeit einer „gesonderten nichtfinanziellen Erklärung" ist weggefallen.

Genauere Angaben zu den berichtspflichtigen Inhalten finden sich in Art. 19a Abs. 2 bzw. Art. 29a Abs. 2 Bilanz-RL. Unternehmen müssen beispielsweise Angaben zur Widerstandsfähigkeit ihres Geschäftsmodells und ihrer Strategie gegenüber Risiken im Zusammenhang mit Nachhaltigkeitsaspekten machen. Außerdem müssen sie über die Art und Weise informieren, wie das Unternehmen beabsichtigt, sicherzustellen, dass Geschäftsmodell und Unternehmensstrategie mit dem Übergang zu einer nachhaltigen Wirtschaft und der Begrenzung der Erderwärmung auf 1,5 °C gegenüber dem vorindustriellen Niveau vereinbar sind.

Die CSRD verlangt von Unternehmen, bei der Berichterstattung die gesamte Wertschöpfungskette in den Blick zu nehmen. Gem. Art. 19a Abs. 2 UAbs. 1 lit. f) bzw. Art. 29a Abs. 2 UAbs. 1 lit. f) Bilanz-RL müssen die wichtigsten tatsächlichen oder potenziellen negativen Auswirkungen, die mit der Geschäftstätigkeit des Unternehmens und mit der Wertschöpfungskette verknüpft sind, beschrieben werden. Auch über Maßnahmen zur Ermittlung und Überwachung dieser Auswirkungen muss informiert werden. Können von Unternehmen, die Teil der Wertschöpfungskette sind, nicht alle Informationen, die für die Berichterstattung relevant sind, eingeholt werden, muss gem. Art. 19a Abs. 3 bzw. Art. 29a Abs. 3 Bilanz-RL über die Gründe hierfür informiert werden. Außerdem muss erläutert werden, welche Anstrengungen zur Behebung dieses Problems unternommen wurden.

Das Erfordernis der Berücksichtigung der gesamten Wertschöpfungskette verleiht der CSRD Ausstrahlungswirkung auf Unternehmen, die nicht unmittelbar in den Anwendungsbereich fallen. Beispielsweise werden berichtspflichtige Unternehmen, um einen vollumfänglichen Bericht erstellen zu können, von Zulieferunternehmen, mit denen sie eine laufende Geschäftsbeziehung unterhalten, Informationen zu sozialen, ökologischen und Governance-bezogenen Aspekten verlangen. Stellt ein Zulieferunternehmen die gewünschten Informationen nicht zur Verfügung, könnte ein Abbruch der Geschäftsbeziehungen drohen. Dies könnte besonders dann, wenn es sich bei dem Zulieferunternehmen um ein kleines kapitalmarktfernes Unternehmen oder sogar um ein Kleinstunternehmen handelt, als unverhältnismäßige Belastung empfunden werden.[346] Ohne eine Berücksichtigung der gesamten Wertschöpfungskette im Rahmen der Berichterstattung würde einem integrierten Verständnis von Nachhaltigkeit, das unter anderem von einer räumlichen (globalen) Dimension geprägt ist, jedoch kaum Rechnung getragen werden können. Würde ein berichtspflichtiges Unternehmen

346 Hierzu *Allgeier*, CSRD-Nachhaltigkeitsberichterstattung und KMU-Schutz, NZG 2023, 195; s. auch *Renner/Kindt/Strunk*, Nachhaltigkeitsbezogene Berichterstattungspflichten für Drittstaatenunternehmen, NZG 2026, 200.

nicht über die Tätigkeiten anderer Unternehmen, die für die eigene Geschäftstätigkeit relevant sind, berichten müssen, kann von einer *Nachhaltigkeits*berichterstattung nicht die Rede sein. Dass die CSRD Ausstrahlungswirkung auf Unternehmen außerhalb des unmittelbaren Anwendungsbereichs entfalten kann, ist also keinesfalls ein negatives Phänomen. Die Verwirklichung der globalen Nachhaltigkeitsziele *verlangt* vielmehr ein „Denken über Grenzen hinaus".[347]

cc) *European Sustainability Reporting Standards* (ESRS) und inhaltliche Prüfpflicht

Bei der Einführung europäischer Berichtsstandards (*European Sustainability Reporting Standards* [ESRS]) handelt es sich um eine zentrale Neuerung zur NFRD.[348] Art. 29b Abs. 1 UAbs. 1 S. 1 Bilanz-RL sieht die Festlegung der Standards durch Delegierte Rechtsakte der EU-Kommission vor. Bis zum 30. Juni 2023 sollte festgelegt werden, über welche Informationen Unternehmen im Einklang mit Art. 19a Abs. 1, 2 bzw. Art. 29a Abs. 1, 2 Bilanz-RL Bericht erstatten müssen.

Die EU-Kommission ist ihrer Verpflichtung nachgekommen, indem sie am 31. Juli 2023 die Delegierte VO (EU) 2023/2772[349] erlassen hat. Diese legt insgesamt zwölf Standards fest, die für NFRD-berichtspflichtige Unternehmen seit dem 1. Januar 2024 für Geschäftsjahre, die am oder nach dem 1. Januar 2024 begonnen haben, gelten.[350] Die Einführung der ESRS hat zur Folge, dass Unternehmen, die entsprechend der CSRD berichtspflichtig sind, nicht mehr auf andere internationale Rahmenwerke zurückgreifen dürfen.[351] Allerdings haben die EU-Kommission und die EFRAG mit dem *International Sustainability Standards Board* (ISBB) und der *Global Reporting Initiative* (GRI) zusammengearbeitet, um ein hohes Maß an Interoperabilität der ESRS mit existierenden globalen Rahmenwerken sicherzustellen.[352]

---

[347] Die Einbeziehung von Unternehmen entlang der Wertschöpfungskette in die Berichterstattung wurde nach Einreichung dieser Arbeit an der Philipps-Universität Marburg abgeschwächt, s. hierzu B. I. 4. e).

[348] Zu den Berichtsstandards *Herold/Grottel/Klein*, Die Wesentlichkeitsanalyse gemäß den *European Sustainability Reporting Standards* (ESRS), IRZ 2023, 475.

[349] Delegierte Verordnung (EU) 2023/2772 der Kommission vom 31. Juli 2023 zur Ergänzung der Richtlinie 2013/34/EU des Europäischen Parlaments und des Rates durch Standards für die Nachhaltigkeitsberichterstattung.

[350] *Zwirner/Boecker*, Die EU-Standards zur Nachhaltigkeitsberichterstattung (ESRS) liegen vor, BC 2023, 405; zu den Implikationen der ESRS für das Risikomanagement von Banken *Wiedemann/Bröhl/Mies*, Implikationen der European Sustainability Reporting Standards für das Risikomanagement von Banken, WPg 2024, 270. Zu den aktuellen Entwicklungen, die sich nach Einreichung dieser Arbeit an der Philipps-Universität Marburg im Zusammenhang mit den ESRS ergeben haben, s. B. I. 4. e).

[351] *Herold/Grottel/Klein*, Die Wesentlichkeitsanalyse gemäß den *European Sustainability Reporting Standards* (ESRS), IRZ 2023, 475 (475).

[352] *Europäische Kommission*, Delegierte Verordnung (EU) .../... der Kommission vom 31. Juli 2023 zur Ergänzung der Richtlinie 2013/34/EU des Europäischen Parlaments und des Rates durch Standards für die Nachhaltigkeitsberichterstattung, C(2023) 5303 final, S. 8; Erwägungsgrund 3 der ESRS-VO.

Die ESRS-VO legt insgesamt zwei allgemeine und zehn themenbezogene Standards fest. Die ersten fünf themenbezogenen Standards beziehen sich auf Umweltaspekte (z.B. ESRS E3: Wasser- und Meeresressourcen), weitere vier Standards auf soziale Belange (z.B. ESRS S2: Arbeitskräfte in der Wertschöpfungskette). Der letzte Standard hat Governance-Aspekte zum Gegenstand. Die Standards beinhalten insgesamt 84 Angabepflichten, die die Angabe von mehr als 1.400 quantitativen und qualitativen Einzelinformationen nach sich ziehen können.[353] Der konkrete Berichtsumfang richtet sich grundsätzlich danach, welche Aspekte und Themen als *wesentlich* erachtet werden.[354] In den ESRS finden sich spezifische Anforderungen an eine sog. Wesentlichkeitsanalyse, die berichtspflichtige Unternehmen durchführen müssen.[355] Die Durchführung einer Wesentlichkeitsanalyse kann nicht nur als *Pflicht*, sondern auch als *Chance* begriffen werden: Sie kann dabei helfen, Risiken frühzeitig zu identifizieren und zu reflektieren, ob das Unternehmen resilient aufgestellt ist.[356]

Einheitliche Berichtsstandards sind äußerst wertvoll, um einem Zertifizierungssystem für Finanzprodukte praktische Bedeutung zu verleihen. Anbieter von Finanzprodukten, die zum Zwecke der Beantragung eines Labels ESG-bezogene Informationen von (Portfolio-)Unternehmen benötigen, ist es infolge einer verbesserten Vergleichbarkeit der CSRD-Nachhaltigkeitserklärungen leichter möglich, einzusehen, ob Unternehmen bestimmte ESG-Aspekte als wesentlich erachtet und hierüber berichtet haben.[357] Je weiter der Anwendungsbereich, der Umfang und der Detaillierungsgrad ESG-bezogener Berichtspflichten ist, desto größer ist die Wahrscheinlichkeit, dass dem Markt Informationen zur Verfügung gestellt werden, die zur Beantragung eines Labels für nachhaltige Finanzprodukte relevant sind.

Auf die Glaubwürdigkeit der bereitgestellten ESG-bezogenen Informationen wird sich positiv auswirken, dass die CSRD – anders als die NFRD – die stufenweise Einführung einer inhaltlichen Prüfpflicht vorsieht.[358] Eine inhaltliche Prüfung der Angaben dürfte die Gefahr von Greenwashing erheblich verringern und die Glaubwürdigkeit von Labels erhöhen, zu deren

[353] S. *Wirtschaftsprüferkammer*, Corporate Sustainability Reporting Directive (CSRD), https://www.wpk.de/nachhaltigkeit/kompass/regulatorische-anforderungen/csrd/ (letzter Abruf: 26. März 2026).

[354] *Herold/Grottel/Klein*, Die Wesentlichkeitsanalyse gemäß den *European Sustainability Reporting Standards* (ESRS), IRZ 2023, 475 (475).

[355] S. ESRS 1, 3. („Doppelte Wesentlichkeit als Grundlage für die Angabe von Nachhaltigkeitsinformationen") und ESRS 2, 4. („Management der Auswirkungen, Risiken und Chancen").

[356] *Herold/Grottel/Klein*, Die Wesentlichkeitsanalyse gemäß den *European Sustainability Reporting Standards* (ESRS), IRZ 2023, 475 (480 f.).

[357] Außerdem verbessert sich durch die CSRD die Datengrundlage für Finanzdienstleistungsunternehmen, die Offenlegungspflichten erfüllen müssen, *Schriever/Grabau*, Green and more: Komplexe Regulierung – Hemmnis für mehr Nachhaltigkeit?, WPg 2024, 321 (323).

[358] Hierzu *Quick*, Nachhaltigkeitsberichte werden prüfungspflichtig, GmbHR 2023, 722. Der europäische Gesetzgeber hat nach Einreichung dieser Arbeit an der Philipps-Universität Marburg von einer umfangreichen inhaltlichen Prüfpflicht Abstand genommen, s. B. I. 4. e).

Erlangung Finanzdienstleistungs- und Kreditinstitute, die Finanzprodukte anbieten, auf diese Angaben zurückgegriffen haben.

c) Offenlegungs-VO

Bereits vor Inkrafttreten der CSRD wurden durch die Offenlegungs-VO auf europäischer Ebene Offenlegungspflichten speziell für den Finanzsektor eingeführt. Die Offenlegungs-VO verpflichtet Finanzmarktteilnehmer und Finanzberater zu Transparenz hinsichtlich der Einbeziehung von Nachhaltigkeitsrisiken und der Berücksichtigung nachteiliger Nachhaltigkeitsauswirkungen in ihren Prozessen und bei der Bereitstellung von Informationen über die Nachhaltigkeit von Finanzprodukten (Art. 1 Offenlegungs-VO).[359] Dabei wird grundsätzlich zwischen unternehmens- und produktbezogenen Offenlegungspflichten differenziert.[360]

Beispielsweise gelten spezielle Transparenzpflichten, wenn mit einem Finanzprodukt ökologische oder soziale Merkmale (oder eine Kombination aus diesen Merkmalen) beworben werden (Art. 8 Abs. 1 Offenlegungs-VO). Wird mit einem Finanzprodukt eine „nachhaltige Investition“ angestrebt, muss gem. Art. 9 Abs. 1, 2 Offenlegungs-VO genau erklärt werden, wie die konkreten Ziele, die mit der Investition verfolgt werden, erreicht werden sollen. Der Begriff der „nachhaltigen Investition“ wird in Art. 2 Nr. 17 Offenlegungs-VO definiert.[361] Demnach handelt es sich bei einer „nachhaltigen Investition“ um eine Investition in eine

[359] Zur Definition von „Nachhaltigkeitsrisiko“ s. A. III. 2. b) bb); ausführlich zum Anwendungsbereich der Offenlegungs-VO *Geier/Meringdal/Stille*, Taxonomie – Offenlegung – Governance (2023), § 2 Rn. 2 ff. Am 20. November 2025, also nach Einreichung dieser Arbeit an der Philipps-Universität Marburg, wurde von der EU-Kommission ein Vorschlag zur Änderung der Offenlegungs-VO veröffentlicht, s. *Europäische Kommission*, Vorschlag für eine Verordnung des Europäischen Parlaments und des Rates zur Änderung der Verordnung (EU) 2019/2088 über nachhaltigkeitsbezogene Offenlegungspflichten im Finanzdienstleistungssektor und der Verordnung (EU) Nr. 1286/2014 über Basisinformationsblätter für verpackte Anlageprodukte für Kleinanleger und Versicherungsanlageprodukte (PRIIP) sowie zur Aufhebung der Delegierten Verordnung (EU) 2022/1288 der Kommission, COM(2025) 841 final. Die Umsetzung dieses Vorschlags hätte auch eine Änderung des Art. 1 Offenlegungs-VO zur Folge. Insbesondere schlägt die EU-Kommission vor, Finanzberater aus dem Anwendungsbereich der Offenlegungs-VO herauszunehmen.

[360] Den Anwendungsbereich als zu eng kritisierend *Möllers*, Green Deal: Greenwashing, Information Overload und der vergessene Good Corporate Citizen als Investor, ZHR 185 (2021), 881 (904 f.). Der Vorschlag der EU-Kommission vom 20. November 2025 sieht eine erhebliche Reduzierung von Offenlegungspflichten auf Unternehmensebene vor, s. *Europäische Kommission*, Vorschlag für eine Verordnung des Europäischen Parlaments und des Rates zur Änderung der Verordnung (EU) 2019/2088 über nachhaltigkeitsbezogene Offenlegungspflichten im Finanzdienstleistungssektor und der Verordnung (EU) Nr. 1286/2014 über Basisinformationsblätter für verpackte Anlageprodukte für Kleinanleger und Versicherungsanlageprodukte (PRIIP) sowie zur Aufhebung der Delegierten Verordnung (EU) 2022/1288 der Kommission, COM(2025) 841 final, S. 12, 36.

[361] In dem am 20. November 2025 veröffentlichten Verordnungsvorschlag ist vorgesehen, dass der Begriff der „nachhaltigen Investition“ in Art. 2 Nr. 17 Offenlegungs-VO gestrichen werden soll, s. *Europäische Kommission*, Vorschlag für eine Verordnung des Europäischen Parlaments und des Rates zur Änderung der Verordnung (EU) 2019/2088 über nachhaltigkeitsbezogene Offenlegungspflichten im Finanzdienstleistungssektor und der Verordnung (EU) Nr. 1286/2014 über Basisinformationsblätter für verpackte Anlageprodukte für Kleinanleger und Versicherungsanlageprodukte (PRIIP) sowie zur Aufhebung der Delegierten Verordnung (EU) 2022/1288 der Kommission, COM(2025) 841 final, S. 35.

wirtschaftliche Tätigkeit, die zur Erreichung eines Umweltziels oder eines sozialen Ziels beiträgt.[362] Weiterhin ist erforderlich, dass keines dieser Ziele „erheblich beeinträchtigt" wird und die Unternehmen, in die investiert wird, „Verfahrensweisen einer guten Unternehmensführung" anwenden. Mit der Verwendung des Begriffs *Umweltziel* „baut" die Offenlegungs-VO eine „Brücke" zur Taxonomie-VO. In der Taxonomie-VO, die zeitlich *nach* der Offenlegungs-VO erlassen worden ist, sind insgesamt sechs Umweltziele festgelegt (Art. 9 Taxonomie-VO: Klimaschutz, Anpassung an den Klimawandel, nachhaltige Nutzung und Schutz von Wasser- und Meeresressourcen, Übergang zu einer Kreislaufwirtschaft, Vermeidung und Verminderung der Umweltverschmutzung, Schutz und Wiederherstellung der Biodiversität und der Ökosysteme). Werden die Vermögenswerte eines Finanzprodukts i.S.d. Art. 9 Abs. 1, 2 Offenlegungs-VO in Wirtschaftstätigkeiten investiert, die zu einem Umweltziel beitragen, muss gem. Art. 5 UAbs. 1 lit. b) Taxonomie-VO unter anderem beschrieben werden, in welchem Umfang es sich um „ökologisch nachhaltige" Wirtschaftstätigkeiten i.S.d. Art. 3 Taxonomie-VO handelt.[363] Dasselbe gilt, wenn mit einem Finanzprodukt i.S.d. Art. 8 Abs. 1 Offenlegungs-VO *ökologische* Merkmale eines Finanzprodukts beworben werden (Art. 6 UAbs. 1 Taxonomie-VO).[364]

Die Offenlegungs-VO sieht *nicht* die Einführung von Finanzprodukt–Labels vor.[365] Vielmehr knüpft die VO an bestimmte Finanzproduktgestaltungen konkrete Berichtspflichten.[366] Aus diesem Grund ist die in der Literatur vertretene Annahme, die Offenlegungs-VO würde eine *Kennzeichnung* von *„dunkelgrünen"* (Art. 9 Abs. 1, 2 Offenlegungs-VO), *„hellgrünen"* (Art. 8 Abs. 1 Offenlegungs-VO) und *„sonstigen"*[367] Finanzprodukten einführen, abzulehnen.[368] Der Differenzierung zwischen einzelnen Finanzprodukt–Kategorien (z.B. Finanzprodukte, mit

[362] Zur Frage, inwiefern die Definition von „nachhaltiger Investition" in der Offenlegungs-VO von der Definition von „ökologisch nachhaltiger" Investition in der Taxonomie-VO abweicht, *Geier/Meringdal/Stiller*, Taxonomie – Offenlegung – Governance (2023), § 3 Rn. 9 ff.

[363] Näher zu Art. 3 Taxonomie-VO Kapitel 2, C. III.

[364] Der am 20. November 2025 veröffentlichte Vorschlag zur Änderung der Offenlegungs-VO sieht weitreichende Änderungen der bestehenden Vorschriften, insbesondere der Art. 7, 8 und 9 Offenlegungs-VO dahingehend vor, dass drei Kategorien von Finanzprodukten („Übergang", „ESG-Grundlagen" und „Nachhaltigkeit") eingeführt werden sollen, s. *Europäische Kommission*, Vorschlag für eine Verordnung des Europäischen Parlaments und des Rates zur Änderung der Verordnung (EU) 2019/2088 über nachhaltigkeitsbezogene Offenlegungspflichten im Finanzdienstleistungssektor und der Verordnung (EU) Nr. 1286/2014 über Basisinformationsblätter für verpackte Anlageprodukte für Kleinanleger und Versicherungsanlageprodukte (PRIIP) sowie zur Aufhebung der Delegierten Verordnung (EU) 2022/1288 der Kommission, COM(2025) 841 final, S. 14, 37 f.

[365] *Geier/Meringdal/Stille*, Taxonomie – Offenlegung – Compliance (2023), § 3 Rn. 33.

[366] *Nagel/Lorenz/El-Qalqili*, Nachhaltige Investitionen im System der Offenlegungs-VO und Taxonomie-VO, BKR 2022, 360 (362).

[367] Mit *„sonstigen"* Finanzprodukten sind solche gemeint, die weder eine „nachhaltige" Investition anstreben noch ökologische oder soziale Merkmale eines Finanzprodukts bewerben wollen.

[368] So *Steuer/Tröger*, The Role of Disclosure in Green Finance, Journal of Financial Regulation (2022), 1; s. auch *Steuer*, Rechtsdurchsetzung im „grünen" Kapitalmarkt, BKR 2022, 296 (302) (Einstufung komme Funktion eines Labels zu, das die „grüne Ambition" eines Finanzprodukts kennzeichnen würde).

denen eine „nachhaltige Investition" angestrebt wird, oder Finanzprodukte, deren ökologische Merkmale beworben werden) kommt gerade *nicht* die Funktion eines Labels zu. Der Grund hierfür liegt darin, dass die Offenlegungs-VO Unternehmen nicht zu einer speziellen Produktgestaltung verpflichtet. Vielmehr entscheidet die konkrete Produktgestaltung, die Unternehmen grundsätzlich frei wählen können, über die inhaltlichen Anforderungen an die zu erfüllenden Offenlegungspflichten.[369]

Nichtsdestotrotz können sich die Regelungen der Offenlegungs-VO für Anbieter von Finanzprodukten, die beispielsweise eine „nachhaltige Investition" anstreben und ein angebotenes Finanzprodukt mit einem Nachhaltigkeitslabel bewerben wollen, als hilfreich erweisen. Diese Finanzprodukt-Anbieter sind aufgrund der gesetzlichen Vorschriften der Offenlegungs-VO und der Taxonomie-VO gezwungen, sich damit auseinanderzusetzen, in welchem Umfang die Finanzproduktvermögenswerte in „ökologisch nachhaltige" Wirtschaftstätigkeiten investiert sind. Dass die im Rahmen dieser Auseinandersetzung ermittelten Ergebnisse für die Erbringung eines Nachweises, dass die Anforderungen eines Zertifizierungssystems zur Kennzeichnung nachhaltiger Finanzprodukte erfüllt sind, genutzt werden können, ist nicht unwahrscheinlich.

d) Art. 8 Taxonomie-VO

Zur Ermittlung des Umfangs, in dem Finanzproduktvermögenswerte in „(ökologisch) nachhaltige" Wirtschaftstätigkeiten investiert sind, sind Anbieter von Finanzprodukten auf Informationen über die Tätigkeiten von (Portfolio-)Unternehmen angewiesen. Diese Informationen können sie sich mangels Einblick in unternehmensinterne Abläufe und Strukturen in der Regel nicht selbst beschaffen. Unter anderem aus diesem Grund hat der europäische Gesetzgeber Art. 8 Taxonomie-VO eingeführt.

Art. 8 Taxonomie-VO verpflichtet Unternehmen, die zur Abgabe einer „nichtfinanziellen" (NFRD) bzw. „Nachhaltigkeitserklärung" (CSRD) entsprechend den Vorgaben der Bilanz-RL verpflichtet sind, anzugeben, ob und in welchem Umfang ihre Tätigkeiten mit

[369] *Nagel/Lorenz/El-Qalqili*, Nachhaltige Investitionen im System der Offenlegungs-VO und Taxonomie-VO, BKR 2022, 360 (362). Die Änderung des Art. 9 Offenlegungs-VO, die die EU-Kommission in ihrem Vorschlag vom 20. November 2025 vorgeschlagen hat, lässt stärkere Parallelen zu einem Label erkennen als die aktuelle Regelung. Entsprechend der neuen Fassung des Art. 9 Offenlegungs-VO sollen Finanzmarktteilnehmer ein Finanzprodukt nur dann als der Kategorie „Nachhaltigkeit" zugehörig bezeichnen dürfen, wenn mit mindestens 70 % der Investitionen ein klares, messbares Ziel in Bezug auf Nachhaltigkeitsfaktoren verfolgt wird; außerdem müssen Investitionen in bestimmte Unternehmen ausgeschlossen sein, s. *Europäische Kommission*, Vorschlag für eine Verordnung des Europäischen Parlaments und des Rates zur Änderung der Verordnung (EU) 2019/2088 über nachhaltigkeitsbezogene Offenlegungspflichten im Finanzdienstleistungssektor und der Verordnung (EU) Nr. 1286/2014 über Basisinformationsblätter für verpackte Anlageprodukte für Kleinanleger und Versicherungsanlageprodukte (PRIIP) sowie zur Aufhebung der Delegierten Verordnung (EU) 2022/1288 der Kommission, COM(2025) 841 final, S. 42 ff.

Wirtschaftstätigkeiten verbunden sind, die als „ökologisch nachhaltig“ i.S.d. Taxonomie-VO gelten. Diese Regelung kommt ebenfalls der praktischen Bedeutung von Zertifizierungssystemen, die Finanzprodukte mit positiven Auswirkungen auf ökologische und soziale Ziele kennzeichnen, zugute.

Die Taxonomie-VO statuiert auch weitere Transparenzpflichten, die die Vorschriften der Offenlegungs-VO ergänzen und auf das Klassifizierungssystem der Taxonomie-VO Bezug nehmen.[370]

e) Erneute Änderung der Bilanz-RL durch die sog. Omnibus-Initiative

Am 26. Februar 2025 hat die EU-Kommission mit dem sog. „*Omnibus Simplification Package*“ (im Folgenden: Omnibus-Paket) Vorschläge unterbreitet, die darauf abzielen, den Verwaltungsaufwand von Unternehmen zu verringern (sog. Omnibus-Initiative).[371] Gegenstand der Vorschläge waren insbesondere eine Einengung des Anwendungsbereichs der CSRD sowie eine Reduzierung nachhaltigkeitsbezogener Berichtspflichten und taxonomiebezogener Anforderungen.

Mit der Verabschiedung der Richtlinie (EU) 2025/794 (sog. „*Stop the Clock Directive*“),[372] die am 17. April 2025 im Amtsblatt der EU veröffentlicht wurde, hat der europäische Gesetzgeber einen ersten grundlegenden Schritt zur Umsetzung der Omnibus-Initiative unternommen. In dieser Richtlinie finden sich unter anderem Regelungen, die den Geltungsbereich der CSRD zeitlich nach hinten verschieben.[373] Mit Erlass der Richtlinie (EU) 2026/470 (sog. Omnibus-I-RL)[374], die am 26. Februar 2026 im Amtsblatt der EU veröffentlicht wurde, hat die CSRD nunmehr auch weitreichende inhaltliche Änderungen erfahren.

Die Omnibus-I-RL sieht konkret vor, dass künftig nur noch Unternehmen mit einem Nettoumsatzerlös von 450 Millionen Euro und durchschnittlich mehr als 1.000 Beschäftigten

---

[370] S. Kapitel 2, C. III. 2. und C. IV. 2.

[371] *Europäische Kommission*, Vorschlag für eine Richtlinie des Europäischen Parlaments und des Rates zur Änderung der Richtlinien 2006/43/EG, 2013/34/EU, (EU) 2022/2464 und (EU) 2024/1760 im Hinblick auf bestimmte Anforderungen an die Nachhaltigkeitsberichterstattung und die Sorgfaltspflichten von Unternehmen, COM(2025) 81 final; näher zum Inhalt des Vorschlags *Hagel/Wiedmann*, EU-Omnibus zur CSRD und CS3D und Koalitionsvertrag zum LkSG – Vereinfachung oder Erschwernis?, CCZ 2025, 116; *Stöbener de Mora/Noll*, Das Omnibus-I-Paket zur Vereinfachung der Nachhaltigkeitsberichterstattung und Sorgfaltspflichten, EuZW 2025, 501; *Zwirner/Boecker*, Omnibus-Verfahren der EU, BC 2025, 157.

[372] *Europäische Kommission*, Richtlinie (EU) 2025/794 des Europäischen Parlaments und des Rates vom 14. April 2025 zur Änderung der Richtlinie (EU) 2022/2464 und (EU) 2024/1760 bezüglich der Daten, ab denen die Mitgliedstaaten bestimmte Anforderungen an die Nachhaltigkeitsberichterstattung und die Sorgfaltspflichten von Unternehmen erfüllen müssen.

[373] S. Art. 1 der Richtlinie (EU) 2025/794.

[374] Richtlinie (EU) 2026/470 des Europäischen Parlaments und des Rates vom 24. Februar 2026 zur Änderung der Richtlinien 2006/43/EG, 2013/34/EU, (EU) 2022/2464 und (EU) 2024/1760 im Hinblick auf bestimmte Anforderungen an die Nachhaltigkeitsberichterstattung und die Sorgfaltspflichten von Unternehmen.

während des Geschäftsjahres zur Nachhaltigkeitsberichterstattung verpflichtet sein sollen.[375] Diese gravierende Einengung des Anwendungsbereichs gegenüber der CSRD wird in erster Linie damit begründet, dass derart große Unternehmen „die größten Auswirkungen in den Bereichen Umwelt, Soziales und Unternehmensführung" verursachen würden, gleichzeitig aber in der Lage seien, die mit der Berichterstattung verbundenen Kosten zu tragen.[376]

Der Verwaltungsaufwand berichtspflichtiger Unternehmen soll im Vergleich zur CSRD zudem durch eine Reduzierung der Anforderungen an die Beschaffung von Informationen von Unternehmen entlang der Wertschöpfungskette verringert werden.[377] Zu diesem Zweck wurde die durch die CSRD eingeführte Regelung in Art. 19a Abs. 3 bzw. Art. 29a Abs. 3 Bilanz-RL überarbeitet. Nunmehr sollen Unternehmen, die sich in der Wertschöpfungskette eines berichtspflichtigen Unternehmens befinden und durchschnittlich nicht mehr als 1.000 Beschäftigte haben, besonders geschützt werden.[378]

Eine weitere wesentliche Änderung besteht darin, die ESRS zum Zwecke der Vereinfachung grundlegend zu überarbeiten. Der europäische Gesetzgeber kritisiert insbesondere den Detaillierungsgrad der im Juli 2023 erlassenen ESRS. Die Omnibus-I-RL sieht unter anderem einen Wegfall der Datenpunkte vor, „die als am wenigsten wichtig für die allgemeine Nachhaltigkeitsberichterstattung angesehen werden".[379] Außerdem soll quantitativen Datenpunkten grundsätzlich Vorrang vor „erläuterndem Text" eingeräumt werden.[380]

Durch die Einführung der Omnibus-I-RL hat der Gesetzgeber schließlich auch von der Einführung umfangreicher Prüfpflichten Abstand genommen. Auch diese Regelung zielt darauf ab, den Verwaltungsaufwand von Unternehmen zu reduzieren.[381]

Die Omnibus-I-RL dürfte sich künftig erheblich auf insbesondere solche Zertifizierungssysteme für Finanzprodukte auswirken, die das Klassifizierungssystem der Taxonomie-VO in Bezug nehmen. Die Datengrundlage, auf die Anbieter von Finanzprodukten angewiesen sind, um den Grad der „ökologischen Nachhaltigkeit" einer Investition bestimmen zu können, dürfte im Vergleich zu der Datengrundlage, die die CSRD verspricht, deutlich dünner werden. Dies birgt die Gefahr, dass Finanzproduktanbieter, die die „ökologische

[375] Erwägungsgründe 7, 11 und Art. 2 der Omnibus-I-RL; s. auch Art. 19a Abs. 1 bzw. Art. 29a Abs. 1 Bilanz-RL in der seit dem 18. März 2026 geltenden Fassung.
[376] Erwägungsgrund 7 der Omnibus-I-RL.
[377] Erwägungsgrund 12 der Omnibus-I-RL.
[378] S. hierzu die Regelungen in Art. 19a Abs. 3 bzw. Art. 29a Abs. 3 Bilanz-RL in der seit dem 18. März 2026 geltenden Fassung.
[379] Erwägungsgrund 18 der Omnibus-I-RL.
[380] Erwägungsgrund 18 der Omnibus-I-RL.
[381] Erwägungsgrund 5 der Omnibus-I-RL.

Nachhaltigkeit" eines Finanzprodukts nach außen kommunizieren möchten, verstärkt auf Drittanbieter von Daten, Schätzungen oder eigene Angaben von Unternehmen zurückgreifen müssen. Hierunter könnte wiederum die Glaubwürdigkeit staatlicher Zertifizierungssysteme für Finanzprodukte, die auf der europäischen Umwelt-Taxonomie aufbauen, leiden, verbunden mit einer wachsenden Bedeutung privater Zertifizierungssysteme.[382]

Das Vorhaben, die Vergleichbarkeit von Unternehmensinformationen zu verbessern und Greenwashing zu verringern, könnte durch die Omnibus-Initiative im Ergebnis erheblich gefährdet werden.[383] Ob die Omnibus-I-RL mit den Zielen des europäischen Aktionsplans zur Finanzierung nachhaltigen Wachstums sowie mit den Zielen des Europäischen Grünen Deals, zu denen sich die EU-Kommission weiterhin bekennt,[384] im Einklang steht, scheint jedenfalls äußerst fraglich.[385]

5. Zwischenfazit

ESG-bezogene Offenlegungs- und Berichterstattungspflichten sind eine notwendige Voraussetzung, um einem Zertifizierungssystem für nachhaltige Finanzprodukte praktische Bedeutung zu verleihen. Sie sorgen dafür, dass dem Markt Informationen über wirtschaftliche Tätigkeiten eines Unternehmens zur Verfügung gestellt werden. Diese Informationen können dabei helfen, die Erfüllung der Anforderungen eines Zertifizierungssystems gegenüber einer Zertifizierungsstelle nachzuweisen.

Die Einführung umfangreicher Transparenzpflichten für eine Vielzahl an Unternehmen bietet eine ideale Chance, ein in der Praxis relevantes staatliches Zertifizierungssystem für nachhaltige Finanzprodukte, das auf geltenden Transparenzvorschriften aufbaut, einzuführen. Anbieter von Finanzprodukten, die mit einer Investition zur Verwirklichung der globalen Nachhaltigkeitsziele beitragen wollen, könnten durch die Erfüllung etwaiger Transparenzpflichten gleichzeitig einen Antrag auf Zertifizierung vorbereiten.

II. Zertifizierung nachhaltiger Kapitalgesellschaften und Einführung von Gesellschaftsrechtsformen bzw. Rechtsformzusätzen

Bei einem weiteren Instrument, das mit der Zertifizierung nachhaltiger Finanzprodukte in einem besonderen Zusammenhang steht, handelt es sich um die Zertifizierung nachhaltiger Kapitalgesellschaften. Die Kennzeichnung von Unternehmen, die einen Beitrag zur

---

[382] Welche Probleme mit einer Vielzahl privater Zertifizierungssysteme verbunden sind, wurde bereits oben dargelegt, s. A. IV. 4. a).

[383] Erwägungsgründe 2, 4, 9 und 13 der CSRD.

[384] S. Erwägungsgrund 2 der Omnibus-I-RL.

[385] Näher zum Aktionsplan und zum Europäischen Grünen Deal Kapitel 2, A. I. und III.

Verwirklichung der globalen Nachhaltigkeitsziele leisten, erleichtert Finanzdienstleistungs- und Kreditinstituten eine Investition in Unternehmen, die sich durch eine besondere ökologische und soziale Verantwortungsübernahme auszeichnen. Aus diesem Grund kann die Zertifizierung nachhaltiger Kapitalgesellschaften ebenfalls als Instrument zur Förderung eines nachhaltigen Finanzwesens betrachtet werden. Dasselbe gilt für die Einführung von Gesellschaftsrechtsformen bzw. Rechtsformzusätzen, die ökologisch und sozial verantwortungsbewusst handelnden Unternehmen zur Verfügung stehen.

1. Zertifizierung nachhaltiger Kapitalgesellschaften

Zertifizierungssysteme für Kapitalgesellschaften können sowohl staatlich ausgestaltet als auch privater Natur sein.[386] Sie zeichnen sich ebenfalls durch eine Informationsfunktion aus, indem sie unternehmensbezogene Eigenschaften, die von außen mangels Einblick in unternehmensinterne Abläufe und Strukturen nicht ohne Weiteres beurteilt werden können, sichtbar machen.[387] Die Regulierungsfunktion verstärkt sich mit zunehmender praktischer Bedeutung eines Zertifizierungssystems.

Ob und unter welchen Voraussetzungen ein Zertifizierungssystem für Kapitalgesellschaften geeignet sein kann, einen Beitrag zur Verwirklichung der globalen Nachhaltigkeitsziele zu leisten, hängt von der konkreten Ausgestaltung der materiellen und prozeduralen Zertifizierungskriterien ab. Ein Label sollte einem Unternehmen grundsätzlich dann vergeben werden können, wenn mit der Unternehmenstätigkeit messbare positive Auswirkungen auf Nachhaltigkeitsaspekte erzielt werden.[388]

Ein Beispiel für ein Zertifizierungssystem für Kapitalgesellschaften findet sich in der französischen Rechtsordnung, in der seit 2019 Unternehmen als „*société à mission*" ausgezeichnet werden können. Die „*société à mission*" hat ihre gesetzliche Grundlage in Art. L. 210-10 bis Art. L. 210-12 *Code de commerce* (C. com.) gefunden. Um den Status einer „*société à mission*" zu erlangen, muss die Satzung der Gesellschaft die Verfolgung von mindestens einem sozialen oder ökologischen Ziel sowie einen Kontrollmechanismus, um die Umsetzung der festgelegten Ziele zu überwachen, vorsehen.[389]

---

[386] Ein Überblick über staatliche und private Zertifizierungssysteme für Kapitalgesellschaften findet sich in *Möslein*, Certifying 'Good' Companies, in: Sjåfjell/Bruner (Hrsg.), The Cambridge Handbook of Corporate Law, Corporate Governance and Sustainability (2020), 669 (671 f.); s. auch *Sørensen/Neville*, Social Enterprises: How Should Company Law Balance Flexibility and Credibility?, EBOR 15 (2014), 267.

[387] *Möslein*, in: Burgi/Möslein (Hrsg.), Zertifizierung nachhaltiger Kapitalgesellschaften (2021), § 1 S. 4.

[388] Die meisten Zertifizierungssysteme stellen abstrakt auf die Geschäftspolitik eines Unternehmens ab, *Möslein*, in: Burgi/Möslein (Hrsg.), Zertifizierung nachhaltiger Kapitalgesellschaften (2021), § 1 S. 14.

[389] Ausführlich zur „*société à mission*" *Fleischer/Chatard*, Gesetzliche Zertifizierung nachhaltiger Unternehmen, NZG 2021, 1525.

Ob dieses Zertifizierungssystem geeignet ist, ausschließlich Unternehmen zu kennzeichnen, die *nachhaltig* entsprechend der oben herausgearbeiteten Definition agieren, ist fraglich. Zweifel könnten deshalb aufkommen, weil Unternehmen bei der Zielformulierung große Flexibilität genießen. Die Aufnahme sozialer Ziele in die Satzung bedeutet nicht zwingend, dass die unternehmerischen Tätigkeiten nicht beispielsweise zu einer erheblichen Umweltzerstörung beitragen. Der daraus resultierenden Greenwashing-Gefahr sollte mit *Transparenz* begegnet werden. Im Falle hinreichender Transparenz kann das französische Zertifizierungssystem durchaus einen Anreiz zu ökologischer und sozialer Verantwortungsübernahme schaffen. Unternehmen, die versuchen, ihre Geschäftstätigkeit *„nachhaltiger"* zu gestalten, könnten Unternehmen desselben Sektors motivieren, mit den *„nachhaltigeren"* Unternehmen in Wettbewerb zu treten. Dies könnte im Idealfall zu einer positiven sozialen und ökologischen Ausrichtung einer Vielzahl von Unternehmen führen.

Nichtsdestotrotz sollte Zertifizierungssystemen für Kapitalgesellschaften, die der Verwirklichung der globalen Nachhaltigkeitsziele dienen sollen, ein integriertes Verständnis von Nachhaltigkeit zugrunde gelegt werden. Ein Impact-Label für *nachhaltige* Kapitalgesellschaften würde es Anbietern von Finanzprodukten erleichtern, ein Impact-Investing–Label zur Kennzeichnung *nachhaltiger* Finanzprodukte zu beantragen. Sie könnten, abhängig von der konkreten Ausgestaltung eines Impact-Labels für Kapitalgesellschaften, auf einem Blick erkennen, auf welche Weise und in welchem Umfang ein Unternehmen *nachhaltig* handelt.[390]

2. Einführung von Gesellschaftsrechtsformen bzw. Rechtsformzusätzen

Neben Zertifizierungssystemen können auch Gesellschaftsrechtsformen bzw. Rechtsformzusätze eingeführt werden, die Unternehmen, die neben Gewinnstreben soziale und ökologische Verantwortung übernehmen wollen, zur Verfügung gestellt werden.[391]

Als eine bedeutende Rechtsform für Unternehmen, die neben Gewinninteressen soziale und ökologische Ziele verfolgen wollen, hat sich die US-amerikanische *Benefit Corporation* (B Corp) etabliert. Unternehmen einer *anderen* Rechtsform können die Zertifizierung als *Certified B Corporation* erlangen, wenn sie eine Reihe von Voraussetzungen erfüllen (insgesamt müssen 80 von 200 Punkten erreicht werden, die sich aus der Beantwortung von Fragen bezüglich sozialer und ökologischer Aspekte ergeben). Hierbei handelt es sich jedoch um ein privates Label, wobei die gemeinnützige Organisation *B Lab* als Zertifizierungsstelle fungiert. Ein

[390] Auf diese Thematik wird in Kapitel 2 noch einmal näher eingegangen, s. Kapitel 2, B. II. 3.
[391] Aufgrund ihrer „doppelten Zwecksetzung" werden solche Rechtsformen (bzw. Rechtsformvarianten) als „hybrid" qualifiziert, *Schüßler/Ventura*, Hybride Rechtsformen für das soziale Unternehmertum, RIW 2020, 405.

zertifiziertes Unternehmen muss sich außerdem innerhalb einer festgelegten Frist in eine *Benefit Corporation* umwandeln.[392]

Der italienische Gesetzgeber hat im Jahr 2016 die *Societa Benefit* eingeführt.[393] Dieser Status kann gem. Art. 376 der Legge n. 208/2015 (sog. *Legge di Stabilita*: Stabilitätsgesetz) von Gesellschaften erlangt werden, die in Ausübung einer wirtschaftlichen Betätigung über den Zweck der bloßen Gewinnausschüttung einen oder mehrere gemeinwohlorientierte Zwecke verfolgen. Bei der *Societa Benefit* handelt es sich nicht um eine eigenständige Rechtsform, sondern um einen Rechtsformzusatz, der einer Vielzahl von Gesellschaftsrechtsformen offensteht (Art. 377 Legge n. 208/2015).

Bei der Ausgestaltung einer Gesellschaftsrechtsform oder eines Rechtsformzusatzes für *nachhaltige* Unternehmen sollte einem integrierten Begriffsverständnis von Nachhaltigkeit Rechnung getragen werden. Die Informations- und Regulierungsfunktion entspricht derjenigen des Instruments der Zertifizierung nachhaltiger Kapitalgesellschaften. Die Einführung von Gesellschaftsrechtsformen bzw. Rechtsformzusätzen, die von nachhaltig handelnden Unternehmen gewählt werden können, kommt Anbietern von Finanzprodukten in gleicher Weise zugute wie die Zertifizierung nachhaltiger Kapitalgesellschaften.

Die Zertifizierung von Kapitalgesellschaften ist gegenüber der Einführung spezieller Gesellschaftsrechtsformen insbesondere deshalb von Vorteil, weil die mit einem Rechtsformwechsel einhergehenden Transaktionskosten vermieden werden.[394]

C. Bedeutung und Regulierung von ESG-Ratings

Ratingagenturen spielen eine entscheidende Rolle bei der Einschätzung von Kreditrisiken und infolgedessen für die Finanzsystemstabilität. Im Anschluss an die Finanzkrise im Jahr 2008 hat der europäische Gesetzgeber begonnen, durch rechtliche Regulierung Ratingagenturen, die sich bis dahin allenfalls einer Selbstregulierung in Gestalt der IOSCO-Grundsätze unterworfen hatten, bestimmte Regelungen aufzuerlegen.[395]

Um dem Markt umfassende Informationen über die „ESG-Leistung" von Unternehmen zur Verfügung zu stellen, sind sog. ESG-Ratings entstanden. Diese sollen komplexitätsreduzierende Wirkung angesichts der großen Vielzahl und Vielfalt am Markt

[392] Hierzu ausführlich *Möslein/Mittwoch*, Soziales Unternehmertum im US-amerikanischen Gesellschaftsrecht: Benefit Corporation und Certified B Corporations, RabelsZ 80 (2016), 399.
[393] *Ministero delle imprese e del Made in Italy*, Imprese Benefit, https://www.mimit.gov.it/it/benefit/societa-benefit (letzter Abruf: 26. März 2026).
[394] *Mittwoch*, Nachhaltigkeit und Unternehmensrecht (2022), S. 253.
[395] Hierzu *Veil*, in: Veil (Hrsg.), Europäisches und deutsches Kapitalmarktrecht (2022), § 1 Rn. 38 f.

verfügbarer Informationen entfalten.[396] ESG-Ratings können nicht nur privaten Anlegern dabei helfen, Investitionsentscheidungen zu treffen. Auch institutionelle Anleger, die ESG-Aspekte in ihre Anlagestrategie einbeziehen wollen, können von ESG-Ratings profitieren. ESG-Ratings können zur Senkung von Informationskosten, die zur Beschaffung, Analyse und Verarbeitung ESG-bezogener Unternehmensinformationen anfallen, beitragen.[397] Sind die Sekundärinformationen glaubwürdig, dienen ESG-Ratings dem Abbau von Informationsasymmetrien.[398] Anbieter von Finanzprodukten, die zur Beantragung eines Labels für ein von ihnen angebotenes Finanzprodukt nachweisen müssen, dass die Finanzproduktvermögenswerte in nachhaltige Unternehmen investiert sind, könnten sich auf Informationen stützen, die von Ratingagenturen bereitgestellt werden.

Ratingagenturen können unabhängig oder bankintern organisiert sein.[399] Um spezialisierte Ratingagenturen, die Kriterien zur Bewertung der „Nachhaltigkeitsleistung" eines Unternehmens anbieten, handelt es sich beispielsweise bei „MSCI ESG"[400] und „Sustainalytics".[401]

ESG-Ratingagenturen beschaffen sich die Informationen, die zur Bewertung der „ESG-Leistung" eines Unternehmens erforderlich sind, unter anderem aus der ESG-bezogenen Berichterstattung, zu der bestimmte Unternehmen verpflichtet sind.[402] Die einheitlichen Berichtsstandards (ESRS), die durch die CSRD eingeführt wurden, sollten die Transparenz und Vergleichbarkeit von ESG-Ratings fördern.[403] Derzeit sind Ergebnisse von verschiedenen Ratingagenturen untereinander jedoch wenig vergleichbar.[404] Ein Grund liegt darin, dass Ratingagenturen oftmals unterschiedliche Informationsverarbeitungsprozesse und Bewertungsmethoden nutzen.[405] Dies führt dazu, dass Rating-Ergebnisse bezüglich der „ESG-Leistung" eines Unternehmens zu einem Großteil von der Methodik der jeweiligen

---

[396] *Berg*, Legitimation durch Informationsintermediäre mit Nachhaltigkeitsbezug (2018), S. 135.
[397] *Berg*, Legitimation durch Informationsintermediäre mit Nachhaltigkeitsbezug (2018), S. 136, 152 f.
[398] *Berg*, Legitimation durch Informationsintermediäre mit Nachhaltigkeitsbezug (2018), S. 153 ff.
[399] *Berg*, Legitimation durch Informationsintermediäre mit Nachhaltigkeitsbezug (2018), S. 138 ff.
[400] S. *MSCI*, ESG Ratings, https://www.msci.com/data-and-analytics/sustainability-solutions/esg-ratings (letzter Abruf: 26. März 2026).
[401] S. *Sustainalytics*, ESG Risk Ratings, https://www.sustainalytics.com/esg-data (letzter Abruf: 26. März 2026).
[402] *Berg*, Legitimation durch Informationsintermediäre mit Nachhaltigkeitsbezug (2018), S. 144.
[403] *Graewe*, Die EU-Sozialtaxonomie und ihre Auswirkungen auf ESG-Ratings von Unternehmen, BB 2023, 262. Zu den aktuellen Entwicklungen betreffend der ESRS s. B. I. 4. e).
[404] *Möllers*, Green Deal: Greenwashing, Information Overload und der vergessene Good Corporate Citizen als Investor, ZHR 185 (2021), 881 (905 f.); s. auch *Hertel*, Unsicherheitsdimensionen und Entwicklungstrends von ESG-Ratings, Corporate Finance 2022, 153.
[405] *Mittwoch*, Nachhaltigkeit und Unternehmensrecht (2022), S. 205.

Ratingagentur abhängen.[406] Kritisiert wird außerdem die mangelnde Transparenz von ESG-Ratings.[407]

Ein Mangel an Transparenz und Vergleichbarkeit steht der Glaubwürdigkeit von ESG-Ratings fundamental entgegen.[408] Angesichts des steigenden Interesses, die „ESG-Leistung" von Unternehmen in Investitionsentscheidungsprozesse einzubeziehen, ist eine glaubwürdige Ausgestaltung von ESG-Ratings jedoch unverzichtbar. Anders als bei Kreditratings, die entsprechend der EU-Rating-VO nur von registrierten Ratingagenturen vorgenommen werden dürfen, mangelt es bei sog. ESG-Ratings an gesetzlichen Vorschriften.[409] Dies ist problematisch, weil ESG-Ratings in Bezug auf alle genannten Instrumente, die sich zur Förderung eines nachhaltigen Finanzwesens eignen, eine enorme Bedeutung spielen. Die Europäische Kommission hat sich diesem Problem allerdings inzwischen angenommen und am 13. Juni 2023 einen Verordnungsvorschlag veröffentlicht, der auf eine Verbesserung der Transparenz und Integrität von Rating-Tätigkeiten in den Bereichen Umwelt, Soziales und Governance führen soll.[410]

D. Zusammenfassung und Fazit

Der Begriff der Nachhaltigkeit repräsentiert im 21. Jahrhundert ein globalpolitisches Leitziel, das in diversen globalen Rahmenwerken konkretisiert und verfestigt wurde. Den aktuellen globalen Rahmen für eine erstrebenwerte Umwelt- und Entwicklungspolitik bilden die UN-Agenda 2030 mit den SDGs und das Klimaschutzabkommen von Paris. Aus diesen Rahmenwerken geht hervor, dass die globale Weltgemeinschaft ökologische, soziale *und* wirtschaftliche Ziele zu verwirklichen beabsichtigt. Dass es sich hierbei um ein komplexes Vorhaben handelt, zeigen die Bemühungen, die bezüglich der Operationalisierung des Nachhaltigkeitsbegriffs durch natur- und geisteswissenschaftliche Forschung unternommen werden. An dieser Forschung, die sich laufend aktualisiert und weiterentwickelt, sollten sich

---

406 *Mittwoch*, Nachhaltigkeit und Unternehmensrecht (2022), S. 205; ausführlich zur „subjektiven Veranlagung des Informationsgehalts" eines Ratingurteils und zu Bewertungsmethoden *Berg*, Legitimation durch Informationsintermediäre mit Nachhaltigkeitsbezug (2018), S. 144 ff.

407 *Zetzsche/Nast*, in: Assmann/Wallach/Zetzsche (Hrsg.), KAGB Kommentar (2. Aufl. 2022), Sustainable Finance, Einleitung, Rn. 4.

408 *Berg*, Legitimation durch Informationsintermediäre mit Nachhaltigkeitsbezug (2018), S. 151.

409 *Sustmann/Retsch/Gerding*, Kapitalmarktrechtliche Pflichten und Haftungsrisiken im Zusammenhang mit der ESG-Berichterstattung, AG 2022, 602 (605).

410 *Europäische Kommission*, Vorschlag für eine Verordnung des Europäischen Parlaments und des Rates über die Transparenz und Integrität von Rating-Tätigkeiten in den Bereichen Umwelt, Soziales und Governance (ESG), COM(2023) 314 final. Die Verordnung (EU) 2024/3005 (ESG-Rating-VO) ist Anfang Januar 2025, also nach Einreichung dieser Arbeit an der Philipps-Universität Marburg, in Kraft getreten, s. auch *Lau*, ESG-Ratings: Bestandsaufnahme und Überblick über den neuen Regulierungsrahmen, WM 2025, 549; *Dany*, Die EU ESG-Rating-Verordnung – Die Regulierung von ESG-Ratings auf dem Weg zu einem nachhaltigen Finanzmarkt, WM 2025, 556.

politische Entscheidungsträger, die zur Verwirklichung der globalen Nachhaltigkeitsziele beitragen wollen, orientieren. Dasselbe gilt für Rechtsakte, die zur Umsetzung von Nachhaltigkeitsstrategien erlassen werden. Die rechtswissenschaftliche Literatur muss solche Rechtsakte an einem integrierten Verständnis von Nachhaltigkeit messen. Andernfalls ist sie nicht in der Lage, einen sinnvollen Beitrag zur rechtlichen Operationalisierung des Nachhaltigkeitsbegriffs zu leisten.

Bei der Zertifizierung nachhaltiger Finanzprodukte handelt es sich um eines von vielen Instrumenten, die auf die Förderung eines nachhaltigen Finanzwesens gerichtet sind. Ein nachhaltiges Finanzwesen umfasst die Bestände und Ströme von Finanzressourcen und Vermögenswerten (in der Banken-, Investment- und Versicherungsbranche), die mit einer Vielzahl ökologischer, sozialer und wirtschaftlicher Ziele und ganz allgemein mit der Verwirklichung der SDGs im Einklang stehen. Da der europäische Gesetzgeber im Rahmen der Begründung und Umsetzung der europäischen *Sustainable-Finance*-Strategie auf die Verwirklichung der SDGs als übergeordnetes Ziel verweist, müssen sich Rechtsakte, die der Umsetzung dieser Strategie dienen sollen, an einem solchen Verständnis von *Sustainable Finance* messen lassen.

Die Ziele, die mit der Förderung eines nachhaltigen Finanzwesens verfolgt werden, stehen zum Teil in einem unmittelbaren Zusammenhang mit den allgemeinen Regelungszielen des europäischen Finanz- und Kapitalmarktrechts. Nachhaltigkeit lässt sich unter anderem deshalb in die tradierten Regelungsziele des Finanz- und Kapitalmarktrechts einfügen, weil immer mehr Anleger ökologische und soziale Aspekte im Rahmen von Investitionsentscheidungen berücksichtigen wollen. Nachhaltigkeitsbezogene Publizitätsvorschriften dienen dem Abbau von Informationsasymmetrien und der Finanzsystemstabilität insgesamt. Zertifizierungssysteme für Finanzprodukte, die sich durch eine Informationsfunktion auszeichnen, können ebenfalls einen Beitrag zu funktionierenden Finanzmärkten leisten. Zertifizierungssystemen kommt jedoch darüber hinaus eine Regulierungsfunktion zu. Die verhaltenssteuernde Wirkung des Instruments der Zertifizierung erstreckt sich sowohl auf das Verhalten von (privaten und institutionellen) Anlegern als auch auf das Verhalten von Unternehmen der Realwirtschaft.

Die Glaubwürdigkeit eines Zertifizierungssystems für nachhaltige Finanzprodukte hängt von der konkreten Ausgestaltung sowohl der materiellen als auch der prozeduralen Zertifizierungskriterien ab. Ein staatlich ausgestaltetes Impact-Investing-Label wäre besonders geeignet, ein nachhaltiges Finanzwesen zu fördern. Bei Impact Investing handelt es sich um die einzige Anlagestrategie, bei der messbare positive Auswirkungen auf ökologische oder soziale Belange im Vordergrund stehen. Bei der Ausgestaltung eines Zertifizierungssystems ist stets darauf zu achten, einem integrierten Verständnis vom Nachhaltigkeitsbegriff Rechnung zu tragen. Hierbei handelt es sich um eine komplexe Herausforderung. Sind die materiellen Vergabekriterien *zu streng* ausgestaltet, droht die praktische Bedeutung eines Zertifizierungssystems ins Leere zu laufen. Dennoch sollte verhindert werden, dass die Vergabekriterien zu „offen" und „flexibel" ausgestaltet sind. Die Förderung eines nachhaltigen Finanzwesens erfordert ein *Nachhaltigkeits*label, das einen Anreiz zu einer verstärkten ökologischen und sozialen Verantwortungsübernahme durch private Anleger, Finanzdienstleistungs- und Kreditinstitute sowie Unternehmen der Realwirtschaft setzt.

Das Instrument der Zertifizierung nachhaltiger Finanzprodukte interagiert mit einer Reihe weiterer Instrumente, die der Förderung eines nachhaltigen Finanzwesens dienen sollen. Eine besondere Bedeutung kommt dabei ESG-bezogenen Offenlegungs- und Berichterstattungspflichten zu. Diese sorgen dafür, dass dem Markt Informationen über unternehmerische Tätigkeiten, die gegebenenfalls für einen Antrag auf Zertifizierung eines Finanzprodukts benötigt werden, zur Verfügung gestellt werden. ESG-bezogene Offenlegungs- und Berichterstattungspflichten verhelfen Zertifizierungssystemen vor diesem Hintergrund zu mehr praktischer Bedeutung.

Die Interaktion mit anderen Instrumenten zeigt, dass es der Gesetzgeber nicht bei der Einführung eines glaubwürdigen Zertifizierungssystems für nachhaltige Finanzprodukte belassen sollte. Nachhaltigkeitslabels, die lediglich in der Theorie existieren, tragen nicht zur Verwirklichung der globalen Nachhaltigkeitsziele bei. Der Gesetzgeber sollte deshalb im Blick behalten, welche flankierenden Maßnahmen ergriffen werden können, um einem Zertifizierungssystem praktische Bedeutung zu verleihen. Als Beispiel für eine solche Maßnahme dient (neben der Einführung spezifischer Transparenzpflichten) die stärkere Regulierung von ESG-Ratings, die die ESG-Leistung von Unternehmen bewerten.[411] Eine gesetzliche Regulierung von ESG-Ratings könnte zu einer verbesserten Transparenz, Vergleichbarkeit und infolgedessen Glaubwürdigkeit von Informationen, die dem Markt durch Ratingagenturen zur Verfügung gestellt werden und eine erhebliche Rolle bei Anlageentscheidungen spielen, führen. Bei der Förderung eines nachhaltigen Finanzwesens handelt es sich also um eine schwierige Aufgabe, bei der eine Vielzahl von Faktoren berücksichtigt werden muss. Die Bewältigung dieser Aufgabe ist unentbehrlich, um eine Welt

[411] Wie bereits erwähnt, ist der europäische Gesetzgeber diesbezüglich durch Erlass der ESG-Rating-VO nach Einreichung dieser Arbeit an der Philipps-Universität Marburg tätig geworden.

zu schaffen, in der sowohl gegenwärtige als auch künftige Generationen ihre (über-)lebensnotwendigen Grundbedürfnisse sichern können.

Kapitel 2: Europäische Rahmenbedingungen und Maßnahmen im Bereich der Zertifizierung nachhaltiger Finanzprodukte

A. *Sustainable-Finance*-Strategie der EU: Ein Überblick

Die EU hat es sich angesichts des großen Bedarfs an Investitionen, die zur Erreichung der globalen Nachhaltigkeitsziele erforderlich sind, zur Aufgabe gemacht, eine Strategie zur Förderung eines nachhaltigen Finanzwesens (*Sustainable Finance*) zu entwickeln. Diese Strategie kommt in verschiedenen Strategiepapieren zum Ausdruck, die aufeinander aufbauen, sich teilweise ergänzen und laufend weiterentwickelt bzw. konkretisiert werden.[1] Auf diesen Strategiepapieren basieren zahlreiche und vielfältige Maßnahmen, die für die Einführung von Zertifizierungssystemen für nachhaltige Finanzprodukte auf europäischer und mitgliedstaatlicher Ebene zum Teil sehr relevant sind.

I. EU-Aktionsplan zur Finanzierung nachhaltigen Wachstums

Als Ausgangspunkt der europäischen Strategie zur Förderung eines nachhaltigen Finanzwesens kann der im Jahr 2018 von der EU-Kommission veröffentlichte Aktionsplan zur Finanzierung nachhaltigen Wachstums[2] betrachtet werden. Der Aktionsplan beruht auf einem Abschlussbericht der *High-Level Expert Group on Sustainable Finance* (HLEG),[3] die Ende 2016 von der EU-Kommission ins Leben gerufen wurde, um Empfehlungen zur Entwicklung einer *Sustainable-Finance*-Strategie auszuarbeiten.

Dass bereits in der Bezeichnung des Aktionsplans von „nachhaltigem Wachstum" die Rede ist, legt eine unzureichende Auseinandersetzung der EU-Kommission mit einem integrierten Verständnis vom Begriff der Nachhaltigkeit nahe.[4] Erläuterungen, wie die Verwirklichung der SDGs und Pariser Klimaschutzziele bei einem „grenzenlosen" globalen Wirtschaftswachstum gelingen kann, fehlen. In dem Aktionsplan wird lediglich erwähnt, dass die EU zum einen zur Förderung einer nachhaltigen Entwicklung entsprechend der Definition im Brundtland-Bericht verpflichtet sei, zum anderen dafür zu sorgen habe, dass die Wirtschaft wachse.[5] Bei Letzterem

[1] S. hierzu *Zetzsche/Nast*, in: Assmann/Wallach/Zetzsche (Hrsg.), KAGB Kommentar (2. Aufl. 2022), Sustainable Finance, Einleitung, Rn. 13 ff.
[2] *Europäische Kommission*, Aktionsplan: Finanzierung nachhaltigen Wachstums, COM(2018) 97 final; zum Aktionsplan *Lange*, Sustainable Finance: Nachhaltigkeit durch Regulierung? (Teil 1), BKR 2020, 216 (218 f.); *Glander/Lühmann*, Auswirkungen der europäischen ESG-Regulierung auf Asset Manager, RdF 2020, 12; *Möslein/Mittwoch*, Der Europäische Aktionsplan zur Finanzierung nachhaltigen Wachstums, WM 2019, 481.
[3] *High-Level Expert Group on Sustainable Finance*, Financing a Sustainable European Economy (2018), https://finance.ec.europa.eu/system/files/2018-01/180131-sustainable-finance-final-report_en.pdf (letzter Abruf: 26. März 2026).
[4] S. auch *Mittwoch*, Nachhaltigkeit und Unternehmensrecht (2022), S. 212 f.
[5] *Europäische Kommission*, Aktionsplan: Finanzierung nachhaltigen Wachstums, COM(2018) 97 final, S. 1.

L. Beer, *Zertifizierung nachhaltiger Finanzprodukte*, Juridicum – Schriftenreihe zum Wirtschafts-, Unternehmens- und Bankrecht / Series on Business, Corporate and Banking Law, https://doi.org/10.1007/978-3-658-52193-6_3

käme einer Kreislaufwirtschaft eine besondere Bedeutung zu.[6] Diese Formulierungen zeigen, dass wirtschaftliches Wachstum als primäres Ziel der Unionspolitik gilt.[7]

In dem Aktionsplan werden drei übergeordnete Ziele festgelegt. Bezüglich eines jeden Ziels werden verschiedene Maßnahmen vorgeschlagen, die sich ergänzen und im Ergebnis ein nachhaltiges Finanzwesen fördern sollen. Dem Finanzsektor wird bei der Verwirklichung der im Aktionsplan definierten Ziele eine Schlüsselrolle beigemessen. Verglichen mit der bisherigen europäischen „Nachhaltigkeitsgesetzgebung" zeichnet sich der Aktionsplan durch eine starke Regulierungsintention aus und betrifft unmittelbar die „zentralen Akteure der Corporate Governance".[8]

1. Ziel 1: Umlenkung von Kapitalströmen in nachhaltige Investitionen

Beim ersten übergeordneten Ziel handelt es sich um die Umlenkung von Kapitalströmen in nachhaltige Investitionen, um ein „nachhaltiges und integratives Wachstum" zu erreichen.

a) Einführung eines Klassifizierungssystems für „ökologisch nachhaltige" Wirtschaftstätigkeiten

Als erste Maßnahme im Rahmen des ersten übergeordneten Ziels wird die Einführung eines europäischen Klassifizierungssystems für „ökologisch nachhaltige" Wirtschaftstätigkeiten vorgeschlagen. Hierdurch soll ein einheitliches Begriffsverständnis von einer „ökologisch nachhaltigen" Investition geschaffen und Greenwashing entgegengewirkt werden.[9] Die EU-Kommission betont, ein fehlendes gemeinsames Begriffsverständnis sei für den Investitionsrückstand, der zur Verwirklichung der SDGs und Pariser Klimaschutzziele aufgeholt werden müsse, mitverantwortlich.[10]

Die Entwicklung einer vollumfänglichen europäischen Taxonomie für „ökologisch nachhaltige" Wirtschaftstätigkeiten gestaltet sich als äußerst umfangreiches und komplexes Unterfangen. Am 12. Juli 2020 ist die Taxonomie-VO in Kraft getreten, die unter anderem ein

---

[6] *Europäische Kommission*, Aktionsplan: Finanzierung nachhaltigen Wachstums, COM(2018) 97 final, S. 1.

[7] So auch *Möslein/Mittwoch*, Der Europäische Aktionsplan zur Finanzierung nachhaltigen Wachstums, WM 2019, 481 (482).

[8] *Möslein/Mittwoch*, Der europäische Aktionsplan zur Finanzierung nachhaltigen Wachstums, WM 2019, 481 (481); *Möslein/Sørensen*, The Commission's Action Plan for Financing Sustainable Growth and its Corporate Governance Implications, European Company Law 15 (2018), 221.

[9] *Europäische Kommission*, Aktionsplan: Finanzierung nachhaltigen Wachstums, COM(2018) 97 final, S. 5; die Bedeutung eines einheitlichen Begriffsverständnisses im Rahmen von *Green Finance* hervorhebend *Berrou/Dessertine/Migliorelli*, An Overview of Green Finance, in: Migliorelli/Dessertine (Hrsg.), The Rise of Green Finance in Europe (2019), S. 3 (25).

[10] *Europäische Kommission*, Aktionsplan: Finanzierung nachhaltigen Wachstums, COM(2018) 97 final, S. 3.

Klassifizierungssystem für „ökologisch nachhaltige“ Wirtschaftstätigkeiten (auch: Umwelt-Taxonomie) bereithält.[11]

Das Klassifizierungssystem der Taxonomie-VO ermöglicht eine einheitliche Beurteilung der *ökologischen* Eigenschaften von Wirtschaftstätigkeiten und Investitionen. Die vollumfängliche Verwirklichung der SDGs und Pariser Klimaschutzziele verlangt jedoch auch eine Beachtung sozialer Aspekte. Dessen ist sich auch die EU-Kommission bewusst, derzufolge sich der Begriff des nachhaltigen Finanzwesens auf die Berücksichtigung umweltbezogener *und* sozialer Erwägungen im Rahmen von Investitionsentscheidungen beziehe.[12] Allerding müsse in einem ersten Schritt eine Taxonomie für „ökologisch nachhaltige“ Wirtschaftstätigkeiten geschaffen werden, um diese in einem zweiten Schritt um soziale Aspekte zu erweitern – eine grüne Taxonomie solle also als *Grundlage* zur Entwicklung einer europäischen Taxonomie für *nachhaltige* Wirtschaftstätigkeiten dienen.[13]

Bezüglich der Ausweitung der geltenden Umwelt-Taxonomie um soziale Aspekte wurde bereits Initiative ergriffen: Im Februar 2022 hat die von der EU-Kommission beauftragte *Platform on Sustainable Finance* (PSF) einen ersten Entwurf einer Sozial-Taxonomie, die mit der bestehenden Umwelt-Taxonomie verbunden werden könnte, veröffentlicht.[14] Ob hiermit einem integrierten Verständnis von Nachhaltigkeit, zu dem sich die EU durch Inbezugnahme der UN-Agenda 2030 und des Pariser Klimaschutzabkommens im Rahmen der Begründung der europäischen *Sustainable-Finance*-Strategie explizit bekannt hat, Rechnung getragen wird, wird an späterer Stelle erörtert.[15]

b) Entwicklung von Normen und Kennzeichnungssystemen für nachhaltige Finanzprodukte

Als weitere Maßnahme sieht der Aktionsplan die Einführung von Normen und Kennzeichnungssystemen für nachhaltige Finanzprodukte vor.

aa) *European Green Bond Standard* (EUGBS)

Konkret wird die Einführung eines EU-Standards für grüne Anleihen (*Green Bonds*) vorgeschlagen. Ein solcher Standard soll dabei helfen, Investitionen in umweltfreundliche Projekte zu lenken.[16] Im Juli 2021 wurde ein erster Legislativvorschlag für einen *European*

[11] Ausführlich zur Taxonomie-VO s. C.
[12] *Europäische Kommission*, Aktionsplan: Finanzierung nachhaltigen Wachstums, COM(2018) 97 final, S. 2.
[13] *Europäische Kommission*, Aktionsplan: Finanzierung nachhaltigen Wachstums, COM(2018) 97 final, S. 5.
[14] *Platform on Sustainable Finance*, Final Report on Social Taxonomy (2022); ausführlich zur Sozial-Taxonomie s. E.
[15] S. E. III.
[16] *Europäische Kommission*, Aktionsplan: Finanzierung nachhaltigen Wachstums, COM(2018) 97 final, S. 6.

Green Bond Standard (EUGBS) veröffentlicht.[17] Im Februar 2023 konnte dann eine politische Einigung über die Inhalte einer europäischen VO, die einen solchen Standard zum Gegenstand hat, erzielt werden.[18] Am 22. November 2023 ist schließlich die VO (EU) 2023/2631 (EUGBS-VO)[19] in Kraft getreten.

Das Ziel der EUGBS-VO besteht darin, einheitliche Anforderungen an Anleihen, die von Emittenten unter der Bezeichnung „*European Green Bond*" oder „EUGB" bereitgestellt werden sollen, aufzustellen (s. Art. 1 lit. a) EUGBS-VO). Hierdurch soll Greenwashing verhindert werden.[20] Dass eine Notwendigkeit besteht, gegen Greenwashing im Bereich der Emission grüner Anleihen vorzugehen, wurde beispielsweise durch den Skandal um den „*Green Bond*" der *Airport Authority Hong Kong* (AAHK) deutlich: Der AAHK wurde vorgeworfen, mit den „*Green Bond*"-Erlösen Projekte zu finanzieren, die entgegen der in der Bezeichnung „*Green Bond*" zum Ausdruck kommenden Intention nicht nur erhebliche CO_2-Emissionen verursachen, sondern auch zum Aussterben einer bedrohten Delphinart beitragen würden.[21] Die AAHK hat zwar im sog. *Offering Memorandum* explizit darauf hingewiesen, dass bei der Verwendung der Emissionserlöse Spielraum bestehe und nicht garantiert werden könne, dass die Mittel in grüne oder nachhaltige Projekte fließen würden.[22] Dass Emittenten eine Anleihe als „grün" bewerben, diese Aussage in den oftmals umfangreichen und komplexen Anleihedokumenten dann jedoch relativieren, lässt vermuten, dass sie sich des Problems adverser Selektion und des Wunsches einiger Anleger, sich einen „moralischen Spielraum" zu erhalten,[23] durchaus bewusst sind – und dieses Problem vielleicht sogar zum eigenen Vorteil ausnutzen.

Durch die EUGBS-VO soll außerdem ein „System für die Registrierung und Beaufsichtigung externer Prüfer" europäischer grüner Anleihen geschaffen werden (Art. 1 lit. b) EUGBS-VO). Eine Überwachung der Einhaltung der Anforderungen, die eine als EUGB vermarktete Anleihe

---

[17] *Europäische Kommission*, Vorschlag für eine Verordnung des Europäischen Parlaments und des Rates über europäische grüne Anleihen, COM(2021) 391 final.
[18] *Europäischer Rat*, Nachhaltiges Finanzwesen: Vorläufige Einigung über europäische grüne Anleihen (2023), https://www.consilium.europa.eu/de/press/press-releases/2023/02/28/sustainable-finance-provisional-agreement-reached-on-european-green-bonds/ (letzter Abruf: 26. März 2026).
[19] Verordnung (EU) 2023/2631 des Europäischen Parlaments und des Rates vom 22. November 2023 über europäische grüne Anleihen sowie fakultative Offenlegungen zu als ökologisch nachhaltig vermarkteten Anleihen und zu an Nachhaltigkeitsziele geknüpften Anleihen.
[20] S. Erwägungsgrund 6 der EUGBS-VO.
[21] S. *International Financing Review*, Airport Authority HK sells controversial green bond (2022), https://www.ifre.com/esg/423088/update-2-airport-authority-hk-sells-controversial-green-bond (letzter Abruf: 26. März 2026); s. auch *Renner*, Die geplante „European Green Bond"-Verordnung und ihre (international-)privatrechtliche Durchsetzung, ZBB 2023, 23 (m.w.N. zu mutmaßlichen Greenwashing-Fällen auf S. 24).
[22] S. hierzu das *Offering Memorandum* der *Hong Kong Airport Authority* auf S. 30 f., abrufbar unter: https://www.hongkongairport.com/iwov-resources/file/airport-authority/tender-notices/USDBonds2023_OM.pdf (letzter Abruf: 26. März 2026).
[23] S. hierzu auch Kapitel 1, A. IV. 4. a).

erfüllen muss, ist nicht weniger relevant als die glaubwürdige Ausgestaltung dieser Anforderungen.

Zentraler Anknüpfungspunkt der Anforderungen an einen EUGB stellt die europäische Umwelt-Taxonomie dar: Die Verwendung der Erlöse muss grundsätzlich vollumfänglich im Einklang mit den Anforderungen des Art. 3 Taxonomie-VO stehen (Art. 4 Abs. 1 EUGBS-VO). Dies bedeutet, mit den Erlösen müssen „ökologisch nachhaltige" Wirtschaftstätigkeiten i.S.d. Art. 3 Taxonomie-VO finanziert werden. Allerdings wird den Emittenten von EUGB bei der Verwendung von bis zu 15 % der Erlöse eine gewisse Flexibilität eingeräumt. In maximal dieser Höhe dürfen Erlöse für Wirtschaftstätigkeiten, die die Anforderungen des Art. 3 Taxonomie-VO *mit Ausnahme der technischen Bewertungskriterien* erfüllen, verwendet werden. Es muss sich entweder um Wirtschaftstätigkeiten, bezüglich derer im Zeitpunkt der Emission der grünen Anleihe noch keine technischen Bewertungskriterien existieren (Art. 5 Abs. 1 lit. a) EUGBS-VO), oder um Wirtschaftstätigkeiten im Kontext internationaler Unterstützung, über die im Einklang mit international vereinbarten Leitlinien, Kriterien und Berichterstattungszyklen Bericht erstattet wird (Art. 5 Abs. 1 lit. b) EUGBS-VO),[24] handeln.

Es gilt zu beachten, dass es sich beim europäischen *Green Bond Standard* um einen *freiwilligen* Standard handelt. Emittenten bleibt es also auch nach Inkrafttreten der VO möglich, ihre Anleihen anderen anerkannten Standards, beispielsweise den *Green Bond Principles* (GBP) der *International Capital Market Association* (ICMA) oder den *Climate Bond Standards* (CBS), zu unterwerfen.[25]

bb) Weitere Normen und Kennzeichnungssysteme

Bezüglich der Entwicklung weiterer europäischer Normen und Kennzeichnungssysteme für nachhaltige Finanzprodukte schlägt die EU-Kommission vor, auf die VO über das europäische Umweltzeichen (*EU-Ecolabel*) und auf die Erfahrungen mit dem Europäischen Fonds für Soziales Unternehmertum (*European Social Entrepreneurship Funds* [EuSEF]) zurückzugreifen. Insbesondere soll untersucht werden, inwieweit der Rechtsrahmen des EU-Umweltzeichens, dessen Verleihung bisher grundsätzlich nur an bestimmte Herstellerprodukte vorgesehen ist, für Finanzprodukte genutzt werden kann.[26] Auch bezüglich dieses Vorhabens wurde bereits Initiative ergriffen: In den vergangenen Jahren wurden umfangreiche Vorschläge

---

[24] Als Beispiel für international vereinbarte Leitlinien, Kriterien und Berichterstattungszyklen wird in Art. 5 Abs. 1 lit. b) EUGBS-VO das Rahmenübereinkommen der Vereinten Nationen über Klimaänderungen gem. Art. 19 Abs. 3 der VO (EU) 2018/1999 genannt.

[25] Ausführlich zu den Marktstandards *Oulds/Kopp*, in: Hopt/Seibt (Hrsg.), Schuldverschreibungsrecht (3. Aufl. 1/2026), Teil 5, Kapitel 2, IV. Rn. 2.63 ff.

[26] *Europäische Kommission*, Aktionsplan: Finanzierung nachhaltigen Wachstums, COM(2018) 97 final, S. 6.

zur Entwicklung von EU-Umweltzeichen-Kriterien für Finanzprodukte ausgearbeitet. Bei der Ausarbeitung der Kriterien hat die Umwelt-Taxonomie eine bedeutende Rolle gespielt.[27]

c) Weitere Maßnahmen (insbesondere: Einführung sog. Klima-Benchmarks)

Zur Verwirklichung des ersten Ziels, Kapitalströme in nachhaltige Investitionen umzulenken, wird im Aktionsplan außerdem die Förderung von Investitionen in nachhaltige (Infrastruktur-)Projekte sowie eine verbindliche Berücksichtigung von Nachhaltigkeitsaspekten in der Finanzberatung gefordert.[28]

Weiterhin ist die Entwicklung von sog. Nachhaltigkeitsbenchmarks vorgesehen. Bei der Regulierung von Benchmarks handelt es sich keineswegs um ein neues Phänomen: Bereits am 8. Juni 2016 ist die VO (EU) 2016/1011 (Benchmark-VO)[29] in Kraft getreten. Durch diese soll einer Manipulation von Referenzwerten, deren Genauigkeit und Integrität für die Preisbildung von Finanzinstrumenten von erheblicher Bedeutung sind, entgegengewirkt werden.[30] Bei Benchmarks handelt es sich allgemein um Indizes, die für Finanzprodukte oder Verträge als Referenzwert dienen.[31] Indizes wiederum sind Kennzahlen, die nach einer festgelegten Methodik auf Grundlage von Basiswerten ermittelt werden.[32]

In Umsetzung des Aktionsplans ist am 10. Dezember 2019 die VO (EU) 2019/2089 (Klima-Benchmark-VO)[33] in Kraft getreten. Durch die Klima-Benchmark-VO soll mehr Transparenz und eine höhere Vergleichbarkeit von nachhaltigen Investitionen erreicht und Greenwashing verhindert werden.[34] Die VO verpflichtet Administratoren bestimmter Referenzwerte, offenzulegen, ob und inwiefern ESG-Kriterien in ihre Prozesse einbezogen werden.[35] Im Zuge der Klima-Benchmark-VO wurden außerdem der *EU Climate Transition Benchmark* (CTB)

[27] Hierzu ausführlich F. II.
[28] Näher hierzu *Europäische Kommission*, Aktionsplan: Finanzierung nachhaltigen Wachstums, COM(2018) 97 final, S. 7 f.
[29] Verordnung (EU) 2016/1011 des Europäischen Parlaments und des Rates vom 8. Juni 2016 über Indizes, die bei Finanzinstrumenten und Finanzkontrakten als Referenzwert oder zur Messung der Wertentwicklung eines Investmentfonds verwendet werden, und zur Änderung der Richtlinien 2008/48/EG und 2014/17/EU sowie der Verordnung (EU) Nr. 596/2014.
[30] Erwägungsgrund 1 der Benchmark-VO.
[31] *Europäische Kommission*, Aktionsplan: Finanzierung nachhaltigen Wachstums, COM(2018) 97 final, S. 8; *Wundenberg*, in: Veil (Hrsg.), Europäisches und deutsches Kapitalmarktrecht (3. Aufl. 2022), § 35 Rn. 1.
[32] *Wundenberg*, in: Veil (Hrsg.), Europäisches und deutsches Kapitalmarktrecht (3. Aufl. 2022), § 35 Rn. 1.
[33] Verordnung (EU) 2019/2089 des Europäischen Parlaments und des Rates vom 27. November 2019 zur Änderung der Verordnung (EU) 2016/1011 hinsichtlich EU-Referenzwerten für den klimabedingten Wandel, hinsichtlich auf das Übereinkommen von Paris abgestimmter EU-Referenzwerte sowie hinsichtlich nachhaltigkeitsbezogener Offenlegungen für Referenzwerte.
[34] Erwägungsgrund 9 der Klima-Benchmark-VO; *Assmann/Buck-Heeb*, in: Assmann/Schütze/Buck-Heeb (Hrsg.), Handbuch des Kapitalanlagerechts (6. Aufl. 2024), § 1 Rn. 681.
[35] Näher zum Inhalt der Klima-Benchmark-VO *Ipsen/Plappert*, Klimaschutz durch DAX & Co, WM 2022, 209.

und der *Paris-aligned EU Benchmark* (PAB) eingeführt. Diese definieren neue Mindestkriterien für Klima-Indizes (s. Art. 1 VO (EU) Klima-Benchmark-VO).

2. Ziel 2: Bewältigung von Nachhaltigkeitsrisiken

Als zweites Ziel wird im Aktionsplan die Bewältigung von Risiken, die sich aus ökologischen oder sozialen Problemen ergeben, genannt. Dass solche Risiken erhebliche Auswirkungen auf die finanzielle Lage eines Unternehmens haben können, wurde bereits im ersten Kapitel erläutert.[36]

Die EU-Kommission verlangt konkret, dass Nachhaltigkeitsaspekte (und damit auch Nachhaltigkeitsrisiken) stärker und transparenter in Marktanalysen und Ratings, denen im Rahmen von Investitionsentscheidungen eine herausragende Bedeutung zukommt, einbezogen werden.[37] Dass die Methoden und Strategien von Ratingagenturen oftmals an einem Transparenzmangel leiden, wurde bereits im ersten Kapitel thematisiert.[38] Finanzanalysen und Ratings sind, indem sie dem Markt entscheidungsrelevante Informationen zur Verfügung stellen, für das Vertrauen in funktionierende Märkte und die Finanzsystemstabilität besonders relevant. Sind die zur Verfügung gestellten Sekundärinformationen nicht glaubwürdig, sind sie nicht geeignet, zu einer informierten Entscheidungsfindung beizutragen. In diesem Fall können sie auch nicht genutzt werden, um nachzuweisen, dass die Anforderungen eines Zertifizierungssystems erfüllt sind.

Die EU-Kommission hat am 13. Juni 2023 einen Vorschlag für eine Verordnung, die die Transparenz und Integrität ESG-bezogener Rating-Tätigkeiten verbessern soll, veröffentlicht (ESG-Rating-VO-E).[39] Die vorgeschlagenen Pflichten sollen ESG-Ratingagenturen treffen, die in der EU tätig sind (s. Art. 2 ESG-Rating-VO-E). Der Vorschlag zielt zum einen darauf ab, sicherzustellen, dass Ratingagenturen unabhängig und frei von Interessenkonflikten sind (s. Art. 14 Abs. 1, Art. 15, Art. 16 Abs. 1, 4 und 5, Art. 23 und Art. 24 ESG-Rating-VO-E). Zum anderen sollen für Anbieter von ESG-Ratings Offenlegungspflichten gelten, die sich im dritten Anhang des Verordnungsvorschlags befinden. Beispielsweise sollen Informationen über die verwendeten Rating-Methoden und darüber, ob und inwiefern diese Methoden auf wissenschaftlichen Erkenntnissen beruhen, veröffentlicht werden. Außerdem soll über das Ziel

---

[36] S. Kapitel 1, A. III. 2. b) bb).
[37] *Europäische Kommission*, Aktionsplan: Finanzierung nachhaltigen Wachstums, COM(2018) 97 final, S. 9 f.
[38] S. Kapitel 1, C.
[39] *Europäische Kommission*, Vorschlag für eine Verordnung des Europäischen Parlaments und des Rates über die Transparenz und Integrität von Rating-Tätigkeiten in den Bereichen Umwelt, Soziales und Governance (ESG), COM(2023) 314 final. Wie bereits im ersten Kapitel erwähnt, ist die Verordnung (EU) 2024/3005 (ESG-Rating-VO) im Januar 2025, also nach Einreichung dieser Arbeit an der Philipps-Universität Marburg, in Kraft getreten.

des Ratings informiert werden, wobei klar angegeben werden soll, ob das Rating Risiken, Auswirkungen oder andere Dimensionen bewertet.[40]

Im Aktionsplan wird weiterhin vorgeschlagen, die Pflichten institutioneller Anleger und Vermögensverwalter in Bezug auf Nachhaltigkeitsaspekte zu klären. Hierdurch soll sichergestellt werden, dass Nachhaltigkeitsfaktoren in Investitionsentscheidungsprozesse einbezogen werden und die Art und Weise der Einbeziehung (insbesondere hinsichtlich der Exponierung von Nachhaltigkeitsrisiken) transparent gemacht wird.[41]

Bezüglich der stärkeren Integration von Nachhaltigkeitsrisiken in die Risikomanagementstrategie von Kredit- und Versicherungsinstituten wurde bereits eine Vielzahl von Maßnahmen ergriffen. Neben dem Erlass der Offenlegungs-VO sind an dieser Stelle insbesondere die Erarbeitung des CRR-III-Entwurfs[42] und des Vorschlags einer CRD-VI-RL[43] zu erwähnen.[44]

3. Ziel 3: Förderung von Transparenz und Langfristigkeit

Als drittes übergeordnetes Ziel nennt der Aktionsplan die Förderung von Transparenz und Langfristigkeit finanz- und realwirtschaftlicher Tätigkeiten.

In diesen Kontext sind insbesondere der Erlass der Offenlegungs-VO und der CSRD einzuordnen. ESG-bezogene Offenlegungs- und Berichterstattungspflichten beinhalten grundsätzlich keine direkte Verpflichtung zu verantwortungsbewusstem unternehmerischen Handeln, können sich jedoch mittelbar verhaltenssteuernd auswirken.[45] Spezifische Verhaltensanforderungen und Transparenzpflichten sollen den Abbau kurzfristigen Denkens auf den Kapitalmärkten unterstützen und eine nachhaltige Unternehmensführung fördern.[46] Das Konzept der Langfristigkeit überschneidet sich zwar nicht vollständig mit dem Konzept der

[40] Allgemein zum ESG-Rating-VO-E *Tönningsen*, Der Vorschlag der Europäischen Kommission für eine Verordnung über die Transparenz und Integrität von ESG-Rating-Tätigkeiten: Ein erster Überblick, DB 2023, 2485.

[41] *Europäische Kommission*, Aktionsplan: Finanzierung nachhaltigen Wachstums, COM(2018) 97 final, S. 10 f.

[42] *Europäische Kommission*, Vorschlag für eine Verordnung des Europäischen Parlaments und des Rates zur Änderung der Verordnung (EU) Nr. 575/2013 im Hinblick auf Vorschriften für das Kreditrisiko, das Risiko einer Anpassung der Kreditbewertung, das operationelle Risiko, das Marktrisiko und die Eigenmitteluntergrenze (Output-Floor), COM(2021) 664 final.

[43] *Europäische Kommission*, Vorschlag für eine Richtlinie des Europäischen Parlaments und des Rates zur Änderung der Richtlinie 2013/36/EU im Hinblick auf Aufsichtsbefugnisse, Sanktionen, Zweigstellen aus Drittländern sowie Umwelt-, Sozial- und Unternehmensführungsrisiken und zur Änderung der Richtlinie 2014/59/EU, COM(2021) 663 final.

[44] S. hierzu *Kumpan/Misterek*, Nachhaltigkeitsrisiken für Kreditinstitute, ZBB 2023, 1 (3 f.). Wie bereits im ersten Kapitel erwähnt, wurde die CRR-III-VO nach Einreichung dieser Arbeit an der Philipps-Universität Marburg als VO (EU) 2024/1623 erlassen. Der Entwurf einer CRD-VI-RL wurde durch Erlass der Richtlinie (EU) 2024/1619 umgesetzt.

[45] Hierzu Kapitel 1, B. I. 1. und 2.

[46] *Europäische Kommission*, Aktionsplan: Finanzierung nachhaltigen Wachstums, COM(2018) 97 final, S. 14.

Nachhaltigkeit, beiden Konzepten steht jedoch kurzfristiges Denken entgegen.[47] Die EU-Kommission befürwortet deshalb zur Förderung langfristigen Denkens und Handelns, welches zur Verwirklichung der globalen Nachhaltigkeitsziele und der Sicherung der Finanzsystemstabilität unentbehrlich ist, auch die Einführung von Pflichten, die über „bloße“ Transparenz (und einer damit einhergehenden mittelbaren Verhaltenssteuerung) hinausgehen.[48] Unmittelbare Verhaltenspflichten sollen bestimmten Unternehmen beispielsweise durch die *Corporate Sustainability Due Diligence Directive* (CSDDD) auferlegt werden.[49]

II. Weitere Strategiepapiere zur Förderung eines nachhaltigen Finanzwesens

Im Juli 2021 hat die EU-Kommission ein weiteres Strategiepapier zur Finanzierung einer nachhaltigen Wirtschaft veröffentlicht, um in Anknüpfung an den EU-Aktionsplan den EU-Rahmen für ein nachhaltiges Finanzwesen zu stärken (*Strategy for Financing the Transition to a Sustainable Economy*).[50] In dem Strategiepapier wird die Bedeutung eines einheitlichen Begriffsverständnisses von nachhaltigen Investitionen, das durch eine Taxonomie geschaffen werden soll, betont.[51] Außerdem werden Offenlegungspflichten für Unternehmen sowohl der Finanz- als auch der Realwirtschaft, die sich primär aus der Offenlegungs-VO, der Taxonomie-VO und der CSRD ergeben, als grundlegender Baustein des europäischen Rahmens zur Finanzierung nachhaltigen Wachstums hervorgehoben.[52]

Insgesamt werden in dem Dokument vier Bereiche identifiziert, in deren Rahmen die EU-Kommission weitere Maßnahmen für erforderlich erachtet, um eine Unterstützung des Übergangs zu einer nachhaltigen Wirtschaft durch das Finanzsystem zu gewährleisten: Finanzierung des Übergangs zu einer nachhaltigen Wirtschaft, Inklusivität, Widerstandsfähigkeit (sowie der Beitrag des Finanzsektors hierzu) und globale Ambition. Im Kontext des ersten Bereichs betont die EU-Kommission, es sei notwendig, wirtschaftliche Tätigkeiten insbesondere des Energiesektors, die als „Zwischenschritte“ zum Übergang zu einer nachhaltigen Wirtschaft eine bedeutende Rolle spielen würden, stärker zu unterstützen.[53]

---

[47] *Möslein/Sørensen*, Nudging for Corporate Long-Termism and Sustainability? Regulatory Instruments from a Comparative and Functional Perspective, Columbia Journal of European Law 15 (2018), 391 (395).
[48] *Europäische Kommission*, Aktionsplan: Finanzierung nachhaltigen Wachstums, COM(2018) 97 final, S. 14.
[49] Hierzu bereits Kapitel 1, B. I. 1.
[50] *Europäische Kommission*, Strategie zur Finanzierung einer nachhaltigen Wirtschaft, COM(2021) 390 final; s. auch *Vorndran*, Nachhaltigkeitsbezogene Finanzierungsinstrumente als Baustein in der Unternehmensfinanzierung, BKR 2022, 777 (778 f.).
[51] *Europäische Kommission*, Strategie zur Finanzierung einer nachhaltigen Wirtschaft, COM(2021) 390 final, S. 3.
[52] *Europäische Kommission*, Strategie zur Finanzierung einer nachhaltigen Wirtschaft, COM(2021) 390 final, S. 3 f.
[53] *Europäische Kommission*, Strategie zur Finanzierung einer nachhaltigen Wirtschaft, COM(2021) 390 final, S. 6 f.

Die Taxonomie-VO müsse entsprechend ausgeweitet werden, um Tätigkeiten anerkennen zu können, die sich durch eine „mittlere Umweltleistung" auszeichnen würden.[54] Diesem Anliegen sollte Rechnung getragen werden, indem die Delegierte VO (EU) 2021/2139, in der die technischen Bewertungskriterien für die Umweltziele „Klimaschutz" und „Anpassung an den Klimawandel" festgelegt sind,[55] dahingehend geändert wurde, dass bestimmte Gas- und Atomkraftprojekte als „notwendige Übergangstechnologien" und als „ökologisch nachhaltig" i.S.d. Taxonomie-VO qualifiziert wurden. Welche weitreichenden Folgen mit dieser Entscheidung verbunden sind, wird in diesem Kapital an späterer Stelle erörtert.[56]

Im Juli 2023 hat die EU-Kommission ein weiteres Strategiepapier (*A sustainable finance framework that works on the ground*) veröffentlicht.[57] In diesem werden zum einen die Fortschritte hervorgehoben, die in den letzten Jahren hinsichtlich der Förderung eines nachhaltigen Finanzwesens erzielt wurden, zum anderen die Schritte aufgezeigt, die noch unternommen werden müssen.

III. *Sustainable Finance* und *European Green Deal*

Die Maßnahmen, die auf den *Sustainable-Finance*-Strategiepapieren basieren, können auch als Bestandteil des Europäischen Grünen Deals (*European Green Deal*)[58] verstanden werden. Der *European Green Deal* wurde im Jahr 2019 veröffentlicht und sieht den Erlass umfangreicher Maßnahmen vor, mit denen eine Transformation zu einer ressourcenschonenden und wettbewerbsfähigen Realwirtschaft angestrebt wird.[59] Diese Maßnahmen gehen über eine Reform des Finanzsystems hinaus und sind insofern allgemeinerer Natur. Doch auch wenn sie sich an die Realwirtschaft richten, sind sie mit dem Finanzsektor verknüpft: Ohne erhebliche Investitionen von Finanzdienstleistungs- und Kreditinstituten in beispielsweise Projekte, die der Reduzierung von Treibhausgasemissionen von Unternehmen oder der Erhaltung der Biodiversität dienen, kann die nachhaltige Transformation der Wirtschaft, die zur Erreichung der globalen Nachhaltigkeitsziele notwendig ist, nicht gelingen.

Die *Sustainable-Finance*-Strategiepapiere und der *European Green Deal* ergänzen sich vor diesem Hintergrund und bilden gemeinsam einen wichtigen Baustein der europäischen

---

[54] *Europäische Kommission*, Strategie zur Finanzierung einer nachhaltigen Wirtschaft, COM(2021) 390 final, S. 7.
[55] Hierzu C. IV. 1. c) aa).
[56] S. C. IV. 1. c) bb).
[57] *Europäische Kommission*, Mitteilung der Europäischen Kommission an das Europäische Parlament und den Rat, den Europäischen Wirtschafts- und Sozialausschuss und den Ausschuss der Regionen, Ein Rahmen für ein nachhaltiges Finanzwesen, der in der Praxis funktioniert, COM(2023) 317 final.
[58] *Europäische Kommission*, Der europäische Grüne Deal, COM(2019) 640 final.
[59] *Thiel*, in: Grabitz/Hilf/Nettesheim, Das Recht der Europäischen Union, Bd. I (Werkstand: 86. EL September 2025), Art. 338 AEUV Rn. 52.

Nachhaltigkeitsstrategie. Bei der Entwicklung dieser Strategie handelt es sich um einen laufenden Prozess, in dessen Rahmen (neue) wissenschaftliche Erkenntnisse im Bereich der Operationalisierung des Nachhaltigkeitsbegriffs Berücksichtigung finden müssen. Aus diesem Grund ist auch aus einer rechtswissenschaftlichen Perspektive eine laufende Überprüfung der Maßnahmen erforderlich, die zur Förderung eines nachhaltigen Finanzwesens ergriffen werden.

IV. Gefahr der Überregulierung durch den europäischen Gesetzgeber?

In der Literatur wird im Kontext der Maßnahmen, die im Rahmen der *Sustainable-Finance*-Strategie der EU ergriffen werden, gelegentlich der Einwand der *Über*regulierung durch den europäischen Gesetzgeber aufgegriffen.[60] Da der europäische Gesetzgeber durch die Umsetzung der *Sustainable-Finance*-Strategiepapiere zum Teil erheblichen Einfluss auf die Geschäftsstrategie von Unternehmen nimmt,[61] scheint dieser Einwand auf den ersten Blick nicht völlig unberechtigt zu sein.

Zum einen wird kritisiert, die EU würde sich, indem sie der Umwelt-Taxonomie verbindlichen Charakter verleihe, nicht dem Wettbewerb mit anderen Taxonomien stellen.[62] Dass sich am Markt verschiedene Taxonomien entwickeln würden, weise nicht auf ein Marktversagen hin, sondern sei Ausprägung der Schwierigkeiten, die mit der Definition von Nachhaltigkeit verbunden seien.[63]

Es mag zwar zutreffen, dass sich die Entwicklung einer Taxonomie für „ökologisch nachhaltige" Wirtschaftstätigkeiten als große Herausforderung darstellt. Taxonomien, die von privaten Institutionen entwickelt werden, sind nicht per se weniger transparent und glaubwürdig als staatliche Taxonomien.[64] Außerdem ist nicht ausgeschlossen, dass private Taxonomien flexibler an aktuelle Entwicklungen im Bereich der Operationalisierbarkeit des Nachhaltigkeitsbegriffs angepasst werden können. Gesetzesänderungen sind in der Regel mit einem gewissen Zeitaufwand verbunden.

Allerdings ist es durchaus sinnvoll, europäischen und mitgliedstaatlichen Rechtsakten, die auf die Förderung eines nachhaltigen Finanzwesens gerichtet sind, ein *einheitliches* Begriffsverständnis von nachhaltigen Wirtschaftstätigkeiten und Investitionen zugrunde zu

[60] *Oulds/Kopp*, in: Hopt/Seibt (Hrsg.), Schuldverschreibungsrecht (3. Aufl. 1/2026), Teil 5, Kapitel 2, I. 3. b) Rn. 2.28 m.w.N.
[61] So *Möslein/Mittwoch*, Der Europäische Aktionsplan zur Finanzierung nachhaltigen Wachstums, WM 2019, 481 (488).
[62] *Anzini/Van Roosebeke*, EU-Verordnung, Grüne Taxonomie, cepAnalyse Nr. 08/2019, S. 3, https://www.cep.eu/fileadmin/user_upload/cep.eu/Analysen/COM_2018_353_Green_Taxonomy/cepAnalyse_COM_2018__353_Gruene_Taxonomie_01.pdf (letzter Abruf: 26. März 2026).
[63] *Anzini/Van Roosebeke*, EU-Verordnung, Grüne Taxonomie, cepAnalyse Nr. 08/2019, S. 3.
[64] Dies kann zumindest nicht pauschal unterstellt werden.

legen. Würden beispielsweise im europäischen Raum zahlreiche staatliche Zertifizierungssysteme für „nachhaltige" Finanzprodukte existieren, die auf sehr unterschiedlichen Taxonomien basieren, könnten Anleger diese Zertifizierungssysteme nur dann sinnvoll miteinander vergleichen, wenn sie sich mit den verschiedenen Taxonomien, auf die Bezug genommen wird, auseinandersetzen. Hiermit verbundene Informationsbeschaffungs- und Transaktionskosten können bei Geltung einer einheitlichen Taxonomie reduziert werden. Deshalb trägt die europäische Umwelt-Taxonomie, die für die EU und ihre Mitgliedstaaten in gewisser Hinsicht *verbindlich* ist,[65] zum Schutz funktionierender Finanz- und Kapitalmärkte bei.[66] Eine Rechtsharmonisierung dient schließlich auch der Binnenmarktförderung auf der Grundlage des Art. 114 AEUV.[67]

Eine verpflichtende Inbezugnahme einer europäischen Taxonomie kann außerdem zur Verhinderung von Greenwashing beitragen. Besondere Vorteile für das Vertrauen in funktionierende Finanz- und Kapitalmärkte ergeben sich dann, wenn eine europäische Taxonomie vom Markt als besonders *glaubwürdig* anerkannt wird.[68] In diesem Fall würden Anleger bei Investitionsentscheidungen vermehrt darauf achten, ob europäische, mitgliedstaatliche oder private Standards oder Labels für Finanzprodukte auf dieser europäischen Taxonomie basieren. Dies würde wiederum dazu führen, dass sich Anbieter von Finanzprodukten verstärkt bemühen würden, die Anforderungen eines solchen Standards oder Labels zu erfüllen. Mit der infolgedessen wachsenden Bedeutung der europäischen Taxonomie wäre eine weitere Senkung von Informationsbeschaffungs- und Transaktionskosten verbunden. Vor diesem Hintergrund lässt sich auch rechtfertigen, dass der europäische Gesetzgeber durch die Entwicklung eines Zertifizierungssystems für Finanzprodukte und Standards für grüne Anleihen mit privaten Anbietern von Labels und Standards in Konkurrenz tritt.

B. Europäische Taxonomie als Grundbaustein eines Zertifizierungssystems für nachhaltige Finanzprodukte

Um eine größtmögliche „Harmonie" zwischen allen Rechtsakten herzustellen, die auf die Förderung eines nachhaltigen Finanzwesens gerichtet sind, soll also eine europäische Taxonomie für nachhaltige Wirtschaftstätigkeiten eingeführt werden. Mithilfe einer solchen

[65] Ausführlich zum Anwendungsbereich der Taxonomie-VO C. II.

[66] Ob die bestehende Umwelt-Taxonomie konkret geeignet ist, einen Beitrag zu einem *nachhaltigen* Finanzwesen zu leisten, ist eine andere Frage, die an späterer Stelle diskutiert wird, s. insbesondere C. III. 3. und C. IV. 1. c) bb) (2).

[67] *Mittwoch*, Nachhaltigkeit und Unternehmensrecht (2022), S. 195.

[68] *Glaubwürdig* in diesem Kontext ist eine Taxonomie, die Kriterien bereithält, anhand deren beurteilt werden kann, ob eine Wirtschaftstätigkeit *nachhaltig* ist, also im Einklang mit den SDGs und Pariser Klimaschutzzielen steht.

Taxonomie könnte beurteilt werden, ob und in welchem Umfang die Vermögenswerte eines Finanzprodukts nachhaltig investiert sind.

Im Folgenden wird dargestellt, an welchem Maßstab sich eine europäische Taxonomie für nachhaltige Wirtschaftstätigkeiten messen lassen muss, um allen Maßnahmen, die im Rahmen der Umsetzung der europäischen *Sustainable-Finance*-Strategie erlassen werden, als Grundbaustein dienen zu können. Diese Darstellung soll eine Beurteilung ermöglichen, ob *konkrete* Maßnahmen, die der europäische Gesetzgeber bereits ergriffen hat, auch *tatsächlich* geeignet sind, ein nachhaltiges Finanzwesen zu fördern. Anschließend wird erörtert, welche konkrete Rolle eine Nachhaltigkeitstaxonomie bei der Ausgestaltung von Kriterien für ein Zertifizierungssystem für nachhaltige Finanzprodukte spielen könnte.

I. Maßstab für eine europäische Nachhaltigkeitstaxonomie

Der Maßstab, der der Entwicklung einer europäischen Taxonomie für nachhaltige Wirtschaftstätigkeiten zugrunde gelegt werden muss, lässt sich anhand der Ziele bestimmen, die die EU mit der Einführung einer solchen Taxonomie verfolgt.

Die EU beabsichtigt mit ihrer *Sustainable-Finance*-Strategie allgemein, einen Beitrag zur Verwirklichung der SDGs und Pariser Klimaschutzziele zu leisten.[69] Dies ergibt sich bereits aus dem Wortlaut des europäischen Aktionsplans zur Finanzierung nachhaltigen Wachstums.[70] Im Strategiepapier zur Finanzierung einer nachhaltigen Wirtschaft wird diese Intention bekräftigt.[71] Ein Verweis auf die UN-Agenda 2030 und das Klimaschutzabkommen von Paris findet sich regelmäßig auch in den Erwägungsgründen zu den Rechtsakten, die zur Umsetzung der *Sustainable-Finance*-Strategie erlassen wurden.[72] Auch in den Erwägungsgründen zur Taxonomie-VO, die ein europäisches Klassifizierungssystem für „ökologisch nachhaltige" Wirtschaftstätigkeiten zum Gegenstand hat, werden die SDGs und die Pariser Klimaschutzziele explizit in Bezug genommen.[73]

Bei der Ausgestaltung einer Nachhaltigkeitstaxonomie muss also darauf geachtet werden, dass die Wirtschaftstätigkeiten, die als nachhaltig eingeordnet werden, tatsächlich mit den SDGs und Pariser Klimaschutzzielen im Einklang stehen. Als nachhaltig könnten beispielsweise wirtschaftliche Tätigkeiten qualifiziert werden, die zum Ausbau erneuerbarer Energien oder zu einer Verbesserung der Arbeitsbedingungen in bestimmten Entwicklungsländern beitragen.

---

[69] So bereits in Kapitel 1, A. III.
[70] *Europäische Kommission*, Aktionsplan: Finanzierung nachhaltigen Wachstums, COM(2018) 97 final, S. 1.
[71] *Europäische Kommission*, Strategie zur Finanzierung einer nachhaltigen Wirtschaft, COM(2021) 390 final, S. 1.
[72] Erwägungsgründe 1 und 2 der Offenlegungs-VO; Erwägungsgründe 6 und 11 der CSRD.
[73] Erwägungsgründe 2 und 3 der Taxonomie-VO.

Dabei muss jedoch beachtet werden, dass mit denselben Wirtschaftstätigkeiten keine anderen ökologischen oder sozialen Belange beeinträchtigt werden, wobei die gesamte Wertschöpfungskette im Blick behalten werden muss. Wird einem integrierten Verständnis von Nachhaltigkeit nicht Rechnung getragen und werden sogar besonders umwelt- und sozialschädliche Tätigkeiten als nachhaltig eingestuft, können Labels und Standards, die auf diese Taxonomie Bezug nehmen, kaum zu einem nachhaltigen Finanzwesen beitragen. Bei der Entwicklung einer Taxonomie für nachhaltige Wirtschaftstätigkeiten handelt es sich deshalb um eine verantwortungsvolle Aufgabe. Eine große Verantwortung kommt aber nicht nur den an der Entwicklung einer Nachhaltigkeitstaxonomie unmittelbar Beteiligten, sondern auch der rechtswissenschaftlichen Literatur zu. Dieser obliegt die Aufgabe, Rechtsakte, die der europäische Gesetzgeber explizit zur Förderung eines nachhaltigen Finanzwesens erlassen hat, daraufhin zu analysieren, ob sie mit dem Sinn und Zweck, den der europäische Gesetzgeber mit der Förderung eines nachhaltigen Finanzwesens verfolgt, vereinbar sind. Ohne Inbezugnahme der natur- und geisteswissenschaftlichen Forschung um die Operationalisierbarkeit des Nachhaltigkeitsbegriffs kann diese Aufgabe nicht erfüllt werden.[74]

II. Rolle bei der Ausgestaltung eines Zertifizierungssystems

Um nachhaltige Finanzprodukte *kennzeichnen* zu können, müssen diese erst einmal *identifiziert* werden. Hier kommt eine Nachhaltigkeitstaxonomie ins Spiel.

1. Beurteilung der Nachhaltigkeit konkreter Wirtschaftstätigkeiten

Anhand einer Nachhaltigkeitstaxonomie könnte beurteilt werden, ob eine konkrete Wirtschaftstätigkeit nachhaltig ist, also mit den globalen Nachhaltigkeitszielen im Einklang steht. Diese Beurteilung würde wiederum der Bestimmung, ob und in welchem Umfang die Vermögenswerte eines Finanzprodukts nachhaltig im Sinne dieser Taxonomie (im Folgenden: taxonomiekonform) investiert sind, dienen. Dies kann an folgendem Beispiel veranschaulicht werden:[75]

Die Vermögenswerte des Investmentfonds I, der von der Gesellschaft G verwaltet wird, sind unter anderem zu 20 % in das Unternehmen A, zu 20 % in das Unternehmen B und zu 10 % in das Unternehmen C investiert. 20 % des Umsatzes von A sind auf taxonomiekonforme Tätigkeiten zurückzuführen. B zeichnet sich dadurch aus, sogar 60 % seines Umsatzes mit taxonomiekonformen Wirtschaftstätigkeiten zu generieren.

[74] Die Bedeutung interdisziplinärer Forschung hervorheben *Möllers*, Green Deal: Greenwashing, Information Overload und der vergessene Good Corporate Citizen als Investor, ZHR 185 (2021), 881 (890 ff.).

[75] Ein ähnliches Beispiel findet sich bereits in Kapitel 1, A. IV. 4. b) aa) (2).

Anhand dieser Umsatzangaben könnte nun berechnet werden, zu welchem Anteil Fondsvermögenswerte in taxonomiekonforme Tätigkeiten investiert sind (in diesem Fall 16 %).[76] Eine Nachhaltigkeitstaxonomie würde also nicht nur eine einheitliche Beurteilung realwirtschaftlicher, sondern auch finanzwirtschaftlicher Tätigkeiten ermöglichen. Würde sich eine solche Taxonomie als besonders glaubwürdig erweisen und am Finanz- und Kapitalmarkt breite Anerkennung finden, entstünde eine realistische Chance, dass zahlreiche Wirtschaftstätigkeiten und Investitionen hinsichtlich ihrer „nachhaltigen Eigenschaften" weitgehend einheitlich beurteilt werden. Eine einheitliche Beurteilung würde dazu führen, dass nachhaltigkeitsbedachte Anleger verschiedene Investitionsmöglichkeiten besser und leichter miteinander vergleichen können. Die damit einhergehende Reduzierung von Informationsbeschaffungsaufwand und Transaktionskosten würde sich wiederum positiv auf funktionierende Finanz- und Kapitalmärkte auswirken.

2. Grundlage der Vergabekriterien eines Zertifizierungssystems

Die Kriterien eines Zertifizierungssystems für nachhaltige Finanzprodukte könnten an eine europäische Nachhaltigkeitstaxonomie anknüpfen. Beispielsweise könnte die Vergabe eines Nachhaltigkeitslabels davon abhängig gemacht werden, dass die Vermögenswerte eines Finanzprodukts zu einem bestimmten Anteil (beispielsweise zu mindestens 60 %) in nachhaltige (bzw. taxonomiekonforme) Wirtschaftstätigkeiten investiert sind. Dieser Anteil sollte keinesfalls zu niedrig angesetzt sein. Würde für den Erhalt eines Labels ausreichen, dass mindestens 5 % der Finanzproduktvermögenswerte in nachhaltige Tätigkeiten investiert sind, könnte von einem glaubwürdigen Impact-Investing-Label kaum die Rede sein. Wären die Anforderungen an den Erhalt eines Labels jedoch zu streng – würde beispielsweise gefordert, dass die Vermögenswerte eines Finanzprodukts zu 95 % in nachhaltige Wirtschaftstätigkeiten investiert sein müssen – würde die praktische Bedeutung eines Zertifizierungssystems drohen ins Leere zu laufen.[77]

Bei der Ausgestaltung von Zertifizierungskriterien sollte es nicht bei der Festlegung eines prozentualen Anteils, zu dem Finanzproduktvermögenswerte in taxonomiekonforme Tätigkeiten investiert sein müssen, belassen werden. Es muss auch beachtet werden, dass keineswegs alle (Portfolio-)Unternehmen in vollem Umfang taxonomiekonforme Wirtschaftstätigkeiten ausüben. Es stellt sich die Frage, wie im Rahmen der Ausgestaltung von Zertifizierungskriterien mit den nicht-taxonomiekonformen Wirtschaftstätigkeiten von

[76] Ein ausführliches Beispiel zu einer konkreten Berechnungsmethode findet sich in den Ausführungen im Rahmen der Ausweitung des EU-Umweltzeichens auf Finanzprodukte, s. F. II. 3. b) aa) (1).
[77] So bereits in Kapitel 1, A. IV. 4. b) aa) (2).

(Portfolio-)Unternehmen umzugehen ist. Diese Tätigkeiten *müssen* zwar nicht, *können* aber nachhaltigkeitsschädlich sein. Um die Problematik zu veranschaulichen, kann an obigem Beispiel (B. II. 1.) angeknüpft werden:

60 % des Umsatzes des Unternehmens A sind auf besonders umweltschädliche Tätigkeiten zurückzuführen. Das Unternehmen B erwirtschaftet 10 % seines Umsatzes mit sozialschädlichen Tätigkeiten und investiert nebenbei in nicht unerheblichem Umfang in den Abbau fossiler Brennstoffe.

Angenommen, der Anteil, zu dem die Vermögenswerte des Investmentfonds I in taxonomiekonforme Tätigkeiten investiert sind, entspricht grundsätzlich dem Anteil, der zur Erlangung eines Nachhaltigkeitslabels erforderlich wäre (z.B. 60 %). War die Einbeziehung von A und B in die Berechnung kausal für die Erreichung dieses Anteils, stellt sich die Frage, ob der Gesellschaft G wirklich erlaubt werden sollte, I mit einem Nachhaltigkeitslabel zu bewerben. Dagegen spricht, dass G durch eine Investition in A und B in nicht unerheblichem Umfang Tätigkeiten finanziert, die der Verwirklichung der globalen Nachhaltigkeitsziele entgegenlaufen. Würde I dennoch mit einem „Nachhaltigkeitslabel" beworben werden dürfen, könnte wertvolles Vertrauen in dieses Label verloren gehen.

Um dieses Problem zu lösen, könnten die materiellen Zertifizierungskriterien so ausgestaltet werden, dass bei der Berechnung des taxonomiekonformen Vermögenswertanteils eines Finanzprodukts nur positiv Unternehmen berücksichtigt werden dürfen, deren Umsatz *zu einem bestimmten Anteil* auf taxonomiekonforme Tätigkeiten zurückzuführen ist.[78] Es könnte zwar keineswegs vollständig ausgeschlossen werden, dass Unternehmen, die den festgelegten Umsatzanteil nicht erreichen, „insgesamt nachhaltiger" handeln als Unternehmen, die diesen Anteil überschreiten. Ein Grund hierfür liegt darin, dass sich nicht-taxonomiekonforme Tätigkeiten aufgrund dessen, dass Wirtschaftstätigkeiten von Unternehmen verschiedenster Sektoren im Allgemeinen äußerst komplex und unterschiedlich sein können, in sehr unterschiedlicher Intensität schädlich auf Umwelt- und Sozialbelange auswirken können. Allerdings dürfte die Wahrscheinlichkeit, dass nachhaltigkeitsschädliche Tätigkeiten ausgeübt werden, mit Zunahme des Umsatzanteils, der auf taxonomiekonforme Tätigkeiten zurückzuführen ist, grundsätzlich sinken.

Eine Regelung, derzufolge nur Unternehmen, die einen bestimmten taxonomiekonformen Umsatzanteil aufweisen, in die Berechnung des taxonomiekonformen Vermögenswertanteils

[78] Eine entsprechende Regelung hat der französische Gesetzgeber mit dem GreenFin-Label eingeführt, s. Kapitel 3, B. I. 3. b) aa).

eines Finanzprodukts einbezogen werden dürfen, wäre auch mit Nachteilen für Anbieter von Finanzprodukten verbunden. Diesen stünde durch eine solche Regelung eine deutlich geringere Auswahl von Unternehmen, die sie zum Zwecke der Erhöhung des taxonomiekonformen Vermögenswertanteils und des Erhalts eines Labels in ein Portfolio aufnehmen könnten, zur Verfügung. Dasselbe Problem würde bestehen, wenn die materiellen Vergabekriterien eines Nachhaltigkeitslabels verlangen würden, dass die Vergabe eines Labels ausgeschlossen ist, wenn die Vermögenswerte eines Finanzprodukts in Unternehmen investiert sind, die sich auf eine bestimmte Art und Weise besonders nachhaltigkeitsschädlich verhalten. Als nachhaltigkeitsschädliche Verhaltensweise könnte beispielsweise die Investition in fossile Energieträger oder die Missachtung sozialer (z.B. arbeitsschutzrechtlicher) Standards auf Unternehmensebene eingestuft werden. Dies würde bedeuten, dass der Investmentfonds I, dessen Vermögenswerte zum Teil in das Unternehmen B investiert sind, von der Vergabe eines Nachhaltigkeitslabels ausgeschlossen wäre. Auch solche Ausschlusskriterien können sich negativ auf die praktische Bedeutung eines Zertifizierungssystems für nachhaltige Finanzprodukte auswirken. Sie sind in der Regel allerdings notwendig, um einem solchen Zertifizierungssystem Glaubwürdigkeit zu verleihen.[79]

3. <u>Problem der Erlangung von Unternehmensinformationen</u>

Finanzdienstleistungs- und Kreditinstitute, die ein Label für ein von ihnen angebotenes Finanzprodukt beantragen wollen, müssten sich intensiv mit den Vergabekriterien auseinandersetzen, um ihr Investmentportfolio entsprechend den Anforderungen des Labels gestalten zu können. Dabei stehen sie grundsätzlich vor einer ganz besonderen Herausforderung: Die Erlangung relevanter (Portfolio-)Unternehmensinformationen.

Die Gesellschaft G kann den Anteil der Vermögenswerte des Investmentfonds I, der in taxonomiekonforme Wirtschaftstätigkeiten investiert ist, nur ermitteln, wenn sie weiß, ob und in welchem Umfang die Portfoliounternehmen taxonomiekonforme Wirtschaftstätigkeiten ausüben. Finanzdienstleistungs- und Kreditinstitute haben jedoch in der Regel keinen umfassenden Einblick in interne Abläufe und Strukturen der Unternehmen, in die sie investieren. Deshalb wird G bei der Bestimmung des taxonomiekonformen Vermögenswertanteils auf Hilfe angewiesen sein. Ohne ausreichende Informationen über die Taxonomiekonformität der Wirtschaftstätigkeiten von (Portfolio-)Unternehmen kann weder

[79] Von der Festlegung von Ausschlusskriterien wurde in existierenden staatlichen Zertifizierungssystemen Gebrauch gemacht, s. Kapitel 3. Auch im Rahmen der Entwicklung von EU-Umweltzeichen-Kriterien für Finanzprodukte wird Ausschlusskriterien eine Bedeutung beigemessen, s. F. II. 3. b) bb).

beurteilt noch nachgewiesen werden, dass ein Finanzprodukt die Anforderungen eines Zertifizierungssystems erfüllt.

Ob ESG-Ratingagenturen allein zur Bewältigung dieser Herausforderung in der Lage wären, ist aufgrund der oftmals mangelnden Transparenz und Vergleichbarkeit von ESG-Ratings fraglich.[80] Jedenfalls wäre es sinnvoll, wenn dem Markt von einer großen Vielzahl an Unternehmen (Primär-)Informationen bezüglich der Taxonomiekonformität ihrer Wirtschaftstätigkeiten zur Verfügung gestellt würden.[81] Zwar wird es Unternehmen geben, die angesichts des steigenden Interesses, in Investitionsentscheidungen ökologischen und sozialen Aspekten ein starkes Gewicht zu verleihen, freiwillig darüber berichten, dass sie taxonomiekonforme Wirtschaftstätigkeiten ausüben.[82] Der Gesetzgeber sollte aber Maßnahmen ergreifen, um sicherzustellen, dass auf dem Finanz- und Kapitalmarkt genügend Informationen bereitgestellt werden. Andernfalls besteht die Gefahr, dass ein Zertifizierungssystem, das auf einer Nachhaltigkeitstaxonomie basiert, rein theoretischer Natur bleibt.

Eine sinnvolle Maßnahme, die der Gesetzgeber ergreifen könnte, wäre, Rechtsvorschriften einzuführen, die Unternehmen verpflichten würden, offenzulegen, ob und in welchem Umfang ihre Wirtschaftstätigkeiten mit einer Nachhaltigkeitstaxonomie im Einklang stehen. Eine Verpflichtung, die Taxonomiekonformität wirtschaftlicher Tätigkeiten offenzulegen, ist beispielsweise auch in der Taxonomie-VO vorgesehen (s. Art. 8 Taxonomie-VO). Die Taxonomie-VO enthält ein Klassifizierungssystem für „ökologisch nachhaltige“ Wirtschaftstätigkeiten. Ob eine „ökologisch nachhaltige“ Wirtschaftstätigkeit i.S.d. Taxonomie-VO im Einklang mit den SDGs und Pariser Klimaschutzzielen steht (und infolgedessen als *nachhaltige* Wirtschaftstätigkeit bezeichnet werden kann), ist an dieser Stelle nicht relevant. Entscheidend ist, dass der europäische Gesetzgeber das Potenzial und die Notwendigkeit spezifischer Transparenzpflichten erkannt hat.

Der Anwendungsbereich der in Art. 8 Taxonomie-VO statuierten Transparenzpflichten war zwar vor Inkrafttreten der CSRD auf bestimmte große Unternehmen beschränkt, wurde durch die CSRD jedoch erheblich erweitert.[83] Ein weiter Anwendungsbereich von Vorschriften, die die Offenlegung taxonomiekonformer Tätigkeiten zum Gegenstand haben, ist vor dem Hintergrund, dass die offenzulegenden Informationen für die praktische Bedeutung eines

[80] Hierzu Kapitel 1, C.
[81] So auch *Steuer*, Rechtsdurchsetzung im „grünen“ Kapitalmarkt, BKR 2022, 296 (297 f.).
[82] Hierdurch könnten sich Unternehmen verbesserte Finanzierungsmöglichkeiten versprechen, s. hierzu Kapitel 1, A. III. 2. a).
[83] Ausführlich zu Art. 8 Taxonomie-VO C. III. 2. d) und C. IV. 2; zur Einschränkung des Anwendungsbereichs der CSRD, der nach Einreichung dieser Arbeit an der Philipps-Universität Marburg stattgefunden hat, s. Kapitel 1, B. I. 4. e).

Zertifizierungssystems sehr relevant sein können, unbedingt zu empfehlen. In Investmentportfolios werden in der Regel nicht nur große, sondern auch kleine und mittlere Unternehmen aufgenommen.[84]

Eine weitere Möglichkeit wäre, ein staatliches Zertifizierungssystem für Unternehmen einzuführen, die sich durch die Ausübung taxonomiekonformer Wirtschaftstätigkeiten in einem bestimmten Umfang auszeichnen. Die Einführung eines solchen Zertifizierungssystems hätte den Vorteil, dass Unternehmen *freiwillig* entscheiden könnten, ob sie eine, möglicherweise zeit- und kostspielige, Beurteilung der Taxonomiekonformität ihrer Wirtschaftstätigkeiten vornehmen, um ein Nachhaltigkeitslabel zu beantragen. Die steigende Nachfrage nach nachhaltigen Investitionen und die infolgedessen größer werdende Chance, als nachhaltig handelndes Unternehmen verbesserten Zugang zu Finanzierungsmöglichkeiten zu haben, sollte als großer Anreiz dienen, sich um den Erhalt eines Labels zu bemühen.

Die Einführung eines Zertifizierungssystems für Unternehmen empfiehlt sich insbesondere als sinnvolle *Ergänzung* von Transparenzpflichten. Die Erfüllung umfangreicher Offenlegungspflichten kann insbesondere Kleinstunternehmen oftmals nicht zugemutet werden. Diese Unternehmen könnten sich aber freiwillig dazu entscheiden, zum Zwecke der Beantragung eines Labels die Taxonomiekonformität ihrer Wirtschaftstätigkeiten zu bewerten. Den damit verbundenen Aufwand würden sie insbesondere dann in Kauf nehmen, wenn sie sich dadurch bessere Chancen auf die Aufnahme in ein Portfolio eines Finanzprodukts versprechen, dessen Vermögenswerte unter Berücksichtigung sozialer und ökologischer Aspekte verwaltet werden.

Auch bei der Ausgestaltung eines Zertifizierungssystems für Unternehmen sollte darauf geachtet werden, weder zu hohe noch zu geringe Hürden für den Erhalt eines Labels aufzustellen. Außerdem sollte ein solches Zertifizierungssystem mit einem Zertifizierungssystem für Finanzprodukte unbedingt abgestimmt werden. Wenn beispielsweise ein *Finanzprodukt*, dessen Vermögenswerte in den Abbau fossiler Brennstoffe investiert sind, von der Vergabe eines Nachhaltigkeitslabels ausgeschlossen wäre, müsste dies auch für ein *Unternehmen* gelten, das Tätigkeiten im Zusammenhang mit fossilen Energieträgern ausübt. Nur auf diese Weise kann sichergestellt werden, dass Anbieter von Finanzprodukten, die ein Nachhaltigkeitslabel beantragen wollen, von einem Zertifizierungssystem für Unternehmen profitieren würden.

[84] Vor diesem Hintergrund scheint die Omnibus-Initiative der EU-Kommission, die unter anderem eine Einschränkung des Anwendungsbereichs der CSRD vorsieht, besonders problematisch, s. hierzu Kapitel 1, B. I. 4. e).

C. VO (EU) 2020/852 (Taxonomie-VO): Der erste Schritt in Richtung einer europäischen Nachhaltigkeitstaxonomie?

Mit der am 12. Juni 2020 in Kraft getretenen VO (EU) 2020/852 (Taxonomie-VO) hat der europäische Gesetzgeber ein Klassifizierungssystem für „ökologisch nachhaltige" Wirtschaftstätigkeiten eingeführt.[85] Ob es sich hierbei um einen ersten zielführenden Schritt in Richtung einer europäischen *Nachhaltigkeits*taxonomie handelt, kann nur im Anschluss an eine umfassende Analyse dieses Klassifizierungssystems geklärt werden. Aus diesem Grund wird die Taxonomie-VO im Folgenden ausführlich vorgestellt.

I. Gegenstand und Struktur

Mithilfe eines Klassifizierungssystems für „ökologisch nachhaltige" Wirtschaftstätigkeiten soll der Grad der „ökologischen Nachhaltigkeit" einer Investition ermittelt werden können (Art. 1 Abs. 1 Taxonomie-VO).

In der Taxonomie-VO ist vorgesehen, dass diese durch den Erlass einer ganzen Reihe von Delegierten VO ergänzt wird. Dass der europäische Gesetzgeber im Finanz- und Kapitalmarktrecht das sog. Lamfalussy-Verfahren anwendet, ist nicht ungewöhnlich.[86] Bei diesem Verfahren wird zunächst von den zuständigen EU-Organen ein Basisrechtsakt (hier: Taxonomie-VO als Level-1-Maßnahme) erlassen, auf dessen Grundlage die EU-Kommission anschließend Rechtsakte zum Zwecke der Durchführung der Vorgaben des Basisrechtsakts (hier: Delegierte VO als Level-2-Maßnahmen) erlässt.[87] Dieses Vorgehen lässt die Taxonomie-VO mit dem Klassifizierungssystem und die daran anknüpfenden Transparenzvorschriften als komplexes Regelwerk aus zahlreichen Einzelrechtsakten erscheinen.[88]

II. Anwendungsbereich

Regelungen zum Anwendungsbereich finden sich im ersten Kapitel der Taxonomie-VO, genauer in Art. 1 Abs. 2 Taxonomie-VO.

Gem. Art. 1 Abs. 2 lit. a) Taxonomie-VO erstreckt sich der Anwendungsbereich auf alle von der EU oder den Mitgliedstaaten verabschiedeten Maßnahmen zur Festlegung von Anforderungen an Finanzmarktteilnehmer und Emittenten im Zusammenhang mit Finanzprodukten oder Unternehmensanleihen, die als „ökologisch nachhaltig" bereitgestellt

[85] Zur Taxonomie-VO *Lanfermann*, in: Nietsch (Hrsg.), Corporate Social Responsibility Compliance (2021), § 12.
[86] *Möllers*, Europäische Methoden- und Gesetzgebungslehre im Kapitalmarktrecht – Vollharmonisierung, Generalklauseln und soft law im Rahmen des Lamfalussy-Verfahrens als Mittel zur Etablierung von Standards, ZEuP 2008, 480 (482).
[87] *S. Augsberg*, in: Terhechte (Hrsg.), Verwaltungsrecht der Europäischen Union (2. Aufl. 2022), § 6 Rn. 72.
[88] So auch *Baumüller/Haring/Merl*, Erstanwendung der Berichtspflichten gem. Taxonomie-VO: Überblick und Handlungsempfehlungen, IRZ 2022, 77 (78).

werden. Hierdurch soll verhindert werden, dass Mitgliedstaaten eigene Taxonomien für „ökologisch nachhaltige" Wirtschaftstätigkeiten entwickeln und ihren Rechtsakten zugrunde legen.[89] Die EU und ihre Mitgliedstaaten sollen hinsichtlich des Ergreifens von Maßnahmen, die sich auf die Kennzeichnung von Finanzprodukten und Unternehmensanleihen als „ökologisch nachhaltig" beziehen, ein gemeinsames Konzept verfolgen.[90] Dies soll der Vergleichbarkeit von Investitionsmöglichkeiten zugutekommen und dafür Sorge tragen, dass Wirtschaftsteilnehmer, die Investitionen aus der gesamten EU anziehen wollen, nicht in unterschiedlichen Mitgliedstaaten unterschiedliche Kriterien erfüllen müssen, damit ihre Tätigkeiten als „ökologisch nachhaltig" eingestuft werden können.[91] Vor diesem Hintergrund lässt sich auch erklären, dass die EU im Rahmen der EUGBS-VO auf die Taxonomie-VO Bezug nimmt, wenn es um die Qualifizierung von Wirtschaftstätigkeiten und Projekten als „ökologisch nachhaltig" geht.[92] Hierzu ist die EU aufgrund der Regelung in Art. 1 Abs. 2 lit. a) Taxonomie-VO *verpflichtet*. Soll auf europäischer oder mitgliedstaatlicher Ebene ein Zertifizierungssystem für „ökologisch nachhaltige" Finanzprodukte eingeführt werden, muss das Klassifizierungssystem der Taxonomie-VO ebenfalls herangezogen werden.[93]

Der Anwendungsbereich umfasst darüber hinaus Finanzmarktteilnehmer, die Finanzprodukte bereitstellen (Art. 1 Abs. 2 lit. b) Taxonomie-VO). Zur Bestimmung des Begriffs der Finanzmarktteilnehmer wird in Art. 2 Nr. 2 Taxonomie-VO auf Art. 2 Nr. 1 und Art. 16 Offenlegungs-VO verwiesen. Gem. Art. 2 Nr. 1 Offenlegungs-VO gehören hierzu unter anderem AIF- und OGAW-Verwaltungsgesellschaften, Wertpapierfirmen und Kreditinstitute, die Portfolioverwaltung erbringen, sowie Versicherungsunternehmen, die Versicherungsanlageprodukte anbieten.[94] Diese Regelung lässt sich mit Blick auf die Transparenzpflichten, die bestimmten Finanzmarktteilnehmern auferlegt werden, erklären. Strebt eine OGAW-Verwaltungsgesellschaft z.B. eine „ökologisch nachhaltige" Investition an, indem sie in „ökologisch nachhaltige" Wirtschaftstätigkeiten i.S.d. Taxonomie-VO investiert, muss sie bestimmte Transparenzpflichten erfüllen. Diese Pflichten ergeben sich aus dem Zusammenspiel der Taxonomie-VO und der Offenlegungs-VO und nehmen regelmäßig auf das Klassifizierungssystem der Taxonomie-VO Bezug.

[89] Erwägungsgrund 11 der Taxonomie-VO.
[90] Erwägungsgrund 14 der Taxonomie-VO.
[91] Erwägungsgrund 11 der Taxonomie-VO.
[92] S. auch *Ipsen/Röh*, Was ist eine ökologisch nachhaltige Wirtschaftstätigkeit?, ZIP 2020, 2001 (2002).
[93] Erwägungsgrund 11 der Taxonomie-VO.
[94] S. hierzu auch *Ipsen/Röh*, Was ist eine ökologisch nachhaltige Wirtschaftstätigkeit?, ZIP 2020, 2001 (2002).

Schließlich fallen gem. Art. 1 Abs. 2 lit. c) Taxonomie-VO Unternehmen, die nach Art. 19a bzw. nach Art. 29a Bilanz-RL zur ESG-bezogenen Berichterstattung verpflichtet sind, in den Anwendungsbereich der Taxonomie-VO (s. Art. 8 Taxonomie-VO).[95]

Aus den Regelungen zum Anwendungsbereich geht hervor, dass die Taxonomie-VO weder unmittelbare Pflichten für Unternehmen bereithält, sich „ökologisch nachhaltig" zu verhalten, noch zu „ökologisch nachhaltigem" Investieren verpflichtet.[96] Beispielsweise werden Mitgliedstaaten durch die Taxonomie-VO nicht verpflichtet, ein Zertifizierungssystem für „ökologisch nachhaltige" Wirtschaftstätigkeiten einzuführen. Entscheiden sie sich jedoch dafür, müssen sie die Umwelt-Taxonomie als Grundlage eines solchen Systems nutzen. Die Taxonomie-VO verpflichtet Finanzdienstleistungs- und Kreditinstitute auch keineswegs dazu, ökologische Aspekte in Investitionsentscheidungsprozesse einzubeziehen. Sollen Finanzprodukte allerdings (auf freiwilliger Basis) als „ökologisch nachhaltig" beworben werden, müssen bestimmte, im Zusammenhang mit dem Klassifizierungssystem stehende Angaben offengelegt werden. Spezielle Transparenzpflichten gelten auch für Unternehmen, die gem. Art. 19a bzw. Art. 29a Bilanz-RL berichterstattungspflichtig sind. Vor diesem Hintergrund geht von der Taxonomie-VO ein gewisser „*Nudging*"-Effekt aus.[97]

III. Grundlegender Inhalt (Level-1-Ebene)

Im zweiten Kapitel der Taxonomie-VO (Art. 3 bis 24) ist geregelt, welche Anforderungen an eine Wirtschaftstätigkeit gestellt werden, um diese als „ökologisch nachhaltig" qualifizieren zu können (Level-1-Ebene). Gem. Art. 3 Taxonomie-VO muss eine Wirtschaftstätigkeit ganz allgemein einen wesentlichen Beitrag zur Verwirklichung mindestens eines von sechs Umweltzielen leisten und darf dabei keines der anderen Umweltziele erheblich beeinträchtigen. Außerdem müssen bestimmte soziale Mindestanforderungen erfüllt werden. Für bestimmte Unternehmen hält die Taxonomie-VO spezifische Transparenzpflichten (s. Art 5, 6, 7 und 8 Taxonomie-VO) bereit.

Die Anforderungen an die Qualifizierung einer Wirtschaftstätigkeit als „ökologisch nachhaltig" werden auf Level-1-Ebene eher oberflächlich skizziert. Dies ist der Tatsache geschuldet, dass die Festlegung, unter welchen Voraussetzungen eine ganz bestimmte Tätigkeit einen wesentlichen Beitrag zu einem Umweltziel leistet und dabei kein anderes Umweltziel erheblich beeinträchtigt, sehr komplex und mit erheblichem Aufwand verbunden sein kann. Die

---

[95] Ausführlich zu Art. 8 Taxonomie-VO C. III. 2. d) und C. IV. 2.
[96] *Gerdes*, Die Taxonomie-VO: ein stumpfes Schwert für „Sustainable Finance"? - Eine Analyse, ZG 2023, 138 (140); *Ipsen/Röh*, Was ist eine ökologisch nachhaltige Wirtschaftstätigkeit?, ZIP 2020, 2001 (2002).
[97] S. auch *Ipsen/Röh*, Was ist eine ökologisch nachhaltige Wirtschaftstätigkeit?, ZIP 2020, 2001 (2003).

Festlegung spezifischer Kriterien zur Einordnung von Wirtschaftstätigkeiten als „ökologisch nachhaltig" erfolgt deshalb primär durch den Erlass Delegierter Rechtsakte auf Level-2-Ebene. Auf Level-2-Ebene werden auch die Anforderungen an die Erfüllung der Transparenzpflichten konkretisiert. Ohne den Erlass Delegierter Rechtsakte wäre eine Anwendung der Taxonomie-VO also von Vornherein nicht möglich.[98]

1. Qualifizierung einer Wirtschaftstätigkeit als „ökologisch nachhaltig" (Klassifizierungssystem)

a) Leisten eines wesentlichen Beitrags zur Verwirklichung von mindestens einem Umweltziel

Eine Wirtschaftstätigkeit muss gem. Art. 3 lit. a) Taxonomie-VO zunächst einen wesentlichen Beitrag zur Verwirklichung von mindestens einem Umweltziel leisten. Die sechs Umweltziele, zu denen ein wesentlicher Beitrag geleistet werden kann, werden in Art. 9 der Taxonomie-VO genannt: Klimaschutz, Anpassung an den Klimawandel, nachhaltige Nutzung und Schutz von Wasser- und Meeresressourcen, Übergang zu einer Kreislaufwirtschaft, Vermeidung und Verminderung der Umweltverschmutzung, Schutz und Wiederherstellung der Biodiversität und der Ökosysteme. Diese Ziele sind sehr allgemein formuliert und umfassen ein breites Spektrum ökologischer Themenfelder. Nähere Ausführungen, unter welchen Voraussetzungen eine Wirtschaftstätigkeit einen wesentlichen Beitrag zu einem jeden der Umweltziele leisten kann, finden sich in den Art. 10 bis 16 Taxonomie-VO, also bereits auf Level-1-Ebene.[99]

aa) Klimaschutz

In Art. 10 Taxonomie-VO wird der „wesentliche Beitrag zum Klimaschutz" konkretisiert, wobei sich eine Definition von „Klimaschutz" in Art. 2 Nr. 5 der Taxonomie-VO findet. Demnach handelt es sich um eine Vorgehensweise, den Anstieg der durchschnittlichen Erdtemperatur im Vergleich zum vorindustriellen Niveau deutlich unter 2 °C zu halten und Anstrengungen zu unternehmen, um den Anstieg auf 1,5 °C zu begrenzen (s. Klimaschutzabkommen von Paris).

Gem. Art. 10 Abs. 1 Taxonomie-VO leistet eine Wirtschaftstätigkeit einen wesentlichen Beitrag, wenn sie wesentlich zur Stabilisierung der Treibhausgaskonzentration in der Atmosphäre auf einem Niveau, das eine gefährliche anthropogene Störung des Klimasystems verhindert, beiträgt. Die Vorschrift nennt beispielhaft Wirtschaftstätigkeiten, die einen

[98] Zu Delegierten VO im Kontext des Klassifizierungssystems s. C. IV.

[99] Zu den Umweltzielen s. auch *Wellerdt*, Der Legislativvorschlag für eine Verordnung zu Europäischen Green Bonds, DÖV 2021, 1109 (1112 f.).

Zusammenhang mit erneuerbaren Energien, der Steigerung von Energieeffizienz und der Stärkung von natürlichen CO_2-Senken aufweisen.

Art. 10 Abs. 2 Taxonomie-VO sieht vor, dass auch Wirtschaftstätigkeiten, für die es keine technologisch und wirtschaftlich durchführbare CO_2-arme Alternative gibt, einen wesentlichen Beitrag zum ersten Umweltziel leisten können. Dies ist der Fall, wenn sie den Übergang zu einer klimaneutralen Wirtschaft unterstützen, im Einklang mit dem Weg hin zur Erreichung des 1,5 °C-Ziels stehen und Treibhausgasemissionswerte aufweisen, die den besten Leistungen des Sektors oder der Industrie entsprechen (*Best In Class*). Art. 10 Abs. 2 Taxonomie-VO verlangt weiterhin, dass die Entwicklung und Einführung CO_2-armer Alternativen durch die Wirtschaftstätigkeiten nicht behindert wird. Außerdem dürfen in Anbetracht der wirtschaftlichen Lebensdauer von CO_2-intensiven Vermögenswerten keine *Lock-In*-Effekte bei diesen Vermögenswerten auftreten.

Durch die Regelung in Art. 10 Abs. 2 Taxonomie-VO soll die Reduzierung schädlicher Umweltauswirkungen bestimmter Wirtschaftstätigkeiten Anerkennung finden.[100] Hierdurch könnte gerade für Unternehmen, die CO_2-intensive Tätigkeiten ausüben, ein Anreiz geschaffen werden, Anstrengungen zur schrittweisen Reduzierung von Treibhausgasemissionen zu unternehmen.[101]

bb) Anpassung an den Klimawandel

Um einen wesentlichen Beitrag zum Umweltziel „Anpassung an den Klimawandel" leisten zu können, muss eine wirtschaftliche Tätigkeit gem. Art. 11 Taxonomie-VO Anpassungslösungen bieten, die das Risiko (standort- und kontextspezifischer) nachteiliger Auswirkungen des Klimas *auf die Tätigkeit selbst* erheblich verringern. Alternativ kann eine Wirtschaftstätigkeit die *nachteiligen Auswirkungen des Klimas* erheblich verringern, um einen wesentlichen Beitrag zur Anpassung an den Klimawandel zu leisten. Dabei darf das Risiko nachteiliger Auswirkungen auf Mensch, Natur oder Vermögenswerte nicht erhöht werden. In Art. 2 Nr. 6 Taxonomie-VO wird „Anpassung an den Klimawandel" als Vorgang der Anpassung an den tatsächlichen und den erwarteten Klimawandel und dessen Auswirkungen definiert.

cc) Nachhaltige Nutzung und Schutz von Wasser- und Meeresressourcen

Unter welchen Voraussetzungen ein wesentlicher Beitrag zur nachhaltigen Nutzung und zum Schutz von Wasser- und Meeresressourcen geleistet werden kann, ist in Art. 12 Taxonomie-VO geregelt. Eine Wirtschaftstätigkeit kann gem. Art. 12 Abs. 1 Taxonomie-VO entweder zur

[100] Erwägungsgrund 39 der Taxonomie-VO.
[101] *Ipsen/Röh*, Was ist eine ökologisch nachhaltige Wirtschaftstätigkeit?, ZIP 2020, 2001 (2005).

Erreichung eines „guten Zustands“ von (Meeres-)Gewässern oder, wenn sich die (Meeres-)Gewässer bereits in einem guten Zustand befinden, zur Vermeidung deren Verschlechterung wesentlich beitragen. Als Beispiel nennt die Vorschrift wirtschaftliche Tätigkeiten, die für eine Verbesserung der Wassereffizienz oder eine Verringerung von Schadstoffemissionen in Grundwässer sorgen.

dd) Übergang zu einer Kreislaufwirtschaft

Bei einer Kreislaufwirtschaft handelt es sich gem. Art. 2 Nr. 9 Taxonomie-VO um ein Wirtschaftssystem, bei dem der Wert von Produkten, Materialien und anderen Ressourcen in der Wirtschaft so lange wie möglich erhalten bleibt und ihre effiziente Nutzung in Produktion und Verbrauch verbessert wird. Hierdurch sollen die Auswirkungen ihrer Nutzung auf die Umwelt reduziert und das Abfallaufkommen sowie die Freisetzung gefährlicher Stoffe in allen Lebenszyklus-Phasen minimiert werden. Gem. Art. 13 Taxonomie-VO können Wirtschaftstätigkeiten einen wesentlichen Beitrag zum Übergang zur Kreislaufwirtschaft leisten, indem sie beispielsweise eine effiziente Ressourcennutzung sowie eine Verbesserung der Haltbarkeit und Reparaturfähigkeit von Produkten fördern.

Die Notwendigkeit, den Übergang zu einer Kreislaufwirtschaft zu bewältigen, wird von der EU-Kommission regelmäßig im Kontext des Ziels, ein „nachhaltiges Wachstum“ zu erreichen, hervorgehoben. Im März 2020 hat die EU ein umfassendes Maßnahmenpapier zur Beschleunigung des Übergangs zu einer Kreislaufwirtschaft veröffentlicht.[102] In diesem Papier wird betont, Wirtschaftswachstum müsse von der Ressourcennutzung „entkoppelt“ werden.[103] Da es sich bei Wirtschaftswachstum um ein primäres Ziel der EU handelt und eine Kreislaufwirtschaft eine „Entkopplung“ von Wirtschaftswachstum und Ressourcennutzung ermöglichen soll, verwundert es nicht, dass der Übergang zu einer Kreislaufwirtschaft in der Taxonomie-VO den Status eines Umweltziels erlangt hat.

ee) Vermeidung und Verminderung der Umweltverschmutzung

Bei der Vermeidung und Verminderung der Umweltverschmutzung handelt es sich um das fünfte Umweltziel. Unter Verschmutzung ist gem. Art. 2 Nr. 12 lit. a) Taxonomie-VO die durch menschliches Handeln direkt oder indirekt bewirkte Zuführung von Schadstoffen in Luft, Wasser oder Boden zu verstehen. Ein wesentlicher Beitrag zum vierten Umweltziel kann gem. Art. 14 Abs. 1 Taxonomie-VO durch vielfältige Aktivitäten geleistet werden. Beispielsweise

[102] *Europäische Kommission*, Ein neuer Aktionsplan für die Kreislaufwirtschaft, Für ein saubereres und wettbewerbsfähigeres Europa, COM(2020) 98 final.

[103] *Europäische Kommission*, Ein neuer Aktionsplan für die Kreislaufwirtschaft, Für ein saubereres und wettbewerbsfähigeres Europa COM(2020) 98 final, S. 2.

kann die Luft-, Wasser- oder Bodenqualität in den Gebieten, in denen die Wirtschaftstätigkeit ausgeübt wird, verbessert werden. Außerdem können wirtschaftliche Tätigkeiten dazu beitragen, dass bei der Herstellung von Produkten nachteilige Auswirkungen auf die menschliche Gesundheit und die Umwelt vermieden werden.

ff) Schutz und Wiederherstellung der Biodiversität und der Ökosysteme

Obwohl die biosphärische Integrität von Wissenschaftlern, die an der Entwicklung der planetaren Grenzen beteiligt waren, zu einer „Kerngrenze" erhoben worden ist, wird sie in der Taxonomie-VO erst im Rahmen des sechsten und somit letzten Umweltziels adressiert. Die Reihenfolge der Umweltziele ist insofern relevant, als dass diese der Reihenfolge der Festlegung technischer Bewertungskriterien entspricht. Für das letzte Umweltziel werden also erst dann technische Bewertungskriterien eingeführt, wenn solche Kriterien für die ersten fünf Umweltziele festgelegt wurden. Hinsichtlich des sechsten Umweltziels findet die Taxonomie-VO deshalb auch vergleichsweise spät Anwendung.[104]

Biodiversität wird gem. Art. 2 Nr. 15 Taxonomie-VO als Vielfalt unter lebenden Organismen jeder Herkunft, darunter Land-, Meeres- und sonstige aquatische Ökosysteme und die ökologischen Komplexe, zu denen sie gehören, verstanden. Der Vorschrift zufolge ist die Vielfalt innerhalb der Arten, zwischen verschiedenen Arten und die Vielfalt der Ökosysteme umfasst. Bei einem Ökosystem handelt es sich gem. Art. 2 Nr. 13 Taxonomie-VO um ein komplexes dynamisches Wirkungsgefüge von Pflanzen-, Tier- und Mikroorganismengemeinschaften und ihrer abiotischen Umwelt, die eine funktionelle Einheit bildet. Gem. Art. 15 Abs. 1 Taxonomie-VO leistet eine Wirtschaftstätigkeit dann einen wesentlichen Beitrag, wenn sie zum Schutz der Biodiversität oder zum Schutz bzw. der Erhaltung von Ökosystemen beiträgt. Befinden sich Ökosysteme bereits in einem schlechten Zustand, kann eine Wirtschaftstätigkeit auch zur Verbesserung dieses Zustands beitragen.

gg) Ermöglichende Tätigkeiten

Ein wesentlicher Beitrag zu einem der Umweltziele kann gem. Art. 16 Taxonomie-VO auch geleistet werden, indem anderen Tätigkeiten *unmittelbar* ermöglicht wird, einen wesentlichen Beitrag zu einem Umweltziel zu leisten. Dabei darf die „ermöglichende Wirtschaftstätigkeit" in Anbetracht der wirtschaftlichen Lebensdauer „umweltschädlicher" Vermögenswerte keine *Lock-In*-Effekte bei diesen Vermögenswerten herbeiführen. Sie muss außerdem aufgrund von Lebenszyklusüberlegungen „*wesentliche* positive Umweltauswirkungen" haben.

[104] S. hierzu C. IV. 1. d).

Auf die Regelung in Art. 16 Taxonomie-VO wird in den Art. 10 bis 16 (mit Ausnahme von Art. 11) Taxonomie-VO ausdrücklich hingewiesen (s. Art. 10 Abs. 1 lit. i), Art. 12 Abs. 1 lit. d), Art. 13 Abs. 1 lit. l), Art. 14 Abs. 1 lit. e) und Art. 15 Abs. 1 lit. e) Taxonomie-VO).

b) DNSH-Prinzip

Eine Wirtschaftstätigkeit muss nicht nur einen Beitrag zu mindestens einem Umweltziel leisten, sondern darf dabei gem. Art. 3 lit. b) Taxonomie-VO auch kein anderes Umweltziel erheblich beeinträchtigen (*Do-No-Significant-Harm* [DNSH]). Diesem DNSH-Prinzip kommt bereits deshalb eine besondere Bedeutung zu, da in der Taxonomie-VO nicht näher auf Wechselbeziehungen zwischen verschiedenen Umweltaspekten eingegangen wird. Der europäische Gesetzgeber hat mit der Einführung des DNSH-Prinzips jedenfalls die Notwendigkeit erkannt, der Gefahr vorzubeugen, dass Tätigkeiten, die z.B. zu einer starken Reduzierung von Treibhausgasemissionen beitragen, als „ökologisch nachhaltig" eingeordnet werden, obwohl mit denselben Tätigkeiten die Artenvielfalt bedroht wird. Ohne strenge DNSH-Kriterien wäre die Glaubwürdigkeit einer Taxonomie und der Rechtsakte, die auf dieser Taxonomie basieren, erheblich gefährdet.

In Art. 17 Taxonomie-VO findet sich eine Aufzählung, unter welchen Voraussetzungen eine erhebliche Beeinträchtigung eines jeden Umweltziels vorliegt. Beispielsweise wird das Umweltziel Klimaschutz erheblich beeinträchtigt, wenn eine Wirtschaftstätigkeit mit hohen Treibhausgasemissionen verbunden ist (Art. 17 Abs. 1 lit. a) Taxonomie-VO). Eine erhebliche Beeinträchtigung des Umweltziels der nachhaltigen Nutzung und des Schutzes der Wasser- und Meeresressourcen liegt gem. Art. 17 Abs. 1 lit. c) i) Taxonomie-VO dann vor, wenn die Tätigkeit den guten Zustand von Meeresgewässern beschädigt.

Genauere Ausführungen, unter welchen Voraussetzungen eine konkrete Wirtschaftstätigkeit zur Verwirklichung eines Umweltziels beiträgt, und dabei gleichzeitig kein anderes Umweltziel erheblich beeinträchtigt, erfolgen im Rahmen der Delegierten VO auf Level-2-Ebene.[105] Diese müssen selbstverständlich mit den Anforderungen auf Level-1-Ebene im Einklang stehen, dürfen also insbesondere nicht den Vorgaben des Art. 17 Taxonomie-VO entgegenstehen.

c) Einhaltung sozialer Mindestkriterien (*Minimum Social Safeguards* [MSS])

Wirtschaftstätigkeiten, die einen Beitrag zu mindestens einem Umweltziel leisten und andere Umweltziele nicht erheblich beeinträchtigen, sollen nicht als „ökologisch nachhaltig" qualifiziert werden können, wenn die Unternehmen, die die Tätigkeit ausüben, grundlegende

[105] S. hierzu C. IV.

Menschenrechte verletzen oder soziale Probleme verursachen. Deshalb sieht Art. 18 Taxonomie-VO die Einhaltung sozialer Mindestkriterien (*Minimum Social Safeguards* [MSS]) vor. Die Mindestkriterien des Art. 18 Taxonomie-VO sind nicht tätigkeitsbasiert ausgestaltet, sondern betreffen den Geschäftsbereich und die Geschäftsbeziehungen von Unternehmen.[106]

aa) Regelung des Art. 18 Taxonomie-VO

Gem. Art. 18 Abs. 1 Taxonomie-VO muss durch Verfahren sichergestellt werden, dass die OECD-Leitsätze für multinationale Unternehmen (*OECD Guidelines for Multinational Enterprises*)[107] und die Leitprinzipien der Vereinten Nationen für Wirtschaft und Menschenrechte (*UN Guiding Principles on Business and Human Rights*)[108] eingehalten werden. Auch die Grundprinzipien und Rechte, die sich aus der Internationalen Charta der Menschenrechte (*International Bill of Human Rights*)[109] ergeben, müssen beachtet werden.

Eine Konkretisierung der Anforderungen an ein geeignetes Verfahren findet sich in Art. 18 Taxonomie-VO nicht. Auch der Erlass Delegierter VO wird in der Vorschrift nicht gefordert.[110] Art. 18 Abs. 2 Taxonomie-VO verlangt lediglich, dass sich die Unternehmen an den Grundsatz der Vermeidung erheblicher Beeinträchtigungen i.S.d. Art. 2 Nr. 17 Offenlegungs-VO halten.[111] Art. 2 Nr. 17 Offenlegungs-VO enthält eine Definition von „nachhaltiger Investition". Diese wird definiert als eine Investition in eine wirtschaftliche Tätigkeit, die zur Erreichung eines Umweltziels oder eines sozialen Ziels (insbesondere Bekämpfung von Ungleichheit oder Förderung von sozialem Zusammenhalt) beiträgt, vorausgesetzt, dass diese Investition *keines dieser Ziele erheblich beeinträchtigt* und die Unternehmen, in die investiert wird, Verfahrensweisen einer guten Unternehmensführung anwenden. Der Grundsatz der Vermeidung erheblicher Beeinträchtigungen, der gem. Art. 18 Abs. 2 Taxonomie-VO beachtet werden muss, geht also thematisch über die DNSH-Kriterien, die im Rahmen der Taxonomie-VO für eine jede Wirtschaftstätigkeit erlassen werden, hinaus.

bb) Konkretisierung der Vorgaben in Art. 18 Taxonomie-VO durch die PSF

---

[106] *Hirschmann*, Sozialer Mindestschutz gemäß EU-Taxonomie, ESG 2023, 42 (42 f.).

[107] *OECD*, OECD Guidelines for Multinational Enterprises (2011), https://www.oecd.org/en/publications/oecd-guidelines-for-multinational-enterprises_9789264115415-en.html (letzter Abruf: 26. März 2026).

[108] *United Nations*, Guiding Principles on Business and Human Rights (2011), https://www.ohchr.org/sites/default/files/Documents/Publications/GuidingPrinciplesBusinessHR_EN.pdf (letzter Abruf: 26. März 2026).

[109] *United Nations*, International Bill of Human Rights, https://www.ohchr.org/en/what-are-human-rights/international-bill-human-rights (letzter Abruf: 26. März 2026).

[110] *Hirschmann*, Sozialer Mindestschutz gemäß EU-Taxonomie, ESG 2023, 42 (46).

[111] S. auch Erwägungsgrund 35 der Taxonomie-VO.

Um den Unternehmen eine Orientierungshilfe zur praktischen Umsetzung der – sehr allgemein formulierten – Vorgaben in Art. 18 Taxonomie-VO an die Hand zu geben, hat die PSF im Oktober 2022 einen Bericht veröffentlicht.[112] Hierzu wurde sie von der EU-Kommission beauftragt.[113] Die in dem Bericht enthaltenen Ausführungen entfalten in keinerlei Hinsicht rechtliche Bindungswirkung.[114]

Die PSF erhebt Menschenrechte (inklusive Rechte von Arbeitnehmern), Korruption und Bestechung, Steuern sowie einen fairen Wettbewerb zu den vier Kernthemen, die im Rahmen der Einhaltung der sozialen Mindestschutzstandards berücksichtigt werden sollten.[115] Sie weist auf europäische Rechtsakte hin, die Transparenzpflichten bezüglich dieser Themenfelder bereits zum Gegenstand haben (z.B. CSRD und Offenlegungs-VO) und infolgedessen für die Einhaltung der sozialen Mindestkriterien i.S.d. Art. 18 Taxonomie-VO relevant sein können.[116] Beispielsweise kann zur Beurteilung, ob eine Investition soziale Belange erheblich beeinträchtigt, die Delegierte VO (EU) 2022/1288[117] herangezogen werden, die die Offenlegungs-VO auf Level-2-Ebene konkretisiert.[118] In der ersten Tabelle des ersten Anhangs der Delegierten VO (EU) 2022/1288 finden sich Indikatoren für nachteilige ökologische und soziale Auswirkungen von Investitionen. Als Indikator für einen Verstoß gegen die OECD-Leitsätze dient demnach der Anteil der Investitionen in Unternehmen, die an Verstößen gegen diese Leitsätze beteiligt sind. Der Anteil der Investitionen in Unternehmen, die keine Richtlinien zur Überwachung der Einhaltung der OECD-Leitsätze oder keine Verfahren zur Bearbeitung von Beschwerden wegen Verstößen gegen die OECD-Leitsätze eingerichtet haben, dient als Indikator für fehlende Prozesse und Compliance-Mechanismen zur Überwachung der Einhaltung dieser Leitsätze. Hilfreiche Hinweise zur gem. Art. 18 Abs. 1 Taxonomie-VO erforderlichen Implementierung sinnvoller Verfahren (z.B. Verfahren zum Umgang mit Beschwerden) lassen sich hieraus zwar nicht ableiten. Allerdings kann die

---

112 *Platform on Sustainable Finance*, Final Report on Minimum Safeguards (2022), https://finance.ec.europa.eu/system/files/2022-10/221011-sustainable-finance-platform-finance-report-minimum-safeguards_en.pdf (letzter Abruf: 26. März 2026).

113 *Platform on Sustainable Finance*, Final Report on Minimum Safeguards (2022), S. 6.

114 *Hirschmann*, Sozialer Mindestschutz gemäß der EU-Taxonomie, ESG 2023, 42 (44).

115 *Platform on Sustainable Finance*, Final Report on Minimum Safeguards (2022), S. 4.

116 *Platform on Sustainable Finance*, Final Report on Minimum Safeguards (2022), S. 4.

117 Delegierte Verordnung (EU) 2022/1288 der Kommission vom 6. April 2022 zur Ergänzung der Verordnung (EU) 2019/2088 des Europäischen Parlaments und des Rates im Hinblick auf technische Regulierungsstandards zur Festlegung der Einzelheiten des Inhalts und der Darstellung von Informationen in Zusammenhang mit dem Grundsatz der Vermeidung erheblicher Beeinträchtigungen, des Inhalts, der Methoden und der Darstellung von Informationen in Zusammenhang mit Nachhaltigkeitsindikatoren und nachteiligen Nachhaltigkeitsauswirkungen sowie des Inhalts und der Darstellung von Informationen in Zusammenhang mit der Bewerbung ökologischer oder sozialer Merkmale und nachhaltiger Investitionsziele in vorvertraglichen Dokumenten, auf Internetseiten und in regelmäßigen Berichten.

118 *Platform on Sustainable Finance*, Final Report on Minimum Safeguards (2022), S. 12 ff.

Indikatoren-Tabelle des ersten Anhangs der VO (EU) 2022/1288 als Konkretisierung der Anforderungen an die Einhaltung der MSS verstanden werden. Ein Unternehmen kann in diesem Fall die MSS nur einhalten, wenn es nicht gegen die OECD-Leitsätze verstößt *und* Prozesse und Compliance-Mechanismen zur Überwachung der Einhaltung dieser Leitsätze eingerichtet hat. Eine Inbezugnahme der Vorschriften der Offenlegungs-VO zur Konkretisierung der Anforderungen des Art. 18 Taxonomie-VO ist vor dem Hintergrund, dass Art. 18 Abs. 2 Taxonomie-VO explizit Art. 2 Nr. 17 Offenlegungs-VO in Bezug nimmt, dringend geboten.[119]

Die PSF schlägt vor, die Konformität mit den vier Kernthemen in doppelter Hinsicht zu prüfen: Die von Unternehmen eingerichteten Verfahren sollen zum einen die Einhaltung relevanter Normen sicherstellen (sog. „*positive assessment*").[120] Zum anderen soll geprüft werden, ob Anhaltspunkte vorliegen, die darauf schließen lassen, dass ein Unternehmen gegen die definierten Kernbereiche der Mindestschutzstandards verstößt (sog. „*negative assessment*").[121] Bei der Beurteilung, ob die MSS eingehalten werden, können Angaben, die im Rahmen der ESG-bezogenen Berichterstattung nach den Vorschriften der CSRD veröffentlicht werden, herangezogen werden.[122] Der Grund hierfür liegt darin, dass die ESRS einige soziale Themen, die sich mit den oben genannten Kernthemen überschneiden, aufgreifen.[123] An den ESRS können sich auch Unternehmen orientieren, die nicht in den Anwendungsbereich der CSRD fallen, die „ökologische Nachhaltigkeit" ihrer Wirtschaftstätigkeiten aber beurteilen wollen.[124]

Ob den sozialen Mindestkriterien angesichts der „bloßen" Inbezugnahme des Art. 18 Taxonomie-VO von multinationalen Abkommen, die meist sehr vage und allgemein formuliert sind, eine eigenständige Bedeutung zukommt, ist fraglich. Eine unzureichende Konkretisierung der Anforderungen an die Einhaltung der MSS birgt jedenfalls die Gefahr, dass Unternehmen die MSS „erfüllen" können, indem sie über negative soziale Auswirkungen im Rahmen der CSRD-Berichterstattung nicht berichten oder nicht in den (medialen) Fokus von Menschenrechtsverletzungsvorwürfen geraten. Auf diese Gefahr weist die PSF auch in ihrem Abschlussbericht zu einer Sozial-Taxonomie hin.[125]

2. Transparenzpflichten

[119] *Platform on Sustainable Finance*, Final Report on Minimum Safeguards (2022), S. 13 f.
[120] *Platform on Sustainable Finance*, Final Report on Minimum Safeguards (2022), S. 35 ff.
[121] *Platform on Sustainable Finance*, Final Report on Minimum Safeguards (2022), S. 35 ff.
[122] *Platform on Sustainable Finance*, Final Report on Minimum Safeguards (2022), S. 35 f.
[123] *Platform on Sustainable Finance*, Final Report on Minimum Safeguards (2022), S. 36.
[124] Zu den aktuellen Entwicklungen im Kontext der CSRD und der ESRS s. Kapitel 1, B. I. 4. e).
[125] *Platform on Sustainable Finance*, Final Report on Social Taxonomy (2022), S. 46 f.

In den Art. 5 bis 8 Taxonomie-VO sind Transparenzpflichten statuiert. Diese Vorschriften nehmen die Offenlegungs-VO nicht nur in erheblichem Umfang in Bezug, sondern haben auch zu einigen Änderungen dieser geführt.

Welche Offenlegungspflichten konkret gelten, hängt zum einen davon ab, ob und inwiefern bei der Auswahl der Vermögenswerte eines Finanzprodukts ökologische Aspekte berücksichtigt werden. Spezifische Transparenzpflichten gelten zum anderen dann, wenn die ökologischen Merkmale eines Finanzprodukts beworben werden oder ein Unternehmen in den Anwendungsbereich des Art. 19a bzw. Art. 29 Bilanz-RL fällt.

a) Anstreben einer „ökologisch nachhaltigen" Investition (Art. 5 Taxonomie-VO)

Art. 5 Taxonomie-VO kann relevant werden, wenn mit einem Finanzprodukt eine nachhaltige Investition angestrebt wird. Eine nachhaltige Investition liegt grundsätzlich dann vor, wenn in Wirtschaftstätigkeiten, die zu einem ökologischen oder sozialen Ziel beitragen, investiert wird (s. Art. 2 Nr. 17 Offenlegungs-VO). Art. 9 Offenlegungs-VO verlangt von Finanzmarktteilnehmern, die ein solches Finanzprodukt anbieten, die Erfüllung allgemeiner Transparenzpflichten in vorvertraglichen Informationen. Beispielsweise muss gem. Art. 9 Abs. 2 Offenlegungs-VO erläutert werden, wie ein angestrebtes Ziel erreicht werden soll.[126] Handelt es sich bei dem Ziel, dessen Verwirklichung mit einer Investition angestrebt wird, um ein Umweltziel i.S.d. Taxonomie-VO, sieht Art. 5 Taxonomie-VO *zusätzliche* Transparenzpflichten vor.

Gem. Art. 5 UAbs. 1 lit. a) Taxonomie-VO müssen Informationen über die konkreten Umweltziele, zu deren Erreichung die dem Finanzprodukt zugrundeliegende Investition beiträgt, offengelegt werden. Außerdem ist gem. Art. 5 UAbs. 1 lit. b) Taxonomie-VO eine Beschreibung erforderlich, *wie* und *in welchem Umfang* die dem Finanzprodukt zugrundeliegenden Investitionen solche in „ökologisch nachhaltige" Wirtschaftstätigkeiten i.S.d. Art. 3 Taxonomie-VO sind. Gem. Art. 5 UAbs. 2 Taxonomie-VO ist weiterhin der genaue (prozentuale) Anteil der Investitionen in „ökologisch nachhaltige" Wirtschaftstätigkeiten, die für das Finanzprodukt ausgewählt wurden, anzugeben. Dabei sind auch Einzelheiten zu den

[126] Wie bereits im ersten Kapitel erwähnt, sieht der Verordnungsvorschlag der EU-Kommission vom 20. November 2025 eine grundlegende Neugestaltung von Art. 7, 8 und 9 Offenlegungs-VO vor. Im Zuge der geplanten Änderungen soll auch der Begriff der „nachhaltigen Investition" in Art. 2 Nr. 17 Offenlegungs-VO gestrichen werden, s. *Europäische Kommission*, Vorschlag für eine Verordnung des Europäischen Parlaments und des Rates zur Änderung der Verordnung (EU) 2019/2088 über nachhaltigkeitsbezogene Offenlegungspflichten im Finanzdienstleistungssektor und der Verordnung (EU) Nr. 1286/2014 über Basisinformationsblätter für verpackte Anlageprodukte für Kleinanleger und Versicherungsanlageprodukte (PRIIP) sowie zur Aufhebung der Delegierten Verordnung (EU) 2022/1288 der Kommission, COM(2025) 841 final, S. 21.

Anteilen, die auf ermöglichende Tätigkeiten (Art. 16 Taxonomie-VO) und auf Übergangstätigkeiten (Art. 10 Abs. 2 Taxonomie-VO) entfallen, offenzulegen.

b) Bewerbung ökologischer Merkmale eines Finanzprodukts (Art. 6 Taxonomie-VO)

Besondere Pflichten sind außerdem zu erfüllen, wenn mit einem Finanzprodukt ökologische Merkmale beworben werden. Art. 8 Offenlegungs-VO statuiert allgemeine Transparenzpflichten, die gelten, wenn mit einem Finanzprodukt ökologische oder soziale Merkmale (oder eine Kombination aus diesen Merkmalen) beworben werden.[127] Die offenzulegenden Informationen müssen unter anderem gem. Art. 8 Abs. 1 lit. a) Offenlegungs-VO Angaben dazu umfassen, wie diese Merkmale erfüllt werden. Werden mit einem Finanzprodukt speziell *ökologische* Merkmale beworben, gilt ergänzend die Vorschrift des Art. 6 Taxonomie-VO. Gem. Art. 6 UAbs. 1 Taxonomie-VO gilt Art. 5 Taxonomie-VO entsprechend.

c) „Andere" Finanzprodukte (Art. 7 Taxonomie-VO)

Wird mit einem Finanzprodukt weder eine „nachhaltige Investition" angestrebt und soll ein Finanzprodukt auch nicht mit ökologischen oder sozialen Merkmalen beworben werden, sieht Art. 7 Taxonomie-VO vor, dass (unbeschadet der Pflichten, die sich aus der Offenlegungs-VO ergeben) eine standardisierte Erklärung zu veröffentlichen ist. In dieser Erklärung soll darüber informiert werden, dass die dem Finanzprodukt zugrundeliegenden Informationen nicht die EU-Kriterien für „ökologisch nachhaltige" Wirtschaftstätigkeiten berücksichtigen.

Anhand dieser Vorschrift wird deutlich, dass die Taxonomie-VO niemanden verpflichtet, „ökologisch nachhaltig" zu investieren. Die Taxonomie-VO führt auch kein Label für „ökologisch nachhaltige" Finanzprodukte ein. Sie statuiert vielmehr Transparenzpflichten, die an die bestehende „Beschaffenheit" eines Finanzprodukts anknüpfen und das Klassifizierungssystem für „ökologisch nachhaltige" Wirtschaftstätigkeiten in Bezug nehmen. Ein Zertifizierungssystem würde hingegen von einem Finanzprodukt eine bestimmte „Beschaffenheit" *verlangen*, um dieses mit einem bestimmten Label bewerben zu dürfen.

Allerdings können Transparenzvorschriften, die auf eine Taxonomie Bezug nehmen, einem Zertifizierungssystem, das auf derselben Taxonomie beruht, zu praktischer Bedeutung

[127] Art. 8 Offenlegungs-VO würde durch die Umsetzung des Verordnungsvorschlags der EU-Kommission grundlegend umgestaltet werden, s. *Europäische Kommission*, Vorschlag für eine Verordnung des Europäischen Parlaments und des Rates zur Änderung der Verordnung (EU) 2019/2088 über nachhaltigkeitsbezogene Offenlegungspflichten im Finanzdienstleistungssektor und der Verordnung (EU) Nr. 1286/2014 über Basisinformationsblätter für verpackte Anlageprodukte für Kleinanleger und Versicherungsanlageprodukte (PRIIP) sowie zur Aufhebung der Delegierten Verordnung (EU) 2022/1288 der Kommission, COM(2025) 841 final, S. 41 f.

verhelfen. Der Grund hierfür liegt darin, dass Anbieter von Finanzprodukten durch spezifische Transparenzpflichten *gezwungen* werden, zu ermitteln, in welchem Umfang die Finanzproduktvermögenswerte in taxonomiekonforme Wirtschaftstätigkeiten investiert sind. Anhand der Ergebnisse dieser Ermittlung könnten sie beurteilen, ob und inwieweit sie die Anforderungen eines Zertifizierungssystems erfüllen. Stellen sie dabei fest, dass sie die „Beschaffenheit" eines Finanzprodukts nur geringfügig ändern müssten, um erfolgreich ein Label beantragen zu können, könnte ein Anreiz bestehen, die „Nachhaltigkeitsleistung" dieses Finanzprodukts zum Zwecke des Erhalts eines Labels zu verbessern. Dies käme nicht nur der praktischen Bedeutung eines Zertifizierungssystems, sondern, abhängig von der konkreten Ausgestaltung dieses Systems, der Förderung eines nachhaltigen Finanzwesens insgesamt zugute.

d) Nachhaltigkeitsberichtspflichtige Unternehmen (Art. 8 Taxonomie-VO)

Art. 8 Taxonomie-VO enthält schließlich Transparenzvorgaben für Unternehmen, die verpflichtet sind, ESG-bezogene Angaben nach Art. 19a bzw. Art. 29a Bilanz-RL zu veröffentlichen.[128] Die Vorschrift des Art. 8 Taxonomie-VO sorgt also dafür, dass sich zahlreiche Unternehmen mit dem europäischen Klassifizierungssystem für „ökologisch nachhaltige" Wirtschaftstätigkeiten auseinandersetzen müssen.[129]

Gem. Art. 8 Abs. 1 Taxonomie-VO müssen Unternehmen, die gem. Art. 19a bzw. Art. 29a Bilanz-RL berichterstattungspflichtig sind, darüber berichten, wie und in welchem Umfang ihre Tätigkeiten mit Wirtschaftstätigkeiten, die als „ökologisch nachhaltig" i.S.d. Taxonomie-VO eingeordnet werden, verbunden sind. Die Angaben sind in die (konsolidierte) „nicht-finanzielle" Erklärung aufzunehmen. Gem. Art. 8 Abs. 2 lit. a) Taxonomie-VO ist insbesondere von Nicht-Finanzunternehmen der Anteil der Umsatzerlöse anzugeben, der mit Produkten oder Dienstleistungen erzielt wird, die mit „ökologisch nachhaltigen" Wirtschaftstätigkeiten im Zusammenhang stehen. Auch der Anteil der Investitionsausgaben (CapEx) und der Betriebsausgaben (OpEx) im Zusammenhang mit Vermögensgegenständen oder Prozessen, die mit „ökologisch nachhaltigen" Wirtschaftstätigkeiten verbunden sind, muss gem. Art. 8 Abs. 2 lit. b) Taxonomie-VO offengelegt werden. Der Umsatzerlösanteil soll als Indikator für das *aktuelle* Ausmaß „ökologisch nachhaltiger" Wirtschaftstätigkeiten, der

[128] Hierzu *Kajüter*, in: MüKoHGB, Bd. 4 (5. Aufl. 2024), §§ 289b-289e Rn. 66 ff.; *Drüen*, in: Koller/Kindler/Drüen (Hrsg.), HGB (10. Aufl. 2023), § 289b Rn. 6 ff.

[129] Zur Frage, inwieweit sich der persönliche Anwendungsbereich des Art. 8 Taxonomie-VO auf Unternehmen aus Drittstaaten erstreckt, die als Inlandsemittent i.S.d. § 2 Abs. 14 WpHG zu qualifizieren sind, *Biller*, Die Auswirkungen von Art. 8 Taxonomie-Verordnung auf Inlandsemittenten aus Drittstaaten und deren (vermeintliche) Pflicht zur nichtfinanziellen Berichterstattung, AG 2022, 612.

Investitionsausgabenanteil für die *künftige* „ökologisch nachhaltige“ Ausrichtung eines Unternehmens dienen.[130] Der Betriebsausgabenanteil soll nicht-aktivierte Ausgaben für „ökologisch nachhaltige“ Tätigkeiten widerspiegeln.[131]

Art. 8 Taxonomie-VO unterscheidet sich insbesondere von Art. 5 und Art. 7 Taxonomie-VO dadurch, dass Finanzdienstleistungs- und Kreditinstitute Berichtspflichten unabhängig davon treffen, ob sie eine „ökologisch nachhaltige“ Investition anstreben oder die ökologischen Merkmale eines Finanzprodukts bewerben. Finanzdienstleistungs- und Kreditinstitute unterliegen den aus Art. 8 Taxonomie-VO resultierenden Pflichten allein deshalb, weil sie zur ESG-bezogenen Berichterstattung im Einklang mit den Vorgaben der Bilanz-RL verpflichtet sind. Aus diesem Grund kann sich diese Vorschrift positiv auf die praktische Bedeutung eines Zertifizierungssystems auswirken, dessen Vergabekriterien das europäische Klassifizierungssystem für „ökologisch nachhaltige“ Wirtschaftstätigkeiten in Bezug nehmen. Dies gilt umso mehr, als dass die Vorschrift nicht nur bestimmte Finanz-, sondern auch Nicht-Finanzunternehmen verpflichtet, die „ökologische Nachhaltigkeit“ ihrer Tätigkeiten offenzulegen. Finanzunternehmen sind auf diesbezügliche Informationen von Nicht-Finanzunternehmen angewiesen, um ihren Transparenzpflichten nachkommen zu können. Sie können in der Regel nicht selbst beurteilen, ob und in welchem Umfang (Portfolio-)Unternehmen der Realwirtschaft „ökologisch nachhaltige“ Wirtschaftstätigkeiten ausüben. Würde ein Anbieter eines Finanzprodukts einen Nachweis, dass dieses Finanzprodukt den Anforderungen eines Zertifizierungssystems entspricht, erbringen wollen, stünde er ohne die Regelung des Art. 8 Taxonomie-VO außerdem vor großen, möglicherweise unüberwindbaren Hürden.[132]

3. <u>Kritik</u>

Der Fokus der Taxonomie-VO liegt eindeutig auf ökologischen Aspekten. Deshalb stellt sich die Frage, ob das Klassifizierungssystem für „ökologisch nachhaltige“ Wirtschaftstätigkeiten einem integrierten und interdisziplinären Verständnis von Nachhaltigkeit Rechnung trägt.

Der europäische Gesetzgeber hat in den Erwägungsgründen zur Taxonomie-VO erklärt, mit der Einführung des Klassifizierungssystems einen Beitrag zur Verwirklichung der Pariser Klimaschutzziele *und* der SDGs leisten zu wollen.[133] Soziale Belange finden in der Taxonomie-

[130] *Kajüter*, in: MüKoHGB, Bd. 4 (5. Aufl. 2024), §§ 289b-289e Rn. 68.
[131] *Kajüter*, in: MüKoHGB, Bd. 4 (5. Aufl. 2024), §§ 289b-289e Rn. 68.
[132] Auch vor diesem Hintergrund scheinen die aktuellen Entwicklungen im Zusammenhang mit der Omnibus-Initiative, die zu einer erheblichen Reduzierung des Kreises berichtspflichtiger Unternehmen geführt hat, problematisch, s. hierzu Kapitel 1, B. I. 4. e).
[133] S. Erwägungsgründe 2 und 3 der Taxonomie-VO.

VO nur insofern Berücksichtigung, als dass Unternehmen soziale Mindestschutzstandards einhalten müssen, damit ihre Wirtschaftstätigkeiten als „ökologisch nachhaltig" eingeordnet werden können. Die eigenständige Bedeutung der MSS steht jedoch aufgrund unzureichender Konkretisierung der Anforderungen, wie diese Standards zu erfüllen sind, durch den europäischen Gesetzgeber in Frage.[134] Es kann also keineswegs ausgeschlossen werden, dass sich eine als „ökologische nachhaltig" qualifizierte Wirtschaftstätigkeit schädlich auf soziale Belange auswirkt. Die Taxonomie-VO soll, entsprechend den Ausführungen der EU-Kommission im Aktionsplan zur Finanzierung nachhaltigen Wachstums, erst zu einem späteren Zeitpunkt um soziale Aspekte erweitert werden.[135] Hierdurch kommt klar zum Ausdruck, dass ökologischen Aspekten oberste Priorität eingeräumt wird.[136] Die natur- und geisteswissenschaftliche Forschung im Bereich der Operationalisierbarkeit des Nachhaltigkeitsbegriffs wird weder in der Taxonomie-VO noch im Aktionsplan zur Finanzierung nachhaltigen Wachstums thematisiert.

Der europäische Gesetzgeber hat nicht nur den Wechselbeziehungen zwischen ökologischen und sozialen Belangen keine hinreichende Beachtung geschenkt. Er ist auch nicht näher darauf eingegangen, inwiefern ökologische Aspekte bzw. die einzelnen Umweltziele miteinander verknüpft sind. Beispielsweise geht aus der Taxonomie-VO (und auch aus dem ihr zugrunde liegenden Aktionsplan) nicht hervor, welche Bedeutung der biologischen Vielfalt für den Schutz des Klimas zukommt. Dieses Defizit vermag auch das DNSH-Prinzip nicht zu überwinden. Das DNSH-Prinzip soll lediglich verhindern, dass beispielsweise treibhausgasreduzierende Tätigkeiten, die in erheblichem Umfang zur Verschmutzung der Ozeane beitragen, als „ökologisch nachhaltig" eingestuft werden. Dies würde nicht zuletzt der Glaubwürdigkeit der europäischen Umwelt-Taxonomie abträglich sein. Davon, dass der europäische Gesetzgeber das Klassifizierungssystem für „ökologisch nachhaltige" Wirtschaftstätigkeiten von Vornherein am Maßstab eines integrierten Verständnisses von Nachhaltigkeit entwickelt hat, kann jedoch kaum die Rede sein.[137]

IV. Konkretisierung durch technische Bewertungskriterien (Level-2-Ebene)

Die Kriterien, anhand deren beurteilt werden kann, ob eine konkrete Wirtschaftstätigkeit einen wesentlichen Beitrag zu einem Umweltziel leistet und dem DNSH-Prinzip gerecht wird (sog.

[134] S. C. III. 1. c).
[135] *Europäische Kommission*, Aktionsplan: Finanzierung nachhaltigen Wachstums, COM(2018) 97 final, S. 5.
[136] Dies als kritisch erachtend *Stumpp*, Die EU-Taxonomie für nachhaltige Finanzprodukte – Eine belastbare Grundlage für Sustainable Finance in Europa?, ZBB 2019, 71 (73 f.).
[137] Ebenfalls kritisch *Mittwoch*, Nachhaltigkeit und Unternehmensrecht (2022), S. 237; *Bueren*, Sustainable Finance, ZGR 48 (2019), 813 (860 f.).

technische Bewertungskriterien [*Technical Screening Criteria*: TSC]), werden durch Delegierte Rechtsakte festgelegt (s. Art. 10 Abs. 3, Art. 11 Abs. 3, Art. 12 Abs. 2, Art. 13 Abs. 2, Art. 14 Abs. 2, Art. 15 Abs. 2 Taxonomie-VO). Auf Level-2-Ebene werden auch die aus Art. 8 Taxonomie-VO resultierenden Transparenzpflichten konkretisiert (s. Art. 8 Abs. 4 Taxonomie-VO). Die Befugnis zum Erlass Delegierter Rechtsakte wurde der EU-Kommission übertragen (s. Art. 23 Abs. 1, 2 Taxonomie-VO). Wurden für eine bestimmte wirtschaftliche Tätigkeit TSC festgelegt, wird diese Tätigkeit als taxonomie*fähig* bezeichnet.[138] Taxonomie*konform* ist eine Tätigkeit erst dann, wenn sie *allen* Anforderungen des Art. 3 Taxonomie-VO entspricht.[139]

Der Erlass Delegierter Rechtsakte ist absolut notwendig, damit ein Unternehmen beurteilen kann, ob eine Wirtschaftstätigkeit „ökologisch nachhaltig" i.S.d. Art. 3 Taxonomie-VO ist. Ohne eine solche Beurteilung kann also auch nicht der Grad der „ökologischen Nachhaltigkeit" einer *Investition* bestimmt werden. Deshalb findet die Taxonomie-VO hinsichtlich eines jeden Umweltziels grundsätzlich erst dann Anwendung, wenn durch Delegierte Rechtsakte TSC für das entsprechende Umweltziel festgelegt worden sind.

Da die TSC nicht nur den Zeitpunkt der Anwendung der Vorgaben der Taxonomie-VO, sondern auch die *inhaltliche Ausgestaltung* des Klassifizierungssystems für „ökologisch nachhaltige" Wirtschaftstätigkeiten prägen, wird in der Literatur bezweifelt, dass die Kompetenz der EU-Kommission zum Erlass Delegierter Rechtsakte mit Art. 290 AEUV im Einklang steht.[140] Gem. Art. 290 Abs. 1 UAbs. 1 AEUV kann der EU-Kommission in Gesetzgebungsakten die Befugnis übertragen werden, Rechtsakte ohne Gesetzescharakter mit allgemeiner Geltung zur Ergänzung oder Änderung bestimmter nicht wesentlicher Vorschriften des betreffenden Gesetzgebungsaktes zu erlassen. Die wesentlichen Aspekte eines Bereichs sind gem. Art. 290 Abs. 1 UAbs. 2 S. 2 AEUV dem Gesetzgebungsakt vorbehalten. Es stellt sich also die Frage, ob die Festlegung, unter welchen Voraussetzungen eine Wirtschaftstätigkeit einen wesentlichen Beitrag zu einem Umweltziel leistet und kein anderes Umweltziel erheblich beeinträchtigt, *wesentlich* ist. Dies wird in der Literatur mit dem Argument bejaht, die Festlegung der TSC durch die Kommission sei eines der Wesensmerkmale (s. Art. 3 lit. d) Taxonomie-VO) der

[138] *Drüen*, in: Koller/Kindler/Drüen (Hrsg.), HGB (10. Aufl. 2023), § 289b HGB Rn. 7.
[139] *Drüen*, in: Koller/Kindler/Drüen (Hrsg.), HGB (10. Aufl. 2023), § 289b HGB Rn. 7.
[140] S. *Brauneck*, Neues EU-Öko-Label für Finanzprodukte nach Vorgaben der EU-Kommission?, WM 2019, 1530 (1533 ff.).

Taxonomie-VO.[141] Ohne ein Tätigwerden der Kommission könne eine Wirtschaftstätigkeit nicht als „ökologisch nachhaltig“ eingestuft werden.[142]

Der in der Literatur geäußerten Kritik ist insofern zuzustimmen, als dass das Klassifizierungssystem der Taxonomie-VO inhaltlich maßgeblich durch Delegierte Rechtsakte ausgestaltet wird. Die Taxonomie-VO enthält streng genommen keine Taxonomie, sondern bildet die Rechtsgrundlage, auf der eine Taxonomie erstellt wird.[143] Allerdings muss beachtet werden, dass es sich bei der Entwicklung von Kriterien, anhand deren beurteilt werden kann, ob eine konkrete wirtschaftliche Tätigkeit „ökologisch nachhaltig“ ist, um eine äußerst komplexe Aufgabe handelt. Hierbei müssen auch der technologische und wissenschaftliche Fortschritt beispielsweise im Bereich des Klimaschutzes beachtet werden.[144] Vor diesem Hintergrund erscheint ein großer Gestaltungs- und Beurteilungsspielraum der EU-Kommission durchaus sinnvoll. Außerdem legt der europäische Gesetzgeber in der Taxonomie-VO einen Rahmen fest, in dem sich die EU-Kommission bei der Festlegung der TSC bewegen muss. In den Art. 10 bis 15 Taxonomie-VO wird beispielsweise ganz allgemein festgelegt, unter welchen Voraussetzungen eine Wirtschaftstätigkeit einen wesentlichen Beitrag zu einem Umweltziel leistet. In Art. 17 Taxonomie-VO wird aufgezählt, unter welchen Voraussetzungen eine erhebliche Beeinträchtigung eines Umweltziels vorliegt. Außerdem finden sich in Art. 19 Taxonomie-VO allgemeine Anforderungen an TSC. Gegen diese Vorgaben darf die EU-Kommission auf Level-2-Ebene nicht verstoßen.

Im Folgenden werden überblicksartig die TSC vorgestellt, die hinsichtlich der Einordnung einer Wirtschaftstätigkeit als „ökologisch nachhaltig“ und der Transparenzvorschrift des Art. 8 Taxonomie-VO festgelegt wurden. Dies dient dazu, einen Einblick in die Struktur und den grundlegenden Inhalt der TSC, die die Taxonomie-VO in gewisser Weise „ausfüllen“, zu erhalten.

1. Qualifizierung einer Wirtschaftstätigkeit als „ökologisch nachhaltig“ (Klassifizierungssystem)

Die TSC, die in Bezug auf die Einordnung von Wirtschaftstätigkeiten als „ökologisch nachhaltig“ festgelegt werden, sind deshalb von herausragender Bedeutung, weil sich ihnen

[141] *Brauneck*, Neues EU-Öko-Label für Finanzprodukte nach Vorgaben der EU-Kommission?, WM 2019, 1530 (1534).

[142] *Brauneck*, Neues EU-Öko-Label für Finanzprodukte nach Vorgaben der EU-Kommission?, WM 2019, 1530 (1534).

[143] *Eberius*, Verrechtlichung der ESG-Compliance: Pflichten für Fondsmanager und institutionelle Investoren, WM 2019, 2143 (2145).

[144] *Lorenzen*, Nachhaltige Kernenergie – Eine rechtliche Einordnung der Kommissionsinitiative zu „grünen“ Investitionen in Kernkraft, ESG 2022, 12 (14).

entnehmen lässt, welche Wirtschaftstätigkeiten die EU-Kommission als „ökologisch nachhaltig" und infolgedessen als besonders finanzierungswürdig einstuft. Auf das Klassifizierungssystem der Taxonomie-VO nehmen außerdem zahlreiche europäische Rechtsakte Bezug, die auf die Förderung eines nachhaltigen Finanzwesens gerichtet sind. Deshalb kommt der EU-Kommission bei der Festlegung der TSC, die den konkreten Inhalt des Klassifizierungssystems bestimmen, eine große Verantwortung zu. Ob die Wirtschaftstätigkeiten, die die EU-Kommission als „ökologisch nachhaltig" einordnet, mit den SDGs und Pariser Klimaschutzzielen ausnahmslos im Einklang stehen, mag zwar bereits angesichts dessen bezweifelt werden, dass der europäische Gesetzgeber dem integrierten Verständnis von Nachhaltigkeit nicht vollumfänglich Rechnung getragen hat. Würde die EU-Kommission aber z.B. die übermäßige Abholzung von Regenwäldern als „ökologisch nachhaltig" einstufen, wäre die Taxonomie-VO erst recht nicht geeignet, ein nachhaltiges Finanzwesen zu fördern.[145]

a) Allgemeine Anforderungen an technische Bewertungskriterien (Art. 19 Taxonomie-VO)

In Art. 19 Taxonomie-VO finden sich allgemeine Anforderungen an TSC. Gem. Art. 19 Abs. 1 lit. a) Taxonomie-VO muss die EU-Kommission die wichtigsten potenziellen Beiträge zu einem jeden Umweltziel unter Wahrung des Grundsatzes der Technologieneutralität nennen. Sie muss dabei sowohl die kurzfristigen als auch die langfristigen Auswirkungen einer Wirtschaftstätigkeit berücksichtigen. Dies gilt gem. Art. 19 Abs. 1 lit. b) Taxonomie-VO auch bei der Festlegung der Mindestanforderungen, die erfüllt sein müssen, um eine erhebliche Beeinträchtigung eines Umweltziels zu vermeiden. Die Bewertungskriterien müssen sich außerdem gem. Art. 19 Abs. 1 lit. f) Taxonomie-VO auf schlüssige wissenschaftliche Erkenntnisse und auf das in Art. 191 AEUV verankerte Vorsorgeprinzip stützen. In Art. 191 Abs. 1 AEUV wird eine Reihe von Zielen genannt, zu deren Verfolgung die Umweltpolitik der EU beiträgt (z.B. Erhaltung der Umwelt und Schutz der menschlichen Gesundheit). Gem. Art. 191 Abs. 2 UAbs. 1 S. 2 AEUV beruht die Umweltpolitik unter anderem auf dem Grundsatz der Vorsorge.[146] Gem. Art. 19 Abs. 1 lit. j) Taxonomie-VO müssen die TSC alle relevanten Wirtschaftstätigkeiten innerhalb eines bestimmten Sektors abdecken und zur Vermeidung einer

---

[145] In diesem Fall könnte auch bereits ein Verstoß gegen die Vorgaben der Taxonomie-VO auf Level-1-Ebene vorliegen, da eine solche Einordnung offensichtlich nicht mit dem Sinn und Zweck der Taxonomie-VO im Einklang stehen würde.

[146] Ausführlich zum Vorsorgeprinzip *D. Winkler*, in: Grabitz/Hilf/Nettesheims, Das Recht der Europäischen Union, Bd. I (Werkstand: 86. EL September 2025), Art. 191 AEUV Rn. 95 ff.; *Calliess*, in: Calliess/Ruffert (Hrsg.), EUV/AEUV-Kommentar (6. Aufl. 2022), Art. 191 AEUV Rn. 28 ff.

Wettbewerbsverzerrung sicherstellen, dass diese Tätigkeiten, wenn sie in gleichem Maße zur Erreichung der Umweltziele des Art. 9 Taxonomie-VO beitragen, gleichbehandelt werden.

In Art. 19 Abs. 3 Taxonomie-VO ist eine konkrete inhaltliche Vorgabe auf Level-1-Ebene, an die die EU-Kommission bei der Festlegung der TSC gebunden ist, enthalten. Gem. Art. 19 Abs. 3 Taxonomie-VO muss sichergestellt werden, dass Stromerzeugungstätigkeiten, bei denen feste fossile Brennstoffe verwendet werden, nicht als „ökologisch nachhaltig" gelten. Würde die EU-Kommission Tätigkeiten im Zusammenhang mit der Kohleverstromung als „ökologisch nachhaltig" einordnen, läge ein eindeutiger Verstoß gegen die Taxonomie-VO als Basisrechtsakt vor.

Art. 19 Abs. 5 UAbs. 1 Taxonomie-VO verlangt, dass die EU-Kommission die Bewertungskriterien regelmäßig überprüft und, falls erforderlich, aktuellen wissenschaftlichen und technischen Entwicklungen anpasst. Für TSC, die sich auf Übergangstätigkeiten i.S.d. Art. 10 Abs. 2 Taxonomie-VO beziehen, gelten sogar strengere Anforderungen. Diese müssen gem. Art. 19 Abs. 5 UAbs. 3 Taxonomie-VO alle drei Jahre überprüft und gegebenenfalls entsprechend den wissenschaftlichen und technologischen Entwicklungen geändert werden. Hierdurch soll sichergestellt werden, dass die Tätigkeiten beim Übergang zu einer klimaneutralen Wirtschaft auf einem damit vereinbaren glaubwürdigen Weg bleiben.

b) Rolle der PSF (Art. 20 Taxonomie-VO)

Bei der Festlegung der TSC und der Weiterentwicklung des europäischen Klassifizierungssystems für „ökologisch nachhaltige" Wirtschaftstätigkeiten spielt nicht nur die EU-Kommission, sondern auch die PSF eine Rolle. Die PSF wurde von der EU-Kommission eingerichtet (s. Art. 20 Abs. 1 S. 1 Taxonomie-VO) und setzt sich aus einer Reihe von Vertretern verschiedener Institutionen sowie aus Sachverständigen zusammen (s. Art. 20 Abs. 1 S. 2 Taxonomie-VO). Die allgemeinen Aufgaben der PSF sind in Art. 20 Abs. 2 Taxonomie-VO statuiert.

Eine Aufgabe der PSF besteht gem. Art. 20 Abs. 2 lit. a) Taxonomie-VO darin, die EU-Kommission zu den TSC und deren gegebenenfalls erforderlichen Aktualisierung zu beraten. Außerdem analysiert die PSF gem. Art. 20 Abs. 2 lit. b) Taxonomie-VO die Auswirkungen der TSC in Form von potenziellen Kosten und Nutzen ihrer Anwendung. Sie berät gem. Art. 20 Abs. 2 lit. h) Taxonomie-VO die EU-Kommission zu einer gegebenenfalls erforderlichen Änderung der Taxonomie-VO und gem. Art. 20 Abs. 2 lit. j) Taxonomie-VO zu dem Eingehen auf soziale Ziele. Gem. Art. 20 Abs. 2 lit. k) Taxonomie-VO berät die PSF die EU-Kommission zudem zur Anwendung des Art. 18 Taxonomie-VO und einer möglicherweise erforderlichen Ergänzung der Anforderungen dieser Vorschrift.

Dass die PSF in den vergangenen Jahren sehr aktiv war, zeigt sich an der Anzahl der Stellungnahmen und Berichte, die sie bereits veröffentlicht hat. Insbesondere hat sich die PSF ausführlich zu der Anwendung der MSS[147] und der Erweiterung der Taxonomie-VO um soziale Aspekte[148] geäußert. Sie hat außerdem Stellungnahmen zu den ESRS[149] und zu bestimmten TSC, die durch die EU-Kommission festgelegt wurden,[150] abgegeben.

c) Technische Bewertungskriterien für die Umweltziele Klimaschutz und Anpassung an den Klimawandel

Die ersten TSC wurden für die Umweltziele Klimaschutz und Anpassung an den Klimawandel durch die Delegierte VO (EU) 2021/2139 (Klima-DelVO)[151] festgelegt. Die Klima-DelVO gilt entsprechend ihres Art. 3 Abs. 2 seit dem 1. Januar 2022.

aa) Grundlegende Struktur der Delegierten VO (EU) 2021/2139 (Klima-DelVO)

Gem. Art. 1 Klima-DelVO finden sich die TSC, anhand deren beurteilt werden kann, ob eine Tätigkeit einen wesentlichen Beitrag zum Klimaschutz leistet und dabei kein anderes Umweltziel erheblich beeinträchtigt, im ersten Anhang der Klima-DelVO. Die TSC für das Umweltziel Anpassung an den Klimawandel finden sich gem. Art. 2 Klima-DelVO im zweiten Anhang.

Die ersten beiden Anhänge der Klima-DelVO sind derart strukturiert, dass verschiedenen Sektoren (z.B. Forstwirtschaft, verarbeitendes Gewerbe/Herstellung von Waren, Energie und Verkehr) einzelne Wirtschaftstätigkeiten zugeordnet werden. Hierbei hat sich die EU-Kommission maßgeblich an der statistischen Systematik der Wirtschaftszweige NACE Rev. 2 orientiert. Die NACE Rev. 2 findet sich im ersten Anhang der VO (EG) Nr. 1893/2006 (NACE-

[147] *Platform on Sustainable Finance*, Final Report on Minimum Safeguards (2022); s. hierzu C. III. 1. c) bb).
[148] *Platform on Sustainable Finance*, Final Report on Social Taxonomy (2022), hierzu ausführlich E.
[149] *Platform on Sustainable Finance*, Platform Response to the Call for feedback on draft ESRS delegated act (2023), https://finance.ec.europa.eu/system/files/2023-07/230707-sustainable-finance-platform-response-esrs-delegated-act_en_0.pdf (letzter Abruf: 26. März 2026).
[150] *Platform on Sustainable Finance*, Response to the Complementary Delegated Act (2022), https://finance.ec.europa.eu/system/files/2022-01/220121-sustainable-finance-platform-response-taxonomy-complementary-delegated-act_en.pdf (letzter Abruf: 26. März 2026).
[151] Delegierte Verordnung (EU) 2021/2139 der Kommission vom 4. Juni 2021 zur Ergänzung der Verordnung (EU) 2020/852 des Europäischen Parlaments und des Rates durch Festlegung der technischen Bewertungskriterien, anhand deren bestimmt wird, unter welchen Bedingungen davon auszugehen ist, dass eine Wirtschaftstätigkeit einen wesentlichen Beitrag zum Klimaschutz oder zur Anpassung an den Klimawandel leistet, und anhand deren bestimmt wird, ob diese Wirtschaftstätigkeit erhebliche Beeinträchtigungen eines der übrigen Umweltziele vermeidet.

VO)[152] und soll die Vergleichbarkeit zwischen nationalen, europäischen und internationalen Klassifikationen und infolgedessen Statistiken verbessern (s. Art. 1 Abs. 1 S. 2 NACE-VO). Die NACE Rev. 2 besteht gem. Art. 2 Abs. 1 NACE-VO aus vier Ebenen, wobei die Positionen der ersten Ebene (Abschnitte) mit einem alphabetischen Code, die Positionen der zweiten Ebene (Abteilungen) mit einem zweistelligen numerischen Code gekennzeichnet sind. Den Positionen der dritten Ebene (Gruppen) wird schließlich ein dreistelliger, den Positionen der vierten Ebene (Klassen) ein vierstelliger numerischer Code zugeteilt. Beispielsweise wurde dem Sektor „Land- und Forstwirtschaft, Fischerei" der Abschnitt „A" und dem Sektor „verarbeitendes Gewerbe/Herstellung von Waren" der Abschnitt „C" zugeordnet. Der Abschnitt „A" wird unter anderem in die Abteilungen „02" (Forstwirtschaft und Holzeinschlag) und „03" (Fischerei und Aquakultur) unterteilt. Die Abteilung „02" setzt sich wiederum aus verschiedenen Gruppen, z.B. „02.1" (Forstwirtschaft) und „02.3" (Sammeln von wildwachsenden Produkten [ohne Holz]) zusammen. Den Gruppen werden schließlich Klassen zugeteilt. Für die beiden Gruppen „02.1" und „02.3" ist keine weitere Unterteilung vorgesehen, weshalb die Klasse „02.10" der Gruppe „02.1", die Klasse „02.30" der Gruppe „02.3" entspricht.

Die EU-Kommission nimmt auf die NACE Rev. 2 Bezug, indem sie bei einer jeden sektorspezifischen Wirtschaftstätigkeit, die einen wesentlichen Beitrag zu einem Umweltziel leistet, angibt, welchem NACE-Code diese Tätigkeit zuzuordnen ist. Hierdurch soll zum einen gewährleistet werden, dass auf dieselbe Kategorie von Wirtschaftstätigkeiten dieselben TSC angewendet werden.[153] Zum anderen können Unternehmen hierdurch leichter ermitteln, für welche Wirtschaftstätigkeiten TSC festgelegt wurden.[154]

Im ersten Anhang der Klima-DelVO hat die EU-Kommission also festgelegt, welche Tätigkeiten welcher Sektoren einen wesentlichen Beitrag zum Klimaschutz leisten. Im Anschluss an die genaue Beschreibung einer jeden Tätigkeit führt die EU-Kommission aus, unter welchen Voraussetzungen keine erhebliche Beeinträchtigung eines anderen Umweltziels vorliegt. Als für das Klimaschutzziel relevante Tätigkeit des Energiesektors wird beispielsweise die Stromerzeugung aus Windkraft aufgeführt. Der Beschreibung dieser Tätigkeit ist zu entnehmen, dass Stromerzeugungsanlagen, die Strom aus Windkraft erzeugen, gebaut oder

[152] Verordnung (EG) Nr. 1893/2006 des Europäischen Parlaments und des Rates vom 20. Dezember 2006 zur Aufstellung der statistischen Systematik der Wirtschaftszweige NACE Revision 2 und zur Änderung der Verordnung (EWG) Nr. 3037/90 des Rates sowie einiger Verordnungen der EG über bestimmte Bereiche der Statistik.
[153] Erwägungsgrund 6 der Delegierten VO (EU) 2021/2139.
[154] Erwägungsgrund 6 der Delegierten VO (EU) 2021/2139.

betrieben werden müssen.[155] Eine erhebliche Beeinträchtigung beispielsweise des vierten Umweltziels (Übergang zu einer Kreislaufwirtschaft) liegt dann nicht vor, wenn beim Bau oder Betrieb solcher Stromerzeugungsanlagen eine Bewertung der Verfügbarkeit langlebiger und recyclingfähiger Geräte und Bauteile, die leicht abzubauen und wieder aufzubauen sind, vorgenommen wird. Im Rahmen der DNSH-Kriterien wird auch oftmals auf verschiedene Anlagen der Anhänge der Klima-DelVO und auf die Einhaltung bestimmter RL und VO, die überwiegend sektor- und branchenübergreifend gelten, verwiesen.[156] Beispielsweise muss eine Windkraft-Tätigkeit die Kriterien der Anlage D des ersten Anhangs erfüllen, um das Umweltziel Schutz und Wiederherstellung der Biodiversität und der Ökosysteme nicht erheblich zu beeinträchtigen. Die Anlage D verlangt unter anderem, dass eine Umweltverträglichkeitsprüfung oder eine Bewertung im Einklang mit der RL 2011/92/EU[157] durchgeführt wurde.

Im zweiten Anhang der Klima-DelVO finden sich Kriterien, die eine Beurteilung ermöglichen, ob eine Wirtschaftstätigkeit einen wesentlichen Beitrag zur Anpassung an den Klimawandel leistet und dem DNSH-Prinzip Rechnung trägt. Auch in diesem Kontext spielen der Bau und Betrieb von Anlagen, die Strom aus Windkraft erzeugen, eine Rolle. Ein wesentlicher Beitrag zur Anpassung an den Klimawandel kann unter anderem geleistet werden, indem durch die Wirtschaftstätigkeit physische und nicht-physische Lösungen (Anpassungslösungen) umgesetzt wurden, mit denen die wichtigsten physischen Klimarisiken, die für diese Tätigkeit wesentlich sind, erheblich reduziert werden.

bb) Änderung der Klima-DelVO durch die Delegierte VO (EU) 2022/1214 (Klima-Änderungs-DelVO)

Bei zahlreichen wirtschaftlichen Tätigkeiten, die von Unternehmen verschiedener Sektoren ausgeübt werden, ist ein gewisser ökologischer Mehrwert offensichtlich. Dass die EU-Kommission beispielsweise den Bau von Windkraftanlagen unter bestimmten Voraussetzungen als „ökologisch nachhaltig“ einstuft, ist keine große Überraschung. Allerdings gibt es auch Wirtschaftstätigkeiten, deren Bedeutung für die Bewältigung ökologischer Krisen äußerst unterschiedlich beurteilt wird. Dies betrifft namentlich Tätigkeiten im Bereich der Atomenergie. Die EU-Mitgliedstaaten vertreten sehr unterschiedliche Auffassungen, ob

[155] Die EU-Kommission stellt im Rahmen der Tätigkeitsbeschreibung klar, dass in diese Kategorie insbesondere Tätigkeiten fallen, die den NACE-Codes D.35.11 und F.42.22 zugeordnet werden.

[156] S. auch *Kasapovic/Pietzka*, Qualitative Angabeerfordernisse über die Konformitätsprüfung gem. Taxonomie-VO für Nicht-Finanzunternehmen – ein praxisorientiertes Beispiel, IRZ 2023, 247 (248).

[157] Richtlinie 2011/92/EU des Europäischen Parlaments und des Rates vom 13. Dezember 2011 über die Umweltverträglichkeitsprüfung bei bestimmten öffentlichen und privaten Projekten.

Atomenergie zur Unterstützung des Übergangs zu einer klimaneutralen Wirtschaft eingesetzt werden soll. Während sich Deutschland für einen kompletten Atomausstieg entschieden und diesen am 15. April 2023 vollzogen hat,[158] hält Frankreich Atomenergie für notwendig, um von fossilen Energieträgern unabhängig zu werden und Klimaziele zu erreichen.[159]

Die EU-Kommission hat beim Erlass der Klima-DelVO bewusst davon Abstand genommen, sich für oder gegen die Einordnung von Atomkrafttätigkeiten als „ökologisch nachhaltig" i.S.d. Taxonomie-VO zu entscheiden. Ihre Bewertung, welchen Beitrag diese Form von „klimaneutraler Energie" zur Verwirklichung der Umweltziele leistet, war zu diesem Zeitpunkt noch nicht abgeschlossen.[160] Im Jahr 2022 hat die EU-Kommission dann diesbezüglich eine finale Entscheidung getroffen und am 9. März 2022 die Delegierte VO (EU) 2022/1214 (Klima-Änderungs-DelVO)[161] erlassen, die sich auf Art. 8 Abs. 4, Art. 10 Abs. 3 und Art. 11 Abs. 3 Taxonomie-VO stützt und zu einer folgenschweren inhaltlichen Änderung der Klima-DelVO geführt hat. Konkret wurde mit der Klima-Änderungs-DelVO ermöglicht, bestimmte Atom- und Gaskrafttätigkeiten als „ökologisch nachhaltig" i.S.d. Taxonomie-VO einzuordnen. Diese Tätigkeiten werden als Übergangstechnologien i.S.d. Art. 10 Abs. 2 Taxonomie-VO qualifiziert. Diese Maßnahme der EU-Kommission ist auf scharfe Kritik gestoßen. Einige EU-Mitgliedstaaten haben bereits vor Erlass der Klima-Änderungs-DelVO angekündigt, gegen eine Qualifizierung von Atomenergie als „ökologisch nachhaltig" i.S.d. Taxonomie-VO Klage zu erheben.[162]

Die Klima-Änderungs-DelVO wirkt sich erheblich auf die Glaubwürdigkeit des europäischen Klassifizierungssystems für „ökologisch nachhaltige" Wirtschaftstätigkeiten aus. Sie

---

[158] *Bundesregierung*, „Der Atomausstieg macht unser Land sicherer" (2023), https://www.bundesregierung.de/breg-de/aktuelles/ausstieg-aus-der-kernkraft-2135796 (letzter Abruf: 26. März 2026).

[159] *World Nuclear Association*, Nuclear Power in France (2023), https://www.world-nuclear.org/information-library/country-profiles/countries-a-f/france.aspx (letzter Abruf: 26. März 2026).

[160] Erwägungsgrund 27 der Klima-DelVO.

[161] Delegierte Verordnung (EU) 2022/1214 der Kommission vom 9. März 2022 zur Änderung der Delegierten Verordnung (EU) 2021/2139 in Bezug auf Wirtschaftstätigkeiten in bestimmten Energiesektoren und der Delegierten Verordnung (EU) 2021/2178 in Bezug auf besondere Offenlegungspflichten für diese Wirtschaftstätigkeiten.

[162] *ZeitOnline*, Luxemburg will gegen EU-Einstufung von Kernenergie klagen (2022), https://www.zeit.de/politik/ausland/2022-01/eu-taxonomie-luxemburg-klage-atomkraft-gas-gruene-investition (letzter Abruf: 26. März 2026). Über eine Klage Österreichs hat das EuG am 10. September 2025, also nach Einreichung dieser Arbeit an der Philipps-Universität Marburg, entschieden, s. EuG, Urt. v. 10. September 2025 - T-625/22, BeckRS 2025, 23188. Das EuG führt in seinen Entscheidungsgründen im Wesentlichen aus, dass die Kommission bei der Ausübung ihrer Befugnisse im Rahmen einer delegierten Befugnis i.S.d. Art. 290 AEUV über einen weiten Ermessensspielraum verfüge, wenn sie komplexe Beurteilungen und Bewertungen vornehmen müsse. Dass die Einbeziehung wirtschaftlicher Tätigkeiten im Kernenergiesektor umstritten sei, sei im Hinblick auf Art. 290 AEUV irrelevant. Solche Tätigkeiten könnten auch Übergangstechnologien i.S.d. Art. 10 Abs. 2 Taxonomie-VO darstellen. Verstöße gegen das Vorsorgeprinzip und gegen das DNSH-Prinzip seien nicht erkennbar bzw. nachgewiesen.

beeinflusst deshalb auch die Glaubwürdigkeit von Rechtsakten, die auf dieses Klassifizierungssystem Bezug nehmen. Dies gilt insbesondere deshalb, weil die Klima-Änderungs-DelVO gegen die Vorgaben der Taxonomie-VO auf Level-1-Ebene verstößt.[163] Die Gründe hierfür werden im Folgenden, im Anschluss an die überblicksartige Vorstellung des Inhalts der Klima-Änderungs-DelVO, aufgezeigt.

(1) Grundlegender Inhalt der Klima-Änderungs-DelVO

Die Klima-Änderungs-DelVO hat zu einer Änderung der Klima-DelVO dahingehend geführt, dass der Bau und der sichere Betrieb *neuer* kerntechnischer Anlagen, für die die zuständigen Behörden der Mitgliedstaaten bis 2045 eine Genehmigung erteilt haben, als Übergangstechnologie i.S.d. Art. 10 Abs. 2 Taxonomie-VO eingeordnet werden können. Voraussetzung ist, dass bestimmte formale Kriterien insbesondere durch die Mitgliedstaaten, in denen die Anlagen gebaut oder betrieben werden, erfüllt werden.[164] Außerdem ist die vollumfängliche Nutzung der „besten verfügbaren Technologie" und der Einsatz „unfalltoleranter Brennstoffe" ab 2025 erforderlich.

Darüber hinaus wurden Regelungen zur Stromerzeugung aus *bestehenden* Anlagen, die zum Zwecke der Verlängerung der Laufzeit bis 2040 (Zeitpunkt der Genehmigung durch die zuständige Behörde) modernisiert werden sollen, eingeführt. Im Rahmen eines Modernisierungsprojektes müssen unter anderem „alle nach vernünftigem Ermessen durchführbaren Sicherheitsverbesserungen" durchgeführt und ab 2025 „unfalltolerante Brennstoffe" eingesetzt werden.

Auch Wirtschaftstätigkeiten im Zusammenhang mit der Stromerzeugung aus fossilen gasförmigen Brennstoffen können seit Inkrafttreten der Klima-Änderungs-DelVO als „ökologisch nachhaltig" i.S.d. Taxonomie-VO eingeordnet werden. Dies ist grundsätzlich dann der Fall, wenn die Lebenszyklus-THG-Emissionen unter 100 g CO_2-Äq/kWh liegen. Für bestimmte Anlagen, für die bis zum 31. Dezember 2030 eine Baugenehmigung erteilt worden ist, gelten jedoch andere Grenzwerte: Die direkten THG-Emissionen müssen dann, wenn erneuerbare Energieträger nicht in ausreichendem Maße zur Verfügung stehen, unter 270 g CO_2-Äq/kWh liegen. Alternativ können die jährlichen direkten THG-Emissionen ermittelt werden, die im Durchschnitt der letzten 20 Jahre 550 kg CO_2-Äq/kW nicht überstiegen haben

[163] Wie bereits erwähnt, hat das EuG in seiner Entscheidung vom 10. September 2025 einen Verstoß der EU-Kommission auf Level-1-Ebene abgelehnt, s. EuG, Urt. v. 10. September 2025 - T-625/22, BeckRS 2025, 23188.
[164] Beispielsweise müssen die Mitgliedstaaten die RL 2009/71/Euratom und die RL 2011/70/Euratom vollständig umgesetzt haben. Außerdem müssen die Mitgliedstaaten nachweisen, dass sie am Ende der geschätzten Nutzungsdauer des Kernkraftwerks über Ressourcen verfügen werden, die den geschätzten Kosten für die Entsorgung radioaktiver Abfälle und für die Stilllegung gem. der Empfehlung 2006/851/Euratom entsprechen.

dürfen. Daneben muss eine Reihe kumulativer Bedingungen erfüllt sein. Beispielsweise muss eine Anlage ersetzt werden, die mit festen oder flüssigen fossilen Brennstoffen betrieben wird; außerdem muss die Umstellung auf erneuerbare Energieträger bis 2035 gewährleistet sein.

Die EU-Kommission ermöglicht schließlich auch die Einordnung einiger Wirtschaftstätigkeiten, die sich auf eine „hocheffiziente Kraft-Wärme/Kälte-Kopplung mit fossilen gasförmigen Brennstoffen" und die „Erzeugung von Wärme/Kälte aus fossilen gasförmigen Brennstoffen in einem effizienten Fernwärme- und Fernkältesystem" beziehen, als „ökologisch nachhaltig".

(2) Unvereinbarkeit mit der Taxonomie-VO (Basisrechtsakt)

Die Klima-Änderungs-DelVO ist mit der Taxonomie-VO als Basisrechtsakt, also mit den Vorgaben auf Level-1-Ebene, nicht vereinbar.[165] Diese Einschätzung teilt auch die PSF, die sich in einer Stellungnahme vom 21. Januar 2022 zu dem Vorschlag der EU-Kommission, bestimmte Atom- und Gaskrafttätigkeiten in die Taxonomie-VO aufzunehmen, ablehnend geäußert hat.[166]

Zunächst einmal ist festzuhalten, dass nicht davon ausgegangen werden kann, dass der europäische Gesetzgeber Atom- und Gasenergie *von Vornherein* aus dem Klassifizierungssystem für „ökologisch nachhaltige" Wirtschaftstätigkeiten ausschließen wollte. Dies ergibt sich unter anderem aus der Vorschrift des Art. 19 Abs. 3 Taxonomie-VO, derzufolge bei der Festlegung der TSC sichergestellt werden muss, dass Stromerzeugungstätigkeiten, bei denen feste fossile Brennstoffe verwendet werden, nicht als „ökologisch nachhaltig" gelten.[167] Hinsichtlich der Beurteilung, ob und unter welchen Voraussetzungen Atom- und Gaskrafttätigkeiten, bei denen *keine* festen fossilen Brennstoffe zum Einsatz kommen, den Anforderungen der Taxonomie-VO entsprechen, blieb der EU-Kommission also durchaus ein gewisser Spielraum. Diesem Spielraum wurden durch die eindeutigen Vorgaben der Taxonomie-VO allerdings Grenzen gesetzt. Mit Erlass der Klima-Änderungs-DelVO hat die EU-Kommission diese Grenzen überschritten und gegen Art. 10 Abs. 2, Art. 17 und Art. 19 Taxonomie-VO verstoßen.[168]

Die PSF bezieht sich in ihrer Stellungnahme zur Klima-Änderungs-DelVO im Wesentlichen auf das DNSH-Prinzip. Diesem sei deshalb, weil Kernenergietätigkeiten im Widerspruch zum

---

[165] S. erneut EuG, Urt. v. 10. September 2025 - T-625/22, BeckRS 2025, 23188.

[166] Um diese Stellungnahme wurde die PSF von der EU-Kommission sogar ausdrücklich gebeten, s. *Platform on Sustainable Finance*, Response to the Complementary Delegated Act (2022), S. 1.

[167] *Lorenzen*, Nachhaltige Kernenergie? – Eine rechtliche Einordnung der Kommissionsinitiative zu „grünen" Investitionen in Kernkraft, ESG 2022, 12 (13).

[168] S. erneut EuG, Urt. v. 10. September 2025 - T-625/22, BeckRS 2025, 23188.

Übergang zu einer Kreislaufwirtschaft stünden, nicht Rechnung getragen worden.[169] Für das Problem der Endlagerung hochradioaktiver Abfälle existiere aktuell keine Lösung, die mit einer Kreislaufwirtschaft im Einklang stehe.[170] Die EU-Kommission habe außerdem nicht überzeugend dargelegt, dass keine erhebliche Beeinträchtigung anderer Umweltziele (z.B. Schutz von Wasser- und Meeresressourcen, Vermeidung und Verminderung von Umweltverschmutzung, Schutz der Biodiversität und der Ökosysteme) drohe.[171] Tätigkeiten, die im Zusammenhang mit Gasenergie stehen, könnten außerdem nach aktuellen wissenschaftlichen Erkenntnissen keinen wesentlichen Beitrag zum Klimaschutz leisten, wenn die Lebenszyklus-THG-Emissionen nicht unter 100 g CO_2-Äq/kWh lägen.[172] Allein damit, dass Gasenergie (übergangsweise) als erforderlich angesehen werde, um den Energiebedarf der Bevölkerung bei einer zunehmenden Abkehr von der Stromerzeugung aus festen fossilen Energieträgern zu decken, könne eine Einordnung als „ökologisch nachhaltig“ nicht gerechtfertigt werden.[173]

Den Ausführungen der PSF ist vollumfänglich zuzustimmen. Dass die Klima-Änderungs-DelVO nicht im Einklang mit der Taxonomie-VO stehen kann, ergibt sich bereits aus dem Wortlaut des Art. 17 Abs. 1 lit. d) Taxonomie-VO. In dieser Vorschrift ist festgelegt, dass eine Wirtschaftstätigkeit die Kreislaufwirtschaft erheblich beeinträchtigt, wenn die langfristige Abfallbeseitigung eine erhebliche und langfristige Beeinträchtigung der Umwelt verursachen kann. Radioaktiver Abfall, der nicht recycelt werden kann, muss über einen sehr langen Zeitraum gelagert werden und stellt aufgrund seiner radioaktiven Eigenschaften eine ernstzunehmende Gefahr für die Umwelt dar.[174] Dieses Problem wird auch nicht dadurch behoben, dass die Klima-Änderungs-DelVO die Vorlage eines „Plans zur Beseitigung radioaktiver Abfälle“ verlangt. Für die Endlagerung hochradioaktiver Abfälle und abgebrannter Kernelemente lässt die EU-Kommission im Allgemeinen die „nach aktuellem Kenntnisstand beste Lösung“ und bei Sachverständigen weltweit allgemein als „sicherste und nachhaltigste“ anerkannte Option genügen.[175] Eine überzeugende Begründung, aus welchen Gründen die „besten“, „sichersten“ und „nachhaltigsten“ Lösungen im Einklang mit einer Kreislaufwirtschaft stehen sollen, fehlt.

---

[169] *Platform on Sustainable Finance*, Response to the Complementary Delegated Act (2022), S. 16.
[170] *Platform on Sustainable Finance*, Response to the Complementary Delegated Act (2022), S. 16.
[171] *Platform on Sustainable Finance*, Response to the Complementary Delegated Act (2022), S. 16.
[172] *Platform on Sustainable Finance*, Response to the Complementary Delegated Act (2022), S. 3, 7 ff.
[173] *Platform on Sustainable Finance*, Response to the Complementary Delegated Act (2022), S. 3.
[174] S. hierzu *Stagl*, Die Taxonomie-VO und Kernenergie unter Berücksichtigung der DNSH-Kriterien: eine Literaturstudie (2020), S. 15 f. m.w.N.
[175] Erwägungsgrund 14 der Klima-Änderungs-DelVO.

Die konkrete Ausgestaltung der TSC bezüglich Kernenergietätigkeiten lässt außerdem erhebliche Zweifel daran aufkommen, dass die EU-Kommission in Atomkraft eine *Übergangs*technologie i.S.d. Art. 10 Abs. 2 Taxonomie-VO sieht. Dies folgt unter anderem aus dem Erwägungsgrund 10 der Klima-Änderungs-DelVO. Demnach soll durch sicherheitstechnische Verbesserungen vor einer Laufzeitverlängerung und durch Ersatz veralteter Anlagen sichergestellt werden, „dass die erforderliche Kapazität für die Dekarbonisierung des Energiesystems bis 2050 und *erforderlichenfalls auch danach noch* zur Verfügung steht“. Aus diesem Grund sollen „bis 2050 *und darüber hinaus erhebliche Investitionen*“ in Kernenergie erforderlich sein. Nähere Ausführungen, inwiefern es sich bei Kernenergie um eine *Übergangs*technologie handelt, also unter welchen Voraussetzungen kernenergetische Anlagen beispielsweise nicht mehr betrieben werden dürfen, fehlen gänzlich. Außerdem wird durch die Klima-Änderungs-DelVO ermöglicht, dass der Bau und der Betrieb *neuer* kerntechnischer Anlagen, für die bis zum Jahr 2045 eine Genehmigung erteilt wurde, als „ökologisch nachhaltig“ i.S.d. Taxonomie-VO eingestuft werden können. Vor dem Hintergrund der langen Bauzeit und Betriebsdauer solcher Anlagen wird hierdurch ein Betrieb über einen Zeitraum möglich, der sehr weit über das Jahr 2050 hinausgeht – eine Auslauffrist ist nicht vorgesehen.[176] Die EU-Kommission verlangt zwar den Einsatz der „modernsten Lösungen“, die „durch den technischen Fortschritt verfügbar werden“.[177] Mit einem Hinweis auf das Erfordernis, die „besten verfügbaren Technologien“ und „kontinuierliche technische Verbesserungen“ zu beachten,[178] wird der Notwendigkeit, eine sachgerechte Beurteilung vorzunehmen, ob eine konkrete Tätigkeiten mit der Taxonomie-VO im Einklang steht, jedoch nicht Rechnung getragen.

In der Einstufung von Atomenergie als „ökologisch nachhaltig“ i.S.d. Taxonomie-VO kann außerdem ein Verstoß gegen das in Art. 191 Abs. 2 AEUV verankerte Vorsorgeprinzip gesehen werden.[179] Auf dieses Prinzip wird in Art. 19 Abs. 1 lit. f) Taxonomie-VO explizit Bezug genommen. Zudem ist die EU-Kommission ihrer aus Art. 17 Abs. 2 und Art. 19 Abs. 1 lit. g) Taxonomie-VO resultierenden Pflicht, bei der Festlegung von TSC den gesamten Lebenszyklus von Produkten und Dienstleistungen, die mit einer Tätigkeit zusammenhängen, einzubeziehen, nicht nachgekommen, indem sie den Uranabbau, der mit der Kernenergieerzeugung untrennbar

[176] *Falke*, EU-Taxonomie – Greenwashing für Atom- und Gaskraftwerke?, ZUR 2022, 207 (209).
[177] Erwägungsgrund 10 der Klima-Änderungs-DelVO.
[178] Erwägungsgrund 10 der Klima-Änderungs-DelVO.
[179] So *Lünenbürger/Kottmann/Reiter*, Nuclear Power and the Taxonomy Regulation, Final report (2021), S. 62 ff.; *Falke*, EU-Taxonomie – Greenwashing für Atom- und Gaskraftwerke?, ZUR 2022, 207 (214); s. erneut EuG, Urt. v. 10. September 2025 - T-625/22, BeckRS 2025, 23188.

verbunden ist, vollständig ausgeklammert hat.[180] Da es sich bei Uran um die wichtigste Ressource für die nukleare Stromerzeugung handelt, hätten die mit dem Uranabbau und der Uranverarbeitung verbundenen negativen Auswirkungen auf die Umwelt unbedingt thematisiert werden müssen.[181]

Die obigen Ausführungen zeigen, dass die EU-Kommission beim Erlass von TSC hinsichtlich Atom- und Gasenergie den Anforderungen der Taxonomie-VO auf Level-1-Ebene nicht gerecht geworden ist. Die Klima-Änderungs-DelVO steht nicht im Einklang mit den internationalen Bestrebungen, die Weltbevölkerung in naher Zukunft mit Energie zu versorgen, die ausschließlich aus erneuerbaren Energiequellen erzeugt wird.[182] Es mag zwar zutreffen, dass Atom- und Gaskraft notwendig sein können, um während des Ausbaus erneuerbarer Energien bei gleichzeitiger Reduzierung fossiler Energieträger den Energiebedarf der Bevölkerung zu decken. Dies rechtfertigt jedoch keine Einstufung als „ökologisch nachhaltig".

Die Einordnung von Atom- und Gasenergie als „ökologisch nachhaltig" kann zu einem erheblichen Verlust an wertvollem Vertrauen in die Glaubwürdigkeit des europäischen Klassifizierungssystems führen.[183] Dies gilt auch für diejenigen Maßnahmen, die auf das Klassifizierungssystem der Taxonomie-VO Bezug nehmen. Die Erreichung des Zwecks der Taxonomie-VO, als Grundbaustein zahlreicher Rechtsakte zur Förderung eines nachhaltigen Finanzwesens zu dienen, wird hierdurch gefährdet.

d) Technische Bewertungskriterien für die übrigen vier Umweltziele

Am 27. Juni 2023 hat die EU-Kommission durch Erlass der Delegierten VO (EU) 2023/2486 (Umwelt-DelVO)[184] TSC für die übrigen vier Umweltziele (nachhaltige Nutzung und Schutz von Wasser- und Meeresressourcen, Übergang zu einer Kreislaufwirtschaft, Vermeidung und Verminderung der Umweltverschmutzung, Schutz und Wiederherstellung der Biodiversität und

---

[180] *Lorenzen*, Nachhaltige Kernenergie – Eine rechtliche Einordnung der Kommissionsinitiative zu „grünen" Investitionen in Kernkraft, ESG 2022, 12 (16).
[181] Zur Rolle von Uran im Kontext der nuklearen Stromerzeugung *Stagl*, Die Taxonomie-VO und Kernenergie unter Berücksichtigung der DNSH-Kriterien: eine Literaturstudie (2020), S. 14 f.
[182] Hierzu *Falke*, EU-Taxonomie – Greenwashing für Atom- und Gaskraftwerke?, ZUR 2022, 207 (211) m.w.N.
[183] So auch *Eurosif*, The Inclusion of Gas and Nuclear brings major Challenges for the Credibility and Adoption of the EU Taxonomie (2021), https://www.eurosif.org/wp-content/uploads/2021/11/2021-11-24-Eurosif-Statement-Taxonomy-Gas-Nuclear.pdf (letzter Abruf: 26. März 2026).
[184] Delegierte Verordnung (EU) 2023/2486 der Kommission vom 27. Juni 2023 zur Ergänzung der Verordnung (EU) 2020/852 des Europäischen Parlaments und des Rates durch Festlegung der technischen Bewertungskriterien, anhand deren bestimmt wird, unter welchen Bedingungen davon auszugehen ist, dass eine Wirtschaftstätigkeit einen wesentlichen Beitrag zur nachhaltigen Nutzung und zum Schutz von Wasser- und Meeresressourcen, zum Übergang zu einer Kreislaufwirtschaft, zur Vermeidung und Verminderung der Umweltverschmutzung oder zum Schutz und zur Wiederherstellung der Biodiversität und der Ökosysteme leistet, und anhand deren bestimmt wird, ob diese Wirtschaftstätigkeit erhebliche Beeinträchtigungen eines der übrigen Umweltziele vermeidet, und zur Änderung der Delegierten Verordnung (EU) 2021/2178 der Kommission in Bezug auf besondere Offenlegungspflichten für diese Wirtschaftstätigkeit.

der Ökosysteme) festgelegt.[185] Am selben Tag wurde die Delegierte VO (EU) 2023/2485[186] erlassen, die zu einer Änderung der Klima-DelVO dahingehend geführt hat, dass diese um zahlreiche Wirtschaftstätigkeiten ergänzt wurde.

Die Umwelt-DelVO entspricht in struktureller Hinsicht der Klima-DelVO und enthält mehrere Anhänge und Anlagen. Sie unterscheidet zwischen verschiedenen Sektoren und ordnet diesen einzelne Tätigkeiten zu, die einen wesentlichen Beitrag zu einem Umweltziel leisten. Beispielsweise trägt die Herstellung pharmazeutischer Wirkstoffe (Sektor: Verarbeitendes Gewerbe/Herstellung von Waren) wesentlich zur Vermeidung und Verminderung von Umweltverschmutzung bei, wenn es sich um einen natürlich vorkommenden Stoff (z.B. Vitamine oder Elektrolyte) handelt, der im Einklang mit den Leitlinien der Europäischen Arzneimittel-Agentur (EMA) zur Umweltrisikobewertung von Humanarzneimitteln im Allgemeinen als in der Umwelt abbaubar gilt. Bezüglich der Anforderungen, die an die Vermeidung einer erheblichen Beeinträchtigung des Schutzes und der Wiederherstellung der Biodiversität und der Ökosysteme gestellt werden, wird auf die Kriterien in der Anlage D des dritten Anhangs der Umwelt-DelVO verwiesen. Die Anlage D verlangt unter anderem die Durchführung einer Umweltverträglichkeitsprüfung.

2. Transparenzpflicht des Art. 8 Taxonomie-VO

Durch die Delegierte VO (EU) 2021/2178 (DelVO (EU) 2021/2178)[187] wurden Inhalt, Ermittlungsmethode und Art der Darstellung der gem. Art. 8 Abs. 2 Taxonomie-VO offenzulegenden Angaben konkretisiert. Außerdem wurden Leistungsindikatoren (*Key Performance Indicators* [KPIs]) für Finanzunternehmen und Methoden für deren Berechnung festgelegt.[188] Die DelVO 2021/2178 wurde bereits am 6. Juli 2021 erlassen, hat im Zuge des Erlasses der Delegierten Rechtsakte zur Festlegung von TSC jedoch einige Änderungen erfahren.

---

[185] Hierzu *Baumüller/Hrinkow*, „Taxo 4" und die vorläufige Vollendung der „grünen EU-Nachhaltigkeitstaxonomie": Eine Gesamtschau, IRZ 2023, 539.

[186] Delegierte Verordnung (EU) 2023/2485 der Kommission vom 27. Juni 2023 zur Änderung der Delegierten Verordnung (EU) 2021/2139 durch Festlegung zusätzlicher technischer Bewertungskriterien, anhand deren bestimmt wird, unter welchen Bedingungen davon auszugehen ist, dass bestimmte Wirtschaftstätigkeiten einen wesentlichen Beitrag zum Klimaschutz oder zur Anpassung an den Klimawandel leisten, und anhand deren bestimmt wird, ob diese Tätigkeiten erhebliche Beeinträchtigungen eines der übrigen Umweltziele vermeiden.

[187] Delegierte Verordnung (EU) 2021/2178 der Kommission vom 6. Juli 2021 zur Ergänzung der Verordnung (EU) 2020/852 des Europäischen Parlaments und des Rates durch Festlegung des Inhalts und der Darstellung der Informationen, die von Unternehmen, die unter Artikel 19a oder Artikel 29a der Richtlinie 2013/34/EU fallen, in Bezug auf ökologisch nachhaltige Wirtschaftstätigkeiten offenzulegen sind, und durch Festlegung der Methode, anhand deren die Einhaltung dieser Offenlegungspflicht zu gewährleisten ist.

[188] Erwägungsgrund 3 der DelVO (EU) 2021/2178; s. auch *Sandbaek*, Herausforderungen für Kreditinstitute im Zusammenhang mit der Offenlegung nach Artikel 8 der EU-Taxonomie, WPg 2024, 157.

Im Rahmen der DelVO (EU) 2021/2178 wird zwischen Vorgaben für Nicht-Finanzunternehmen und für Finanzunternehmen differenziert. Offenlegungsregeln, die für alle Unternehmen gelten, die in den Anwendungsbereich des Art. 8 Taxonomie-VO fallen, sind in Art. 8 DelVO (EU) 2021/2178 enthalten.

a) <u>Spezifische Vorgaben für Nicht-Finanzunternehmen</u>

Spezifische Angaben, die Nicht-Finanzunternehmen offenlegen müssen, finden sich gem. Art. 2 Abs. 1 DelVO (EU) 2021/2178 in Anhang I. Gem. Art. 2 Abs. 2 DelVO (EU) 2021/2178 werden diese Angaben in Tabellenform unter Verwendung der Meldebögen in Anhang II geliefert. Durch diese Meldebögen soll es offenlegungspflichtigen Unternehmen erleichtert werden, ihren Pflichten aus Art. 8 Abs. 2 Taxonomie-VO nachzukommen. Die für Nicht-Finanzunternehmen relevanten KPIs können bereits dem Wortlaut des Art. 8 Abs. 2 Taxonomie-VO entnommen werden: Umsatzerlös, Investitionsausgaben (CapEx) und Betriebsausgaben (OpEx).

In Anhang I wird beschrieben, wie der Umsatzerlös i.S.v. Art. 8 Abs. 2 lit. a) Taxonomie-VO berechnet wird. Grundsätzlich wird der mit Waren oder Dienstleistungen, die mit taxonomiekonformen Wirtschaftstätigkeiten verbunden sind, erzielte Nettoumsatzerlös durch den Nettoumsatz i.S.v. Art. 2 Nr. 5 Bilanz-RL geteilt.[189]

Anschließend folgt im ersten Anhang eine Erklärung, wie der Anteil an „ökologisch nachhaltigen" Investitionsausgaben (CapEx) i.S.d. Art. 8 Abs. 2 lit. b) Taxonomie-VO bestimmt wird. Hierzu bedarf es einer Bestimmung der Investitionsausgaben, die sich auf Vermögenswerte oder Prozesse, die mit taxonomiekonformen Wirtschaftstätigkeiten verbunden sind, oder auf den Erwerb von Produkten aus taxonomiekonformen Wirtschaftstätigkeiten beziehen.[190] Diese Investitionsausgaben werden durch die Zugänge an Sachanlagen und immateriellen Vermögenswerten während des zu betrachtenden Geschäftsjahres vor Abschreibungen und Neubewertungen ermittelt.[191]

Die „ökologisch nachhaltigen" Betriebsausgaben (OpEx) i.S.v. Art. 8 Abs. 2 lit. b) Taxonomie-VO werden berechnet, indem die Betriebsausgaben ermittelt werden, die sich unter anderem auf Vermögenswerte oder Prozesse, die mit taxonomiekonformen Wirtschaftstätigkeiten in Verbindung stehen, und auf den Erwerb von Produkten aus taxonomiekonformen Wirtschaftstätigkeiten beziehen.[192] Der Betrag dieser Ausgaben wird durch den Betrag der

---

[189] Anhang I Ziff. 1.1.1 DelVO (EU) 2021/2178.
[190] Anhang I Ziff. 1.1.2.2 DelVO (EU) 2021/2178.
[191] Anhang I Ziff. 1.1.2.1 DelVO (EU) 2021/2178.
[192] Anhang I Ziff. 1.1.3.2 DelVO (EU) 2021/2178.

direkten, nicht kapitalisierten Kosten (die sich beispielsweise auf Forschung und Entwicklung, Gebäudesanierung oder Reparaturarbeiten beziehen) und anderen direkten Ausgaben, die im Zusammenhang mit der täglichen Wartung von Vermögenswerten des Sachanlagevermögens stehen, geteilt.[193]

Aus dem ersten Anhang der DelVO (EU) 2021/2178 geht auch hervor, welche ergänzenden Angaben von Nicht-Finanzunternehmen zu den relevanten KPIs offengelegt werden müssen. Diese Angaben beziehen sich auf die Rechnungslegungsmethode, die Bewertung der Einhaltung der Taxonomie-VO und sonstige Hintergrundinformationen (z.B. zum Anteil der taxonomie*fähigen* Wirtschaftstätigkeiten). Sie sind eher qualitativer als quantitativer Natur.[194]

b) Spezifische Vorgaben für Finanzunternehmen

Die DelVO (EU) 2021/2178 unterscheidet zwischen Angaben von Vermögensverwaltern (Art. 3), Kreditinstituten (Art. 4), Wertpapierfirmen (Art. 5) sowie Versicherungs- und Rückversicherungsunternehmen (Art. 6). In Art. 7 finden sich Offenlegungsregeln, die für alle Finanzunternehmen gelten. Ganz allgemein gilt, dass die Qualität der Offenlegung durch Finanzunternehmen von der Qualität der Offenlegung durch Nicht-Finanzunternehmen abhängt.[195]

Die Art und Weise der Berechnung des KPIs, der von Vermögensverwaltern offenzulegen ist, wird in Anhang III der DelVO (EU) 2021/2178 beschrieben.[196] Konkret ist der gewichtete Durchschnittswert der Investitionen in taxonomiekonforme Wirtschaftstätigkeiten der Unternehmen, in die investiert wird, zu berechnen.[197] Bei dieser Berechnung kommt es entscheidend darauf an, in welche Art von Unternehmen die verwalteten Vermögenswerte investiert sind. Wird beispielsweise ausschließlich in Nicht-Finanzunternehmen investiert, fließen in die Berechnung ausschließlich die Umsatz- und CapEx-KPIs ein, die für diese Unternehmen im Einklang mit Anhang I der DelVO (EU) 2021/2178 ermittelt wurden.[198] An dieser Stelle wird deutlich, dass Finanzunternehmen auf eine ordnungsgemäße Offenlegung seitens Nicht-Finanzunternehmen angewiesen sind. Allerdings können Vermögenswerte, die von einer Vermögensverwaltungsgesellschaft verwaltet werden, auch in andere

---

[193] Anhang I Ziff. 1.1.3.1 DelVO (EU) 2021/2178.
[194] *Kasapovic/Pietzka*, Qualitative Angabeerfordernisse über die Konformitätsprüfung gem. Taxonomie-VO für Nicht-Finanzunternehmen – ein praxisorientiertes Beispiel, IRZ 2023, 247 (249).
[195] *Kasapovic/Pietzka*, Qualitative Angabeerfordernisse über die Konformitätsprüfung gem. Taxonomie-VO für Nicht-Finanzunternehmen – ein praxisorientiertes Beispiel, IRZ 2023, 247 (250).
[196] S. Art. 3 Abs. 1 DelVO (EU) 2021/2178; die speziell für Vermögensverwalter vorgesehenen Meldebögen finden sich in Anhang IV, s. Art. 3 Abs. 2 DelVO (EU) 2021/2178.
[197] Anhang III Ziff. 1.1 DelVO (EU) 2021/2178.
[198] S. Anhang III Ziff. 1.1 lit. a) DelVO (EU) 2021/2178.

Finanzunternehmen, beispielsweise in Kreditinstitute oder Versicherungsunternehmen, investiert werden. In diesem Fall müssen im Rahmen der Berechnung der gewichteten Durchschnittswerte die KPIs dieser Finanzunternehmen berücksichtigt werden. Die Art und Weise der Berücksichtigung bestimmter KPIs wird in der DelVO (EU) 2021/2178 ausführlich beschrieben.[199] Wurde der gewichtete Durchschnittswert ermittelt, muss dieser durch den Wert grundsätzlich aller verwalteten Vermögenswerte (*Asset under Management* [AuM]) geteilt werden.[200]

Kreditinstitute, die ihre aus Art. 8 Abs. 1 Taxonomie-VO resultierenden Pflichten erfüllen wollen, müssen sich gem. Art. 4 Abs. 1 DelVO (EU) 2021/2178 speziell an Anhang V orientieren.[201] In diesem Anhang ist festgelegt, dass es sich bei dem für Kreditinstitute relevanten KPI um die *Green Asset Ratio* (GAR) handelt. Die GAR bildet den Anteil der Vermögenswerte eines Kreditinstituts ab, durch den taxonomiekonforme Wirtschaftstätigkeiten finanziert werden.[202] Kreditinstitute müssen unter anderem die aggregierte GAR für erfasste bilanzwirksame Vermögenswerte und die Aufschlüsselung nach Umweltzielen offenlegen.[203] Die GAR wird bestimmt, indem die Darlehen und Kredite, Schuldverschreibungen, Eigenkapitalinstrumente und wieder in Besitz genommenen Sicherheiten ermittelt werden, durch die taxonomiekonforme Wirtschaftstätigkeiten auf der Grundlage der Umsatz- und CapEx-KPI der zugrunde liegenden Vermögenswerte finanziert werden.[204] Das Ergebnis wird anschließend durch die gesamten Darlehen und Kredite, Schuldverschreibungen, Eigenkapitalinstrumente und wieder in Besitz genommene Sicherheiten geteilt.[205] Die Berechnungsmethoden, sowohl hinsichtlich des aggregierten GAR als auch hinsichtlich der einzelnen Umweltziele, werden in Anhang V der DelVO (EU) 2021/2178 ausführlich dargestellt.[206]

Gem. Art. 5 DelVO (EU) 2021/2178 legen Wertpapierfirmen die in Art. 8 Abs. 1 Taxonomie-VO genannten Angaben im Einklang mit Anhang VII unter Verwendung der Meldebögen in Anhang VIII offen. Versicherungs- und Rückversicherungsunternehmen müssen gem. Art. 6 DelVO (EU) 2021/2178 den Anforderungen in Anhang IX entsprechen und bei der Offenlegung die Meldebögen in Anhang X verwenden.

---

199 S. Anhang III Ziff. I.1 DelVO (EU) 2021/2178.
200 Anhang III Ziff. 1.2 DelVO (EU) 2021/2178.
201 Die zu verwendenden Meldebögen finden sich gem. Art. 4 Abs. 2 DelVO (EU) 2021/2178 in Anhang VI.
202 Anhang V Ziff. 1.2.1.
203 Anhang V Ziff. 1.2.1.
204 Anhang V Ziff. 1.2.1.
205 Anhang V Ziff. 1.2.1.
206 Anhang V Ziff. 1.2.1.1.

V. Zwischenfazit

Ein europäisches Klassifizierungssystem für nachhaltige Wirtschaftstätigkeiten würde dazu beitragen, dass im europäischen Raum einheitlich beurteilt werden kann, ob und in welchem Umfang die Vermögenswerte eines Finanzprodukts nachhaltig investiert sind. An ein solches Klassifizierungssystem könnten die Zertifizierungskriterien eines Zertifizierungssystems für nachhaltige Finanzprodukte anknüpfen. Der europäische Gesetzgeber ist sich der Vorteile eines einheitlichen Begriffsverständnisses von nachhaltigen Investitionen bewusst und hat durch Erlass der Taxonomie-VO ein Klassifizierungssystem für „ökologisch nachhaltige" Wirtschaftstätigkeiten eingeführt. Die Umwelt-Taxonomie der Taxonomie-VO soll als Grundbaustein zahlreicher europäischer Maßnahmen dienen, die zur Umsetzung der europäischen *Sustainable-Finance*-Strategie ergriffen werden. Auch die EU-Mitgliedstaaten sind an die europäische Umwelt-Taxonomie in gewisser Weise gebunden.

Die Taxonomie-VO konzentriert sich nahezu ausschließlich auf ökologische Aspekte. Soziale Aspekte finden lediglich insofern Berücksichtigung, als dass Unternehmen soziale Mindestschutzstandards einhalten müssen, um ihre Wirtschaftstätigkeiten als „ökologisch nachhaltig" einstufen zu können. Ob dies ausreicht, um zu verhindern, dass umweltschützende Tätigkeiten soziale Belange beeinträchtigten, ist fraglich. Mit Erlass der Klima-Änderungs-DelVO wurde die Vereinbarkeit der Umwelt-Taxonomie mit den SDGs und Pariser Klimaschutzzielen weiter in Zweifel gezogen.

Aber auch dann, wenn es gelingen würde, eine europäische *Nachhaltigkeits*taxonomie zu entwickeln, auf die ein Zertifizierungssystems für Finanzprodukte Bezug nimmt, stehen Anbieter von Finanzprodukten vor einer großen Herausforderung: Sie müssen sich diejenigen Unternehmensinformationen beschaffen, die für einen Antrag auf Zertifizierung relevant sind. Es ist zwar keineswegs ausgeschlossen, dass Unternehmen freiwillig über die Konformität ihrer Wirtschaftstätigkeiten mit einer bestehenden Taxonomie berichten werden. Um sicherzustellen, dass einem Zertifizierungssystem für Finanzprodukte praktische Bedeutung zukommt, sollte der Gesetzgeber jedoch aktiv werden und die Einführung eines Zertifizierungssystems für nachhaltige Unternehmen sowie die Ausweitung taxonomiebezogener Offenlegungspflichten erwägen.[207]

Die obigen Ausführungen zeigen, welche Bedeutung der Entwicklung einer glaubwürdigen Taxonomie für nachhaltige Wirtschaftstätigkeiten zukommt. Die europäische Umwelt-

[207] Vor dem Hintergrund der Omnibus-Initiative kann mit einer Ausweitung in absehbarer Zukunft nicht gerechnet werden, s. hierzu Kapitel 1, B. I. 4. e).

Taxonomie wird ihrem Anspruch, als Grundbaustein zahlreicher Maßnahmen, die auf die Förderung eines nachhaltigen Finanzwesens gerichtet sind, in ihrer konkreten Ausgestaltung nicht gerecht.

D. Vorschlag der PSF zur Entwicklung einer nicht-binären Umwelt-Taxonomie

Würde die europäische Umwelt-Taxonomie erheblich an Glaubwürdigkeit verlieren, blieben hiervon auch Rechtsakte, die diese Taxonomie in Bezug nehmen, nicht unberührt. Dessen ist sich auch die PSF bewusst, die die von der EU-Kommission erlassene Klima-Änderungs-DelVO scharf kritisiert hat. Die PSF hat jedoch nicht nur begründet, weshalb eine Einordnung von Atom- und Gasenergie als „ökologisch nachhaltig" nicht in Frage kommen kann. Sie hat auch einen Vorschlag geliefert, mit dem sie versucht, dem Anliegen der EU-Kommission, Atom- und Gaskrafttätigkeiten zu unterstützen, Rechnung zu tragen. Konkret schlägt die PSF die Entwicklung einer nicht-binären Umwelt-Taxonomie vor. Eine nicht-binäre Umwelt-Taxonomie würde nicht ausschließlich zwischen „ökologisch nachhaltigen" und „nicht ökologisch nachhaltigen" Wirtschaftstätigkeiten differenzieren, sondern eine Reihe weiterer (Zwischen-)Kategorien vorsehen.

Eine Umsetzung des Vorschlags der PSF würde zwar nicht das Problem lösen, dass eine „ökologisch nachhaltige" Wirtschaftstätigkeit i.S.d. Art. 3 Taxonomie-VO nicht zwingend in Einklang mit den globalen Nachhaltigkeitszielen steht. Der Vorschlag zeigt allerdings auf, dass wirtschaftliche Tätigkeiten, denen beim Übergang zu einer nachhaltigen Wirtschaft eine wichtige Rolle beigemessen wird, Anerkennung finden können, ohne dass diese Tätigkeiten als „nachhaltig" eingestuft werden müssen und die Glaubwürdigkeit der Umwelt-Taxonomie gefährdet werden muss. Eine nicht-binäre Taxonomie würde sich außerdem gegenüber einer binären Taxonomie durch einen Transparenzvorteil auszeichnen. Dieser Vorteil könnte auf ein Zertifizierungssystem, das eine nicht-binäre Taxonomie in Bezug nimmt, durchschlagen. Aus diesen Gründen wird im Folgenden der Vorschlag der PSF in seinen Grundzügen vorgestellt.

I. Erweiterung der Umwelt-Taxonomie um zusätzliche Kategorien

Die PSF hat bereits in ihrer Stellungnahme zur Klima-Änderungs-DelVO vorgeschlagen, Atom- und Gasenergietätigkeiten nicht in die „grüne", sondern unter bestimmten Voraussetzungen in eine „bernsteinfarbene" Kategorie einzuordnen.[208] Wenige Wochen später, im März 2022, hat sie dann einen detaillierten, mehr als 130 Seiten umfassenden Vorschlag zur

[208] *Platform on Sustainable Finance*, Response to the Complementary Delegated Act (2022), S. 1.

Ausarbeitung einer nicht-binären Taxonomie veröffentlicht.[209] Der Vorschlag beinhaltet eine Erweiterung der bestehenden „grünen“ Taxonomie um zusätzliche Kategorien.

1. Beibehaltung der grünen Kategorie

Die grüne Kategorie von Wirtschaftstätigkeiten soll beibehalten werden. In diese Kategorie fallen alle Wirtschaftstätigkeiten, die den Anforderungen des Art. 3 Taxonomie-VO entsprechen. Die grüne Kategorie soll auch nach wie vor Übergangstechnologien i.S.d. Art. 10 Abs. 2 Taxonomie-VO erfassen.

Die PSF hebt hervor, dass für zahlreiche Wirtschaftstätigkeiten, die sich (positiv oder negativ) auf die Umwelt auswirken und das Potenzial haben, einen wesentlichen Beitrag zu einem Umweltziel der Taxonomie-VO zu leisten, bisher noch keine TSC festgelegt werden konnten. Solche Tätigkeiten könnten jedoch in naher oder ferner Zukunft in die grüne Kategorie aufgenommen werden.[210]

2. Einführung einer roten Kategorie

Die PSF schlägt vor, die grüne um eine rote Kategorie zu ergänzen. In die rote Kategorie sollen Tätigkeiten fallen, die nicht als „ökologisch nachhaltig“ i.S.d. Art. 3 Taxonomie-VO qualifiziert werden können, weil sie mindestens ein Umweltziel erheblich beeinträchtigen. Die PSF unterscheidet innerhalb der roten Kategorie zwischen zwei verschiedenen Arten von Wirtschaftstätigkeiten.

Bei der ersten Art von Wirtschaftstätigkeiten handelt es sich um solche, für die keine technische Möglichkeit besteht, ihre Umweltleistung zu verbessern und infolgedessen eine erhebliche Beeinträchtigung eines Umweltziels zu vermeiden. Diese Tätigkeiten qualifiziert die PSF deshalb als „immer wesentlich schädlich“ („*always significantly harmful*“).[211] Eine solche Qualifizierung hat der europäische Gesetzgeber auf Level-1-Ebene bei Stromerzeugungstätigkeiten, bei denen feste fossile Brennstoffe verwendet werden, vorgenommen (s. Art. 19 Abs. 3 Taxonomie-VO). Die PSF möchte diese „rote Liste“ erweitern und um beispielsweise Tätigkeiten ergänzen, die im Zusammenhang mit der Schaffung von Wohnraum in Hochrisiko-Überschwemmungsgebieten (erhebliche Beeinträchtigung des

---

[209] *Platform on Sustainable Finance*, The Extended Environmental Taxonomy: Final Report on Taxonomy, extension options supporting a sustainable transition (2022), https://finance.ec.europa.eu/system/files/2022-03/220329-sustainable-finance-platform-finance-report-environmental-transition-taxonomy_en.pdf (letzter Abruf: 26. März 2026).

[210] *Platform on Sustainable Finance*, The Extended Environmental Taxonomy: Final Report on Taxonomy, extension options supporting a sustainable transition (2022), S. 23 f.

[211] *Platform on Sustainable Finance*, The Extended Environmental Taxonomy: Final Report on Taxonomy, extension options supporting a sustainable transition (2022), S. 8, 24.

Umweltziels Anpassung an den Klimawandel) oder mit dem Abbau von Torf (erhebliche Beeinträchtigung des Umweltziels Klimaschutz) stehen.[212]

Die zweite Art von Wirtschaftstätigkeiten umfasst solche, für die technische Möglichkeiten, die Umweltleistung zu verbessern, durchaus existieren. Die konkreten Tätigkeiten müssten jedoch dringend umgestellt werden, um eine erhebliche Beeinträchtigung der Umweltziele zu vermeiden.[213]

3. Einführung einer gelben Kategorie

Weiterhin empfiehlt die PSF, eine gelbe Kategorie von Wirtschaftstätigkeiten einzuführen. In diese Kategorie sollen alle Tätigkeiten eingeordnet werden, die sich in einem (Zwischen-)Bereich zwischen „Erfüllen der Anforderungen des Art. 3 Taxonomie-VO“ und „erhebliche Beeinträchtigung eines Umweltziels“ bewegen.[214]

Mit einer gelben Kategorie würden in gewisser Weise Übergangstätigkeiten aufgefangen werden, die den Anforderungen des Art. 10 Abs. 2 Taxonomie-VO (noch) nicht entsprechen. Eine solche Kategorie würde also dem Anliegen der EU-Kommission Rechnung tragen, Tätigkeiten zu unterstützen, die sich durch eine „mittlere Umweltleistung“ auszeichnen und als „Zwischenschritte“ zum Übergang zu einer nachhaltigen Wirtschaft eine Rolle spielen sollen.[215]

4. Einführung einer grauen/weißen Kategorie

Schließlich schlägt die PSF die Schaffung einer grauen/weißen Kategorie vor. Hierdurch sollen Tätigkeiten Anerkennung finden können, die sich kaum merklich auf die Umwelt auswirken, die Umweltziele also auch nicht erheblich beeinträchtigen. Es handelt sich hierbei in der Regel um Dienstleistungstätigkeiten (z.B. Steuerberatungs- oder Anwaltstätigkeiten).[216]

II. Erfordernis einer „dynamischen“ Taxonomie

Die PSF schlägt nicht nur die Schaffung einer nicht-binären Umwelt-Taxonomie vor, sondern geht auch näher auf den „dynamischen“ Charakter einer solchen Taxonomie ein. Sie führt aus, dass einige TSC, die von der EU-Kommission festgelegt worden seien, absolute

---

[212] *Platform on Sustainable Finance*, The Extended Environmental Taxonomy: Final Report on Taxonomy, extension options supporting a sustainable transition (2022), S. 24, 48 f.
[213] *Platform on Sustainable Finance*, The Extended Environmental Taxonomy: Final Report on Taxonomy, extension options supporting a sustainable transition (2022), S. 40.
[214] *Platform on Sustainable Finance*, The Extended Environmental Taxonomy: Final Report on Taxonomy, extension options supporting a sustainable transition (2022), S. 24
[215] Dieses Anliegen der EU-Kommission kam bereits in ihrem Strategiepapier zur Finanzierung einer nachhaltigen Wirtschaft zum Ausdruck, s. A. II.
[216] *Platform on Sustainable Finance*, The Extended Environmental Taxonomy: Final Report on Taxonomy, extension options supporting a sustainable transition (2022), S. 25, 72 ff.

Umweltauswirkungen (z.B. Treibhausgasemissionen) in Bezug nähmen, während andere TSC als prozentuale Verringerung von Umweltauswirkungen beschrieben würden (z.B. relative Verbesserung der Energieeffizienz).[217] Aus der Regelung des Art. 19 Abs. 5 Taxonomie-VO, derzufolge die TSC regelmäßig überprüft und gegebenenfalls an wissenschaftliche und technische Entwicklungen angepasst werden müssten, gehe außerdem hervor, dass die TSC *selbst* „dynamisch" seien.[218] Der „dynamische" Charakter der Umwelt-Taxonomie führe dazu, dass im Kontext quantitativer Kriterien (z.B. Treibhausgasemissionen) die Anforderungen an die Übereinstimmung mit den TSC im Laufe der Zeit verschärft würden.[219] Im Rahmen einer solchen Verschärfung müsse berücksichtigt werden, dass in einigen Sektoren emissionsarme Technologien in größerem Umfang verfügbar seien als in anderen Sektoren, weshalb einige Wirtschaftstätigkeiten zu einem früheren Zeitpunkt als 2050 emissionsfrei sein müssten, um den Vorgaben des Art. 3 Taxonomie-VO zu entsprechen.[220]

Die PSF veranschaulicht die Folgen des „dynamischen" Charakters einer nicht-binären Taxonomie anhand zahlreicher Grafiken.[221] Aus diesen geht zum einen hervor, dass bestimmte Tätigkeiten aus der roten in die gelbe Kategorie „aufsteigen" können, wenn sie bestimmte Voraussetzungen, die im Laufe der Zeit verschärft werden können, erfüllen („*intermediate transition*"). In gleicher Weise kann eine gelbe in eine grüne Tätigkeit umgewandelt werden („*green transition*"). Zum anderen wird deutlich, dass sich die Umweltleistung bestimmter Tätigkeiten kontinuierlich verbessern muss, damit diese Tätigkeiten nicht im Laufe der Zeit in die gelbe bzw. rote Kategorie „abrutschen".

III. Vorteile gegenüber einer binären Umwelt-Taxonomie

Eine nicht-binäre Umwelt-Taxonomie hätte gegenüber der bestehenden Umwelt-Taxonomie einige Vorteile.

Zum einen könnte mit einer nicht-binären Taxonomie der Tatsache Rechnung getragen werden, dass eine nicht-taxonomiekonforme Wirtschaftstätigkeit nicht automatisch als nachhaltigkeitsschädlich qualifiziert werden kann.[222] Wirtschaftliche Tätigkeiten

---

[217] *Platform on Sustainable Finance*, The Extended Environmental Taxonomy: Final Report on Taxonomy, extension options supporting a sustainable transition (2022), S. 28.
[218] *Platform on Sustainable Finance*, The Extended Environmental Taxonomy: Final Report on Taxonomy, extension options supporting a sustainable transition (2022), S. 28.
[219] *Platform on Sustainable Finance*, The Extended Environmental Taxonomy: Final Report on Taxonomy, extension options supporting a sustainable transition (2022), S. 28.
[220] *Platform on Sustainable Finance*, The Extended Environmental Taxonomy: Final Report on Taxonomy, extension options supporting a sustainable transition (2022), S. 28.
[221] *Platform on Sustainable Finance*, The Extended Environmental Taxonomy: Final Report on Taxonomy, extension options supporting a sustainable transition (2022), S. 29 ff.
[222] *Platform on Sustainable Finance*, The Extended Environmental Taxonomy: Final Report on Taxonomy, extension options supporting a sustainable transition (2022), S. 17.

verschiedenster Sektoren sind vielfältig und können sich in sehr unterschiedlicher Weise und Intensität (positiv oder negativ) auf die Umwelt auswirken. Eine bloße Unterscheidung zwischen „ökologisch" und „nicht ökologisch" wird dieser Vielfalt nicht gerecht.[223] Tätigkeiten, die das Potenzial haben, in naher Zukunft den Anforderungen des Art. 3 Taxonomie-VO zu entsprechen, sofern sie unter bestimmten Bedingungen finanzielle Unterstützung erhalten, müssen von Tätigkeiten, die in die rote Kategorie fallen, unterschieden werden können.[224]

Der Transparenzvorteil, den eine nicht-binäre Taxonomie mit sich bringen würde, liegt auf der Hand. Anhand der Information, in welchem Umfang die Wirtschaftstätigkeiten eines Unternehmens mit Tätigkeiten verbunden sind, die verschiedenen Kategorien zugeordnet werden, kann die „Nachhaltigkeitsleistung" dieses Unternehmens deutlich besser beurteilt werden als anhand des bloßen Anteils der „ökologisch nachhaltigen" Wirtschaftstätigkeiten.[225] Dies kann an folgendem Beispiel veranschaulicht werden:

Sowohl das Unternehmen A als auch das Unternehmen B erwirtschaften einen jährlichen Umsatzerlös von jeweils 20 Millionen Euro. 15 % des Umsatzes des Unternehmens A und 25 % des Umsatzes des Unternehmens B lassen sich auf „ökologisch nachhaltige" Wirtschaftstätigkeiten i.S.d. Art. 3 Taxonomie-VO zurückführen. Es sind keine taxonomiekonformen Investitions- und Betriebsausgaben in nennenswertem Umfang zu verzeichnen.

Daraus, dass das Unternehmen B einen (deutlich) höheren Umsatzerlös aus taxonomiekonformen Tätigkeiten generiert, lässt sich nicht ohne Weiteres ableiten, dass das Unternehmen B im Vergleich zum Unternehmen A eine bessere „Gesamt-Umweltperformance" aufweist. Beispielsweise könnte das Unternehmen B in erheblichem Umfang in den Abbau fossiler Brennstoffe investieren oder Tätigkeiten ausüben, die in die von der PSF vorgeschlagene rote Kategorie fallen. Die Wirtschaftstätigkeiten des Unternehmens A, die nicht taxonomiekonform sind, könnten hingegen ausschließlich der gelben Kategorie angehören. Einer nachhaltigkeitsbedachten Privatperson, die mit ihrer Investition einen Beitrag zur Verwirklichung der globalen Nachhaltigkeitsziele leisten möchte, dürften solche

---

[223] *Möllers,* Green Deal: Greenwashing, Information Overload und der vergessene Good Corporate Citizen als Investor, ZHR 2021, 881 (901 ff.); s. auch *Zetzsche/Nast*, in: Assmann/Wallach/Zetzsche (Hrsg.), KAGB Kommentar (2. Aufl. 2022), Sustainable Finance, Einleitung, Rn. 60; *Schön*, „Nachhaltigkeit" in der Unternehmensberichterstattung, ZfPW 2022, 207 (247 f.).

[224] *Platform on Sustainable Finance*, The Extended Environmental Taxonomy: Final Report on Taxonomy, extension options supporting a sustainable transition (2022), S. 17.

[225] Den „Alles-oder-Nichts"-Ansatz der Taxonomie-VO als eine Irreführung begünstigend betrachtend *Möllers,* Green Deal: Greenwashing, Information Overload und der vergessene Good Corporate Citizen als Investor, ZHR 2021, 881 (901 ff.).

Informationen, die über die „ökologisch nachhaltigen" Eigenschaften unternehmerischer Tätigkeiten hinausgehen, keineswegs gleichgültig sein.

IV. Chancen für ein Zertifizierungssystem für Finanzprodukte

Eine durch eine nicht-binäre Taxonomie ermöglichte verbesserte Beurteilung der „Nachhaltigkeitsperformance" eines realwirtschaftlich handelnden Unternehmens würde sich positiv auf die Möglichkeit zur Beurteilung finanzwirtschaftlicher Tätigkeiten auswirken. Beispielsweise könnte anhand eines nicht-binären Klassifizierungssystems festgestellt werden, zu welchem Anteil die Vermögenswerte eines Finanzprodukts in jeweils grüne, gelbe, rote oder graue/weiße Wirtschaftstätigkeiten investiert sind.

Unternehmen könnten im Falle der Einführung einer nicht-binären Taxonomie, wie sie von der PSF vorgeschlagen wurde, dazu verpflichtet werden, offenzulegen, in welchem Umfang sie grüne, gelbe, rote *und* graue/weiße Tätigkeiten ausüben. Finanzdienstleistungs- und Kreditinstitute wären auf diesbezügliche Informationen angewiesen. Würden dem Markt solche Informationen in beträchtlichem Umfang zur Verfügung gestellt werden, könnte einem Zertifizierungssystem, das auf eine nicht-binäre Taxonomie Bezug nimmt, zu praktischer Bedeutung verholfen werden. Eine Inbezugnahme könnte erfolgen, indem z.B. die Vergabe eines Labels davon abhängig gemacht wird, dass 20 % der Vermögenswerte eines Finanzprodukts in „ökologisch nachhaltige", weitere 40 % in Wirtschaftstätigkeiten, die in eine gelbe Kategorie eingeordnet werden, investiert sein müssen.[226] Die Investition in rote Wirtschaftstätigkeiten könnte als Ausschlusskriterium definiert werden. Anbieter von Finanzprodukten, die zum Zwecke der Erfüllung von Offenlegungspflichten ermitteln, zu welchem Anteil die Finanzproduktvermögenswerte in verschiedene Kategorien von Wirtschaftstätigkeiten investiert sind, könnten die ermittelten Daten nutzen, um zu beurteilen, ob sie die Voraussetzungen für den Erhalt eines Labels erfüllen.

Eine nicht-binäre Taxonomie könnte eine glaubwürdige Ausgestaltung eines Zertifizierungssystems für Finanzprodukte erheblich erleichtern. Der Grund hierfür liegt darin, dass ein glaubwürdiges Zertifizierungssystem nicht nur den Anteil „ökologisch nachhaltig" investierter Vermögenswerte widerspiegeln muss. Vielmehr muss auch gewährleistet sein, dass die „nicht ökologisch nachhaltigen" Unternehmenstätigkeiten, in die investiert wird, der Verwirklichung der globalen Nachhaltigkeitsziele nicht fundamental entgegenlaufen. Würden zahlreiche Unternehmen Informationen über rote Wirtschaftstätigkeiten offenlegen *müssen*,

[226] Auch die PSF stellt Bezüge zu einem Zertifizierungssystem (konkret: EU-Umweltzeichen) her, s. *Platform on Sustainable Finance*, The Extended Environmental Taxonomy: Final Report on Taxonomy, extension options supporting a sustainable transition (2022), S. 41 f., 76.

würde die praktische Bedeutung eines Zertifizierungssystems jedenfalls nicht an einem solchen Ausschlusskriterium scheitern.

Im Ergebnis bleibt festzuhalten, dass eine nicht-binäre Taxonomie einer binären Taxonomie grundsätzlich vorzuziehen ist. Dies gilt unabhängig davon, ob die existierende Umwelt-Taxonomie aufgrund ihres starken ökologischen Schwerpunkts überhaupt als Grundbaustein für Maßnahmen zur Förderung eines *nachhaltigen* Finanzwesens dienen kann.

E. Vorschlag der PSF zur Erweiterung der Taxonomie-VO um soziale Aspekte: Entwurf einer europäischen Sozial-Taxonomie

Die PSF hat im Februar 2022, also noch vor Veröffentlichung des Vorschlags einer nicht-binären Umwelt-Taxonomie, einen Bericht veröffentlicht, der ebenfalls die Erweiterung der bestehenden Umwelt-Taxonomie zum Gegenstand hat.[227] In diesem Bericht setzt sich die PSF konkret mit der Frage auseinander, wie soziale Aspekte stärker in die Umwelt-Taxonomie einbezogen werden können. Sie entwirft eine grobe Struktur für eine Sozial-Taxonomie und diskutiert, auf welche Weise eine solche Taxonomie mit der bestehenden Umwelt-Taxonomie verbunden werden könnte.

Zur Ausarbeitung dieses Berichts wurde die PSF von der EU-Kommission, die ihrer aus Art. 26 Abs. 2 lit. b) Taxonomie-VO folgenden Pflicht nachkommen wollte, veranlasst. Gem. Art. 26 Abs. 2 lit. b) Taxonomie-VO sollte die EU-Kommission bis zum 31. Dezember 2021 einen Bericht veröffentlichen, der unter anderem Bestimmungen zur Erweiterung der Umwelt-Taxonomie um soziale Ziele enthalten sollte.

Es stellt sich die Frage, ob die PSF in ihrem Bericht eine sinnvolle Möglichkeit aufzeigt, die Defizite der Umwelt-Taxonomie, die sich daraus ergeben, dass diese Taxonomie nicht anhand eines integrierten Verständnisses von Nachhaltigkeit entwickelt wurde, zumindest teilweise zu „kompensieren". Um einen Beitrag zur Klärung dieser Frage zu leisten, soll im Folgenden der von der PSF vorgelegte Entwurf einer Sozial-Taxonomie vorgestellt werden. Anschließend werden die Modelle diskutiert, die die PSF in Erwägung zieht, um eine Verbindung zwischen der Umwelt-Taxonomie und einer Sozial-Taxonomie herzustellen.

I. Grundlegende Struktur einer Sozial-Taxonomie

Die PSF hat sich bei der Ausarbeitung des Entwurfs einer Sozial-Taxonomie maßgeblich an der Struktur der Umwelt-Taxonomie orientiert.[228]

---

[227] *Platform on Sustainable Finance*, Final Report on Social Taxonomy (2022).
[228] Allgemein zur Sozial-Taxonomie s. auch *Bourgon*, Im Blickpunkt, BB 2022, 553.

1. Qualifizierung einer Wirtschaftstätigkeit als „sozial" (Klassifizierungssystem)

Um als „sozial" eingestuft werden zu können, soll eine Wirtschaftstätigkeit einen wesentlichen Beitrag zu mindestens einem Sozialziel leisten und, darüber hinaus, DNSH-Kriterien erfüllen müssen. Außerdem müssen auf Unternehmensebene bestimmte Mindestschutzstandards eingehalten werden. Ob und unter welchen Voraussetzungen eine Wirtschaftstätigkeit diesen Anforderungen entspricht, soll anhand TSC, die durch Erlass Delegierter Rechtsakte auf Level-2-Ebene festgelegt werden sollen, bewertet werden können.

a) Festlegung von Sozialzielen

Insgesamt schlägt die PSF drei übergeordnete Sozialziele vor, zu deren Verwirklichung eine „soziale" Wirtschaftstätigkeit einen wesentlichen Beitrag leisten soll: Menschenwürdige Arbeit, angemessene Lebensstandards und Wohlergehen der Endverbraucher, inklusive und nachhaltige Gemeinschaften und Gesellschaften.

Die PSF hat sich bei der Entwicklung dieser Sozialziele an den Interessen derjenigen Stakeholder orientiert, die von wirtschaftlichen Tätigkeiten eines Unternehmens betroffen sein können. Zu diesen Stakeholdern gehören in erster Linie die Beschäftigten eines Unternehmens sowie alle Beschäftigten entlang der gesamten Wertschöpfungskette. Umfasst sind außerdem alle Personen, die von Unternehmen produzierte Waren oder Dienstleistungen nutzen bzw. in Anspruch nehmen, und, ganz allgemein, Gemeinschaften. Letztere können direkt oder (über die Wertschöpfungskette) indirekt betroffen sein.[229]

Das Verständnis der PSF von Wertschöpfungskette entspricht demjenigen der *Global Reporting Initiative* (GRI).[230] Der GRI zufolge umfasst die Wertschöpfungskette alle Aktivitäten einer Organisation, durch die *Input* in *Output* umgewandelt und infolgedessen Mehrwert geschaffen wird. Sie schließt Unternehmen ein, mit denen die Organisation eine direkte oder indirekte Geschäftsbeziehung unterhält. Diese Unternehmen liefern entweder Produkte oder erbringen Dienstleistungen, die zur Entwicklung von Produkten oder Dienstleistungen der Organisation beitragen, *oder* erhalten Produkte oder Dienstleistungen von der Organisation. Relevant sind also grundsätzlich alle Tätigkeiten, die den Weg von der

[229] Zu den relevanten Stakeholder-Gruppen *Platform on Sustainable Finance*, Final Report on Social Taxonomy (2022), S. 7 f., 32 ff. Der Ansatz der *Platform on Sustainable Finance*, Sozialziele unter Berücksichtigung von Stakeholdern entlang der gesamten Wertschöpfungskette zu entwickeln, ist zu begrüßen. Andernfalls kann die Verwirklichung der globalen Nachhaltigkeitsziele nicht gelingen.

[230] *Platform on Sustainable Finance*, Final Report on Social Taxonomy (2022), S. 7; die GRI veröffentlicht Standards für die Nachhaltigkeitsberichterstattung, s. hierzu *Stawinoga*, Das Sektorprogramm der Global Reporting Initiative, IRZ 2022, 387.

Konzeption bis zur Endnutzung eines Produkts oder einer Dienstleistung begleiten.[231] Die Definition der GRI ist wiederum an diejenige in einem Leitfaden der UN aus dem Jahr 2012 mit dem Titel „*The Corporate Responsibility to Respect Human Rights: An Interpretive Guide*" angelehnt.[232]

Die PSF weist darauf hin, dass sich die *European Financial Reporting Advisory Group* (EFRAG) in ihrem ersten Entwurf von ESRS an den oben genannten Stakeholder-Gruppen orientiert hat.[233] Indem die PSF dieselben Stakeholder-Gruppen in Bezug nimmt, fordert sie eine gewisse Harmonie zwischen der CSRD und dem Vorschlag einer Sozial-Taxonomie. Eine Harmonie zwischen europäischen Rechtsakten, die dasselbe übergeordnete Ziel verfolgen (hier: Verwirklichung der globalen Nachhaltigkeitsziele), ist mit einigen Vorteilen verbunden. Beispielsweise können Unternehmen davon profitieren, dass sich offenlegungs- und berichtspflichtige Inhalte mit den Informationen überschneiden, die zur Beurteilung, ob eine Wirtschaftstätigkeit den Anforderungen einer Taxonomie entspricht, erforderlich sind.[234] In diesem Zusammenhang können nicht nur die berichtspflichtigen Inhalte der CSRD, sondern auch die Angaben, die die Offenlegungs-VO hinsichtlich der wichtigsten nachteiligen Auswirkungen auf soziale und ökologische Belange verlangt, relevant werden.[235] Allerdings gilt zu beachten, dass anhand einer Sozial-Taxonomie wirtschaftliche *Tätigkeiten* und nicht *Unternehmen* als „sozial" eingeordnet werden können. Zur Beurteilung, ob eine Tätigkeit „sozial" im Sinne einer Sozial-Taxonomie ist, reichen unternehmensbezogene Informationen in der Regel nicht aus.[236]

---

[231] *Global Reporting Initiative*, Introduction, https://globalreporting.org/publications/documents/english/gri-3-material-topics-2021/ (letzter Abruf: 26. März 2026).

[232] *Platform on Sustainable Finance*, Final Report on Social Taxonomy (2022), S. 7; s. auch *United Nations*, The Corporate Responsibility to Respect Human Rights: An Interpretive Guide (2012), S. 8, https://www.securityhumanrightshub.org/sites/default/files/2020-04/hr.pub_.12.2_en.pdf (letzter Abruf: 26. März 2026).

[233] *Platform on Sustainable Finance*, Final Report on Social Taxonomy (2022), S. 8; s. auch *European Financial Reporting Advisory Group*, Draft European Sustainability Reporting Standards (2022), S. 28, https://www.efrag.org/Assets/Download?assetUrl=%2Fsites%2Fwebpublishing%2FSiteAssets%2F06%2520Draft%2520ESRS%25201%2520General%2520requirements%2520November%25202022.pdf (letzter Abruf: 26. März 2026). Die Differenzierung zwischen diesen Interessengruppen wurde in der VO (EU) 2023/2772 beibehalten. Dies lässt sich den ESRS bezüglich sozialer Themen im ersten Anhang der VO (EU) 2023/2772 entnehmen.

[234] *Platform on Sustainable Finance*, Final Report on Social Taxonomy (2022), S. 17.

[235] *Platform on Sustainable Finance*, Final Report on Social Taxonomy (2022), S. 17 f.

[236] *Platform on Sustainable Finance*, Final Report on Social Taxonomy (2022), S. 17. Der am 20. November 2025 von der EU-Kommission veröffentlichte Vorschlag zur Änderung der Offenlegungs-VO sieht eine Streichung unternehmensbezogener Offenlegungspflichten in Bezug auf die wichtigsten nachteiligen Auswirkungen vor, s. *Europäische Kommission*, Vorschlag für eine Verordnung des Europäischen Parlaments und des Rates zur Änderung der Verordnung (EU) 2019/2088 über nachhaltigkeitsbezogene Offenlegungspflichten im Finanzdienstleistungssektor und der Verordnung (EU) Nr. 1286/2014 über Basisinformationsblätter für verpackte Anlageprodukte für Kleinanleger und Versicherungsanlageprodukte (PRIIP) sowie zur Aufhebung der Delegierten Verordnung (EU) 2022/1288 der Kommission, COM(2025) 841 final, S.12.

Die PSF will es auf Level-1-Ebene nicht bei der Festlegung der drei genannten Sozialziele belassen und einem jeden Sozialziel bereits mehrere Unterziele zuordnen. Hierdurch soll sichergestellt werden, dass diejenigen Aspekte, die für ein jedes der drei Sozialziele wesentlich sind, hinreichend Berücksichtigung finden. Im Folgenden werden die von der PSF vorgeschlagenen Sozialziele und dazugehörige Unterziele überblicksartig vorgestellt.

aa) Menschenwürdige Arbeit

Die PSF schlägt als erstes Sozialziel menschenwürdige Arbeit vor. Sie teilt die Unterziele in insgesamt drei Kategorien ein: Förderung menschenwürdiger Arbeit, Förderung von Gleichheit und Nicht-Diskriminierung bei der Arbeit, Gewährleistung des Respektierens von Menschenrechten und Rechten von Beschäftigten entlang der Wertschöpfungskette. Menschenwürdige Arbeit soll beispielsweise gefördert werden können, indem sozialer Dialog oder Tarifverhandlungen zur Festlegung von Löhnen und Arbeitsbedingungen gestärkt werden. Die Förderung von Gleichheit und Nicht-Diskriminierung kann gelingen, wenn z.B. sichergestellt wird, dass Menschen aus benachteiligten Gruppen auf allen Ebenen des Unternehmens vertreten sind.[237]

bb) Angemessene Lebensstandards und Wohlergehen der Endverbraucher

Als zweites Sozialziel sollen angemessene Lebensstandards und das Wohlergehen der Endverbraucher dienen. Im Mittelpunkt dieses Ziels soll der Mensch, der bestimmte Produkte oder Dienstleistungen nutzt bzw. in Anspruch nimmt, stehen. Diese Produkte oder Dienstleistungen bergen im Allgemeinen entweder ein erhöhtes Gesundheits- oder Sicherheitsrisiko oder haben das Potenzial, grundlegende menschliche Bedürfnisse zu befriedigen. Die Unterziele sollen Aspekte des Verbraucherschutzes und der Verwirklichung wirtschaftlicher und sozialer Rechte (z.B. Recht auf Gesundheit, Nahrung, Wohnung und Bildung) umfassen. Als Beispiele werden unter anderem das Designen von langlebigen und reparierfähigen Produkten und die Verbesserung des Zugangs zu qualitativ hochwertigem Trinkwasser genannt.[238]

cc) Inklusive und nachhaltige Gemeinschaften und Gesellschaften

Beim dritten Sozialziel – inklusive und nachhaltige Gemeinschaften und Gesellschaften – soll der Schwerpunkt auf der Achtung und Unterstützung grundlegender Menschenrechte liegen,

---

[237] Zu menschenwürdiger Arbeit als Sozialziel *Platform on Sustainable Finance*, Final Report on Social Taxonomy (2022), S. 34, 35 f., 54 ff.

[238] Näher zum zweiten Sozialziel *Platform on Sustainable Finance*, Final Report on Social Taxonomy (2022), S. 34, 36 f., 56 f.

indem die Auswirkungen der Tätigkeiten eines Unternehmens auf Gemeinschaften und die Gesellschaft in einem weiten Sinne berücksichtigt werden sollen. Zu diesem Sozialziel soll im Allgemeinen beigetragen werden können, indem negative Auswirkungen auf Menschenrechte adressiert werden und ein verbesserter Zugang zu grundlegenden wirtschaftlichen Gütern und Dienstleistungen geschaffen wird (z.B. Zugang zu Energie und Wasser). Die Unterziele werden von der PSF drei Kategorien zugeordnet: Förderung von Gleichheit und inklusivem Wachstum, Förderung von nachhaltigen Lebensgrundlagen und Landrechten, Gewährleistung der Achtung der Menschenrechte der betroffenen Gemeinschaften. In die erste Kategorie sollen beispielsweise Tätigkeiten fallen, die der Inklusion von Menschen mit Behinderung dienen. Lebensgrundlagen und Landrechte sollen gefördert werden können, indem beim Erwerb oder der Nutzung von Land sichergestellt wird, dass die Rechte indigener Bevölkerungsgruppen gewahrt werden.[239]

b) Festlegung von Anforderungen an das Leisten eines wesentlichen Beitrags

Kriterien, anhand denen festgestellt werden kann, ob eine Wirtschaftstätigkeit einen wesentlichen Beitrag zu einem Sozialziel leistet, sollen im Allgemeinen bezogen auf ein jedes Unterziel festgelegt werden. Obwohl die einzelnen Unterziele klar voneinander abgrenzbar sein sollen, ist nicht ausgeschlossen, dass mit einer wirtschaftlichen Tätigkeit ein wesentlicher Beitrag zu mehreren Unterzielen (und somit auch zu mehr als einem Sozialziel) geleistet werden kann.[240] Die PSF schlägt vor, zwischen drei Arten eines wesentlichen Beitrags zu differenzieren.

aa) Vermeidung und Behandlung negativer Auswirkungen

Ein wesentlicher Beitrag soll zum einen geleistet werden können, indem negative Auswirkungen unternehmerischer Tätigkeiten auf die oben genannten Stakeholder-Gruppen vermieden und adressiert werden.

Bei der Festlegung konkreter Bewertungskriterien soll beachtet werden, dass bestimmte wirtschaftliche Tätigkeiten Teil von Mindeststandards oder „*business as usual*" sind. Solche Tätigkeiten sollen identifiziert und ausgeschlossen werden, um zu verhindern, dass alle Tätigkeiten, die zur Risikominimierung ergriffen werden, als „sozial" eingestuft werden. Hierdurch soll sichergestellt werden, dass die Kriterien für einen wesentlichen Beitrag

---

[239] Näher zum dritten Sozialziel *Platform on Sustainable Finance*, Final Report on Social Taxonomy (2022), S. 34, 37 f., 59.

[240] *Platform on Sustainable Finance*, Final Report on Social Taxonomy (2022), S. 35, 38.

Tätigkeiten hervorheben, die glaubwürdig und hinsichtlich der Gestaltung sowie Umsetzung von Sorgfaltspflichten „*best in class*“ sind.[241]

bb) Verbesserung des inhärenten sozialen Nutzens

Zum anderen soll eine Wirtschaftstätigkeit einen wesentlichen Beitrag leisten können, indem sie auf die Verbesserung des zusätzlichen, *der Tätigkeit selbst innewohnenden sozialen Nutzens* gerichtet ist (z.B. Entwicklung und Vertrieb von Pharmazieprodukten). Diese Art von wesentlichem Beitrag ist nur für das zweite und dritte Sozialziel relevant. Sie basiert auf dem Grundgedanken, dass bestimmte wirtschaftliche Tätigkeiten eine Grundvoraussetzung sowohl für angemessene Lebensstandards als auch die Erfüllung wirtschaftlicher, sozialer und kultureller Rechte sind.[242]

Die sich auf diese Art eines wesentlichen Beitrags beziehenden Kriterien sollen unter besonderer Einbeziehung von Situationen und Gruppen, in denen die Befriedigung menschlicher Grundbedürfnisse in Gefahr ist, ausgearbeitet werden. Konkret soll als Ausgangspunkt der Entwicklung von Kriterien das sog. AAAQ-Konzept dienen.[243] Das Ziel von Kriterien, die anhand dieses Konzepts entwickelt werden, soll darin bestehen, Kapitalströme dorthin zu lenken, wo menschliche Grundbedürfnisse nicht befriedigt sind und keine (bzw. keine für bestimmte Gruppen zugängliche) wirtschaftliche Basisinfrastruktur existiert.[244]

cc) Ermöglichende Tätigkeiten

Schließlich sollen in einer Sozial-Taxonomie wirtschaftliche Tätigkeiten Anerkennung finden, die es anderen Tätigkeiten ermöglichen, ihre soziale Leistung zu verbessern. Eine ermöglichende Tätigkeit könnte z.B. darin zu sehen sein, dass *Social Audits* bereitgestellt werden, die der Sicherstellung menschenwürdiger Arbeitsbedingungen entlang der Wertschöpfungskette dienen, indem sie Mängel aufdecken und Verbesserungen vorschlagen. Ermöglichende Tätigkeiten könnten auch Dienstleistungen umfassen, die auf die Durchführung von Tests zur Entdeckung gesundheitsschädigender Substanzen in Konsumgütern gerichtet sind.[245]

c) DNSH-Prinzip

---

[241] *Platform on Sustainable Finance*, Final Report on Social Taxonomy (2022), S. 40.
[242] *Platform on Sustainable Finance*, Final Report on Social Taxonomy (2022), S. 40.
[243] Das Akronym AAAQ steht für *Availability, Accessibility, Acceptability* und *Quality*.
[244] Ausführlich zum AAAQ-Konzept *Platform on Sustainable Finance*, Final Report on Social Taxonomy (2022), S. 41 ff.
[245] Zu ermöglichenden Tätigkeiten s. *Platform on Sustainable Finance*, Final Report on Social Taxonomy (2022), S. 43.

Die Festlegung von DNSH-Kriterien soll sicherstellen, dass eine wirtschaftliche Tätigkeit, die einen wesentlichen Beitrag zu einem Sozialziel leistet, kein anderes Sozialziel erheblich beeinträchtigt. Die DNSH-Kriterien sollen genau wie die Kriterien, anhand denen beurteilt werden kann, ob eine Tätigkeit einen wesentlichen Beitrag zu einem Sozialziel leistet, auf der Ebene der Unterziele entwickelt werden. Dies könnte dazu führen, dass eine Tätigkeit sowohl einen wesentlichen Beitrag zu einem (übergeordneten) Sozialziel leistet, dieses Sozialziel aber gleichzeitig erheblich beeinträchtigt.[246]

d) Soziale Mindestschutzstandards

Auch in einer Sozial-Taxonomie sollen soziale Mindestschutzstandards eine Rolle spielen. Solche Standards könnten notwendig sein, weil es soziale Themen gibt, die sich nicht mit konkreten Umsatzerlösen oder Investitionsausgaben verknüpfen lassen, sondern auf Unternehmensebene adressiert werden müssen. Die PSF betont, dass für „soziale“ Wirtschaftstätigkeiten dieselben sozialen Mindestschutzstandards gelten sollten wie für „ökologisch nachhaltige“ Wirtschaftstätigkeiten i.S.d. Taxonomie-VO.[247]

2. Verbindung „sozialer“ Tätigkeiten mit Umsatz, CapEx und OpEx

Die PSF hat sich auch zu der Frage geäußert, wie „soziale“ Tätigkeiten mit dem Umsatzerlös eines Unternehmens sowie dessen Investitions- und Betriebsausgaben verbunden werden können.

Die Investitionen eines Unternehmen, die zur Vermeidung und Behandlung negativer sozialer Auswirkungen getätigt werden (z.B. durch als „sozial“ qualifizierte Ausbildungsausgaben), könnten grundsätzlich den Investitionsausgaben (CapEx) zugeordnet werden. Ist eine Tätigkeit mit einer ganzen Reihe sozialer Kriterien verknüpft – z.B. dann, wenn ein Fair-Trade-zertifiziertes Produkts vertrieben wird –, könnte der Umsatzerlös, der aus dem Vertrieb dieses Produkts resultiert, als „sozial“ eingeordnet werden. Gilt eine Tätigkeit aus dem Grund als „sozial“, weil sie ihren inhärenten sozialen Nutzen verbessert, könnte auf den Umsatz abgestellt werden, der aus dem Verkauf eines durch diese Tätigkeit hergestellten Produkts resultiert. Im Rahmen ermöglichender Tätigkeiten könnte ebenfalls der Umsatz entscheidend sein, der mit Produkten oder Dienstleistungen erzielt wird, die eine Vermeidung negativer sozialer Auswirkungen ermöglichen.[248]

---

[246] *Platform on Sustainable Finance*, Final Report on Social Taxonomy (2022), S. 43 ff.
[247] *Platform on Sustainable Finance*, Final Report on Social Taxonomy (2022), S. 45 ff.
[248] *Platform on Sustainable Finance*, Final Report on Social Taxonomy (2022), S. 51 f.

Die Verbindung einer „sozialen“ Tätigkeit mit dem Umsatzerlös sowie der Investitions- und Betriebsausgaben eines Unternehmens kann auch für die Festlegung taxonomiebezogener Offenlegungspflichten relevant werden.[249]

II. Einbeziehung von Governance-Aspekten

Die PSF hat sich auch mit der Frage befasst, wie Governance-Aspekte in eine Taxonomie einbezogen werden können. Governance definiert die PSF in diesem Kontext als die wesentlichen Pflichten eines Unternehmens gegenüber Shareholdern und anderen Interessengruppen (z.B. Beschäftigten, Kunden und Steuerbehörden). Den Governance-Rahmen eines Unternehmens bilden alle Regeln und Grundsätze, die sich auf die Beziehung des Unternehmens zu diesen Gruppen sowie auf die Leitung und den operativen Rahmen des Unternehmens beziehen.[250] Die Notwendigkeit einer starken Einbeziehung von Governance-Aspekten in eine Taxonomie folgt primär daraus, dass Governance-Strukturen den Rahmen für die Festlegung von Leitlinien und Grundsätzen bieten, die ökologischen und sozialen Belangen zugute kommen und umwelt- und sozialbezogenen Risiken vorbeugen können.

Die PSF schlägt zum einen vor, im Rahmen einer Umwelt- und Sozial-Taxonomie ökologische und soziale Aspekte der „traditionellen“ Governance-Aspekte[251] zu stärken. Dies könnte beispielsweise geschehen, indem Kompetenzen zur Bewertung von ökologischen oder sozialen Risiken gestärkt werden oder Transparenz bezogen auf Umwelt- oder Sozialziele hergestellt wird. Möglich wäre auch die Einführung einer Vergütungspolitik, die die Vergütung der Vorstandsmitglieder davon abhängig macht, ob und in welchem Umfang die ökologischen oder sozialen Ziele, die ein Unternehmen selbst gewählt hat, erreicht wurden.[252] Zum anderen sollen diejenigen Governance-Aspekte gestärkt werden, die sich speziell auf die Verwirklichung ökologischer und sozialer Ziele beziehen (z.B. Maßnahmen zur Bekämpfung von Korruption und Bestechung sowie Diversität der Vorstandsmitglieder).[253]

Die PSF bezeichnet Governance als Rahmen aus freiwilligen und verbindlichen Regeln, in dem „soziale“ und „ökologisch nachhaltige“ Wirtschaftstätigkeiten vorgenommen werden. Dieser Rahmen sei entscheidend, um beispielsweise zu verhindern, dass ein in erheblichem Umfang

[249] S. hierzu *Platform on Sustainable Finance*, Final Report on Social Taxonomy (2022), S. 52 f.
[250] *Platform on Sustainable Finance*, Final Report on Social Taxonomy (2022), S. 60.
[251] Die „traditionellen“ Governance-Faktoren beziehen sich beispielsweise auf die Zusammensetzung des Vorstands, die Finanzberichterstattung und Interessenkonflikten zwischen Organmitgliedern, *Platform on Sustainable Finance*, Final Report on Social Taxonomy (2022), S. 61.
[252] Zur Stärkung ökologischer und sozialer Aspekte der „traditionellen“ Governance-Aspekte *Platform on Sustainable Finance*, Final Report on Social Taxonomy (2022), S. 62 ff.
[253] Hierzu *Platform on Sustainable Finance*, Final Report on Social Taxonomy (2022), S. 64 ff.

„sozial" handelndes Unternehmen in Steuerbetrug oder Bestechung verwickelt sei.[254] Er könne außerdem den Wandel eines Unternehmens dahingehend fördern, dass dieses mehr „soziale" und „ökologisch nachhaltige" Tätigkeiten ausübe.[255] Angesichts ihrer Unternehmensbezogenheit müssten Governance-Themen im Rahmen der Mindestschutzstandards einer Umwelt- oder Sozial-Taxonomie Berücksichtigung finden.[256]

III. Verbindung einer Sozial-Taxonomie mit der bestehenden Umwelt-Taxonomie

Die PSF erörtert in ihrem Bericht ausführlich, wie sich eine Sozial-Taxonomie zur bestehenden Umwelt-Taxonomie verhalten könnte. Die diesbezüglichen Ausführungen sind deshalb besonders relevant, weil die Entwicklung einer europäischen Nachhaltigkeitstaxonomie, die Rechtsakten zur Förderung eines nachhaltigen Finanzwesens als Grundbaustein dienen soll, nur unter Berücksichtigung ökologischer *und* sozialer Belange gelingen kann.

1. Verbindung zu einer einzigen Taxonomie

Die Idee, eine Sozial-Taxonomie mit der bestehenden Umwelt-Taxonomie derart zu verbinden, dass eine wirtschaftliche Tätigkeit *sowohl* „sozial" im Sinne einer Sozial-Taxonomie *als auch* „ökologisch nachhaltig" i.S.d. Art. 3 Taxonomie-VO sein muss, um als taxonomiekonform zu gelten, hat die PSF bereits nach wenigen Sätzen verworfen. Eine derartige Kombination beider Taxonomien addiere die „soziale" und „ökologische Nachhaltigkeit" eines Unternehmens, obwohl beide Taxonomien sehr unterschiedliche Dinge mäßen.[257] Außerdem führe ein solcher Ansatz dazu, dass nur sehr wenige Tätigkeiten als „nachhaltig" qualifiziert werden könnten, was die praktische Bedeutung eines Klassifizierungssystems auf ein Minimum reduzieren würde.[258]

2. Einführung einer von der Umwelt-Taxonomie völlig unabhängigen Sozial-Taxonomie

Auch der Ansatz, zwei völlig voneinander unabhängige Taxonomien zu schaffen, wird von der PSF mit einer kurzen Begründung verworfen. Diesen Ansatz schließe bereits die Taxonomie-VO aus, die durch Regelungen bezüglich sozialer Mindestschutzstandards (s. Art. 3 lit. c) und Art. 18 Taxonomie-VO) eine gewisse Verbindung zwischen ökologischen und sozialen

[254] *Platform on Sustainable Finance*, Final Report on Social Taxonomy (2022), S. 68.
[255] *Platform on Sustainable Finance*, Final Report on Social Taxonomy (2022), S. 68.
[256] *Platform on Sustainable Finance*, Final Report on Social Taxonomy (2022), S. 68.
[257] *Platform on Sustainable Finance*, Final Report on Social Taxonomy (2022), S. 72.
[258] *Platform on Sustainable Finance*, Final Report on Social Taxonomy (2022), S. 72.

Aspekten herstelle.[259] Außerdem sei eine Erweiterung der Umwelt-Taxonomie-VO um soziale Aspekte ausdrücklich vorgesehen.[260]

3. Verbindung beider Taxonomien über DNSH-Kriterien (DNSH-Modell) oder Mindestschutzstandards (MS-Modell)

Die PSF zieht in Betracht, beide Taxonomien entweder über DNSH-Kriterien (DNSH-Modell) oder Mindestschutzstandards (MS-Modell) zu verbinden. Beide Modelle sind mit Vor- und Nachteilen verbunden und tragen in unterschiedlichem Maße zur Schaffung einer Taxonomie bei, die *nachhaltige* Wirtschaftstätigkeiten kennzeichnet.

a) DNSH-Modell

Das DNSH-Modell zeichnet sich dadurch aus, dass die DNSH-Kriterien der einen Taxonomie mit der jeweils anderen Taxonomie verknüpft werden. Dies würde z.B. bedeuten, dass eine Wirtschaftstätigkeit trotz einer enormen Verbesserung ihres inhärenten sozialen Nutzens nur dann als „sozial" eingestuft werden könnte, wenn sie unter anderem das Umweltziel „Vermeidung und Verminderung der Umweltverschmutzung" nicht erheblich beeinträchtigt. Umgekehrt dürfte eine Wirtschaftstätigkeit keines der Sozialziele erheblich beeinträchtigen, um den Status „ökologisch nachhaltig" erhalten zu können.

Die PSF führt an, dass eine solche Konzeption dafür Sorge tragen könnte, dass sich Unternehmen nicht ausschließlich auf diejenigen (sozialen oder ökologischen) Kriterien konzentrieren würden, die für sie „am einfachsten" zu erfüllen seien.[261] Zwischen ökologischen und sozialen Belangen würde eine starke Verbindung hergestellt, wodurch sich auch die Anforderungen an die Einordnung einer Wirtschaftstätigkeit als „ökologisch nachhaltig" verschärfen würden.[262] Soziale Mindestschutzstandards, die auf *Unternehmens*ebene eingehalten werden müssten, würden sowohl für die Umwelt- als auch für die Sozial-Taxonomie gelten.[263] Insbesondere dann, wenn die DNSH-Kriterien streng ausgestaltet würden, könnte die praktische Bedeutung beider Taxonomien jedoch gering sein.[264] Es werde Tätigkeiten geben, die keinen Zugang zu „nachhaltigem" Investitionskapital hätten, weil sie trotz ihres Umweltbeitrags keine spezifischen sozialen Kriterien einhalten würden.[265] Einige

[259] *Platform on Sustainable Finance*, Final Report on Social Taxonomy (2022), S. 72.
[260] *Platform on Sustainable Finance*, Final Report on Social Taxonomy (2022), S. 72.
[261] *Platform on Sustainable Finance*, Final Report on Social Taxonomy (2022), S. 74.
[262] *Platform on Sustainable Finance*, Final Report on Social Taxonomy (2022), S. 74.
[263] *Platform on Sustainable Finance*, Final Report on Social Taxonomy (2022), S. 74.
[264] *Platform on Sustainable Finance*, Final Report on Social Taxonomy (2022), S. 74.
[265] *Platform on Sustainable Finance*, Final Report on Social Taxonomy (2022), S. 74.

„soziale" Tätigkeiten würden keine „sozialen" Investitionen anziehen, weil sie keine strengen Umweltkriterien erfüllen würden.[266]

Es mag zwar zutreffen, dass das DNSH-Modell dazu führen könnte, dass deutlich weniger Wirtschaftstätigkeiten als taxonomiekonform eingestuft werden, als wenn eine „soziale" Tätigkeit keine umweltbezogenen und eine „ökologisch nachhaltige" Tätigkeit keine sozialbezogenen DNSH-Kriterien erfüllen müsste. Allerdings würde dieses Modell die Gefahr reduzieren, dass eine als „ökologisch nachhaltig" qualifizierte Wirtschaftstätigkeit soziale Belange beeinträchtigt. Vor diesem Hintergrund erhöhen eine Umwelt- und eine Sozial-Taxonomie, die dem DNSH-Modell entsprechend konzipiert wurden, die Chance, dass eine als „ökologisch nachhaltig" oder „sozial" eingestufte Tätigkeit einen spürbaren Beitrag zur Verwirklichung der globalen Nachhaltigkeitsziele leistet.

b) MS-Modell

Als Alternative zum DNSH-Modell schlägt die PSF das MS-Modell vor. Dieses Modell würde die Umwelt-Taxonomie mit einer Sozial-Taxonomie über bestimmte Mindestschutzstandards verbinden. Das MS-Modells hätte konkret zur Folge, dass die Qualifizierung einer wirtschaftlichen Tätigkeit als „sozial" von der Einhaltung unternehmensbezogener sozialer *und* ökologischer Mindestschutzstandards abhängig gemacht würde. Um eine Tätigkeit als „ökologisch nachhaltig" zu qualifizieren, müsste das die Tätigkeit ausübende Unternehmen nach wie vor nur soziale Mindeststandards erfüllen.[267] Die PSF schlägt vor, die Umweltkapitel der OECD-Leitsätze für multinationale Unternehmen zur Entwicklung von ökologischen Mindestschutzstandards heranzuziehen.[268]

Die PSF führt einige Vorteile auf, die das MS-Modell aus ihrer Sicht mit sich bringen würde. Tätigkeiten mit einem starken ökologischen *oder* sozialen Profil würden aufgrund ihres jeweiligen Beitrags Anerkennung finden, ohne dafür „bestraft" zu werden, dass sie spezifische und zum Teil sehr strenge Kriterien der jeweils anderen Taxonomie nicht erfüllen würden.[269] „Soziale" Wirtschaftstätigkeiten (z.B. Bau von Sozialwohnungen) müssten strengere bzw. detailliertere Kriterien beispielsweise in Bezug auf die Achtung von Menschenrechten einhalten als „ökologisch nachhaltige" Tätigkeiten (z.B. Bau energieeffizienter Häuser).[270] Ein

[266] *Platform on Sustainable Finance*, Final Report on Social Taxonomy (2022), S. 74.
[267] Die sozialen Mindeststandards der Umwelt-Taxonomie müssten mit den sozialen Mindeststandards einer Sozial-Taxonomie identisch sein, *Platform on Sustainable Finance*, Final Report on Social Taxonomy (2022), S. 46, 72, 76.
[268] *Platform on Sustainable Finance*, Final Report on Social Taxonomy (2022), S. 72.
[269] *Platform on Sustainable Finance*, Final Report on Social Taxonomy (2022), S. 73.
[270] *Platform on Sustainable Finance*, Final Report on Social Taxonomy (2022), S. 73.

Unternehmen, das „ökologisch nachhaltig“ i.S.d. Umwelt-Taxonomie handele, indem es Solarzellen herstelle, müsste strengere Umweltkriterien einhalten als Unternehmen, die bestimmte Pharmazieprodukte „sozial“ produzieren und vertreiben würden.[271]

IV. Chancen für ein Zertifizierungssystem für Finanzprodukte

Die PSF hat also nicht nur einen möglichen Ausgangspunkt zur Entwicklung einer Sozial-Taxonomie geliefert, sondern sich auch mit der Verbindung einer solchen Taxonomie mit der bestehenden Umwelt-Taxonomie befasst. Nun stellt sich die Frage, welche Chancen eine Sozial-Taxonomie, wie sie von der PSF vorgeschlagen wird, bieten würde, um ein glaubwürdiges Zertifizierungssystem für nachhaltige Finanzprodukte auszugestalten.

Ein Zertifizierungssystem für Finanzprodukte könnte auf eine im Einklang mit dem DNSH-Modell stehende Umwelt- und Sozial-Taxonomie Bezug nehmen, indem es verlangt, dass ein bestimmter Anteil der Vermögenswerte eines Finanzprodukts in „ökologisch nachhaltige“ *oder* „soziale“ Wirtschaftstätigkeiten investiert ist. Durch das DNSH-Modell würde sichergestellt werden, dass taxonomiekonforme Tätigkeiten kein Umwelt- oder Sozialziel erheblich beeinträchtigen.[272] Die enge Verbindung zwischen ökologischen und sozialen Aspekten könnte dazu beitragen, dass der taxonomiekonforme Vermögenswertanteil als tatsächlich nachhaltigkeitsfördernd wahrgenommen wird. Allerdings besteht das Risiko, dass ein solches Zertifizierungssystem in der Praxis wenig Bedeutung erlangt. Je strenger die Anforderungen an die Taxonomiekonformität einer Wirtschaftstätigkeit sind, desto geringer ist die Wahrscheinlichkeit, dass ein Finanzprodukt einen hohen taxonomiekonformen Vermögenswertanteil aufweist. Dieses Risiko kann verringert werden, indem die Vergabe eines Labels (vorerst) nicht von einem allzu hohen taxonomiekonformen Vermögenswertanteil abhängig gemacht wird.

Die Einführung einer Sozial-Taxonomie sollte unabhängig davon, ob eine solche Taxonomie mit der bestehenden Umwelt-Taxonomie über Mindestschutzstandards oder DNSH-Kriterien verknüpft wird, von Transparenzpflichten flankiert werden. Andernfalls hätten Anbieter von Finanzprodukten kaum eine Chance, nachzuweisen, in welchem Umfang die Finanzproduktvermögenswerte in taxonomiekonforme Wirtschaftstätigkeiten investiert sind. Dieser Nachweis kann zur Erlangung eines Zertifikats notwendig sein. Die Einführung einer Art. 8 Taxonomie-VO entsprechenden Regelung hätte zur Folge, dass sich Unternehmen damit auseinandersetzen müssten, in welchem Umfang sie „soziale“ *und* in welchem Umfang sie

[271] *Platform on Sustainable Finance*, Final Report on Social Taxonomy (2022), S. 74.
[272] Ob tatsächlich keine Umwelt- oder Sozialziele erheblich beeinträchtigt werden, hängt selbstverständlich von der konkreten Ausgestaltung der DNSH-Kriterien ab.

„ökologisch nachhaltige“ Wirtschaftstätigkeiten ausüben. Hiermit wäre ein gewisser Mehraufwand im Vergleich zu den aktuell geltenden Transparenzregelungen der Taxonomie-VO verbunden. Transparenzpflichten bezüglich einer Umwelt- und einer Sozial-Taxonomie, die über DNSH-Kriterien miteinander verbunden sind, bieten Unternehmen jedoch auch Chancen: Eine intensive Auseinandersetzung mit ökologischen und sozialen Auswirkungen der unternehmerischen Tätigkeiten ermöglicht, das unternehmerische Handeln zu reflektieren und zu verbessern. Die Offenlegung taxonomiekonformer Tätigkeiten kann angesichts der wachsenden Bedeutung von „nachhaltiger Finanzierung“ außerdem dazu beitragen, dass ein Unternehmen verbesserten Zugang zu Finanzierungsmöglichkeiten erhält.

V. Zwischenfazit

Die PSF hat mit dem DNSH-Modell eine Möglichkeit aufgezeigt, eine Sozial-Taxonomie mit der bestehenden Umwelt-Taxonomie derart zu verbinden, dass eine enge Verbindung zwischen ökologischen und sozialen Aspekten hergestellt würde. Die Ausarbeitung ökologischer *und* sozialer DNSH-Kriterien für einzelne Tätigkeiten würde dazu zwingen, die ökologischen *und* sozialen Auswirkungen wirtschaftlicher Tätigkeiten in den Blick zu nehmen. Die Anforderungen an eine „ökologisch nachhaltige“ Tätigkeit würden nicht nahezu ausschließlich aus einer ökologischen Perspektive festgelegt. Die Defizite der Taxonomie-VO, die sich daraus ergeben, dass diese nicht unter Zugrundelegung eines integrierten Verständnisses von Nachhaltigkeit entwickelt wurde, könnten hierdurch in gewisser Weise „kompensiert“ werden.

Dass die Wahl des MS-Modells eine höhere Quote an taxonomiekonformen Tätigkeiten, die im europäischen Raum ausgeübt werden, versprechen würde, kann im Rahmen der Entscheidung für oder gegen das MS-Modell kein relevantes Argument sein. Das übergeordnete Ziel einer europäischen Taxonomie besteht darin, der Förderung eines nachhaltigen Finanzwesens zu dienen.[273] Die Einordnung als „ökologisch nachhaltig“ oder „sozial“ muss deshalb *glaubwürdig* sein. Die Unglaubwürdigkeit einer Taxonomie würde sich auf alle Maßnahmen erstrecken, die auf diese Taxonomie Bezug nehmen.

Auch ein Zertifizierungssystem, das auf eine Umwelt- und eine Sozial-Taxonomie Bezug nimmt, muss glaubwürdig ausgestaltet sein. Um zu verhindern, dass ein Zertifizierungssystem rein theoretischer Natur bleibt, muss sorgfältig darüber nachgedacht werden, zu welchem Anteil die Vermögenswerte eines Finanzprodukts in taxonomiekonforme Tätigkeiten investiert sein müssen, um ein Label erhalten zu können. Denkbar wäre auch, ein Zertifizierungssystem

[273] Dies geht unmissverständlich aus den europäischen Strategiepapieren zur Förderung eines nachhaltigen Finanzwesens hervor, s. A.

einzuführen, das mehrere „Nachhaltigkeitsstufen“ vorsieht. Beispielsweise könnte einem Finanzprodukt mit einem taxonomiekonformen Vermögenswertanteil von 10 % ein 1-Punkt-Label, einem Finanzprodukt mit einem taxonomiekonformen Vermögenswertanteil von 25 % ein zwei-Punkte-Label vergeben werden.[274] Dies hätte den Vorteil, dass für Anbieter von Finanzprodukten ein Anreiz geschaffen würde, die eigene „Nachhaltigkeitsleistung“ weiter zu verbessern, um eine „bessere“ Auszeichnung zu erhalten. Unternehmen der Realwirtschaft könnten hierdurch motiviert werden, mehr taxonomiekonforme Tätigkeiten auszuüben, um z.B. durch die Aufnahme in ein Investmentportfolio finanzielle Unterstützung zu erhalten. Eine solche Entwicklung könnte die notwendige ökologische und soziale Transformation der Wirtschaft massiv vorantreiben. Wäre die Taxonomie, auf die ein Zertifizierungssystem Bezug nimmt, von Vornherein nicht glaubwürdig, könnte von der Förderung eines nachhaltigen Finanzwesens kaum die Rede sein. Deshalb kann der Aussage der PSF, eine Entscheidung zugunsten des MS-Modells würde dazu führen, dass mehr Kapital in *nachhaltige* Tätigkeiten fließe,[275] nicht uneingeschränkt zugestimmt werden.

Im Ergebnis bleibt festzuhalten, dass eine Verbindung einer europäischen Sozial-Taxonomie mit der bestehenden Umwelt-Taxonomie entsprechend dem DNSH-Modell die Chancen erhöhen würde, dass keine Tätigkeiten, die nicht im Einklang mit den SDGs und Pariser Klimaschutzzielen stehen, als „nachhaltig“ eingeordnet werden. Infolgedessen würde auch ein Zertifizierungssystem für Finanzprodukte, das auf eine europäische Taxonomie Bezug nimmt, an Glaubwürdigkeit gewinnen.

F. Europäische Zertifizierungssysteme für Finanzprodukte – Ein Blick in die Gegenwart und Zukunft

Im Fokus der bisherigen Ausführungen dieses Kapitels stand die Einführung einer europäischen Taxonomie, die unter anderem einem Zertifizierungssystem für Finanzprodukte als Grundbaustein dienen soll. Auf europäischer Ebene wurden jedoch auch bereits Maßnahmen ergriffen, die die Zertifizierung von Finanzprodukten *unmittelbar* zum Gegenstand haben. Beispielsweise hat der europäische Gesetzgeber durch die VO (EU) Nr. 346/2013 (EuSEF-VO)[276] vom 17. April 2013 ein europäisches Zertifizierungssystem für bestimmte „soziale“ Finanzprodukte eingeführt. Auf dieses wird im Aktionsplan zur Finanzierung nachhaltigen Wachstums ausdrücklich hingewiesen. Allerdings zeichnet sich die EuSEF-VO durch einen

[274] Ein solches „Stufen-Modell“ sieht beispielsweise das FNG-Siegel vor, s. Kapitel 3, C. I.

[275] *Platform on Sustainable Finance*, Final Report on Social Taxonomy (2022), S. 75.

[276] Verordnung (EU) Nr. 346/2013 des Europäischen Parlaments und des Rates vom 17. April 2013 über Europäische Fonds für soziales Unternehmertum.

eng begrenzten Anwendungsbereich und thematischen Schwerpunkt aus. Nichtsdestotrotz kann sie herangezogen werden, um zu veranschaulichen, wie ein europäisches Zertifizierungssystem für Finanzprodukte konzeptionell ausgestaltet sein kann. Auf europäischer Ebene wurde außerdem erwogen, das EU-Umweltzeichen auf Finanzprodukte auszuweiten.[277] Diesbezüglich wurde bereits ein konkreter Vorschlag veröffentlicht, der die Umwelt-Taxonomie der Taxonomie-VO in Bezug nimmt. Dieser Vorschlag soll im Anschluss an eine kurze Vorstellung der EuSEF-VO erörtert werden.

I. EuSEF-VO: Zertifizierung „sozialer" Finanzprodukte

Bei der EuSEF-VO handelt es sich um die erste Norm im europäischen Recht, die unmittelbar die Zertifizierung „sozialer" Finanzprodukte zum Gegenstand hat.[278] Die EuSEF-VO ist Teil der „Initiative für soziales Unternehmertum", die von der EU-Kommission in einer Mitteilung vom 25. Oktober 2011 ins Leben gerufen wurde.[279]

Die EU und ihre Mitgliedstaaten werden durch die EuSEF-VO nicht verpflichtet, Rechtsakten ein einheitliches Verständnis von „sozialen" Wirtschaftstätigkeiten zugrunde zu legen. Hierin unterscheidet sich die EuSEF-VO wesentlich von der Taxonomie-VO, die in bestimmten Fällen an das Klassifizierungssystem für „ökologisch nachhaltige" Wirtschaftstätigkeiten bindet. Die Vorgaben der EuSEF-VO sind vielmehr nur dann relevant, wenn ein Finanzprodukt unter der Bezeichnung „EuSEF" („*European Social Entrepreneurship Fund*") vertrieben werden soll (s. Art. 1 EuSEF-VO).[280] Hier gilt also ein ähnliches Prinzip wie bei europäischen grünen Anleihen, die die spezifische Bezeichnung „EUGB" nur dann tragen dürfen, wenn bestimmte, in der EUGBS-VO festgelegte Voraussetzungen erfüllt sind. EU-Mitgliedstaaten können also trotz unmittelbarer Geltung der EuSEF-VO Zertifizierungssysteme für „soziale" Finanzprodukte einführen, denen ein völlig anderes Begriffsverständnis von einer „sozialen"

[277] Die Bestrebungen in diesem Kontext können mittlerweile jedoch als gescheitert bezeichnet werden, s. *Fonds Online*, EU-Ecolabel für Finanzprodukte wird begraben, 24. September 2024, https://www.fondsprofessionell.de/news/recht/headline/eu-ecolabel-fuer-finanzprodukte-wird-begraben-235789/ (letzter Abruf: 26. März 2026).

[278] S. zur EuSEF-VO *Ukrow/Ress*, in: Grabitz/Hilf/Nettesheim, Das Recht der Europäischen Union, Bd. I (Werkstand: 86. EL September 2025), Art. 63 AEUV Rn. 595; *Wojcik*, in: von der Groeben/Schwarze/Hatje, Europäisches Unionsrecht (8. Aufl. 2025), Art. 63 AEUV Rn. 131; ausführlich zur Entstehungsgeschichte und zur politischen Zwecksetzung *Zetzsche/Preiner*, in Assmann/Wallach/Zetzsche (Hrsg.), KAGB Kommentar (2. Aufl. 2022), Vorbem. vor § 338 Rn. 1 ff.

[279] *Europäische Kommission*, Initiative für soziales Unternehmertum, Schaffung eines „Ökosystems" zur Förderung der Sozialunternehmen als Schlüsselakteure der Sozialwirtschaft und der sozialen Innovation, KOM(2011) 682 endg.

[280] Erwägungsgrund 4 und Art. 1 Abs. 1 der EuSEF-VO.

Investition zugrunde liegt. Die EuSEF-VO wurde seit ihrem Erlass im Jahr 2013 mehrmals überarbeitet.[281]

1. Anwendungsbereich

Regelungen zum Anwendungsbereich finden sich im ersten Kapitel der EuSEF-VO. Gem. Art. 2 Abs. 1 i.V.m. Art. 3 Abs. 1 UAbs. 1 lit. a) EuSEF-VO erstreckt sich der Anwendungsbereich auf bestimmte Verwalter von AIF (Alternative Investmentfonds) i.S.d. Art. 4 Abs. 1 lit. a) RL 2011/61/EU (AIF-RL)[282], die Portfolios von qualifizierten Fonds für soziales Unternehmertum (im Folgenden: qualifizierte Fonds) verwalten. Soll im Zusammenhang mit dem Vertrieb dieser Fonds in der Union die Bezeichnung „EuSEF" verwendet werden, sind gem. Art. 2 Abs. 2 EuSEF-VO besondere Vorschriften zu beachten.

2. Begriff des qualifizierten Fonds

Bevor die im zweiten Kapitel der EuSEF-VO aufgeführten Bedingungen für die Verwendung der Bezeichnung „EuSEF" dargestellt werden können, bedarf es der Klärung der Frage, unter welchen Voraussetzungen es sich bei einem Fonds um einen qualifizierten Fonds handelt. Zur Klärung dieser Frage dienen die in Art. 3 EuSEF-VO enthaltenen Begriffsbestimmungen.

Gem. Art. 3 Abs. 1 UAbs. 1 lit. b) EuSEF-VO handelt es sich bei einem qualifizierten Fonds um einen Organismus für gemeinsame Anlagen, der im Hoheitsgebiet eines EU-Mitgliedstaats niedergelassen ist und beabsichtigt, innerhalb der in den Anlagebedingungen oder der Satzung festgelegten Frist mindestens 70 % des aggregierten eingebrachten Kapitals und des noch nicht eingeforderten zugesagten Kapitals in qualifizierte Anlagen zu investieren. Dementsprechend dürfen nicht mehr als 30 % des Kapitals für den Erwerb anderer Vermögenswerte als qualifizierte Anlagen eingesetzt werden (s. auch Art. 5 Abs. 1 EuSEF-VO).

Eine Begriffsbestimmung von qualifizierter Anlage findet sich wiederum in Art. 3 Abs. 1 UAbs. 1 lit. e) EuSEF-VO. Demnach handelt es sich hierbei grundsätzlich um Eigenkapital- oder eigenkapitalähnliche Instrumente, die von einem qualifizierten Portfoliounternehmen begeben und vom qualifizierten Fonds erworben werden. Zu den qualifizierten Anlagen zählen außerdem von einem qualifizierten Portfoliounternehmen begebene Schuldtitel sowie

---

[281] Insbesondere wurde der Anwendungsbereich erweitert, s. hierzu Verordnung (EU) 2017/1991 des Europäischen Parlaments und des Rates vom 25. Oktober 2017 zur Änderung der Verordnung (EU) Nr. 345/2013 über Europäische Risikokapitalfonds und der Verordnung (EU) Nr. 346/2013 über Europäische Fonds für soziales Unternehmertum; s. auch *Weitnauer*, in: Weitnauer/Boxberger/Anders (Hrsg.), KAGB (3. Aufl. 2021), Art. 1 EuSEF-VO Rn. 1 f.

[282] Richtlinie 2011/61/EU des Europäischen Parlaments und des Rates vom 8. Juni 2011 über die Verwalter alternativer Investmentfonds und zur Änderung der Richtlinien 2003/41/EG und 2009/65/EG und der Verordnungen (EG) Nr. 1060/2009 und (EU) Nr. 1095/2010.

Darlehen, die einem qualifizierten Portfoliounternehmen von einem qualifizierten Fonds gewährt werden. Die Liste der in Art. 3 Abs. 1 UAbs. 1 lit. e) i) bis iv) EuSEF-VO genannten Beteiligungen an qualifizierten Portfoliounternehmen ist nicht abschließend. Dies geht aus der Vorschrift des Art. 3 Abs. 1 UAbs. 1 lit. e) v) EuSEF-VO hervor, die als Auffangtatbestand fungiert und normiert, dass auch „jede andere Art der Beteiligung an einem qualifizierten Portfoliounternehmen" als qualifizierte Anlage anzusehen ist.

Nun stellt sich noch die Frage, was unter einem qualifizierten Portfoliounternehmen zu verstehen ist. Eine Definition ist in Art. 3 Abs. 1 UAbs. 1 lit. d) EuSEF-VO zu finden. Es muss sich zum einen um ein Unternehmen handeln, das nicht für den Handel an einem geregelten Markt oder in einem multilateralen Handelssystem (MTF) i.S.d. Art. 4 Abs. 1 Nr. 14 und 15 RL 2004/39/EG[283] zugelassen ist.[284] Zum anderen muss im Gesellschaftsvertrag, in der Satzung oder in sonstigen Gründungsakten des Unternehmens das vorrangige Ziel verankert sein, „messbare, positive soziale Wirkungen" (*Social Impact*) hervorzurufen.[285] Dabei kann das Unternehmen Dienstleistungen oder Produkte mit „hoher sozialer Rendite" bereitstellen oder bei der Produktion von Gütern oder der Erbringung von Dienstleistungen ein soziales Ziel verfolgen. Eine weitere Möglichkeit besteht darin, Unternehmen, die sich durch die genannten Tätigkeiten auszeichnen, Finanzmittel zur Verfügung zu stellen. Um als qualifiziertes Portfoliounternehmen zu gelten, muss außerdem durch im Voraus festgelegte Verfahren und Regeln sichergestellt werden, dass Gewinne vorrangig zum Erreichen der sozialen Ziele eingesetzt werden und Gewinnausschüttungen an Shareholder dem nicht entgegenstehen. Schließlich muss das Unternehmen in verantwortungsbewusster und transparenter Weise verwaltet werden.

Eine nähere Konkretisierung, was unter einer „sozialen Rendite" zu verstehen ist und welche sozialen Ziele ein Unternehmen verfolgen muss, enthält die EuSEF-VO nicht. Unternehmen

[283] Richtlinie 2004/39/EG des Europäischen Parlaments und des Rates vom 21. April 2004 über Märkte für Finanzinstrumente, zur Änderung der Richtlinien 85/611/EWG und 93/6/EWG des Rates und der Richtlinie 2000/12/EG des Europäischen Parlaments und des Rates und zur Aufhebung der Richtlinie 93/22/EWG des Rates.

[284] Die Richtlinie 2004/39/EG trat zum 2. Januar 2018 außer Kraft und wurde durch die Richtlinie 2014/65/EU des Europäischen Parlaments und des Rates vom 15. Mai 2014 über Märkte für Finanzinstrumente sowie zur Änderung der Richtlinien 2002/92/EG und 2011/61/EU (MiFID II), die am 3. Januar 2018 in Kraft getreten ist, ersetzt. Infolge dieser Änderung müsste im Rahmen der Definition von geregeltem Markt und von MTF auf Art. 4 Abs. 1 Nr. 21 und 22 MiFID II verwiesen werden. Die Definitionen unterscheiden sich in ihrem Wortlaut jedoch nicht von der RL 2004/39/EG.

[285] Beim EuSEF-Label handelt es sich also um ein Impact-Investing-Label, so auch *Zetzsche/Preiner*, in: Assmann/Wallach/Zetzsche (Hrsg.), KAGB Kommentar (2. Aufl. 2022), Anhang zu § 338: Verordnung (EU) Nr. 346/2013 des Europäischen Parlaments und des Rates vom 17. April 2013 über Europäische Fonds für soziales Unternehmertum (EuSEF-VO), Kapitel I, Art. 3 Rn. 3; *Eckhold/Balzer*, in: Assmann/Schütze/Buck-Heeb (Hrsg.), Handbuch des Kapitalanlagerechts (6. Aufl. 2024), § 22 Rn. 42.

verbleibt bei der Ausgestaltung ihrer Geschäftsstrategie also großer Gestaltungsspielraum.[286] Dies kann zwar einerseits praxisfreundlich sein, steht andererseits aber nicht im Einklang mit Rechtssicherheit und Harmonisierung.[287] Deshalb wäre z.B. ein Delegierter Rechtsakt wünschenswert, der die sozialen Komponenten eines Sozialunternehmens konkretisiert.

3. Bedingungen für die Verwendung der Bezeichnung „EuSEF"

Bedingungen für die Verwendung der Bezeichnung „EuSEF" sind im zweiten Kapitel der EuSEF-VO enthalten.

Beispielsweise müssen gem. Art. 5 Abs. 1 S. 1 EuSEF-VO Verwalter eines qualifizierten Fonds dafür sorgen, dass höchstens 30 % des aggregierten eingebrachten Kapitals und noch nicht eingeforderten zugesagten Kapitals des Fonds für den Erwerb von anderen Vermögenswerten als qualifizierten Anlagen eingesetzt werden. Außerdem dürfen gem. Art. 5 Abs. 3 EuSEF-VO Darlehen auf Ebene des qualifizierten Fonds nur dann aufgenommen werden, wenn diese durch nicht eingeforderte Zusagen gedeckt sind.

Gem. Art. 6 Abs. 1 EuSEF-VO dürfen Anteile an einem qualifizierten Fonds unter der Bezeichnung „EuSEF" grundsätzlich nur an professionelle Anleger vertrieben werden. Der Vertrieb an andere Anleger ist ausnahmsweise zulässig, wenn sich diese verpflichten, mindestens 100.000 Euro zu investieren und schriftlich bestätigen, dass sie sich der Risiken im Zusammenhang mit der beabsichtigten Verpflichtung bewusst sind. Art. 6 Abs. 2 EuSEF-VO erlaubt außerdem den Vertrieb von Anteilen an bestimmte Personen, die an der Verwaltung eines qualifizierten Fonds beteiligt sind. Durch die Vorgaben des Art. 6 EuSEF-VO sind zahlreiche Anleger, die mit einer Investition einen Beitrag zur Verwirklichung sozialer Ziele leisten wollen, von einer Investition in einen qualifizierten Fonds ausgeschlossen.[288] Hieraus (und aus dem begrenzten Anwendungsbereich der EuSEF-VO) geht hervor, dass der europäische Gesetzgeber eine Investition in einen qualifizierten Fonds für besonders risikoreich hält.[289] Es mag zwar zutreffen, dass der Erwerb von Anteilen an einem Fonds, der nahezu ausschließlich in kleinere, nicht-börsennotierte Unternehmen investiert ist, mit nicht zu unterschätzenden Risiken behaftet ist. Allerdings sollte bei der Einführung eines

---

[286] *Zetzsche/Preiner*, in: Assmann/Wallach/Zetzsche (Hrsg.), KAGB Kommentar (2. Aufl. 2022), Anhang zu § 338: Verordnung (EU) Nr. 346/2013 des Europäischen Parlaments und des Rates vom 17. April 2013 über Europäische Fonds für soziales Unternehmertum (EuSEF-VO), Kapitel I, Art. 3 Rn. 4, 5; *Seidenschwann-Harrer*, in: Kümpel/Mülbert/Früh/Seyfried, Bankrecht und Kapitalmarktrecht (6. Aufl. 2022), Rn. 16.26.

[287] *Zetzsche/Preiner*, in: Assmann/Wallach/Zetzsche (Hrsg.), KAGB Kommentar (2. Aufl. 2022), Anhang zu § 338: Verordnung (EU) Nr. 346/2013 des Europäischen Parlaments und des Rates vom 17. April 2013 über Europäische Fonds für soziales Unternehmertum (EuSEF-VO), Kapitel I, Art. 3 Rn. 5.

[288] Kritisch *Weitnauer*, in: Weitnauer/Boxberger/Anders (Hrsg.), KAGB (3. Aufl. 2021), Art. 1 EuSEF-VO Rn. 5.

[289] S. auch Erwägungsgrund 25 der EuSEF-VO.

Zertifizierungssystems für „soziale“ Finanzprodukte vermieden werden, dass der Eindruck entsteht, finanzielle und „soziale“ Ziele stünden in einem Spannungsverhältnis. Dieser Eindruck scheint in der rechtswissenschaftlichen Literatur erregt worden zu sein, in der die Risikoerklärung, die Art. 6 Abs. 1 EuSEF-VO verlangt, als Erklärung verstanden wird, von finanzieller Rendite zugunsten „sozialer Rendite“ zurückzutreten.[290] Dass eine Investition in soziale Ziele als besonders risikoreich wahrgenommen wird, sollte unbedingt verhindert werden. Dies kann gelingen, indem eine erhebliche Ausweitung des Anwendungsbereichs sowie des Kreises von Anlegern, die in einen qualifizierten Fonds investieren dürfen, vorgenommen wird. Hierdurch würde dem „EuSEF“-Label auch mehr praktische Bedeutung verliehen.

In Art. 10 EuSEF-VO finden sich Anforderungen an die Messung sozialer Auswirkungen. Gem. Art. 10 Abs. 1 S. 1 EuSEF-VO müssen Verwalter qualifizierter Fonds Verfahren anwenden, um zu messen, inwieweit die qualifizierten Portfoliounternehmen die positiven sozialen Wirkungen erreichen, zu denen sie sich verpflichtet haben. Diese Verfahren müssen gem. Art. 10 Abs. 1 S. 2 EuSEF-VO klar und transparent sein sowie Indikatoren umfassen. Die Indikatoren können sich, in Abhängigkeit des sozialen Ziels und der Art des qualifizierten Portfoliounternehmens, z.B. auf Beschäftigung, Standards und Rechte im Zusammenhang mit der Arbeitsplatzqualität, soziale Eingliederung, Chancengleichheit und Zugang zu Gesundheitssystemen beziehen. Der EU-Kommission wurde gem. Art. 10 Abs. 2 und Art. 26 EuSEF-VO die Befugnis übertragen, eine Konkretisierung der Verfahren auf Level-2-Ebene durch Erlass Delegierter Rechtsakte vorzunehmen. Von dieser Befugnis hat die EU-Kommission mit der Delegierten VO (EU) 2019/819[291] Gebrauch gemacht.

Im zweiten Kapitel der EuSEF-VO finden sich auch Anforderungen im Bereich Governance. Art. 7 EuSEF-VO verlangt beispielsweise eine „gute Verwaltungspraxis“. Eine solche Praxis zeichnet sich unter anderem dadurch aus, dass Verwalter eines qualifizierten Fonds ihrer Tätigkeit ehrlich, redlich sowie mit der gebotenen Sachkenntnis nachgehen. Sie müssen geeignete Strategien und Verfahren zur Verhinderung unzulässiger Praktiken anwenden und bei der Auswahl der Investitionen in qualifizierte Portfoliounternehmen ein hohes Maß an Sorgfalt walten lassen. Die Vorgaben des Art. 7 EuSEF-VO sind sehr allgemein formuliert und erlauben kaum Rückschlüsse auf konkrete Verhaltensweisen. Art. 9 EuSEF-VO regelt den

[290] *Zetzsche/Preiner*, in: Assmann/Wallach/Zetzsche (Hrsg.), KAGB Kommentar (2. Aufl. 2022), Anhang zu § 338: Verordnung (EU) Nr. 346/2013 des Europäischen Parlaments und des Rates vom 17. April 2013 über Europäische Fonds für soziales Unternehmertum (EuSEF-VO), Kapitel I, Art. 6 Rn. 2.

[291] Delegierte Verordnung (EU) 2019/819 der Kommission vom 1. Februar 2019 zur Ergänzung der Verordnung (EU) Nr. 346/2013 des Europäischen Parlaments und des Rates im Hinblick auf Interessenkonflikte, die Messung sozialer Wirkungen und Anlegerinformationen bei Europäischen Fonds für soziales Unternehmertum.

Umgang mit Interessenkonflikten, die es grundsätzlich zu ermitteln und zu vermeiden gilt. Die Vorgaben des Art. 9 EuSEF-VO wurden ebenfalls durch die Delegierte VO (EU) 2019/819 konkretisiert. Art. 11 EuSEF-VO sieht vor, dass ein qualifizierter Fonds über ausreichend Eigenmittel verfügen und geeignete personelle und technische Ressourcen einsetzen muss, um eine „ordnungsgemäße Verwaltung" sicherzustellen. Spezifische Transparenzvorgaben finden sich schließlich insbesondere in Art. 12, 13 und 14 EuSEF-VO.

4. Verfahrensvorgaben

Möchte eine Verwaltungsgesellschaft einen Fonds unter der Bezeichnung „EuSEF" vertreiben, muss sie bestimmte Verfahrensvorgaben einhalten. Diese Vorgaben sind im dritten Kapitel der EuSEF-VO zu finden. Gem. Art. 15 Abs. 1 EuSEF-VO müssen der zuständigen Behörde bestimmte Informationen vorgelegt werden. Diese Informationen umfassen unter anderem die Identität der Personen, die die Geschäfte zur Verwaltung des qualifizierten Fonds tatsächlich führen, und Angaben zu den Vorkehrungen, die zur Einhaltung der Anforderungen des zweiten Kapitels der EuSEF-VO getroffen wurden. Im Anschluss kann eine Registrierung durch die zuständige Behörde vorgenommen werden (s. Art. 15 Abs. 2 EuSEF-VO). Diese Registrierung verleiht dem Verwalter eines qualifizierten Fonds das Recht, den Fonds (bzw. Anteile an diesem) in der gesamten Union unter der Bezeichnung „EuSEF" zu vertreiben (s. Art. 15 Abs. 3 EuSEF-VO). Eine Frist, nach deren Ablauf eine Registrierung erneut vorgenommen werden müsste, enthält die EuSEF-VO nicht. Allerdings müssen Verwalter eines qualifizierten Fonds die zuständige Behörde über wesentliche Änderungen im Zusammenhang mit den Bedingungen für die ursprüngliche Registrierung unterrichten (Art. 6 Abs. 6 UAbs. 1 EuSEF-VO). Die zuständige Behörde kann beschließen, die Änderung abzulehnen (Art. 6 Abs. 6 UAbs. 2 EuSEF-VO).

5. Ausblick

Im europäischen Aktionsplan zur Finanzierung nachhaltigen Wachstums wird vorgeschlagen, bei der Entwicklung von Kennzeichnungssystemen für Finanzprodukte auf die Erfahrungen mit der EuSEF-Zertifizierung zurückzugreifen.[292] Aus den obigen Ausführungen geht hervor, dass sich die EuSEF-VO als Ausgangspunkt zur Entwicklung eines Zertifizierungssystems, das einen Beitrag zur Förderung eines nachhaltigen Finanzwesens leistet, nur bedingt eignet. Der Anwendungsbereich und der Kreis von Anlegern, die zur Investition in einen qualifizierten Fonds berechtigt sind, müssten erheblich erweitert werden. Ohne eine solche Erweiterung

[292] S. A. I. 1. b) bb).

haben zu wenige Anbieter von Fonds die Chance, den *Social Impact* ihrer Investition durch ein staatliches Zertifizierungssystem kenntlich zu machen.

Problematisch ist auch, dass qualifizierte Portfoliounternehmen großen Gestaltungsspielraum bei der Vornahme „sozialer" Tätigkeiten haben. Eine gesetzlich festgelegte Definition von „sozialen" Wirtschaftstätigkeiten würde deutlich mehr Harmonisierung und Rechtssicherheit versprechen. Die Vorteile, die die Einführung einer europäischen Sozial-Taxonomie mit sich bringen würde, sind offensichtlich. Würde ein Zertifizierungssystem für Finanzprodukte auf eine solche Taxonomie, die mit der bestehenden Umwelt-Taxonomie entsprechend dem DNSH-Modell verbunden ist, Bezug nehmen, könnte, abhängig von der konkreten Ausgestaltung der DNSH-Kriterien, ein Zertifizierungssystem geschaffen werden, das zur Umlenkung privaten Kapitals in nachhaltige Investitionen geeignet ist.

II. Ausweitung des EU-Umweltzeichens auf Finanzprodukte

Im europäischen Aktionsplan zur Finanzierung nachhaltigen Wachstums wird vorgeschlagen, bei der Schaffung eines europäischen Kennzeichnungssystems für Finanzprodukte auf das EU-Umweltzeichen (*EU-Ecolabel*) zurückzugreifen.[293]

1. Entstehung des EU-Umweltzeichens

Das EU-Umweltzeichen wurde im Jahr 1992 durch die VO (EWG) Nr. 880/92[294] ins Leben gerufen.[295] Gem. deren Art. 1 bestand das Ziel der Einführung eines europäischen Umweltzeichens darin, Entwicklung, Herstellung, Vertrieb und Verwendung von Erzeugnissen, die sich während ihrer gesamten Lebensdauer durch *geringere* Umweltauswirkungen auszeichnen, zu fördern. Verbraucher sollten besser über die Umweltbelastung durch diese Erzeugnisse unterrichtet und in ihrer Kaufentscheidung beeinflusst werden.[296] Das einzige staatliche Umweltzeichenprogramm, das im europäischen Raum bis zur Einführung des EU-Umweltzeichens existierte, war das 1977 in Deutschland eingeführte Umweltzeichen *Der Blaue Engel*.[297]

---

[293] *Europäische Kommission*, Aktionsplan: Finanzierung nachhaltigen Wachstums, COM(2018) 97 final, S. 6; s. A. I. 1. b) bb).

[294] Verordnung (EWG) Nr. 880/92 des Rates vom 23. März 1992 betreffend ein gemeinschaftliches System zur Vergabe eines Umweltzeichens.

[295] Zum vorhergegangenen Entwurf einer EU-Verordnung für ein europäisches Umweltzeichen *Scherer*, Ein europäisches Umweltzeichen steht ins Haus, RIW 1990, 908 (910 f.); zur Entstehungsgeschichte s. auch *Diederichsen*, Ein neues Umweltzeichen für Europa, RIW 1993, 224 (224 f.).

[296] S. auch Erwägungsgründe 5 und 6 der VO (EWG) Nr. 880/92.

[297] Hierzu ausführlich *Forgó*, Europäisches Umweltzeichen und Welthandel (1999), S. 32 ff.; s. auch *Klindt*, Die Umweltzeichen 'Blauer Engel' und 'Europäische Blume' zwischen produktbezogenem Umweltschutz und Wettbewerbsrecht, BB 1998, 545 (546). Obwohl bis heute keine gesetzliche Grundlage existiert, handelt es sich

Die VO (EWG) Nr. 880/92 wurde im Jahr 2000 durch die VO (EG) Nr. 1980/2000[298] abgelöst. Diese VO sah im Vergleich zur VO (EWG) Nr. 880/92 detailliertere Anforderungen an die materiellen Vergabekriterien vor. Im Jahr 2010 ist schließlich die VO (EG) Nr. 66/2010 (Umweltzeichen-VO) in Kraft getreten, die die aktuellen Vorschriften bezüglich des EU-Umweltzeichens enthält.

2. Grundlegender Inhalt der VO (EG) Nr. 66/2010 (Umweltzeichen-VO)

Gem. Art. 2 Umweltzeichen-VO erstreckt sich der Geltungsbereich der Umweltzeichen-VO auf grundsätzlich alle Erzeugnisse und Dienstleistungen (im Folgenden: Produkte), die auf dem europäischen Markt (gegen Entgelt oder kostenlos) zur Verteilung, zum Verbrauch oder zur Verwendung angeboten werden. Jeder Mitgliedstaat muss gem. Art. 4 Abs. 1 S. 1 Umweltzeichen-VO mindestens eine Stelle benennen, die für die Ausführung der in der Umweltzeichen-VO vorgesehenen Aufgaben zuständig ist. In Deutschland wurden das Umweltbundesamt und die RAL gGmbH als zuständige Stellen benannt.[299]

Bei der Erarbeitung und Überarbeitung von EU-Umweltzeichen-Kriterien für bestimmte Produktgruppen spielt der sog. Ausschuss für das Umweltzeichen der Europäischen Union (AUEU) eine entscheidende Rolle (s. Art. 5 Abs. 1 S. 3 Umweltzeichen-VO). Der von der EU-Kommission eingesetzte AUEU setzt sich gem. Art. 5 Abs. 1 S. 1 Umweltzeichen-VO aus Vertretern der zuständigen Stellen der Mitgliedstaaten (s. Art. 4 Abs. 1 S. 1 Umweltzeichen-VO) und anderer Interessengruppen zusammen. Der AUEU muss vor der Erarbeitung von Umweltzeichen-Kriterien (s. Art. 7 Abs. 1 UAbs. 1 S. 1 Umweltzeichen-VO) und auch vor der Festlegung spezifischer Kriterien (s. Art. 8 Abs. 2 Umweltzeichen-VO) konsultiert werden.

In Art. 6 Umweltzeichen-VO finden sich allgemeine Anforderungen an die Kriterien für das EU-Umweltzeichen. Gem. Art. 6 Abs. 1 Umweltzeichen-VO muss bei der Festlegung der Kriterien die Umweltleistung der Produkte unter Berücksichtigung der neuesten strategischen Ziele der EU im Bereich des Umweltschutzes zugrunde gelegt werden. Die Kriterien werden gem. Art. 6 Abs. 3 S. 1 Umweltzeichen-VO auf wissenschaftlicher Grundlage und unter Berücksichtigung des gesamten Lebenszyklus eines Produkts festgelegt. Gem. Art. 6 Abs. 3 S.

---

um ein staatliches Label, *Klinger*, Vom Blauen Engel zum Bekleidungsengel? Umweltsiegel als Vorbild staatlicher Zertifizierungen in der Textilindustrie, ZUR 2015, 270 (273).

[298] Verordnung (EG) Nr. 1980/2000 des Europäischen Parlaments und des Rates vom 17. Juli 2000 zur Revision des gemeinschaftlichen Systems zur Vergabe eines Umweltzeichens.

[299] *Bundesministerium für Umwelt, Klimaschutz, Naturschutz und nukleare Sicherheit*, EU Umweltzeichen (EU Ecolabel), https://www.bundesumweltministerium.de/themen/nachhaltigkeit/konsum-und-produkte/eu-umweltzeichen-eu-ecolabel?utm_source=chatgpt.com (letzter Abruf: 26. März 2026).

2 Umweltzeichen-VO müssen unter anderem die wichtigsten Umweltauswirkungen sowie die Nettobilanz zwischen Umweltvorteilen und Umweltbelastungen berücksichtigt werden.

Um das Umweltzeichen auf andere, noch nicht erfasste Produktgruppen auszuweiten, müssen insbesondere die in Art. 7 Umweltzeichen-VO statuierten Anforderungen erfüllt werden. Diese Vorschrift ist also auch bei der Einführung von Umweltzeichen-Kriterien für Finanzprodukte sehr relevant. Gem. Art. 7 Abs. 1 Umweltzeichen-VO muss die Partei, die das Verfahren zur Erarbeitung von Kriterien leitet, eine Reihe von Dokumenten erstellen und diese der EU-Kommission und dem AUEU übermitteln. Spezifische Verfahrensvorgaben finden sich in Anhang I der Umweltzeichen-VO. An der Entwicklung von Umweltzeichen-Kriterien für Finanzprodukte ist primär die Gemeinsame Forschungsstelle der EU-Kommission (*Joint Research Centre* [JRC]) beteiligt.

3. <u>Entwurf von EU-Umweltzeichen-Kriterien für Finanzprodukte</u>

Das JRC hat bereits im Jahr 2019 in einem ersten Schritt, im Einklang mit Art. 7 Abs. 1 UAbs. 2 lit. a) und Anhang I (A. 1.) Umweltzeichen-VO einen vorläufigen Bericht (*Preliminary Report*) vorgelegt, der unter anderem eine Begründung der Wahl und des Umfangs der Produktgruppe sowie eine Analyse der Kriterien anderer Umweltzeichen enthält.[300] Im Anschluss wurden mehrere Vorschläge für Kriterien und damit zusammenhängende technische Berichte veröffentlicht (s. Art. 7 Abs. 1 UAbs. 2 lit. b) und c) sowie Anhang I [A. 2.] Umweltzeichen-VO). Diese Vorschläge und Berichte wurden insbesondere in Reaktion auf die Ergebnisse von Stakeholder-Konsultationen aktualisiert und weiterentwickelt. Den derzeit aktuellen technischen Bericht stellt der im März 2021 veröffentlichte *Technical Report 4.0* (TR 4.0) dar.[301] Aus diesem Bericht geht hervor, welche Umweltzeichen-Vergabekriterien für Finanzprodukte konkret vorgeschlagen werden.

a) <u>Umfang der Produktgruppe</u>

Im TR 4.0 wird zunächst erklärt, auf welche Produkte sich die vorgeschlagenen Umweltzeichen-Kriterien beziehen sollen.[302] „Produkt" ist in diesem Kontext nicht als „Erzeugnis", sondern als „Dienstleistung" zu verstehen.

---

[300] *Joint Research Centre*, EU Ecolabel criteria for Financial Products, Preliminary Report, First draft (2019), abrufbar unter: https://susproc.jrc.ec.europa.eu/product-bureau/product-groups/432/documents (letzter Abruf: 26. März 2026).

[301] *Joint Research Centre*, Development of EU Ecolabel criteria for Retail Financial Products, Technical Report 4.0 (2021), abrufbar unter: https://susproc.jrc.ec.europa.eu/product-bureau/product-groups/432/documents (letzter Abruf: 26. März 2026).

[302] *Joint Research Centre*, Development of EU Ecolabel criteria for Retail Financial Products, Technical Report 4.0 (2021), S. 8 ff.

Der TR 4.0 erfasst zum einen die Dienstleistung der Verwaltung von Anlageprodukten, die für Kleinanleger im Einklang mit den Anforderungen der VO (EU) Nr. 1286/2014 (PRIIP-VO)[303] verpackt wurden. Zu diesen Anlageprodukten gehören Aktien-, Renten- und gemischte Fonds (einschließlich OGAW und AIF) sowie versicherungsbasierte Anlageprodukte. Zum anderen soll die Verwaltung eines Festgeld- oder Spareinlagenprodukts i.S.v. Art. 2 Abs. 1 Nr. 3 der RL 2014/49/EU[304] als Dienstleistung qualifiziert werden, für die Umweltzeichen-Kriterien vorgeschlagen werden. Diese Dienstleistung wird dabei von demjenigen Kreditinstitut erbracht, in dessen Bilanz die gehaltenen Einlagen (Verbindlichkeiten) und die damit verbundenen gewährten Kredite (Vermögenswerte) erscheinen.

Ganz allgemein soll gelten, dass ein Finanzprodukt in einem EU-Mitgliedstaat registriert oder zum Vertrieb zugelassen sein muss, um ein EU-Umweltzeichen erhalten zu können. Außerdem beziehen sich die im TR 4.0 vorgeschlagenen Umweltzeichen-Kriterien auf Finanzprodukte, die Kleinanlegern angeboten werden. Von der Entwicklung von Umweltzeichen-Kriterien für Anlageprodukte, die institutionellen Anlegern angeboten werden, wurde vorerst abgesehen. Dies wurde damit begründet, dass die Entwicklung solcher Kriterien zu komplex und überdies nicht zwingend erforderlich sei.[305] Ein Label sei insbesondere für Personen nützlich, die im Vergleich zu institutionellen Investoren eine begrenzte Kapazität zur Informationsverarbeitung hätten.[306]

b) Umweltzeichen-Kriterien für Finanzprodukte im Einzelnen

Im TR 4.0 werden mehrere Kriterien vorgeschlagen, die bei der Verwaltung eines Finanzprodukts erfüllt sein müssen, um dieses Finanzprodukt mit einem EU-Umweltzeichen auszeichnen zu können. Die Vermögenswerte eines Finanzprodukts müssen insbesondere in einem bestimmten Umfang in „ökologisch nachhaltige" Wirtschaftstätigkeiten i.S.d. Art. 3 Taxonomie-VO investiert sein. Außerdem müssen bestimmte Ausschlusskriterien eingehalten werden. Durch Governance-Kriterien soll schließlich sichergestellt werden, dass sowohl auf

---

[303] Verordnung (EU) Nr. 1286/2014 des Europäischen Parlaments und des Rates vom 26. November 2014 über Basisinformationsblätter für verpackte Anlageprodukte für Kleinanleger und Versicherungsanlageprodukte (PRIIP).

[304] Richtlinie 2014/49/EU des Europäischen Parlaments und des Rates vom 16. April 2014 über Einlagensicherungssysteme.

[305] *Joint Research Centre*, Development of EU Ecolabel criteria for Retail Financial Products, Technical Report 4.0 (2021), S. 12; *Joint Research Centre*, Development of EU Ecolabel criteria for Retail Financial Products, Technical Report 2.0 (2019), S. 16 ff., abrufbar unter: https://susproc.jrc.ec.europa.eu/product-bureau/product-groups/432/documents (letzter Abruf: 26. März 2026).

[306] *Joint Research Centre*, EU Ecolabel criteria for Financial Products, Preliminary Report, First draft (2019), S. 13.

Portfoliounternehmens- als auch auf Fondsmanagementebene gewisse Standards eingehalten werden.

aa) Investition in „ökologisch nachhaltige" Wirtschaftstätigkeiten i.S.d. Art. 3 Taxonomie-VO

Einer jeden Art von Finanzprodukt soll ein „grüner" Schwellenwert zugeordnet werden, dessen Erreichen zur Erlangung eines EU-Umweltzeichens zwingend erforderlich sein soll.[307] Dieser Schwellenwert bezieht sich auf den Anteil, zu dem die Vermögenswerte eines Finanzprodukts in „ökologisch nachhaltige" Wirtschaftstätigkeit i.S.d. Art. 3 Taxonomie-VO investiert sein müssen (*Portfolio Greenness*). Die *Portfolio Greenness* soll als gewichteter Durchschnitt der „ökologischen Nachhaltigkeit" einer jeden Investition berechnet werden, wobei die Gewichtung dem Anteil des Portfoliowertes der jeweiligen Investition entsprechen soll.

(1) Investmentfonds

In welchem Umfang die Vermögenswerte eines Investmentfonds in „ökologisch nachhaltige" Wirtschaftstätigkeiten investiert sein müssen, hängt von der Art des Investmentfonds ab.[308]

Die verwalteten Portfoliovermögenswerte eines OGAW-Aktienfonds sollen zu mindestens 50 % in „ökologisch nachhaltige" Wirtschaftstätigkeiten investiert sein, indem Aktien von Unternehmen, die solche Tätigkeiten ausüben, erworben werden. Die im TR 4.0 vorgeschlagene Methode der Berechnung, ob dieser Schwellenwert erreicht wurde, kann an folgendem Beispiel veranschaulicht werden:[309]

Die gesamten verwalteten Vermögenswerte des OGAW-Aktienfonds I werden investiert, indem Aktien von zehn Unternehmen erworben werden. Unter anderem sind 20 % der Portfoliovermögenswerte in das Unternehmen A, 30 % in das Unternehmen B und 10 % in das Unternehmen C investiert. Das Unternehmen A hat im vergangenen Jahr einen Nettoumsatz von 100.000 Euro erzielt.[310] 20 % dieses Umsatzes, also 20.000 Euro, gehen auf „ökologisch nachhaltige" Wirtschaftstätigkeiten zurück. Das Unternehmen B zeichnet sich dadurch aus, 120.000 Euro von insgesamt 200.000 Euro Umsatz mit taxonomiekonformen Tätigkeiten erwirtschaftet zu haben. Außerdem hat es 5.000 Euro „grüne" Investitionsausgaben getätigt.

---

[307] *Joint Research Centre*, Development of EU Ecolabel criteria for Retail Financial Products, Technical Report 4.0 (2021), S. 20 ff.

[308] *Joint Research Centre*, Development of EU Ecolabel criteria for Retail Financial Products, Technical Report 4.0 (2021), S. 26 ff.

[309] S. *Joint Research Centre*, Development of EU Ecolabel criteria for Retail Financial Products, Technical Report 4.0 (2021), S. 26 f.

[310] Die folgenden Angaben zu Umsatz und Investitionsausgaben beziehen sich stets auf das Geschäftsjahr, das einem Antrag auf Erhalt des EU-Umweltzeichens vorangegangen ist.

Das Unternehmen C hat 105.000 Euro von insgesamt 300.000 Euro Umsatz mit „ökologisch nachhaltigen" Wirtschaftstätigkeiten erzielt.

Im TR 4.0 wird vorgeschlagen, in einem ersten Schritt zu berechnen, in welchem Umfang ein jedes Unternehmen zur *Portfolio Greenness* des Finanzprodukts, das mit einem EU-Umweltzeichen gekennzeichnet werden soll, beiträgt. Die einzelnen Ergebnisse sollen anschließend addiert werden. Welchen Beitrag die Unternehmen A, B und C jeweils zur *Portfolio Greenness* des Investmentfonds I leisten, soll wie folgt zu berechnen sein:

Zunächst werden der „grüne" Umsatz und die „grünen" Investitionsausgaben eines Unternehmens addiert. Der hieraus resultierende Betrag (Euro) wird dann durch den Gesamtumsatz des Unternehmens geteilt. Das Ergebnis wird schließlich mit dem prozentualen Anteil, zu dem die Vermögenswerte eines OGAW-Aktienfonds in das Unternehmen investiert sind, multipliziert.

Bezüglich des Unternehmens A muss also der Wert 0,2 (20.000 Euro „grüner" Umsatz geteilt durch 100.000 Euro Gesamtumsatz) mit dem Wert 20 (prozentualer Anteil, zu dem Vermögenswerte des Investmentfonds I in das Unternehmen A investiert sind) multipliziert werden. Das Ergebnis lautet 4. Das Unternehmen A trägt also für sich allein dazu bei, dass 4 % der Vermögenswerte des Investmentfonds I in „ökologisch nachhaltige" Wirtschaftstätigkeiten investiert sind. Das Unternehmen B trägt hingegen zu einer *Portfolio Greenness* von 18,75 % bei. Dies ergibt sich daraus, dass der Wert 0,625 (125.000 Euro Umsatz sowie Investitionsausgaben geteilt durch 200.000 Euro Gesamtumsatz) mit dem Wert 30 (prozentualer Anteil, zu dem Vermögenswerte des Investmentfonds I in das Unternehmen B investiert sind) multipliziert wird. Die Investition in das Unternehmen C sorgt für sich allein dafür, dass 3,5 % der Portfoliovermögenswerte in „ökologisch nachhaltige" Wirtschaftstätigkeiten investiert sind. Im Ergebnis beträgt die *Portfolio Greenness* des Investmentfonds I 26,25 % (4 % plus 18,75 % plus 3,5 %). Die 50 %-Schwelle, die im TR 4.0 vorgeschlagen wird, hätte der Investmentfonds I also nicht erreicht.

Für andere Arten von Investmentfonds werden im TR 4.0 andere Schwellenwerte vorgeschlagen. Beispielsweise sollen mindestens 70 % der verwalteten Vermögenswerte eines OGAW-Anleihefonds in „ökologisch nachhaltige" Wirtschaftstätigkeiten investiert sein. Handelt es sich um einen gemischten OGAW-Fonds, sollen die verwalteten Vermögenswerte, die sich aus Aktien oder Bonds zusammensetzen, zu mindestens 50 % in Wirtschaftstätigkeiten i.S.d. Art. 3 Taxonomie-VO investiert sein. Die Berechnung, in welchem Umfang die Investition in Aktien eines Unternehmens zur *Portfolio Greenness* eines gemischten OGAW-

Fonds beiträgt, erfolgt nach den oben dargelegten Regeln. Während mindestens 70 % der Vermögenswerte eines AIF in „ökologisch nachhaltige“ Wirtschaftstätigkeiten investiert sein sollen, sollen sogar 90 % der verwalteten Vermögenswerte eines Dachfonds in Fonds investiert sein, die mit dem EU-Umweltzeichen versehen sind. Besondere Regelungen sollen schließlich für Versicherungsprodukte gelten. Die diesen Produkten zugrunde liegenden Investmentfonds, an denen Anteile gehalten werden, sollen, abhängig von der Art des Fonds, die obigen Kriterien erfüllen oder mit einem EU-Umweltzeichen versehen sein.

(2) Festgeld- oder Spareinlagenprodukte

Für Festgeld- oder Spareinlagenprodukte gelten besondere Regeln.[311] Verliehene oder angelegte Einlagen sollen grundsätzlich nur zu bestimmten Zwecken verwendet werden dürfen. Diese Zwecke sollen zum einen die Gewährung von Darlehen, die der Finanzierung „ökologisch nachhaltiger“ Wirtschaftstätigkeiten dienen, zum anderen die Investition in Anleihen, die obigen Anforderungen entsprechen, umfassen. Der Wert sowohl der Vermögenswerte (beschränkt auf Darlehen und Anleihen) als auch der Einlagen soll auf der Grundlage des Jahresdurchschnitts (Geschäftsjahr) für die Zeit berechnet werden, in der das Festgeld- oder Spareinlagenprodukt auf dem Markt ist.

Die als Einlagen gehaltenen und dann als Darlehen gewährten bzw. zum Erwerb von Anleihen verwendeten Gelder sollen auf den Konten des Kreditinstituts getrennt werden oder auf andere Weise nachverfolgt werden können. Hierdurch soll die Übertragbarkeit dieser Gelder eingeschränkt und sichergestellt werden, dass eine Rückverfolgung der verliehenen Mittel zu den von den Kunden eingezahlten Geldern möglich ist. Ein Kreditinstitut soll außerdem dafür Sorge tragen, dass die Rückverfolgbarkeit der von den Kunden eingezahlten Gelder und ihres Beitrags zum *Gesamtwert der gewährten Kredite* gewährleistet ist. Eine solche Regelung ist vor dem Hintergrund, dass eine transparente Mittelverwendung unentbehrliche Voraussetzung für das Vertrauen in ein mit einem EU-Umweltzeichen versehenden Festgeld- oder Spareinlagenprodukts ist, äußerst sinnvoll.

bb) ESG-bezogene Ausschlusskriterien

Unter den im TR 4.0 vorgeschlagenen Umweltzeichen-Kriterien für Finanzprodukte finden sich auch einige Ausschlusskriterien, die sich auf Unternehmen, die bestimmte Wirtschaftstätigkeiten ausüben, und auf Staaten beziehen. Sie betreffen die Bereiche Umwelt, Soziales und Governance.

[311] *Joint Research Centre*, Development of EU Ecolabel criteria for Retail Financial Products, Technical Report 4.0 (2021), S. 31 f.

(1) Umweltbezogene Ausschlusskriterien

Die im TR 4.0 vorgeschlagenen umweltbezogenen Ausschlusskriterien beziehen sich in erster Linie auf Unternehmen und Staaten.[312]

Die Vergabe eines EU-Umweltzeichens soll zum einen ausgeschlossen sein, wenn ein Finanzprodukt in Aktien, Anleihen oder Darlehen investiert ist, die von Unternehmen ausgegeben bzw. Unternehmen gewährt werden, die mehr als 5 % ihres Umsatzes mit „ausgeschlossenen Tätigkeiten" („*excluded activities*") erwirtschaften. Die vorläufige Liste dieser „*excluded activities*" im TR 4.0 umfasst verschiedene Tätigkeiten in den Sektoren Landwirtschaft (z.B. Einsatz von bestimmten Pestiziden), Forstwirtschaft, Energie (z.B. Förderung fossiler Brennstoffe), Abfallmanagement und Transport. Interessanterweise wurde im TR 4.0 auch die Stromerzeugung aus Kernkraft als „umweltschädlich" eingestuft.[313] Ob eine solche Regelung im Falle der endgültigen Einführung von EU-Umweltzeichen-Kriterien für Finanzprodukte beibehalten wird, scheint angesichts der von der EU-Kommission zeitlich *nach* Veröffentlichung des TR 4.0 vorgenommenen Einstufung von Atomenergie als „ökologisch nachhaltig" sehr fraglich.

Zum anderen sollen von der Vergabe eines EU-Umweltzeichens Finanzprodukte ausgeschlossen sein, die Anleihen oder Darlehen von Finanzinstitutionen, die die Ausweitung von Kohleenergietätigkeiten finanzieren oder sich nicht öffentlich dazu bekannt haben, die Finanzierung solcher Tätigkeiten bis zum Jahr 2025 zu beenden, enthalten.

Einige Ausschlusskriterien beziehen sich schließlich auf Anleihen von Staaten und staatlichen Institutionen. Ein Finanzprodukt soll, um mit einem EU-Umweltzeichen versehen werden zu können, keine Anleihen von Staaten erwerben, die das Pariser Klimaschutzabkommen oder andere internationale Übereinkommen betreffend des Schutzes der Umwelt (z.B. die UN-Konvention für biologische Vielfalt) nicht unterzeichnet haben.

Die Einführung umweltbezogener Ausschlusskriterien ist sehr sinnvoll. Dies gilt ungeachtet dessen, dass die Qualifizierung von Tätigkeiten als „ökologisch nachhaltig" von der Einhaltung ökologischer DNSH-Kriterien abhängt. Zur Erlangung eines EU-Umweltzeichens kann es nicht ausschließlich auf die *Portfolio Greenness* ankommen. Vielmehr muss sichergestellt sein, dass mit den Vermögenswerten eines Finanzprodukts, die *nicht* in „ökologisch nachhaltige"

[312] Hierzu *Joint Research Centre*, Development of EU Ecolabel criteria for Retail Financial Products, Technical Report 4.0 (2021), S. 67 ff.

[313] *Joint Research Centre*, Development of EU Ecolabel criteria for Retail Financial Products, Technical Report 4.0 (2021), S. 72.

Wirtschaftstätigkeiten investiert sind, keine besonders umweltschädlichen Tätigkeiten finanziert werden.[314]

(2) Sozial- und Governance-bezogene Ausschlusskriterien

Die im TR 4.0 vorgeschlagenen sozial- und Governance-bezogenen Ausschlusskriterien beziehen sich ebenfalls sowohl auf Unternehmen als auch auf Staaten.[315]

Von der Vergabe des EU-Umweltzeichens sollen Finanzprodukte ausgeschlossen werden, deren Vermögenswerte in Unternehmen investiert sind, die bestimmte unternehmensbezogene Anforderungen an Sozial- oder Governance-Aspekte nicht erfüllen oder ihren Umsatz mit besonders sozialschädlichen Tätigkeiten erwirtschaften. Zu den unternehmensbezogenen Anforderungen soll das unternehmerische Handeln im Einklang mit den OECD-Leitlinien für multinationale Unternehmen und den UN-Leitprinzipien für Unternehmen und Menschenrechte gehören. Hier besteht eine gewisse Parallele zu den MSS im Rahmen der Qualifizierung von Tätigkeiten als „ökologisch nachhaltig" i.S.d. Taxonomie-VO. Die Anforderungen, die im TR 4.0 vorgeschlagen werden, gehen jedoch darüber hinaus, indem sie für *alle* Unternehmen, die in das Portfolio aufgenommen werden (und nicht nur für solche, die „ökologisch nachhaltige" Tätigkeiten i.S.d. Art. 3 Taxonomie-VO ausüben), gelten sollen.

Neben diesen unternehmensbezogenen Kriterien soll es auch tätigkeitsbasierte Ausschlusskriterien geben. Im TR 4.0 wird konkret vorgeschlagen, dass die Vermögenswerte eines Finanzprodukts beispielsweise nicht in Unternehmen investiert sein dürfen, deren Umsatz aus Tätigkeiten im Zusammenhang mit der Tabakproduktion oder der Herstellung von bzw. dem Handel mit kontroversen Waffen[316] resultiert.

Die Governance-bezogenen Ausschlusskriterien sind (naturgemäß) unternehmensbezogen und im TR 4.0 sehr allgemein formuliert. Die Unternehmen, in die die Finanzprodukte eines Vermögenswerts investiert sind, sollen beispielsweise Verfahren zur Einbeziehung sozialer Aspekte im Rahmen unternehmerischer Tätigkeiten eingerichtet haben. Durch Managementsysteme soll außerdem dafür Sorge getragen werden, dass schädliche soziale Auswirkungen identifiziert, bewertet, verhindert und vermindert werden können.

---

[314] Dies gilt auch für Vermögenswerte eines Finanzprodukts, die in Unternehmen investiert sind, die überhaupt keinen Beitrag zur *Portfolio Greenness* eines Finanzprodukts leisten, weil sie schlicht keine „ökologisch nachhaltigen" Wirtschaftstätigkeiten i.S.d. Art. 3 Taxonomie-VO ausüben.

[315] *Joint Research Centre*, Development of EU Ecolabel criteria for Retail Financial Products, Technical Report 4.0 (2021), S. 85 ff.

[316] Der TR 4.0 nimmt Bezug auf internationale Abkommen, z.B. *Chemical Weapons Conventions* und *Biological Weapons Conventions*, *Ottawa Convention* und *Oslo Convention*, s. *Joint Research Centre*, Development of EU Ecolabel criteria for Retail Financial Products, Technical Report 4.0 (2021), S. 88.

Von Staaten oder staatlichen Institutionen, die bestimmte internationale Abkommen (z.B. die acht Kernübereinkommen, die in der ILO-Deklaration über grundlegende Rechte und Prinzipien bei der Arbeit identifiziert wurden) nicht ratifiziert haben, sollen keine Anleihen erworben werden dürfen. Auch im Falle des Erwerb von Anleihen von Staaten, die die Todesstrafe anwenden oder kontroverse Waffen herstellen, ist ein Finanzprodukt von der Vergabe des EU-Umweltzeichens ausgeschlossen.

cc) Engagement-Kriterium

Im TR 4.0 wird weiterhin ein *Engagement* als Kriterium vorgeschlagen, dem zur Erlangung eines EU-Umweltzeichens entsprochen werden soll.[317] Bei *Engagement* als Strategie handelt es sich um ein Mittel, um Verbesserungen der Umweltleistung eines Unternehmens vorzuschlagen, zu fordern und schließlich sogar voranzutreiben. Von den oben genannten Kriterien unterscheidet sich das *Engagement*-Kriterium dadurch, dass es sich in erster Linie auf die Ebene des Fondsmanagements und nicht auf die einzelnen Portfoliounternehmen bezieht.

Das Fondsmanagement soll ein EU-Umweltzeichen nur dann erhalten können, wenn es eine dokumentierte *Engagement Policy* betreibt. Diese *Policy* soll zum einen beschreiben, inwiefern die Umweltziele der Taxonomie-VO als Grundlage für die Auswahl von Unternehmen dienen, die zu mindestens einem Umweltziel der Taxonomie-VO beitragen. Außerdem soll die Strategie beschrieben werden, wie darauf hingewirkt werden soll, dass Unternehmen ihren Anteil an „grünen“ Umsatzerlösen vergrößern. Auch Angaben zur genauen Methode und Überwachung der Unternehmen sollen gemacht werden.

Alle Rechte, die mit den Anteilen an Unternehmen verknüpft sind, sollen vom Fondsmanagement so ausgeübt werden, dass die Ziele der beschriebenen *Engagement Policy* verwirklicht werden können. Insbesondere soll mit der Ausübung von Stimmrechten darauf hingewirkt werden, dass die Strategie des Unternehmen mit der Verwirklichung von Umweltzielen i.S.d. Taxonomie-VO im Einklang steht. Für die Erfüllung des *Engagement*-Kriteriums soll schließlich auch der Dialog mit Portfoliounternehmen relevant sein.

dd) Verbesserung des Investor Impact und Retail Investor Information

Der TR 4.0 stellt ein weiteres Kriterium für die Verwaltung von OGAW, AIF und Anleihen auf, die von Einlagenkonten gehalten werden.[318] Im Rahmen der Verwaltung dieser Fonds und

[317] *Joint Research Centre*, Development of EU Ecolabel criteria for Retail Financial Products, Technical Report 4.0 (2021), S. 96 ff.
[318] Hierzu *Joint Research Centre*, Development of EU Ecolabel criteria for Retail Financial Products, Technical Report 4.0 (2021), S. 103 ff.

Konten soll konkret über den Einfluss der Investoren auf die Finanzprodukte (*Investor Impact*) berichtet werden und mindestens eine Maßnahme ergriffen werden, um diesen Einfluss zu verbessern. Als eine mögliche Maßnahme, die sich auf das EU-Umweltzeichen-Kriterium „Investition in ökologisch nachhaltige Wirtschaftstätigkeiten i.S.d. Art. 3 Taxonomie-VO" bezieht, wird eine Investition in Start-Ups oder nicht-börsennotierte Unternehmen vorgeschlagen. Auch könnten aktiv Möglichkeiten gesucht werden, in Unternehmen zu investieren, die versuchen, ihren aus „ökologisch nachhaltigen" Wirtschaftstätigkeiten resultierenden Umsatzanteil zu erhöhen. Der *Investor Impact*, der durch dieses Kriterium verbessert werden soll, wird als die Veränderung definiert, die mit Tätigkeiten von Investoren bezüglich des *Company Impact* herbeigeführt wird. Der Ausdruck *Company Impact* soll wiederum die Veränderung beschreiben, die unternehmerische Tätigkeiten in Bezug auf soziale und wirtschaftliche Parameter erreichen.

Mit dem Kriterium „*Retail Investor Information*" sollen schließlich Transparenzanforderungen statuiert werden.[319] Anleger sollen beispielsweise jährlich darüber informiert werden, welchen Anteil einzelne Vermögenswerte eines Finanzprodukts an dessen Gesamtportfolio ausmachen. Außerdem soll offengelegt werden, zu welchem Anteil die Finanzproduktvermögenswerte in Unternehmen investiert sind, die mehr als 50 % ihres Umsatzes mit „ökologisch nachhaltigen" Wirtschaftstätigkeiten i.S.d. Art. 3 Taxonomie-VO erwirtschaften.

III. Zwischenfazit

Bei der EuSEF-VO und dem Entwurf von EU-Umweltzeichen-Kriterien für Finanzprodukte handelt es sich um europäische Maßnahmen, die die Zertifizierung von Finanzprodukten unmittelbar zum Gegenstand haben. Sowohl durch die EuSEF-VO als auch durch EU-Umweltzeichen-Kriterien für Finanzprodukte sollen Finanzprodukte sichtbar gemacht werden, deren Vermögenswerte nicht ausschließlich im Interesse finanzieller Vorteile verwaltet werden.[320] Anteile an Fonds, die unter Verwendung der Bezeichnung „EuSEF" vertrieben werden, können nahezu ausschließlich von professionellen Anlegern erworben werden. Finanzprodukte, die mit dem EU-Umweltzeichen ausgezeichnet werden, sollen hingegen in erster Linie Kleinanlegern zur Investition zur Verfügung stehen.

Anders als beim EuSEF-Label soll den EU-Umweltzeichen-Kriterien eine europäische Taxonomie zugrunde gelegt werden. Dieses Vorgehen ist im Interesse von Einheitlichkeit und

---

[319] Hierzu *Joint Research Centre*, Development of EU Ecolabel criteria for Retail Financial Products, Technical Report 4.0 (2021), S. 116 ff.

[320] Wie bereits erwähnt, wurde von der Einführung von EU-Umweltzeichen-Kriterien für Finanzprodukte inzwischen wieder Abstand genommen.

Rechtssicherheit sehr sinnvoll. Ohne eine Taxonomie, die Kriterien zur Beurteilung, ob eine Wirtschaftstätigkeit mit den SDGs und Pariser Klimaschutzzielen im Einklang steht, enthält, kann die Entwicklung eines Zertifizierungssystems, das einen Beitrag zur Förderung eines nachhaltigen Finanzwesens leistet, kaum gelingen.

Aus dem Entwurf von EU-Umweltzeichen-Kriterien geht hervor, wie ein Zertifizierungssystem für Finanzprodukte mit einer europäischen Taxonomie verbunden werden kann. Der Entwurf liefert auch einen Vorschlag von ESG-bezogenen Kriterien, die über den Grad, zu dem ein Finanzprodukt in taxonomiekonforme Wirtschaftstätigkeiten investiert sein muss, weit hinaus gehen. Solche Kriterien kommen der Glaubwürdigkeit eines Zertifizierungssystems zugute und stellen sicher, dass ein zertifiziertes Finanzprodukt in seiner Gesamtheit verantwortungsbewusst verwaltet wird.

G. Zusammenfassung und Fazit

Auf europäischer Ebene wurde eine umfassende *Sustainable-Finance*-Strategie entwickelt, durch deren Umsetzung ein Beitrag zur Verwirklichung der globalen Nachhaltigkeitsziele geleistet werden soll. Einige Maßnahmen, die zur Umsetzung dieser Strategie ergriffen wurden, sind für die Einführung eines Zertifizierungssystems für Finanzprodukte sehr relevant. Dies gilt insbesondere für die Taxonomie-VO, die zum Zwecke der Schaffung eines einheitlichen Begriffsverständnisses von „ökologisch nachhaltigen" Wirtschaftstätigkeiten und infolgedessen „ökologisch nachhaltigen" Investitionen erlassen wurde. Auf das Klassifizierungssystem der Taxonomie-VO wird auch im Rahmen des Entwurfs von EU-Umweltzeichen-Kriterien für Finanzprodukte Bezug genommen.

Die europäische Umwelt-Taxonomie wird dem Anspruch, den sich der europäische Gesetzgeber selbst gesetzt hat (Leisten eines Beitrags zur Verwirklichung der SDGs und Pariser Klimaschutzziele), nicht in vollem Umfang gerecht. Die Umwelt-Taxonomie wurde nicht von Vornherein vor dem Hintergrund eines integrierten Verständnisses von Nachhaltigkeit entwickelt. Dies geht daraus hervor, dass der Fokus auf ökologischen Aspekten liegt und soziale Belange eine untergeordnete Rolle spielen. Es wurde weder auf Wechselbeziehungen zwischen ökologischen und sozialen Aspekten noch auf die natur- und geisteswissenschaftliche Forschung im Bereich der Operationalisierbarkeit des Nachhaltigkeitsbegriffs eingegangen. Der Glaubwürdigkeit der europäischen Umwelt-Taxonomie schadet außerdem, dass die EU-Kommission insbesondere bestimmte Atomenergietätigkeiten als „ökologisch nachhaltig" eingestuft hat. Hiermit hat die EU-Kommission auf Level-2-Ebene gegen die Taxonomie-VO als Basisrechtsakt verstoßen.[321] Im Ergebnis ist die Umwelt-Taxonomie allenfalls bedingt geeignet, Maßnahmen zur Förderung eines nachhaltigen Finanzwesens als Grundbaustein zu dienen.

Die PSF hat mit dem Vorschlag einer nicht-binären Umwelt-Taxonomie und dem Entwurf einer europäischen Sozial-Taxonomie einen Versuch unternommen, die bestehende Umwelt-Taxonomie dahingehend zu erweitern, dass mehr Transparenz geschaffen und sozialen Belangen eine stärkere Rolle beigemessen wird. Die Einführung einer nicht-binären Umwelt-Taxonomie würde dafür sorgen, dass Anleger über diejenigen Wirtschaftstätigkeiten informiert werden, die nicht als „ökologisch nachhaltig" i.S.d. Art. 3 Taxonomie-VO eingestuft werden. Diese Wirtschaftstätigkeiten können sich in sehr unterschiedlicher Intensität auf die Umwelt und die nachhaltige Transformation der Wirtschaft auswirken. Deshalb sollte auf europäischer Ebene, in Anknüpfung an den Vorschlag der PSF, die Entwicklung einer nicht-binären Umwelt-Taxonomie unbedingt in Angriff genommen werden. Dasselbe gilt für die Einführung einer europäischen Sozial-Taxonomie. Um sicherzustellen, dass ökologische und soziale Aspekte eine möglichst enge Verbindung aufweisen, sollte die bestehende Umwelt-Taxonomie mit einer Sozial-Taxonomie über das DNSH-Modell verbunden werden. Andernfalls könnten die oben beschriebenen Defizite der Taxonomie-VO, die daraus resultieren, dass sozialen Aspekten und deren Wechselwirkungen mit ökologischen Belangen kaum Beachtung geschenkt wird, nicht einmal annähernd ausgeglichen werden.

Es bleibt festzuhalten, dass es sich bei der Entwicklung einer europäischen Nachhaltigkeitstaxonomie um eine komplexe, allerdings äußerst verantwortungsvolle Aufgabe handelt. Eine glaubwürdige Taxonomie, die im europäischen Raum (und gegebenenfalls darüber hinaus) breite Anerkennung findet, könnte einen wichtigen Beitrag zur Verwirklichung der globalen Nachhaltigkeitsziele leisten. Die interdisziplinäre Forschung im Bereich des Nachhaltigkeitsbegriffs und die Arbeit der PSF bekommen jedenfalls (noch) nicht die Aufmerksamkeit, die sie angesichts der Bedeutung einer glaubwürdigen Taxonomie verdienen.

Ein europäisches Zertifizierungssystem, das nachhaltige Finanzprodukte sichtbar machen soll, sollte auf eine europäische Taxonomie für nachhaltige Wirtschaftstätigkeiten Bezug nehmen. Aus dem Entwurf von EU-Umweltzeichen-Kriterien für Finanzprodukt geht hervor, wie ein solches Zertifizierungssystem konkret ausgestaltet werden könnte. Anbieter von Finanzprodukten, die die „nachhaltigen Eigenschaften" eines Finanzprodukts durch ein Label

[321] Das Urteil des EuG über die Klage Österreichs vom 10. September 2025 ändert vor dem Hintergrund der Kontroversität der Thematik nichts am Verlust an Glaubwürdigkeit, den die Taxonomie-VO durch die Einstufung bestimmter Atom- und Gasenergietätigkeiten als „ökologisch nachhaltig" durch die EU-Kommission erfahren hat.

kenntlich machen wollen, müssen sich jedoch nicht nur mit den materiellen Anforderungen eines Zertifizierungssystems befassen. Sie müssen sich auch Gedanken darüber machen, wie sie sich Informationen darüber beschaffen können, in welchem Umfang (Portfolio-)Unternehmen taxonomiekonforme Wirtschaftstätigkeiten ausüben und ob diese Unternehmen die übrigen Kriterien eines Zertifizierungssystems erfüllen. An dieser Stelle wird die Bedeutung, die den Vorgaben des Art. 8 Taxonomie-VO sowie der CSRD zukommt, deutlich. Bestimmte Unternehmen sind gem. Art. 8 Taxonomie-VO verpflichtet, darüber zu berichten, ob und in welchem Umfang ihre Tätigkeiten mit „ökologisch nachhaltigen" Wirtschaftstätigkeiten verbunden sind. Dieselben Unternehmen müssen in der Regel nach den Vorgaben der CSRD Bericht erstatten.[322] Aus dieser Berichterstattung könnten Informationen hervorgehen, die zur Erfüllung der übrigen Kriterien eines Zertifizierungssystems relevant sind (z.B. Informationen, ob Unternehmen in den Abbau fossiler Brennstoffe investieren). Sollte die Umwelt-Taxonomie entsprechend der Vorschläge der PSF erweitert werden, sollten auch die Offenlegungs- und Berichterstattungspflichten angepasst werden.[323] Der europäische Gesetzgeber sollte außerdem in Erwägung ziehen, ein Zertifizierungssystem für Unternehmen einzuführen, das mit einem Zertifizierungssystem für Finanzprodukte abgestimmt wurde. Hierdurch kann gewährleistet werden, dass auf dem europäischen Finanz- und Kapitalmarkt möglichst viele nachhaltigkeitsbezogene Informationen bereitgestellt werden, die für die praktische Bedeutung eines Zertifizierungssystems für Finanzprodukte unentbehrlich sind.

---

[322] Zu den Änderungen der CSRD im Zuge der Omnibus-Initiative s. Kapitel 1, B. I. 4. e).

[323] Davon, dass der europäische Gesetzgeber die Vorschläge der *Platform on Sustainable Finance* in naher Zukunft umsetzen und nachhaltigkeitsbezogene Offenlegungs- und Berichterstattungspflichten erweitern wird, ist angesichts der Omnibus-Initiative nicht auszugehen, s. hierzu Kapitel 1, B. I. 4. e).

Kapitel 3: Bestehende Zertifizierungssysteme für Finanzprodukte in den Mitgliedstaaten

A. Umlenkung privaten Kapitals zur Verwirklichung ökologischer und sozialer Ziele

Die Idee, Zertifizierungssysteme für Finanzprodukte einzuführen, damit mehr privates Kapital in die Verwirklichung ökologischer und sozialer Ziele fließt, wurde in den vergangenen Jahren auch in einigen EU-Mitgliedstaaten aufgegriffen. Bereits vor Inkrafttreten der Taxonomie-VO (und dementsprechend vor der Initiative zur Entwicklung von EU-Umweltzeichen-Kriterien für Finanzprodukte) ist eine ganze Reihe „sozialer" und „grüner" Labels entstanden, die entweder von der Finanzindustrie entwickelt wurden oder staatlicher Natur sind.

Im Folgenden werden einige derjenigen mitgliedstaatlichen Zertifizierungssysteme vorgestellt, die zum Teil im *Preliminary Report* bezüglich der Erweiterung des EU-Umweltzeichens auf Finanzprodukte analysiert wurden.[1] Das Ziel der nachstehenden Ausführungen besteht darin, zu veranschaulichen, welche konzeptionellen Möglichkeiten zur Ausgestaltung von Zertifizierungskriterien bestehen. Aus der Darstellung verschiedener Systeme sollte hervorgehen, dass eine gewisse Harmonisierung von Zertifizierungssystemen im europäischen Raum im Interesse funktionierender Finanz- und Kapitalmärkte wäre.

B. Staatliche Zertifizierungssysteme für Finanzprodukte in Frankreich

In Frankreich wurde bereits Ende 2015, also einige Jahre vor Veröffentlichung des europäischen Aktionsplans zur Finanzierung nachhaltigen Wachstums, das GreenFin-Label eingeführt.[2] Wenige Monate danach, Anfang 2016, wurde zusätzlich das ISR-Label in die französische Rechtsordnung integriert. Beide Labels beruhen auf einem Akt der Exekutive.[3]

I. Label GreenFin (*France Finance Verte*)

Das Label GreenFin (*France Finance Verte*) wurde vom französischen Umweltministerium ins Leben gerufen. Das Label trug in den ersten Jahren nach seiner Einführung den Namen TEEC

---

[1] *Joint Research Centre*, EU Ecolabel criteria for Financial Products, Preliminary Report, First draft (2019), S. 17 ff., abrufbar unter: https://susproc.jrc.ec.europa.eu/product-bureau/product-groups/432/documents (letzter Abruf: 26. März 2026). Das Gebot, bestehende Zertifizierungssysteme in den Mitgliedstaaten bei der Entwicklung von EU-Umweltzeichen-Kriterien für Finanzprodukte zu berücksichtigen, folgt aus Art. 11 Abs. 2 Umweltzeichen-VO.

[2] Beim GreenFin-Label handelt es sich jedoch keineswegs um das erste Label für Finanzprodukte in Frankreich; ausführlich zur Entwicklung von Labels in Frankreich *Crifo/Durand/Gond*, The role of labels in green finance: construction and regulation of a label market in France, Revue d'economie financière 138 (2020), 209.

[3] Anders als im deutschen Recht (s. Art. 80 Abs. 1 S. 1 GG) bedarf ein Akt der Exekutive in Frankreich keiner durch das Parlament verabschiedeten Ermächtigungsgrundlage. Die französische Regierung darf grundsätzlich alle Angelegenheiten durch Rechtsverordnungen (Dekrete) regeln, die nicht ausdrücklich dem Parlament zugewiesen sind, s. *Marsch/Vilain/Wendel*, Französisches und Deutsches Verfassungsrecht, Ein Rechtsvergleich (2015), S. 225 ff.

L. Beer, *Zertifizierung nachhaltiger Finanzprodukte*, Juridicum – Schriftenreihe zum Wirtschafts-, Unternehmens- und Bankrecht / Series on Business, Corporate and Banking Law, https://doi.org/10.1007/978-3-658-52193-6_4

(*Transition Énergetiqué et Ecologique pour le Climat*), wurde aber mit Dekret Nr. 2019-568 vom 7. Juni 2019 in GreenFin umbenannt.[4]

1. Rechtlicher Rahmen

Während in einigen EU-Mitgliedstaaten (z.B. in Deutschland) allenfalls private Zertifizierungssysteme für Finanzprodukte existieren, ist das GreenFin-Label Resultat eines staatlichen Aktes. Das GreenFin-Label wurde vom französischen Umweltministerium durch das Dekret Nr. 2015-1615 vom 10. Dezember 2015 eingeführt. Hierdurch wurde das französische Umweltgesetzbuch aus dem Jahr 2000 (*Code de l'Environment*) um Art. D128-1 bis Art. D128-19 erweitert.[5] In seiner Funktion als Finanzierungsinstrument ergänzt es zudem das vom französischen Parlament verabschiedete Gesetz Nr. 2015-992 vom 17. August 2015 über die Energiewende für grünes Wachstum (*Loi de Transition Énergétique pour la Croissance Verte*).[6] „Grünes Wachstum" wird also nicht nur vom europäischen, sondern auch vom französischen Gesetzgeber zu einem übergeordneten Ziel des Erlasses umweltbezogener Rechtsakte erklärt.

Das französische Umweltministerium hat auf Grundlage des Art. D128-8 und des Art. D128-10 des französischen Umweltgesetzbuchs einen Referenzrahmen, in dem insbesondere die materiellen Zertifizierungskriterien des GreenFin-Labels festgelegt sind (*Référentiel du Label France Finance Verte*),[7] und einen Plan zum Kontroll- und Überwachungssystem (*Plan de Contrôle et de Surveillance Cadre*)[8] erlassen. Diese Akte sind rechtlich verbindlich, aber auch

---

[4] Die Umbenennung hatte keine materiellen Änderungen zur Folge, näher zur Bedeutung dieser Umbenennung *Émane Meyo*, La promotion, en Europe, des labels écologiques destinés aux fonds d'investissement: l'exemple, en France, du dècret n° 2019-568 du 7 juin 2019, Revue de l'Union Européenne 635 (2020), 123.

[5] Das Umweltgesetzbuch von 2000 besteht aus einem legislativen und einem verordnungsgeberischen Teil, hierzu näher *Kromarek*, Die Umweltrechtskodifikation in Frankreich, EurUP 2006, 299.

[6] *Ministère de la Transition Écologique et Solidaire*, Label Transition Ènergetiquè et Ecologique pour le Climat pour les investisseurs qui s`engagent, S. 3, https://www.ecologie.gouv.fr/sites/default/files/publications/Le%20label%20transition%20%C3%A9nerg%C3%A9tique%20et%20%C3%A9cologique%20pour%20le%20climat%20pour%20les%20investisseurs%20qui%20s%27engagent.pdf (letzter Abruf: 26. März 2026); zum Gesetz über die Energiewende für grünes Wachstum *Dreyfus/Allemand*, Three Years After the French Energy Transition for Green Growth Law: Has the 'Energy Transition' Actually Started at the Local Level?, Journal of Environmental Law 30 (2018), 109; *Rüdinger*, The French Energy Transition Law for Green Growth: At the limits of governance of objectives, IDDRI 7 (2015), https://www.iddri.org/sites/default/files/import/publications/ib0715_ar_fetl.pdf (letzter Abruf: 26. März 2026).

[7] *Ministère de la Transition Écologique et de la Cohésion des Territoires/Ministère de la Transition Énergétique*, GreenFin Label, Référentiel (2024), https://www.ecologie.gouv.fr/sites/default/files/Label_TEEC_R%C3%A9f%C3%A9rentiel_janvier_2024.pdf (letzter Abruf: 26. März 2026). Der Referenzrahmen wurde nach Einreichung dieser Dissertation an der Philipps-Universität Marburg zweimal geändert, zur aktuellen Version *Ministère de la Transition Écologique, de la Biodiversité et des Négociations Internationales sur les Climat et la Nature*, GreenFin Label, Référentiel (2026), https://www.ecologie.gouv.fr/sites/default/files/documents/Referentiel_PCS_Greenfin_v2026.pdf (letzter Abruf: 26. März 2026).

[8] *Ministère de la Transition Écologique et de la Cohésion des Territoires/Ministère de la Transition Énergétique*, GreenFin Label, Plan de contrôle et de surveillance cadre, https://www.ecologie.gouv.fr/sites/default/files/Label_TEEC_Plan_de_controle_.pdf (letzter Abruf: 26. März

sehr flexibel. Sie können jederzeit auf Vorschlag eines eingesetzten Komitees (*Comité du Label*, im Folgenden: GreenFin-Komitee) geändert werden (s. Art. D128-3 des französischen Umweltgesetzbuchs). Das GreenFin-Komitee setzt sich gem. Art. D128-4 Abs. 1 des französischen Umweltgesetzbuchs aus einer Reihe von Interessenvertretern zusammen (z.B. Repräsentanten des Staates, von Anlegern und Portfolioverwaltungsgesellschaften sowie Personen mit einer gewissen Expertise im Bereich der Verwaltung und Zertifizierung von Finanzanlagen). Die Einsetzung eines derartigen Komitees ist sinnvoll, um zeitnah auf aktuelle Entwicklungen und Änderungen des Standes der Wissenschaft und Technik, die für die Ausgestaltung von Zertifizierungskriterien relevant sein können, reagieren zu können.

Die Zertifizierungskriterien haben sich in den vergangenen Jahren tatsächlich mehrmals geändert. Einige Änderungen wurden *nach* dem Inkrafttreten der Taxonomie-VO und der Veröffentlichung eines Vorschlags für EU-Umweltzeichen-Kriterien für Finanzprodukte vorgenommen. Die folgenden Ausführungen bezüglich des Anwendungsbereichs und der Zertifizierungskriterien des GreenFin-Labels basieren auf dem Stand von Januar 2024.[9]

2. Anwendungsbereich

Welche Finanzprodukte das Label GreenFin überhaupt erhalten können, also vom Anwendungsbereich des Dekrets Nr. 2015-1615 umfasst sind, ist in Art. D128-1 und Art. D128-2 des französischen Umweltgesetzbuchs sowie im ersten Abschnitt des Referenzrahmens (*Critères d'Éligibilité des Fonds Candidats*) geregelt.

Nach Art. D128-2 des französischen Umweltgesetzbuchs können Investmentfonds (*Fonds d'Investissement*), die bestimmte Kriterien erfüllen, zertifiziert werden. In Art. D128-1 Nr. 2 des französischen Umweltgesetzbuchs wird definiert, welcher Investmentfondsbegriff den Vorschriften bezüglich des GreenFin-Labels zugrunde gelegt wird. Demnach können mit einem Label grundsätzlich die im französischen Gesetz über das Währungs- und Finanzwesen (*Code Monétaire et Financier*) regulierten OGAW[10] und AIF[11] versehen werden, die unter die

2026). Auch der Kontroll- und Überwachungsplan hat nach Einreichung dieser Dissertation an der Philipps-Universität Marburg Änderungen erfahren, zur aktuellen Version *Ministère de la Transition Écologique, de la Biodiversité et des Négociations Internationales sur les Climat et la Nature*, GreenFin Label, Référentiel (2026), S. 38 ff.

[9] Auf die wichtigsten Änderungen, die nach Einreichung dieser Arbeit an der Philipps-Universität Marburg hinsichtlich der Zertifizierungskriterien vorgenommen wurden, wird an geeigneter Stelle in Fußnoten hingewiesen.

[10] S. Art. L214-1 Abs. 1 Nr. 1 des französischen Gesetzes über das Währungs- und Finanzwesen (*Organismes de placement collectif en valeurs mobilières* [OPCVM]).

[11] S. Art. L214-24 Abs. 1 Nr. 2 des französischen Gesetzes über das Währung- und Finanzwesen (*Fonds d'investissement alternatifs* [FIA]).

Richtlinien 2009/65/EG (OGAW-RL)[12] und die AIF-RL fallen. Ausgenommen sind AIF, wenn sie für Hebelfinanzierungen in beträchtlichem Umfang im Sinne von Art. 111 der Verordnung (EU) Nr. 231/2013[13] eingesetzt werden.

Im ersten Abschnitt des Referenzrahmens finden sich einige ergänzende Angaben zum Anwendungsbereich. Darin werden unter anderem besondere Arten von Fonds genannt, für die ein GreenFin-Label beantragt werden kann, wenn sie bestimmte Voraussetzungen erfüllen. Die Vermögenswerte eines Dachfonds müssen beispielsweise zu mindestens 90 % in Fonds investiert sein, denen ein GreenFin-Label verliehen wurde. Für Feederfonds kann ebenfalls ein GreenFin-Label beantragt werden, sofern der Masterfonds ein solches trägt.

Der Anwendungsbereich des GreenFin-Labels unterscheidet sich zum Teil vom Anwendungsbereich des Vorschlags von EU-Umweltzeichen-Kriterien für Finanzprodukte. Letzterer umfasst beispielsweise Festgeld- und Spareinlagenprodukte und sieht eine Zertifizierung ausschließlich für Finanzprodukte vor, die Kleinanlegern angeboten werden.[14]

3. Materielle Zertifizierungskriterien

Eine genaue Darstellung der materiellen Zertifizierungskriterien findet sich insbesondere im zweiten Abschnitt des Referenzrahmens. Die einzelnen Kriterien zur Erlangung eines Labels werden in diesem Abschnitt in drei „Säulen" unterteilt: Ziele und Methoden zur Auswahl der Vermögenswerte des Finanzprodukts, Berücksichtigung von ESG-Belangen bei der Zusammensetzung und Verwaltung des Portfolios und der Beitrag des Portfolios zum „energetischen und ökologischen Wandel".[15] Bevor eine sinnvolle Auseinandersetzung mit den Inhalten dieser „Säulen" erfolgen kann, bedarf es der Klärung der Frage, welches Begriffsverständnis dem GreenFin-Label von einer Wirtschaftstätigkeit, die einen Beitrag zum „energetischen und ökologischen Wandel" leistet (im Folgenden: „ökologische" Wirtschaftstätigkeit), zugrunde liegt. An diese Taxonomie knüpfen einige Vergabekriterien an.

a) Taxonomie für „ökologische" Wirtschaftstätigkeiten (GreenFin-Taxonomie)

[12] Richtlinie 2009/65/EG des Europäischen Parlaments und des Rates vom 13. Juli 2009 zur Koordinierung der Rechts- und Verwaltungsvorschriften betreffend bestimmte Organismen für gemeinsame Anlagen in Wertpapiere (OGAW).

[13] Hierbei handelt es sich um eine delegierte Verordnung der Kommission zur Ergänzung der Richtlinie 2011/61/EU (AIF-RL).

[14] Zum Anwendungsbereich der vorgeschlagenen EU-Umweltzeichen-Kriterien s. Kapitel 2, F. II. 3. a).

[15] In der aktuellen Version des Referenzrahmens von 2026 findet sich eine zusätzliche vierte „Säule", die Transparenzvorgaben zum Gegenstand hat, s. *Ministère de la Transition Écologique, de la Biodiversité et des Négociations Internationales sur les Climat et la Nature*, GreenFin Label, Référentiel (2026), S. 15.

Die Taxonomie, die dem GreenFin-Label zugrunde liegt (GreenFin-Taxonomie), basiert im Wesentlichen auf der *Climate Bonds Taxonomy* (CBT) der *Climate Bonds Initiative* (CBI)[16] und wird im ersten Anhang des Referenzrahmens dargestellt.[17] Bei der CBI handelt es sich um eine internationale Organisation, die es sich zur Aufgabe gemacht hat, einen Markt für grüne Anleihen zum Zwecke der Finanzierung eines „grünen Wachstums" zu schaffen.[18]

Die GreenFin-Taxonomie umfasst insgesamt acht Bereiche, in deren Rahmen (direkt oder indirekt) ein Beitrag zum „energetischen und ökologischen Wandel" geleistet werden kann: Energie, Bau, Kreislaufwirtschaft, Industrie, Informations- und Kommunikationstechnologie, Verkehr, Land- und Forstwirtschaft, Anpassung an den Klimawandel.

In den Bereich Energie fallen hauptsächlich Tätigkeiten, die auf die Entwicklung, den Bau und den Betrieb der Infrastruktur erneuerbarer Energien (Wind, Sonne, Erdwärme, Wasser, etc.) gerichtet sind. Unternehmen können zudem „ökologisch" handeln, indem sie neue Technologien entwickeln, die das Energiemanagement und die Energieeffizienz (z.B. durch Erhöhung der Speicherkapazität) verbessern. Der französische Gesetzgeber stuft auch Atomenergietätigkeiten als „ökologisch" ein. Diese Einstufung wurde jedoch nicht schon mit Einführung des GreenFin-Labels im Jahr 2015 vorgenommen. Noch im Referenzrahmen in der Fassung von Oktober 2021 wurden Tätigkeiten im Zusammenhang mit Atomenergie (z.B. Uranabbau sowie Bau und Betrieb von Kernreaktoren) nicht nur nicht als „ökologisch", sondern sogar als „umweltschädlich" qualifiziert. Waren die Vermögenswerte eines Fonds in Unternehmen investiert, die mehr als 5 % ihres Umsatzes mit Atomenergietätigkeiten erzielen, war dieser Fonds von der Vergabe eines GreenFin-Labels ausgeschlossen.[19]

Der Bereich Bau umfasst Tätigkeiten, die auf den Neubau, die Renovierung und den Betrieb von grünen Gebäuden gerichtet sind. Um als „ökologisch" i.S.d. GreenFin-Vergabekriterien qualifiziert werden zu können, bedarf es bei der Errichtung neuer Gebäude konkret der Erbringung dreier Nachweise: Eine Zertifizierung, die insbesondere einen geringen CO_2-Fußabdruck erkennen lässt, eine Ökobilanz, die nach dem Standard der Norm ISO 14 040

[16] *Ministère de la Transition Écologique et de la Cohésion des Territoires/Ministère de la Transition Énergétique*, GreenFin Label, Référentiel (2024), S. 10.
[17] In der aktuellen Version des Referenzrahmens von 2026 werden auch Wirtschaftstätigkeiten als „grün" i.S.d. GreenFin-Labels qualifiziert, die als „ökologisch nachhaltig" i.S.d. Art. 3 Taxonomie-VO eingestuft werden, s. *Ministère de la Transition Écologique, de la Biodiversité et des Négociations Internationales sur les Climat et la Nature*, GreenFin Label, Référentiel (2026), S. 16 ff.
[18] S. *Climate Bonds Initiative*, Climate Bonds Taxonomy (2021), https://www.climatebonds.net/files/documents/Climate-Bonds_Taxonomy_Sep-2021.pdf (letzter Abruf: 26. März 2026).
[19] *Ministère de la Transition Écologique*, Label Greenfin France finance verte, Référentiel (2021), S. 24, https://www.ecologie.gouv.fr/sites/default/files/Label_TEEC_labellisation_r%C3%A9f%C3%A9rentiel_0.pdf (letzter Abruf: 26. März 2026).

durchgeführt oder verifiziert wurde, und ein Energieausweis, der einen im Vergleich zu lokalen Normen geringen Gesamtenergieverbrauch des Gebäudes bescheinigt. Auch im Falle der Renovierung und des Betriebs von Gebäuden müssen Umwelt- und Energiezertifikate vorliegen. Sämtliche Zertifizierungen müssen international oder von einem EU-Mitgliedstaat anerkannt sein. Der Zeitpunkt der Durchführung der Zertifizierung darf außerdem nicht mehr als fünf Jahre zurückliegen. Bei der Produktion und Lieferung von Energieeffizienzprodukten und -technologien, z.B. Materialien, die zur Wärmedämmung und für Hochleistungsheiz- und Lüftungsanlagen benötigt werden, handelt es sich ebenfalls um Wirtschaftstätigkeiten, die dem Baubereich zuzuordnen sind und als „ökologisch" gelten.

In den Bereich Industrie fallen unter anderem Tätigkeiten, die die Energieeffizienz von Produkten, Vermögenswerten, Prozessen und Systemen erhöhen. Als „ökologisch" wird außerdem die Entwicklung von Technologien, die den Ausstoß von Schadstoffen in Luft, Wasser oder Boden reduzieren oder die Qualität von Luft, Wasser oder Boden verbessern, eingestuft.

Bei dem Ausbau und der Weiterentwicklung von Schienenverkehrssystemen (Güter- und Personenverkehr) handelt es sich um Tätigkeiten, die dem Verkehrsbereich zugeordnet werden. Einen Beitrag zum „energetischen und ökologischen Wandel" können Unternehmen außerdem durch Tätigkeiten leisten, die eine Verbesserung der Infrastruktur im Stadtbahn- und Fahrradverkehr herbeiführen. Auch der Ausbau der Ladeinfrastruktur von Elektrofahrzeugen ist vom Verkehrsbereich der GreenFin-Taxonomie umfasst.

Als „ökologisch" werden weiterhin bestimmte Tätigkeiten qualifiziert, die die Informations- und Kommunikationstechnologie betreffen. Ein Beitrag zum „energetischen und ökologischen Wandel" kann insbesondere geleistet werden, indem Rechenzentren mit erneuerbaren Energien betrieben und Netze zu „intelligenten Stromnetzen" (*Smart Grids*) ausgebaut werden.[20] Auch kann die hohe CO_2-Belastung durch dienstlich veranlasste Reisen reduziert werden, indem beispielsweise spezielle Software, die der Durchführung von Konferenzen dient, entwickelt wird.

Im Bereich der Land- und Forstwirtschaft können Unternehmen durch ökologischen Landbau oder ganz allgemein durch Betrieb einer nachhaltigen Landwirtschaft „ökologisch" handeln. Von einer nachhaltigen Landwirtschaft ist in diesem Kontext die Rede, wenn ein

[20] Näher zu Smart Grids *Wiesemann*, IT-rechtliche Rahmenbedingungen für „intelligente" Stromzähler und Netze – Smart Meter und Smart Grids, MMR 2011, 355.

landwirtschaftlicher Betrieb HVE-zertifiziert ist.[21] Alternativ können mindestens vier von insgesamt sechs Kriterien erfüllt werden, die auf die Vornahme bestimmter Maßnahmen gerichtet sind. Diese Maßnahmen umfassen unter anderem die Erhaltung von Landschaftsstrukturen, die Einsparung von Wasserressourcen und die Verringerung von Treibhausgasemissionen. Unternehmen können auch im Rahmen der Waldbewirtschaftung „ökologisch“ agieren, wobei auch hier international anerkannte Zertifikate eine Rolle spielen. Im Referenzrahmen wird beispielswiese ausdrücklich das FSC-Zertifikat in Bezug genommen.[22]

Aus den obigen Ausführungen geht hervor, dass sich die GreenFin-Taxonomie von der europäischen Umwelt-Taxonomie dadurch unterscheidet, dass anstelle von sechs Umweltzielen acht Bereiche definiert werden. Bei diesen Bereichen handelt es sich zum größten Teil nicht um *Ziele*, sondern um *Sektoren*, denen einzelne Tätigkeiten zugeordnet werden, die einen Beitrag zum übergeordneten Ziel der Förderung des „energetischen und ökologischen Wandels“ leisten. Bei der Entwicklung der GreenFin-Taxonomie und der Umwelt-Taxonomie wurden also unterschiedliche Anknüpfungspunkte gewählt. Die GreenFin-Taxonomie umfasst jedoch zwei Bereiche, die zwei Umweltzielen der Taxonomie-VO ähneln: Der Übergang zu einer Kreislaufwirtschaft und die Anpassung an den Klimawandel.

Die Herstellung von Produkten aus ressourcen- und umweltschonenden Materialien (nachwachsende Rohstoffe, Biopolymere und ökologisch abbaubare Stoffe) wird im Rahmen der GreenFin-Taxonomie als Tätigkeit eingeordnet, die den Übergang zu einer Kreislaufwirtschaft fördert. Auch die Entwicklung von neuen Produkten und Technologien, die der Verringerung von Treibhausgasemissionen und der Speicherung von CO_2 dienen, sowie bestimmte Maßnahmen, die im Rahmen der Abfallbeseitigung getroffen werden, gelten als „ökologisch“.

Zur Anpassung an den Klimawandel kann schließlich ein Beitrag geleistet werden, indem die Wasserinfrastruktur effizienter ausgebaut wird. Dies kann erreicht werden, indem z.B. stabilere Rohrleitungssysteme, Wassereinsparungseinrichtungen oder Systeme entwickelt werden, die Wasser über das Dach besser erfassen und speichern. Als „ökologische“ Wirtschaftstätigkeit i.S.d. GreenFin-Taxonomie gilt auch die Verbesserung der Konstruktionsstandards von

---

[21] Das Akronym HVE steht für Haute *Valeur Environnementale*, s. hierzu *Ministère de l'Agriculture et de l'Agro-Alimentaire et de la Souveraineté Alimentaire*, HEV certification : Recognition of the environmental performance of farmers (2017), https://agriculture.gouv.fr/hev-certification (letzter Abruf: 26. März 2026).

[22] Das Akronym FSC steht für Forest Stewardship Council, s. hierzu *Kloven*, Eco-Labeling of Sustainably Harvested Wood under the Forest Stewardship Council: Seeing the Forest for the Trees, Colo. J. Int`l Envtl. L. & Pol`y 9 (1998), 48.

Brücken und Schienen sowie der Bahninfrastruktur, um auf extreme Wettersituationen wie starke Regenfälle, Winde und erhöhte Temperaturen möglichst gut vorbereitet zu sein.

Es ist durchaus denkbar, dass bestimmte Tätigkeiten (z.B. Herstellung von Teilen, die für den Bau von Windkraftanlagen benötigt werden) als „ökologisch nachhaltig" i.S.d. Art. 3 Taxonomie-VO *und* als „ökologisch" i.S.d. GreenFin-Taxonomie eingestuft werden können. Im Allgemeinen dürfte es wahrscheinlicher sein, dass eine wirtschaftliche Tätigkeit, die den Anforderungen der europäischen Umwelt-Taxonomie gerecht wird, auch den Anforderungen der GreenFin-Taxonomie entspricht, als umgekehrt. Der Grund hierfür liegt darin, dass die Kriterien zur Beurteilung der „ökologischen Nachhaltigkeit" einer Wirtschaftstätigkeit i.S.d. Art. 3 Taxonomie-VO detaillierter ausgestaltet sind als die Kriterien, anhand deren festgestellt werden kann, ob eine Tätigkeit einen Beitrag zum „energetischen und ökologischen Wandel" i.S.d. GreenFin-Taxonomie leistet. Nichtsdestotrotz ist bei einer jeden Wirtschaftstätigkeit eine gesonderte Prüfung erforderlich.

Der höhere Detaillierungsgrad der europäischen Umwelt-Taxonomie ergibt sich auch daraus, dass die Einordnung einer Wirtschaftstätigkeit als „ökologisch" i.S.d. GreenFin-Taxonomie, anders als die Qualifizierung einer Wirtschaftstätigkeit als „ökologisch nachhaltig" i.S.d. Art. 3 Taxonomie-VO, nicht von der Einhaltung sozialer Mindestschutzstandards durch das die Wirtschaftstätigkeit ausübende Unternehmen und von DNSH-Kriterien abhängt. Soziale Aspekte und Wechselbeziehungen zwischen ökologischen (Teil-)Aspekten finden in der GreenFin-Taxonomie keine Berücksichtigung.[23] Dies könnte dazu führen, dass wirtschaftliche Tätigkeiten, die mit dem Ausbau erneuerbarer Energien im Zusammenhang stehen, als „ökologisch" i.S.d. GreenFin-Taxonomie qualifiziert werden, an der Einstufung als „ökologisch nachhaltig" i.S.d. Art. 3 Taxonomie-VO jedoch scheitern.

b) **„Säule" I: Ziele und Methoden zur Auswahl der Vermögenswerte des Fonds**

Die erste „Säule" umfasst mehrere Kriterien, die die Ziele und Methoden zur Auswahl der Vermögenswerte des Fonds, mit dem ein Beitrag zum „energetischen und ökologischen Wandel" geleistet werden soll, zum Gegenstand haben.[24]

[23] In der aktuellen Version des Referenzrahmens von 2026 befinden sich nunmehr auch sozial- und governancebezogene Ausschlusskriterien auf Unternehmensebene, s. *Ministère de la Transition Écologique, de la Biodiversité et des Négociations Internationales sur les Climat et la Nature*, GreenFin Label, Référentiel (2026), S. 29 f.

[24] *Ministère de la Transition Écologique et de la Cohésion des Territoires/Ministère de la Transition Énergétique*, GreenFin Label, Référentiel (2024), S. 6 ff.

aa) Transparenz bezüglich der Umweltziele und des „ökologischen" Vermögenswertanteils eines Fonds

Von der Verwaltungsgesellschaft eines Fonds wird zum einen verlangt, dass sie den Investoren eine klare Beschreibung der allgemeinen, finanziellen und spezifischen Umweltziele, die durch die Berücksichtigung von Umweltkriterien im Rahmen der Anlagepolitik angestrebt werden, zur Verfügung stellt.[25]

Zum anderen muss die Methode zur Bewertung des Anteils der Vermögenswerte eines Fonds, der zum „energetischen und ökologischen Wandel" beiträgt, beschrieben werden. In diesem Kontext ist auch eine Beschreibung erforderlich, wie die Umsetzung dieser Methode die Anlagestrategie beeinflusst. Welche konkreten Angaben zum „ökologischen" Vermögenswertanteil eines Fonds gemacht werden müssen, hängt maßgeblich von der Art des Fonds ab.

Die Vermögenswerte eines *Private-Equity*-Fonds müssen beispielsweise zu 75 % in Unternehmen investiert sein, die mindestens 50 % ihres Umsatzes mit Tätigkeiten i.S.d. GreenFin-Taxonomie[26] erwirtschaften. Bei Anleihefonds muss der Anteil des in grüne Anleihen investierten Vermögens ebenfalls mindestens 75 % der Gesamtvermögenswerte des Fonds betragen. „Grün" i.S.d. GreenFin-Labels ist eine Anleihe dann, wenn sie von einem Unternehmen begeben wird, das mindestens 50 % seines Umsatzes mit „ökologischen" Wirtschaftstätigkeiten erzielt. Alternativ wird eine Anleihe als „grün" eingestuft, wenn sie den *Green Bond Principles* (GBP) der *International Capital Market Association* (ICMA) entspricht und Projekte finanziert, die ausweislich des ersten Anhangs des Referenzrahmens als „grün" gelten.[27] Außerdem dürfen keine ausgeschlossenen Tätigkeiten, die im zweiten Anhang des Referenzrahmens aufgelistet sind, finanziert werden.[28] Besondere Regelungen gelten auch für Immobilienfonds: Die Vermögenswerte solcher Fonds müssen zu einem beachtlichen Anteil in „grünen Immobilien" angelegt sein.

---

[25] In der aktuellen Version des Referenzrahmens von 2026 findet sich ein zusätzliches Kriterium, das verlangt, dass die Umweltziele eines Finanzproduktanbieters mit dem Konzept der „doppelten Wesentlichkeit" im Einklang stehen müssen. Dies bedeutet, dass Umweltrisiken berücksichtigt werden müssen, die sich negativ auf den finanziellen Wert einer Investition auswirken können. Außerdem müssen die Auswirkungen einer Investition auf Umweltkriterien berücksichtigt werden; s. hierzu *Ministère de la Transition Écologique, de la Biodiversité et des Négociations Internationales sur les Climat et la Nature*, GreenFin Label, Référentiel (2026), S. 6.

[26] In der aktuellen Version des Referenzrahmens von 2026 werden, wie bereits erwähnt, explizit auch Tätigkeiten i.S.d. Art. 3 Taxonomie-VO erfasst.

[27] In der aktuellen Version des Referenzrahmens von 2026 werden auch Anleihen, die dem europäischen Standard für grüne Anleihen entsprechen, als „grün" qualifiziert, s. *Ministère de la Transition Écologique, de la Biodiversité et des Négociations Internationales sur les Climat et la Nature*, GreenFin Label, Référentiel (2026), S. 7.

[28] In der aktuellen Version des Referenzrahmens von 2026 findet sich dieses Erfordernis im Kontext grüner Anleihen nicht mehr.

Bezüglich aller Fonds, die in börsennotierte Wertpapiere investiert sind, für die jedoch kein besonderer „ökologischer" Vermögenswertanteil festgelegt wurde, muss Folgendes beachtet werden: Der Anteil der Fondsvermögenswerte, die in Unternehmen investiert sind, die mindestens 50 % ihres Umsatzes mit „ökologischen" Wirtschaftstätigkeiten erwirtschaften, muss *immer* mindestens 20 % der gesamten verwalteten Vermögenswerte des Fonds betragen.[29] In Unternehmen, die weniger als 10 % ihres Umsatzes aus „ökologischen" Tätigkeiten generieren, dürfen maximal 25 % der gesamten verwalteten Fondsvermögenswerte investiert sein.[30]

An dieser Stelle wird ein zentraler Unterschied zwischen dem GreenFin-Label und dem Vorschlag von EU-Umweltzeichen-Kriterien für Finanzprodukte deutlich. Bei Ersterem müssen die Finanzproduktvermögenswerte zu einem bestimmten Anteil in Unternehmen investiert sein, die *in einem ganz bestimmten Umfang* „ökologisch" handeln.[31] Welche Folgen hiermit verbunden sein können, kann an folgendem Beispiel veranschaulicht werden:

Die gesamten verwalteten Vermögenswerte des OGAW-Aktienfonds I werden investiert, indem Aktien von fünf Unternehmen erworben werden. Unter anderem werden 20 % der Portfoliovermögenswerte in das Unternehmen A, 60 % in das Unternehmen B und 10 % in das Unternehmen C investiert. Das Unternehmen A hat im vergangenen Jahr einen Nettoumsatz von 100.000 Euro erzielt.[32] 90 % dieses Umsatzes, also 90.000 Euro, gehen auf „grüne" Wirtschaftstätigkeiten zurück, die sowohl von der europäischen Umwelt-Taxonomie als auch von der GreenFin-Taxonomie umfasst sind. Das Unternehmen B zeichnet sich dadurch aus, 80.000 Euro von insgesamt 200.000 Euro Umsatz mit „grünen" Tätigkeiten erwirtschaftet zu haben. Außerdem hat es 10.000 Euro „grüne" Investitionsausgaben getätigt. Das Unternehmen C hat 15.000 Euro von insgesamt 200.000 Euro Umsatz mit „grünen" Wirtschaftstätigkeiten erzielt.

Der „grüne" Vermögenswertanteil des OGAW-Aktienfonds I würde nach der im TR 4.0 vorgeschlagenen Berechnungsmethode 45,75 % betragen.[33] Dies wäre für den Erhalt des EU-

[29] In der aktuellen Version des Referenzrahmens von 2026 beträgt der erforderliche Mindestanteil sogar 25 %.

[30] Die Vermögenswerte eines gemischten Fonds, die in „grüne" Anleihen investiert sind, werden dem „ökologischen" Vermögenswertanteil eines Fonds zugerechnet.

[31] Von einem solchen Kriterium wurde im aktuellen Vorschlag von EU-Umweltzeichen-Kriterien für Finanzprodukte bewusst Abstand genommen, s. *Joint Research Centre*, Development of EU Ecolabel criteria for Retail Financial Products, Technical Report 4.0 (2021), S. 33, 66; s. auch *Megaeva/Engelen/Liedekerke*, A Comparative Study of European Sustainable Finance Labels (2021), S. 19, abrufbar unter: https://papers.ssrn.com/sol3/papers.cfm (letzter Abruf: 26. März 2026).

[32] Die folgenden Angaben zu Umsatz und Investitionsausgaben beziehen sich stets auf das Geschäftsjahr, das einem Antrag auf Erhalt eines Labels vorausgegangen ist.

[33] Zur Berechnungsmethode Kapitel 2, F. II. 3. b) aa) (1).

Umweltzeichens nicht ausreichend, für den Erhalt eines GreenFin-Labels (ungeachtet der übrigen Zertifizierungskriterien) hingegen schon. Die Zertifizierungskriterien des GreenFin-Labels und des Vorschlags von EU-Umweltzeichen-Kriterien für Finanzprodukte unterscheiden sich also nicht nur in der zugrunde liegenden Taxonomie.[34]

bb) Ausschlusskriterien

Die erste „Säule“ verlangt weiterhin, dass die Vermögenswerte eines Fonds nicht in Tätigkeiten investiert sind, die dem „energetischen und ökologischen Wandel“ entgegenwirken. Unter welchen Voraussetzungen eine derart „umweltschädliche“ Investition vorliegt, ist im zweiten Anhang des Referenzrahmens festgelegt.[35]

Beispielsweise dürfen die Vermögenswerte eines Fonds nicht in Unternehmen investiert sein, die an der Entwicklung neuer Projekte zur Förderung von festen, flüssigen oder gasförmigen fossilen Brennstoffen beteiligt sind. Darüber hinaus darf nicht in Unternehmen investiert werden, die mehr als 5 % ihres Umsatzes mit Wirtschaftstätigkeiten erzielen, die in einem sonstigen Zusammenhang mit festen, flüssigen oder gasförmigen fossilen Brennstoffen stehen (z.B. Herstellung von Produkten, die aus fossilen Brennstoffen gewonnen werden, oder Lagerung von festen fossilen Brennstoffen). Außerdem müssen Unternehmen, die mindestens 30 % ihres Umsatzes mit bestimmten Tätigkeiten erwirtschaften, von einer Investition ausgeschlossen werden. Zu diesen Tätigkeiten gehören unter anderem der Transport und der Vertrieb von gasförmigen Brennstoffen sowie die Verbesserung der Energieeffizienz nicht-erneuerbarer Energiequellen.

Die Ausschlusskriterien beziehen sich ausschließlich auf ökologische Themen.[36] Hierin unterscheiden sich die Zertifizierungskriterien des GreenFin-Labels von den Kriterien, die im TR 4.0 für ein EU-Umweltzeichen für Finanzprodukte vorgeschlagen werden.

c) „Säule“ II: Berücksichtigung von ESG-Belangen bei der Zusammensetzung und Verwaltung des Portfolios

[34] Die GreenFin-Taxonomie dürfte vor dem Hintergrund, dass inzwischen (s. Version des Referenzrahmens von 2026) auch Tätigkeiten i.S.d. Art. 3 Taxonomie-VO als „grün“ i.S.d. Vergabekriterien des GreenFin-Labels gelten, in Zukunft an Bedeutung verlieren.

[35] *Ministère de la Transition Écologique et de la Cohésion des Territoires/Ministère de la Transition Énergétique*, GreenFin Label, Référentiel (2024), S. 25. Die aktuelle Version des Referenzrahmens von 2026 enthält eine Regelung, derzufolge in bestimmten Fällen die Ausschlussgrenzen nicht eingehalten werden müssen. Diese Fälle betreffen insbesondere grüne Anleihen und Tätigkeiten i.S.d. Art. 3 Taxonomie-VO, s. hierzu *Ministère de la Transition Écologique, de la Biodiversité et des Négociations Internationales sur les Climat et la Nature*, GreenFin Label, Référentiel (2026), S. 10.

[36] Wie bereits erwähnt, enthält die aktuelle Version des Referenzrahmens von 2026 auch sozial- und governancebezogene Ausschlusskriterien, s. *Ministère de la Transition Écologique, de la Biodiversité et des Négociations Internationales sur les Climat et la Nature*, GreenFin Label, Référentiel (2026), S. 29 f.

In der zweiten „Säule" des zweiten Abschnitts des Referenzrahmens werden Anforderungen an die Berücksichtigung von ESG-Belangen bei der Zusammensetzung und Verwaltung des Fondsportfolios festgelegt.

Fondsverwaltungsgesellschaften müssen die Grundsätze der sozialen Verantwortung von Unternehmen anwenden, indem sie Konflikte zwischen den ESG-Aspekten aktiv überwachen und die Auswirkungen dieser Konflikte auf die Zusammensetzung des Portfolios aufzeigen. Die Prozesse und Mechanismen, die zur Überwachung von ESG-Konflikten und zu deren Behandlung eingerichtet wurden, müssen klar beschrieben werden. Außerdem muss eine Liste von Unternehmen veröffentlicht werden, die aufgrund von ESG-Konflikten nicht oder nur in geringem Umfang bei der Zusammensetzung des Portfolios berücksichtigt wurden.

Weiterhin wird Transparenz hinsichtlich bestimmter Praktiken der Finanzverwaltung eines Fonds verlangt. Die Transparenzvorgaben beziehen sich insbesondere auf den Einsatz derivater Finanzinstrumente und werden im fünften Anhang des Referenzrahmens spezifiziert.[37] Beispielsweise müssen die Art eines Derivats und die mit dessen Einsatz verfolgten Ziele, die mit den langfristigen Verwaltungszielen des Fonds vereinbar sein müssen, veröffentlicht werden. Außerdem muss Auskunft über die Vermögenswerttransaktionen innerhalb der letzten zwölf Monate erteilt werden.

d) „Säule" III: Auswirkungen des Portfolios auf den „energetischen und ökologischen Wandel"

Die Kriterien der dritten „Säule" beziehen sich auf die Auswirkungen des Portfolios auf den „energetischen und ökologischen Wandel". Anders als bei der ersten „Säule" stehen hier jedoch nicht quantitative, sondern qualitative Angaben (insbesondere bezüglich Indikatoren) im Vordergrund.

Konkret wird verlangt, dass ein Mechanismus eingerichtet wird, um den tatsächlichen Beitrag einer Investition zum „energetischen und ökologischen Wandel" zu messen. Unter anderem müssen die für die Messung eingesetzten Ressourcen, die Methode zur Bewertung der Auswirkungen und die gewählten Wirkungsindikatoren offengelegt werden. Außerdem muss beschrieben werden, ob und inwiefern die erzielten Auswirkungen mit den Zielen des Fonds, wie sie im Einklang mit der ersten „Säule" beschrieben werden, übereinstimmen.

Der tatsächliche Beitrag, den eine Investition zum „energetischen und ökologischen Wandel" leistet, muss in Bezug auf mindestens einen der folgenden Bereiche gemessen und beschrieben

---

[37] *Ministère de la Transition Écologique et de la Cohésion des Territoires/Ministère de la Transition Énergétique*, GreenFin Label, Référentiel (2024), S. 29.

werden: Klimawandel, Wasser, natürliche Ressourcen, biologische Vielfalt. Nähere Informationen zu den Transparenzvorgaben und zu den einzelnen Indikatoren finden sich im vierten Anhang des Referenzrahmens.[38] Als Indikator für den Bereich Klimawandel werden beispielsweise die direkten und indirekten Treibhausgasemissionen vorgeschlagen. Im Bereich natürliche Ressourcen kann als Indikator der Verbrauch solcher Ressourcen in Tonnen geteilt durch den Betrag (Euro oder USD) des Umsatzes, der mit dem Verbrauch erzielt wird, dienen.[39]

4. Prozedurale Zertifizierungskriterien

Möchte eine Fondsverwaltungsgesellschaft einen bestimmten Fonds mit einem GreenFin-Label bewerben, genügt es nicht, zu prüfen, ob die Fondsvermögenswerte im Einklang mit den materiellen Zertifizierungskriterien verwaltet werden. Zusätzlich ist erforderlich, dass das speziell für den Erhalt des GreenFin-Labels vorgesehene Zertifizierungsverfahren durchlaufen wird. Eine glaubwürdige Ausgestaltung der prozeduralen Zertifizierungskriterien ist für die Glaubwürdigkeit eines Zertifizierungssystems nicht weniger relevant als eine glaubwürdige Ausgestaltung der materiellen Zertifizierungskriterien.[40] Die prozeduralen Zertifizierungskriterien des GreenFin-Labels sind insbesondere im französischen Umweltgesetzbuch und im Plan zum Kontroll- und Überwachungssystem festgelegt.

a) Rolle der Zertifizierungsstellen

Gem. Art. D128-12 des französischen Umweltgesetzbuchs wird das GreenFin-Zertifizierungsverfahren eingeleitet, indem sich eine Fondsverwaltungsgesellschaft an eine von ihr gewählte Zertifizierungsstelle wendet. Als Zertifizierungsstellen für das GreenFin-Label sind insbesondere *Novethic*, *EY France* und *Afnor Certification* tätig.[41]

Den Zertifizierungsstellen kommt eine entscheidende Bedeutung zu. Sie sind für die Kontrolle und Überwachung der Einhaltung der materiellen Zertifizierungskriterien zuständig. Der erste Teil des Plans zum Kontroll- und Überwachungssystem sieht vor, dass jede Zertifizierungsstelle mit qualifizierten Prüfern (sog. Auditoren) besetzt sein muss. Die Auswahl

---

[38] *Ministère de la Transition Écologique et de la Cohésion des Territoires/Ministère de la Transition Énergétique*, GreenFin Label, Référentiel (2024), S. 28.

[39] In der aktuellen Version des Referenzrahmens von 2026 findet sich im Rahmen der dritten „Säule" ein weiteres Kriterium. Diesem zufolge muss ein Finanzproduktanbieter, der eine Zertifizierung mit dem GreenFin-Label anstrebt, sowohl den Anteil als auch die angestrebte Zielausrichtung seiner Investitionen im Einklang mit der europäischen Umwelt-Taxonomie offenlegen, s. *Ministère de la Transition Écologique, de la Biodiversité et des Négociations Internationales sur les Climat et la Nature*, GreenFin Label, Référentiel (2026), S. 14.

[40] Hierzu bereits in Kapitel 1, A. IV. 4. b) bb).

[41] *Ministères Transition Écologique Aménagement du Territoire Transports Ville et Logement*, Le label Greenfin (2019), https://www.ecologie.gouv.fr/politiques-publiques/label-greenfin (letzter Abruf: 26. März 2026).

der Auditoren soll auf Grundlage ihrer Kompetenz, Ausbildung, Erfahrung und Unabhängigkeit erfolgen.[42]

b) Grundlagen des Zertifizierungsverfahrens und des Kontroll- und Überwachungssystems

Der Erstantrag auf Zertifizierung muss also bei einer zuständigen Zertifizierungsstelle gestellt werden. Einem Antrag auf Zertifizierung sind alle Informationen beizufügen, aus denen insbesondere hervorgeht, dass die materiellen Zertifizierungskriterien des GreenFin-Labels erfüllt werden.[43]

Zwischen der gewählten Zertifizierungsstelle und der Verwaltungsgesellschaft eines Fonds wird in der Regel ein Zertifizierungsvertrag abgeschlossen, aus dem sich der Umfang, die Dauer und weitere Zertifizierungsmodalitäten ergeben. Anschließend nimmt die Zertifizierungsstelle ein erstes Zertifizierungsaudit vor. Im Rahmen dieses Audits wird bewertet, ob die Anforderungen des Zertifizierungssystems durch die antragstellende Fondsverwaltungsgesellschaft eingehalten werden. Die Bewertung soll in erster Linie anhand bestimmter Dokumente erfolgen, die die Verwaltungsgesellschaft zur Verfügung stellen muss. Ein jedes Audit wird mit einem von der Zertifizierungsstelle ausgestellten Prüfungsbericht abgeschlossen, der ein hohes Maß an Transparenz aufweisen muss. Mit der Übermittlung dieses Berichts geht auch die Verleihung des Zertifikats einher, welches die Übereinstimmung mit dem Referenzrahmen des GreenFin-Labels bescheinigt. Gem. Art. D128-17 Abs. 1 des französischen Umweltgesetzbuchs muss die Zertifizierungsstelle dem GreenFin-Komitee die Entscheidung über die Erteilung des Zertifikats mitteilen. Eine Verlängerung der Gültigkeitsdauer des GreenFin-Zertifikats muss ebenfalls bei einer zuständigen Zertifizierungsstelle beantragt werden, die innerhalb eines bestimmten Zeitraums ein sog. Erneuerungsaudit durchführt.

Die materiellen Zertifizierungskriterien müssen grundsätzlich während des gesamten Gültigkeitszeitraumes des GreenFin-Zertifikats (ein Jahr) eingehalten werden. Um dies zu gewährleisten, müssen sowohl die Zertifizierungsstelle als auch die Fondsverwaltungsgesellschaft tätig werden. Letztere muss beispielsweise interne Kontrollmechanismen einrichten und Transparenzvorgaben erfüllen, um den Zertifizierungsstellen den Kontrollprozess zu erleichtern. Die Zertifizierungsstellen können

[42] *Ministère de la Transition Écologique et de la Cohésion des Territoires/Ministère de la Transition Énergétique*, GreenFin Label, Plan de contrôle et de surveillance cadre, S. 6.

[43] Ausführlich zu den Vorgaben bezüglich eines Erstantrags auf Zertifizierung, die im Folgenden überblicksartig vorgestellt werden, *Ministère de la Transition Écologique et de la Cohésion des Territoires/Ministère de la Transition Énergétique*, GreenFin Label, Plan de contrôle et de surveillance cadre, S. 7 ff.

zwecks Sicherstellung, dass die materiellen Zertifizierungskriterien nach wie vor eingehalten sind, sog. Folgeaudits durchführen. In bestimmten Fällen (z.B. dann, wenn die Anlagepolitik geändert wird) ist die Durchführung eines Folgeaudits sogar verbindlich.

II. Label ISR (*Investissement Socialement Responsable*)

Anfang 2016, also kurze Zeit nach Einführung des GreenFin-Labels, hat das französische Ministerium für Wirtschaft und Finanzen das Label ISR (*Investissement Socialement Responsable*) geschaffen. Im Unterschied zum GreenFin-Label liegt der Schwerpunkt nicht auf einem einzigen Thema (Umwelt). Das ISR-Label soll Finanzprodukte kennzeichnen, bei deren Verwaltung wirtschaftliche Leistungen mit sozialen und ökologischen Belangen in Einklang gebracht werden (s. Art. 1 des Dekrets Nr. 2016-10).[44] Da bei der Verwaltung von Finanzproduktvermögenswerten keine messbaren positiven Auswirkungen auf ökologische oder soziale Ziele im Vordergrund stehen müssen, handelt es sich beim ISR-Label nicht um ein Impact-Investing-Label.

1. Rechtlicher Rahmen

Auch das ISR-Label wurde durch einen Akt der Exekutive ins Leben gerufen. Es wurde konkret vom französischen Ministerium für Wirtschaft und Finanzen durch das Dekret Nr. 2016-10 vom 8. Januar 2016 eingeführt. Art. 4 dieses Dekrets legt fest, dass dieses Ministerium zur Regelung der näheren Einzelheiten zum Erhalt eines ISR-Labels einen Referenzrahmen (*Référentiel du Label*)[45] und einen Kontroll- und Überwachungsplan (*Plan de Contrôle et de Surveillance*)[46] erlässt. Den folgenden Ausführungen liegt der Referenzrahmen in der seit März 2024 geltenden Fassung zugrunde.

2. Anwendungsbereich

Vom Anwendungsbereich des ISR-Labels werden grundsätzlich sowohl Fonds zur Verwaltung von beweglichem Vermögen als auch Fonds zur Verwaltung von Immobilienvermögen erfasst. Der Investmentfondsbegriff des Art. 2 Nr. 2 des Dekrets Nr. 2016-10 entspricht demjenigen

---

[44] Zur Frage, ob eine Portfolioverwaltung im Einklang mit den ISR-Label-Vorgaben mit negativen finanziellen Folgen verbunden ist, *Ferrat*, Le label ISR français : gage de qualité extra-financière sans coût financier, Revue d'Économie Financière No. 149 (2023), 295.

[45] *Ministère de l'Économie, des Finances et de la Souveraineté Industrielle et Numérique*, Référentiel du Label ISR (2024), https://www.lelabelisr.fr/wp-content/uploads/Referentiel-Label-ISR-mars24.pdf (letzter Abruf: 26. März 2026).

[46] *Ministère de l'Économie, des Finances et de la Souveraineté Industrielle et Numérique*, Label ISR, Plan de contrôle et de surveillance (2023), https://www.lelabelisr.fr/wp-content/uploads/Label-ISR-Plan-de-controle-et-de-surveillance.pdf (letzter Abruf: 26. März 2026). Im Februar 2026, also nach Einreichung dieser Dissertation an der Philipps-Universität Marburg, wurde ein aktualisierter Kontroll- und Überwachungsplan veröffentlicht, s. *Ministère de l'Economie, des Finances et de la Souveraineté Industrielle, Énergétique et Numérique*, Label ISR, Plan de contrôle et de surveillance cadre (2026), https://www.tresor.economie.gouv.fr/Articles/4363d0da-e86d-47d3-bd03-022ec865822c/files/f6ded8f5-f1c8-4fcf-b6b7-2a4f34b710bb (letzter Abruf: 26. März 2026).

des Art. D128-1 Nr. 2 des französischen Umweltgesetzbuchs. Nähere Ausführungen zum Anwendungsbereich finden sich im ersten Abschnitt des ISR-Referenzrahmens.[47]

Grundsätzlich können OGAW und AIF mit dem ISR-Label gekennzeichnet werden. Für Mischfonds, die in Anleihen und Schuldtitel, die von Staaten begeben werden, investiert sind, gelten besondere Regelungen. Diese Mischfonds fallen nur dann in den Anwendungsbereich des ISR-Labels, wenn die in Staatsanleihen und -schuldtitel investierten Vermögenswerte, die einer ESG-Bewertung unterzogen worden sind, maximal 70 % der Vermögenswerte des Fonds bilden. Wurde hingegen keine ESG-Bewertung vorgenommen, darf der Anteil solcher Finanzinstrumente im Portfolio maximal 50 % betragen. Alle anderen Vermögenswerte, aus denen sich das Portfolio zusammensetzt, müssen ebenfalls in Bezug auf ESG-Kriterien bewertet worden sein. Spezielle Regelungen gelten auch für Dach- und Feederfonds.

Fonds zur Verwaltung von Immobilienvermögen können erst seit Oktober 2020 zertifiziert werden.[48] Neben AIF im Bereich gewerblicher Immobilien können insbesondere OPCI (*Organismes de Placement Collectif en Immobilier*) und SCPI (*Société Civile de Placement Immobilier*) mit dem ISR-Label versehen werden. Bei OPCI handelt es sich um Immobilieninvestmentfonds, die in Art. L. 214-33 bis Art. L. 214-85 des französischen Gesetzes über das Währungs- und Finanzwesen näher reguliert werden. OPCI können gem. Art. L. 214-33 des französischen Gesetzes über das Währungs- und Finanzwesen in der Form einer offenen Immobilieninvestmentgesellschaft mit variablem Kapital (SPPICV: *Sociétés de Placement à Prépondérance Immobilière à Capital Variable*) oder eines Immobilieninvestmentfonds (*Fonds de Placement Immobilier* [FPI]) existieren. Im ISR-Referenzrahmen ist festgelegt, dass die Vermögenswerte eines SPPICV zu mindestens 51 %, eines FPI zu mindestens 60 % in direkt oder indirekt (über Immobiliengesellschaften) gehaltene Immobilien investiert sein müssen. Mindestens 5 % der Vermögenswerte müssen aus liquiden Mitteln bestehen.

3. Materielle Zertifizierungskriterien

Die materiellen Zertifizierungskriterien des ISR-Labels sind im zweiten Abschnitt des Referenzrahmens geregelt.[49] Die einzelnen Kriterien, die bezüglich Fonds zur Verwaltung von

---

[47] *Ministère de l'Économie, des Finances et de la Souveraineté Industrielle et Numérique*, Référentiel du Label ISR (2024), S. 3 ff.

[48] *Ministère de l'Économie, des Finances et de la Relance*, Les fonds immobiliers, désormais éligibles au Label ISR (2021), https://www.lelabelisr.fr/les-fonds-immobiliers-desormais-eligibles-au-label-isr/ (letzter Abruf: 26. März 2026).

[49] *Ministère de l'Économie, des Finances et de la Souveraineté Industrielle et Numérique*, Référentiel du Label ISR (2024), S. 7 ff.

beweglichem Vermögen und bezüglich Fonds zur Verwaltung von Immobilienvermögen getrennt aufgeführt werden, werden sechs übergeordneten „Säulen“ zugeordnet. Der Aufbau des ISR-Referenzrahmens entspricht also in seiner Grundstruktur dem Aufbau des GreenFin-Referenzrahmens.

Die erste „Säule“ verlangt eine Beschreibung der allgemeinen, finanziellen und spezifischen ESG-Ziele, die durch die Berücksichtigung von ESG-Kriterien in der Anlagepolitik angestrebt werden. Dabei müssen Angaben zur Einbeziehung von Nachhaltigkeitsrisiken in die Anlageentscheidung entsprechend Art. 3 Abs. 1 Offenlegungs-VO gemacht werden. Außerdem muss die Fondsverwaltungsgesellschaft nachweisen, dass sie die Auswirkungen ihrer Investitionen auf ESG-Aspekte berücksichtigt. In diesem Kontext sind Angaben zu den wichtigsten nachteiligen Nachhaltigkeitsauswirkungen i.S.d. Art. 7 Abs. 1 lit. a) Offenlegungs-VO erforderlich. Das Fondsportfolio muss in Bezug auf mindestens zwei Nachhaltigkeitsindikatoren für negative Auswirkungen i.S.d. Art. 7 Abs. 1 lit. a) Offenlegungs-VO eine bessere Performance im Vergleich zum ursprünglichen Anlageuniversum erzielt haben. Eine Liste der Nachhaltigkeitsindikatoren für nachteilige Auswirkungen findet sich in den Tabellen 1, 2 und 3 des ersten Anhangs der Delegierten VO (EU) 2022/1288. Beispielsweise stellt die Treibhausgasemissionsintensität der Unternehmen, in die investiert wird, einen Klimaindikator dar. Einzelheiten zu den bereitzustellenden Informationen sind im vierten Anhang des Referenzrahmens enthalten.[50]

Die zweite „Säule“ hat die Methode, die von der Verwaltungsgesellschaft zum Zwecke der Analyse und Bewertung von Emittenten implementiert wird, zum Gegenstand. Auch hier stehen Transparenzvorgaben im Vordergrund. Die Verwaltungsgesellschaft muss nicht nur die ESG-Bewertungsmethode beschreiben, sondern auch offenlegen, inwiefern die Anwendung dieser Methode die Anlagestrategie beeinflusst. Außerdem muss offengelegt werden, inwiefern klimabezogene Themen berücksichtigt werden. Darüber hinaus bedarf es einer transparenten Identifizierung, Analyse und Überwachung (potenzieller) ESG-Konflikte und einer genauen Beschreibung der zur ESG-Analyse eingesetzten (internen und externen) Ressourcen.

In der dritten „Säule“ wird geregelt, inwiefern ESG-Belange bei der Zusammensetzung des Portfolios berücksichtigt werden müssen. Die Fondsverwaltungsgesellschaft ist nicht nur verpflichtet, eine ESG-Strategie zu definieren, sondern muss auch dafür Sorge tragen, dass das Ergebnis der Umsetzung dieser Strategie gemessen werden kann. Grundsätzlich müssen

[50] *Ministère de l'Économie, des Finances et de la Souveraineté Industrielle et Numérique*, Référentiel du Label ISR (2024), S. 43.

mindestens 90 % der Fondsvermögenswerte einer ESG-Bewertung unterzogen worden sein. Die Vermögenswerte dürfen außerdem nicht in Unternehmen, Projekte oder Tätigkeiten investiert sein, die in die Ausschlussliste des siebten Anhangs des Referenzrahmens fallen. Dieser Anhang enthält sowohl sozial- als auch umwelt- und Governance-bezogene Ausschlusskriterien.[51] Beispielsweise darf nicht in Unternehmen investiert werden, die an der Herstellung von Waffen oder in einem bestimmten Umfang am Abbau fossiler Brennstoffe beteiligt sind. In der dritten „Säule" ist außerdem festgelegt, dass Derivate, ähnlich wie beim GreenFin-Label, nur unter ganz bestimmten Voraussetzungen eingesetzt werden dürfen.

Die vierte „Säule" umfasst die allgemeine Abstimmungs- und Engagementpolitik der Fondsverwaltungsgesellschaft. Der Schwerpunkt der diesbezüglichen Kriterien liegt auf Transparenz.

Die fünfte „Säule" bezieht sich ganz allgemein auf Transparenz und verlangt zum einen die Einrichtung einer formalisierten Kommunikation mit Vertriebsstellen und Anlegern. Hierdurch soll sichergestellt werden, dass alle Informationen rund um die Strategie und Ziele des Fonds von Shareholdern nachvollzogen werden können. Zum anderen ist Transparenz in Bezug auf die Einhaltung der Regeln der ISR-Verwaltungsmethode, die einer internen Kontrolle unterliegen muss, erforderlich. Die Fondsverwaltungsgesellschaft muss beispielsweise stets einen aktuellen Compliance-Bericht veröffentlichen.

Gegenstand der sechsten „Säule" ist schließlich die Überwachung der ESG-Performance des Fondsportfolios. Die Fondsverwaltungsgesellschaft muss alle Informationen offenlegen, die im Zusammenhang mit der Überwachung der ESG-Leistung der Emittenten relevant sind (einschließlich der zur Überwachung eingesetzten Mittel, Methoden zur Bewertung der ESG-Leistung, etc.).

Anders als beim GreenFin-Label müssen die Vermögenswerte eines Fonds, der mit einem ISR-Label gekennzeichnet werden soll, also nicht in Unternehmen investiert sein, die ganz bestimmte Wirtschaftstätigkeiten ausüben. Es ist zwar nicht ausgeschlossen, dass durch die Erfüllung der materiellen Zertifizierungskriterien des ISR-Labels ein gewisser ökologischer oder sozialer Impact erzielt wird. Dies gilt deshalb, weil das ISR-Label einen Anreiz bietet, ESG-Aspekte stärker in die Fondsverwaltungsmethode zu integrieren und von Investitionen in Unternehmen, die sich durch eine hohe Treibhausgasemissionsintensität auszeichnen, Abstand zu nehmen. Durch den großen Gestaltungsspielraum, der Fondsverwaltungsgesellschaften bei

[51] *Ministère de l'Économie, des Finances et de la Souveraineté Industrielle et Numérique*, Référentiel du Label ISR (2024), S. 47 f.

der Auswahl von Portfoliounternehmen verbleibt, ist ein Impact jedoch nicht zwingend. Anleger, die sich mit den Zertifizierungskriterien des GreenFin- und des ISR-Labels allenfalls oberflächlich beschäftigen,[52] könnten sich dieser Tatsache nicht bewusst sein. Es besteht die Gefahr einer Irreführung und von Greenwashing.[53]

4. Prozedurale Zertifizierungskriterien

Die prozeduralen Zertifizierungskriterien finden sich hauptsächlich im Kontroll- und Überwachungsplan. Sie ähneln den prozeduralen Zertifizierungskriterien des GreenFin-Labels.

Das Zertifizierungsverfahren beginnt mit einem Antrag der Fondsverwaltungsgesellschaft bei einer zuständigen Zertifizierungsstelle (s. auch Art. 5 des Dekrets Nr. 2016-10). Anschließend wird zwischen der Fondsverwaltungsgesellschaft und der Zertifizierungsstelle ein Zertifizierungsvertrag geschlossen, aus dem die Dauer, der Umfang und die Zertifizierungsmodalitäten hervorgehen. Mit Unterzeichnung des Vertrags verpflichtet sich die Verwaltungsgesellschaft, im Rahmen ihrer internen Organisation Maßnahmen zu ergreifen, die zur Erfüllung der Anforderungen des ISR-Referenzrahmens erforderlich sind. Im Anschluss an den Abschluss des Zertifizierungsvertrags führt die Zertifizierungsstelle anhand von Dokumenten und Informationen, die durch die Fondsverwaltungsgesellschaft bereitgestellt werden, ein erstes Zertifizierungsaudit durch.

Das Zertifikat, das im Falle eines erfolgreich durchgeführtes Audits vergeben werden kann, hat eine Gültigkeitsdauer von drei Jahren (s. auch Art. 6 Abs. 2 des Dekrets Nr. 2016-10). Eine Erneuerung des Zertifikats nach Ablauf dieses Zeitraums setzt einen Antrag seitens der Fondsverwaltungsgesellschaft sowie ein von der Zertifizierungsstelle durchgeführtes Erneuerungsaudit voraus. Um die Einhaltung der Anforderungen des ISR-Referenzrahmens während der gesamten Gültigkeitsdauer des Zertifikats zu gewährleisten, kann die Zertifizierungsstelle außerdem Folgeaudits vornehmen.

III. Zwischenfazit

Der Fokus der materiellen Zertifizierungskriterien des GreenFin-Labels, das im Jahr 2015 in die französische Rechtsordnung integriert wurde, liegt eindeutig auf ökologischen Aspekten.

---

[52] Diese Gefahr ist insbesondere dann besonders groß, wenn sich Anleger einen „*moral wiggle room*" erhalten wollen und deshalb Informationen bewusst vermeiden, hierzu Kapitel 1, A. IV. 4. a). Auch ein *Information Overload* kann dazu beitragen, dass Anleger nicht über alle anlageentscheidungsrelevanten Umstände informiert sind.

[53] *Poindron/Moreau*, Finance durable au service de l'immobilier : modes de financement et réglementation, Actualité Juridique Droit Immobilier (AJDI) 2023, 85.

Als Impact-Investing-Label[54] weist es hinsichtlich seiner Zielrichtung eine gewisse Ähnlichkeit zum aktuellen Vorschlag von EU-Umweltzeichen-Kriterien für Finanzprodukte auf. Zwischen dem GreenFin-Label und dem EU-Umweltzeichen-Kriterien-Vorschlag bestehen jedoch einige wesentliche Unterschiede. Beispielsweise liegt dem GreenFin-Label nicht die europäische Umwelt-Taxonomie, sondern eine andere Taxonomie zugrunde.[55] Eine Tätigkeit, die als „ökologisch nachhaltig" i.S.d. Art. 3 Taxonomie-VO eingestuft wird, ist nicht automatisch „ökologisch" i.S.d. GreenFin-Taxonomie. Die Umwelt-Taxonomie ist detaillierter und verlangt die Einhaltung von DNSH-Kriterien. Außerdem müssen Unternehmen soziale Mindestschutzstandards einhalten, damit deren Wirtschaftstätigkeiten als „ökologisch nachhaltig" qualifiziert werden können. Der europäische Gesetzgeber stellt eine engere Verbindung zwischen ökologischen (Teil-)Aspekten sowie zwischen ökologischen und sozialen (Teil-)Aspekten her als der französische Gesetzgeber. Bei der Entwicklung der GreenFin-Taxonomie wurde einem integrierten und interdisziplinären Begriffsverständnis von Nachhaltigkeit also noch weniger Beachtung geschenkt als bei der Entwicklung der europäischen Umwelt-Taxonomie. Das GreenFin-Label unterscheidet sich vom Vorschlag von EU-Umweltzeichen-Kriterien für Finanzprodukte auch hinsichtlich des Anwendungsbereichs, des erforderlichen „ökologischen" Vermögenswertanteils eines Finanzprodukts sowie hinsichtlich der Ausschlusskriterien.

Mit dem ISR-Label ist in Frankreich ein weiteres Zertifizierungssystem eingeführt worden. Die Vergabe dieses Labels hängt allerdings nicht davon ab, dass die Fondsvermögenswerte in Unternehmen, die ganz bestimmte Tätigkeiten ausüben, investiert sind. Das ISR-Label soll vielmehr eine Kennzeichnung von Finanzprodukten ermöglichen, die sich durch eine besondere Berücksichtigung von ESG-Kriterien im Rahmen der Verwaltung der Finanzproduktvermögenswerte auszeichnen.

Mit Einführung von EU-Umweltzeichen-Kriterien für Finanzprodukte würden im europäischen Raum also drei Zertifizierungssysteme existieren, die sich in ihrer Ausgestaltung nicht nur geringfügig voneinander unterscheiden. Je mehr unterschiedlich ausgestaltete Labels, die nach außen einen Nachhaltigkeitsbezug aufweisen, auf dem Markt sind, desto schwieriger wird es, Labels als Grundlage einer Investitionsentscheidung heranzuziehen. Der Grund hierfür liegt darin, dass sich nachhaltigkeitsbedachte Anleger mit einer Vielzahl von Kriterien verschiedener

[54] So *Arjaliès/Chollet/Crifo/Mottis*, The Motivations and Practices of Impact Assessment in Socially Responsible Investing: The French Case and its Implications for the Accounting and Impact Investing Communities (2022), Social and Environmental Accounting Journal 43 (2022), 1 (8 f.).

[55] Wie bereits erwähnt, hat sich dies inzwischen geändert. Anbieter von Finanzprodukten können ausweislich der aktuellen Version des GreenFin-Referenzrahmens von 2026 auch die europäische Umwelt-Taxonomie in Bezug nehmen.

Labels beschäftigen müssen, um deren Bedeutungsgehalt nachvollziehen zu können. Ohne eine Auseinandersetzung mit dem jeweiligen Bedeutungsgehalt eines Labels wären Anleger kaum in der Lage, eine informierte Investitionsentscheidung darüber zu treffen, ob ein Label mit den eigenen Investitionsvorstellungen im Einklang steht.

C. Weitere Zertifizierungssysteme

Neben dem GreenFin- und dem ISR-Label existiert im europäischen Raum eine ganze Reihe weiterer Zertifizierungssysteme für „nachhaltige" Finanzprodukte. Die meisten dieser Labels wurden von der Finanzindustrie entwickelt. Die folgenden Ausführungen sollen die bereits angesprochene Problematik, die mit einer großen Vielfalt an Labels für „nachhaltige" Finanzprodukte einhergeht, weiter verdeutlichen.

I. FNG-Siegel

1. Allgemeines

Im Jahr 2015 wurde vom Forum Nachhaltige Geldanlagen (FNG) das FNG-Siegel ins Leben gerufen.[56] Beim FNG, das im Jahr 2001 gegründet wurde, handelt es sich um den Fachverband für nachhaltige Geldanlagen im deutschsprachigen Raum (Deutschland, Österreich, Schweiz).[57] Die aktuell geltenden materiellen und prozeduralen Vergabekriterien können den „Verfahrensbedingungen 2023" entnommen werden, die auf der Homepage des FNG abrufbar sind.[58]

Der Anwendungsbereich des FNG-Siegels ist sehr weit gefasst. Das Siegel kann grundsätzlich allen „Investmentfonds oder ähnliche[n] Anlagevehikel[n] aller Anlageklassen mit Beantragung der Zulassung bei der zuständigen Aufsichtsbehörde" vergeben werden, „vorausgesetzt sie entsprechen der UCITS- oder einer gleichwertigen Norm und sind in mindestens einem der Länder Deutschland, Österreich, Schweiz oder Liechtenstein zum Vertrieb zugelassen".[59] Außerdem muss es sich um ein Finanzprodukt i.S.d. Art. 8 oder Art. 9

56 *Forum Nachhaltige Geldanlagen*, Einführung – Die FNG-Siegel, https://fng-siegel.org/einfuehrung/ (letzter Abruf: 26. März 2026).

57 *Forum Nachhaltige Geldanlagen*, Forum Nachhaltige Geldanlagen (FNG), https://www.forum-ng.org/de/fng (letzter Abruf: 26. März 2026).

58 *Forum Nachhaltige Geldanlagen*, FNG-Siegel für nachhaltige Investmentfonds und ähnliche Produkte, Verfahrensbedingungen 2023, https://fng-siegel.org/media/downloads/FNG-Siegel2024-Verfahrensbedingungen.pdf (letzter Abruf: 26. März 2026). Die Verfahrensbedingungen wurden nach Einreichung dieser Dissertation an der Philipps-Universität Marburg mehrfach geändert. Aktuell gelten die „Verfahrensbedingungen 2025", s. *Forum Nachhaltige Geldanlagen*, FNG-Siegel für nachhaltige Investmentfonds und ähnliche Produkte, Verfahrensbedingungen 2025, https://fng-siegel.org/media/downloads/FNG-Siegel2026-Verfahrensbedingungen.pdf (letzter Abruf: 26. März 2026). Auf die wesentlichen Änderungen wird im Folgenden in Fußnoten hingewiesen.

59 *Forum Nachhaltige Geldanlagen*, FNG-Siegel für nachhaltige Investmentfonds und ähnliche Produkte, Verfahrensbedingungen 2023, S. 20.

Offenlegungs-VO, also um ein solches handeln, mit dem ökologische oder soziale Merkmale beworben werden oder eine nachhaltige Investition i.S.d. Art. 2 Nr. 17 Offenlegungs-VO angestrebt wird.[60] Hierdurch wird sichergestellt, dass Finanzprodukte, die mit einem FNG-Siegel beworben werden, spezifische Transparenzvorgaben der Offenlegungs-VO erfüllen.

2. Materielle Zertifizierungskriterien

Das FNG-Siegel ist nicht binär ausgestaltet. Finanzprodukte, die im Einklang mit bestimmten (Mindest-)Kriterien verwaltet werden, können zunächst mit einem Basissiegel ausgezeichnet werden. Anbieter von Finanzprodukten, die diese Kriterien erfüllen, können frei entscheiden, ob sie sich nur um ein Basissiegel oder um ein Siegel mit bis zu drei Sternen bewerben. Die Sterne repräsentieren eine besonders umfassende Berücksichtigung von ESG-Aspekten bei der Vermögensverwaltung.[61]

Beim FNG-Siegel handelt es sich nicht um ein Impact-Investing Label. Die Vermögenswerte eines Finanzprodukts müssen nicht zu einem bestimmten Anteil in Unternehmen, die ganz bestimmte („nachhaltige") Tätigkeiten ausüben, investiert sein. Das FNG betont in den „Verfahrensbedingungen 2023" jedoch, dass eine besonders vielschichtige und intensive ESG-Strategie Ausdruck eines hohen Potenzials, eine positive Wirkung zu erzielen, sein könne.[62]

a) Basissiegel

Die Kriterien, die zur Erlangung des Basissiegels erfüllt sein müssen, beziehen sich auf Transparenz- und Nachhaltigkeitsabdeckung sowie auf Ausschlussstrategien.[63]

Zum einen ist erforderlich, dass bezüglich eines jeden Finanzprodukts, das mit einem FNG-Siegel beworben werden soll, ein standardisiertes und öffentlich zugängliches „FNG-Nachhaltigkeitsprofil" ausgefüllt wird. Mit einem solchen Profil sollen sich Anleger einen ersten Überblick über die Strategie verschaffen können, die im Rahmen der Verwaltung der Vermögenswerte eines Investmentfonds zur Einbeziehung von ESG-Aspekten umgesetzt

---

[60] Auf dieses Erfordernis wurde in den „Verfahrensbedingungen 2025" verzichtet. Hintergrund dürften die Entwicklungen auf europäischer Ebene bezüglich der Überarbeitung der Offenlegungs-VO sein, s. *Forum Nachhaltige Geldanlagen*, FNG-Siegel für nachhaltige Investmentfonds und ähnliche Produkte, Verfahrensbedingungen 2025, S. 5.

[61] Die „Verfahrensbedingungen 2025" sehen auch die Vergabe des FNG-Siegels „Transition" vor. Die Einführung dieses zusätzlichen Labels soll die Auszeichnung von Investmentfonds ermöglichen, die eine „nachhaltige Transitionsstrategie" verfolgen, s. *Forum Nachhaltige Geldanlagen*, FNG-Siegel für nachhaltige Investmentfonds und ähnliche Produkte, Verfahrensbedingungen 2025, S. 2.

[62] *Forum Nachhaltige Geldanlagen*, FNG-Siegel für nachhaltige Investmentfonds und ähnliche Produkte, Verfahrensbedingungen 2023, S. 9, 18.

[63] *Forum Nachhaltige Geldanlagen*, FNG-Siegel für nachhaltige Investmentfonds und ähnliche Produkte, Verfahrensbedingungen 2023, S. 20 ff. In den „Verfahrensbedingungen 2025" wird im Rahmen der Mindestanforderungen zwischen „Mindestausschlüsse", „Nachhaltigkeitsbezogene Zielsetzung und Transparenz" und „Nachhaltigkeitsbezogene Analyse und Schwellenwert" differenziert.

wird.[64] Aus dem „FNG-Nachhaltigkeitsprofil“ geht beispielsweise hervor, ob es sich um ein Finanzprodukt i.S.d. Art. 8 oder Art. 9 Offenlegungs-VO handelt und welche Wirtschaftstätigkeiten von einer Investition ausgeschlossen werden.

Zum anderen muss nachgewiesen werden, dass sämtliche Portfoliotitel einer ESG-Analyse unterzogen wurden. Das FNG legt den ESG- bzw. Nachhaltigkeitsbegriff weit aus. Auf der FNG-Homepage wird auf die Definition im Brundtland-Bericht verwiesen,[65] in den „Verfahrensbedingungen 2023“ ist von „ESG, SDGs, planetare Grenzen und mehr“ die Rede.[66] Konkrete Vorgaben bezüglich der Art und Weise der Durchführung einer ESG-Analyse macht das FNG nicht. Es wird lediglich gefordert, dass sich die ESG-Analyse auf ökologische, soziale *und* Governance-Aspekte beziehen muss. Insofern verbleibt den Fondsverwaltungsgesellschaften also ein großer Gestaltungsspielraum.

Zum Erhalt des FNG-Siegels ist schließlich erforderlich, dass die Vermögenswerte eines Finanzprodukts nicht in bestimmte Unternehmen und Staaten investiert sind.[67] Die Ausschlusskriterien umfassen insbesondere Unternehmen, die kontroverse Waffen herstellen oder sich in einem bestimmten Umfang an Kernkraft- oder Kohlestromtätigkeiten beteiligen. Das FNG hat sich bewusst dafür entschieden, entgegen der Ansicht der EU-Kommission, die in der Klima-Änderungs-DelVO zum Ausdruck kommt, Atomenergietätigkeiten nicht aus dem Ausschlusskriterien-Katalog herauszunehmen.[68] Außerdem darf nicht in Staaten investiert werden, die das Pariser Klimaschutzabkommen nicht unterzeichnet haben oder gegen grundlegende Menschenrechte verstoßen.

b) Sterne-Siegel

Um ein Sterne-Siegel erhalten zu können, muss zunächst nachgewiesen werden, dass sämtliche Anforderungen an den Erhalt des Basissiegels erfüllt sind. Ob ein Siegel mit einem Stern, zwei Sternen oder sogar mit drei Sternen vergeben wird, hängt davon ab, welchen „Punkte-Score“

---

64 *Forum Nachhaltige Geldanlagen*, FNG-Nachhaltigkeitsprofile, https://www.forum-ng.org/de/fng-nachhaltigkeitsprofile (letzter Abruf: 26. März 2026).

65 *Forum Nachhaltige Geldanlagen*, Die FNG-Siegel - Der Qualitätsstandard für nachhaltige Geldanlagen, https://fng-siegel.org/ (letzter Abruf: 26. März 2026).

66 *Forum Nachhaltige Geldanlagen*, FNG-Siegel für nachhaltige Investmentfonds und ähnliche Produkte, Verfahrensbedingungen 2023, S. 8.

67 *Forum Nachhaltige Geldanlagen*, FNG-Siegel für nachhaltige Investmentfonds und ähnliche Produkte, Verfahrensbedingungen 2023, S. 21 ff.

68 Hierzu *Görlitz*, Atomenergie und Erdgas als nachhaltige Wirtschaftsaktivität in der EU-Taxonomie?, Ökologisches Wirtschaften – Fachzeitschrift 37 (2022), S. 11. Das FNG hat für das FNG-Siegel „Transition“ separate Ausschlusskriterien definiert. Kernkrafttätigkeiten werden von diesen Kriterien beispielsweise nicht erfasst, s. *Forum Nachhaltige Geldanlagen*, FNG-Siegel für nachhaltige Investmentfonds und ähnliche Produkte, Verfahrensbedingungen 2025, S. 2.

ein Finanzprodukt in Bezug auf die Kriterien „institutionelle Glaubwürdigkeit“,[69] „Produktstandards“ und „Portfolio-Fokus“ erreicht. Die einzelnen Kriterien werden unterschiedlich gewichtet. Im Rahmen des ersten Kriteriums können maximal 10 %, im Rahmen des zweiten Kriteriums maximal 20 % der insgesamt erreichbaren Gesamtpunktzahl erzielt werden. Dementsprechend macht das Kriterium „Portfolio-Fokus“ 70 % des „Gesamt-Scores“ aus. Ein FNG-Siegel mit *einem* Stern wird bei einem „Score“ von 25 bis 49,99 vergeben. Für den Erhalt eines Siegels mit *drei* Sternen ist das Erreichen eines „Scores“ von mindestens 70 erforderlich.

Der Vorteil eines nicht-binären Labels besteht darin, dass dieses einen Anreiz schafft, die ökologische und soziale Performance eines Fonds[70] kontinuierlich zu verbessern, um eine bessere Auszeichnung (im Kontext des FNG-Siegels: mehr Sterne) zu erhalten. Je intensiver ESG-Aspekte bei der Verwaltung der Vermögenswerte eines Fonds berücksichtigt werden, desto größer ist die Wahrscheinlichkeit, dass Vermögenswerte im Einklang mit den globalen Nachhaltigkeitszielen verwaltet werden. Allerdings sollte sichergestellt werden, dass die Zertifizierungsstellen anhand klarer und transparenter Leitlinien zur Bewertung der „Nachhaltigkeitsperformance“, die über die Einhaltung der für die Vergabe eines Basissiegels erforderlichen (Mindest-)Kriterien hinausgeht, entscheiden.

aa) Institutionelle Glaubwürdigkeit

Im Fokus des Kriteriums „institutionelle Glaubwürdigkeit“ stehen die allgemeinen Nachhaltigkeitsanstrengungen, die von den Verwaltern von Finanzproduktvermögenswerten unternommen werden.[71]

Zum Erzielen eines „Scores“ im Rahmen dieses Kriteriums ist unter anderem erforderlich, dass eine Politik zu „nachhaltigen Geldanlagen“ definiert wird. Diese Politik muss die „nachhaltigen Investmentprozesse“ (z.B. Positiv- und Negativauswahl von Portfoliotiteln, Integration der europäischen Umwelt-Taxonomie) klar beschreiben. Das Thema „nachhaltige Geldanlagen“ muss außerdem auf Führungsebene verankert sein. Es müssen Maßnahmen ergriffen werden, um die Kompetenzen der Beschäftigten im ESG-Bereich auszubauen. Weiterhin müssen eine unternehmensweite Richtlinie, die den allgemeinen Umgang mit dem Klimawandel zum

---

[69] In den Verfahrensbedingungen 2025 ist anstelle von „institutioneller Glaubwürdigkeit“ von „Produkt-Governance“ die Rede, s. *Forum Nachhaltige Geldanlagen*, FNG-Siegel für Investmentfonds und ähnliche Produkte, Verfahrensbedingungen 2025, S. 30 f.

[70] Mit „ökologischer und sozialer Performance eines Fonds“ ist die Leistung gemeint, die durch eine Investition der Fondsvermögenswerte hinsichtlich der Verwirklichung ökologischer oder sozialer Ziele erreicht wird.

[71] *Forum Nachhaltige Geldanlagen*, FNG-Siegel für nachhaltige Investmentfonds und ähnliche Produkte, Verfahrensbedingungen 2023, S. 24 f.

Gegenstand hat, sowie eine „nachhaltige Investitionspolitik“ bezüglich fossiler Energieträger aufgestellt werden.[72]

bb) Produktstandards

Das Kriterium „Produktstandards“ bezieht sich auf die Qualität der Researchprozesse und der Nachhaltigkeitsberichterstattung auf Finanzproduktebene.[73]

Um einen möglichst hohen „Score“ im Rahmen dieses Kriteriums erzielen zu können, muss unter anderem nachgewiesen werden, dass ein erfahrenes Team zur Durchführung der ESG-Analyse eingesetzt wird. Außerdem muss ein Nachweis erbracht werden, dass der ESG-Analyse eines jeden Portfoliotitels eine „solide Analysestruktur“ zugrunde liegt. Es muss transparent dargelegt werden, ob auf externe Informationen (z.B. von Ratingagenturen) zurückgegriffen wird und inwiefern interne Erkenntnisse die finale ESG-Bewertung der Portfoliotitel beeinflussen.

cc) Portfolio-Fokus

Das Kriterium „Portfolio-Fokus“ hat die gezielte positive Gestaltung der Nachhaltigkeitsleistung des Produkts durch interne Prozesse, Systeme, Richtlinien und Maßnahmen zum Gegenstand. Dieses Kriterium wird in die drei Unterkategorien „Auswahlstrategie“, „Dialogstrategie“ und „KPI“ unterteilt.[74]

Der „Score“ im Rahmen der ersten Unterkategorie hängt entscheidend davon ab, welche Prozesse und Systeme eingerichtet wurden, um Emittenten mit einer hohen Nachhaltigkeitsleistung auszuwählen und kontroverse Unternehmen oder Tätigkeiten aus dem Anlageuniversum auszuschließen. Bei der Positivauswahl kann auf verschiedene Anlagestrategien, z.B. auf den „*Best-in-Class*“-Ansatz oder auf den Themenansatz, zurückgegriffen werden.[75] Bei der Unterkategorie „Dialogstrategie“ spielen die Richtlinien und Prozesse eine Rolle, die eingerichtet wurden, um bei (Portfolio-)Unternehmen

---

[72] Zum Kriterium „Produkt-Governance“ in den aktuellen Verfahrensbedingungen s. *Forum Nachhaltige Geldanlagen*, FNG-Siegel für nachhaltige Investmentfonds und ähnliche Produkte, Verfahrensbedingungen 2025, S. 31.

[73] *Forum Nachhaltige Geldanlagen*, FNG-Siegel für nachhaltige Investmentfonds und ähnliche Produkte, Verfahrensbedingungen 2023, S. 25 f.

[74] *Forum Nachhaltige Geldanlagen*, FNG-Siegel für nachhaltige Investmentfonds und ähnliche Produkte, Verfahrensbedingungen 2023, S. 26 ff. In den „Verfahrensbedingungen 2025“ existieren nur noch zwei Unterkategorien, nämlich „Titelselektion“ und „Stimmrechte und Engagement“, s. hierzu *Forum Nachhaltige Geldanlagen*, FNG-Siegel für nachhaltige Investmentfonds und ähnliche Produkte, Verfahrensbedingungen 2025, S. 32 ff.

[75] Beim Themenansatz wird die Nachhaltigkeitsleistung eines (Portfolio-)Unternehmens durch die Konformität der Tätigkeiten des Unternehmens mit zuvor definierten Nachhaltigkeitsthemen (z.B. Umweltziele der Taxonomie-VO) definiert, s. hierzu *Forum Nachhaltige Geldanlagen*, FNG-Siegel für nachhaltige Investmentfonds und ähnliche Produkte, Verfahrensbedingungen 2023, S. 27 f.

Nachhaltigkeitsbewusstsein zu schaffen. Der „Score“ hängt außerdem davon ab, welche Maßnahmen im Rahmen der Stimmrechtsausübung oder von Engagement-Prozessen allgemein getroffen werden, um auf eine bessere ESG-Performance von Unternehmen hinzuwirken. Schließlich sollen Anbieter von Finanzprodukten, die ein FNG-Siegel mit mindestens einem Stern erhalten wollen, darlegen, dass sie mindestens einen KPI (z.B. aus der Taxonomie-VO) anwenden und gegenüber einer Vergleichsgröße messen.[76]

3. Prozedurale Zertifizierungskriterien

Soll ein Finanzprodukt mit einem FNG-Siegel gekennzeichnet werden, müssen die in den „Verfahrensbedingungen 2023“ enthaltenen prozeduralen Zertifizierungskriterien eingehalten werden.[77] Konkret ist erforderlich, dass ein einmal jährlich stattfindendes Bewerbungsverfahren durchlaufen wird. Die unabhängigen Prüf- und Bewertungsarbeiten werden vom gemeinnützigen Verein F.I.R.S.T. und der Advanced Impact Research (AIR) GmbH vorgenommen.[78] Der Prüfprozess wird vom sog. (externen) Siegel-Komitee begleitet, das sich aus Vertretern verschiedener Interessengruppen zusammensetzt. Die Gültigkeitsdauer des FNG-Siegels beträgt ein Jahr.

II. Österreichische Umweltzeichen für Finanzprodukte

1. Allgemeines

Seit dem Jahr 2004 können Finanzprodukte mit dem österreichischen Umweltzeichen gekennzeichnet werden.[79] Hierbei handelt es sich um ein staatliches Label. Für die Entwicklung und Administration der Vergabekriterien ist der Verein für Konsumenteninformation (VKI) zuständig.[80] In den Anwendungsbereich fallen sowohl Finanzprodukte mit Portfoliocharakter

[76] In den „Verfahrensbedingungen 2025“ spielt die Nutzung von KPI im Rahmen der Unterkategorie „Titelselektion“ eine Rolle, s. *Forum Nachhaltige Geldanlagen*, FNG-Siegel für nachhaltige Investmentfonds und ähnliche Produkte, Verfahrensbedingungen 2025, S. 33.

[77] *Forum Nachhaltige Geldanlagen*, FNG-Siegel für nachhaltige Investmentfonds und ähnliche Produkte, Verfahrensbedingungen 2023, S. 11 ff. In den „Verfahrensbedingungen 2025“ finden sich ebenfalls Ausführungen zu den prozeduralen Zertifizierungskriterien, s. *Forum Nachhaltige Geldanlagen*, FNG-Siegel für nachhaltige Investmentfonds und ähnliche Produkte, Verfahrensbedingungen 2025, S. 7 ff.

[78] Zu den einzelnen Akteuren s. *Forum Nachhaltige Geldanlagen*, Die Akteure, https://fng-siegel.org/akteure/ (letzter Abruf: 26. März 2026).

[79] *Bundesministerium Land- und Forstwirtschaft, Klima- und Umweltschutz, Regionen und Wasserwirtschaft*, UZ49: Das Umweltzeichen für grüne Finanzprodukte, https://www.bmluk.gv.at/themen/klima-und-umwelt/nachhaltigkeit/green-economy-und-green-finance/green-finance/finanzen/umweltzeichen49.html (letzter Abruf: 26. März 2026); *Bundesministerium Land- und Forstwirtschaft, Klima- und Umweltschutz, Regionen und Wasserwirtschaft*, Österreichisches Umweltzeichen, Richtlinie UZ 49, Nachhaltige Finanzprodukte, Version 6.0 (2024), S. 5, https://www.umweltzeichen.at/file/Richtlinie/UZ%2049/Long/UZ49%20Nachhaltige%20Finanzprodukte%202024.pdf (letzter Abruf: 26. März 2026).

[80] *Bundesministerium Land- und Forstwirtschaft, Klima- und Umweltschutz, Regionen und Wasserwirtschaft*, Österreichisches Umweltzeichen, Richtlinie UZ 49, Nachhaltige Finanzprodukte, Version 6.0 (2024), S. 6.

(z.B. Aktien-, Anleihen- und Immobilienfonds) als auch Finanzprodukte im Finanzierungsbereich (z.B. Girokonten).

2. Materielle Zertifizierungskriterien

Welche materiellen Zertifizierungskriterien erfüllt werden müssen, um ein Finanzprodukt mit einem Umweltzeichen bewerben zu dürfen, hängt zum Teil von der Art des Finanzprodukts ab. Im Allgemeinen gilt, dass Anlageprodukte mit Portfoliocharakter bestimmte Mindestkriterien einhalten müssen. Neben diesen Mindestkriterien gibt es eine Reihe weiterer Kriterien, im Rahmen deren Erfüllung eine bestimmte Punktzahl erreicht werden kann. Ein Umweltzeichen wird nur dann vergeben, wenn mindestens 75 % der insgesamt erzielbaren Gesamtpunktzahl erreicht wurde.

a) Ausschlusskriterien

Bei den Ausschlusskriterien handelt es sich um Mindestkriterien, die bei der Verwaltung eines Finanzprodukts beachtet werden müssen.[81]

Die Vermögenswerte eines Finanzprodukts dürfen grundsätzlich nicht in Tätigkeiten investiert sein, die mit Nuklearenergie, fossilen Brennstoffen, Waffen, Gentechnik und Tabak im Zusammenhang stehen. Außerdem darf nicht in Unternehmen investiert werden, die schwerwiegend gegen eines der zehn Kernprinzipien des *UN Global Compact* verstoßen. Auch Staaten, die gegen grundlegende politische, soziale und umweltbezogene Standards verstoßen, indem sie z.B. Menschenrechte missachten oder das Pariser Klimaschutzabkommen nicht unterzeichnet haben, müssen von einer Investition ausgeschlossen werden. Für Immobilienfonds gelten besondere Ausschlusskriterien.

b) Kriterien für Finanzprodukte mit Portfoliocharakter

Anbieter von Finanzprodukten mit Portfoliocharakter (Fonds) müssen Kriterien erfüllen, die sich unter anderem auf die Auswahl von Portfoliotiteln (Auswahlkriterien), Engagement und Transparenz beziehen.[82]

Im Rahmen der Auswahlkriterien wird die Verfolgung eines Konzepts verlangt, um zu gewährleisten, dass sozial und ökologisch verantwortungsbewusst handelnde Unternehmen mittels einer ESG-Analyse identifiziert werden. Die Ergebnisse der Analyse müssen bei der Zusammensetzung des Portfolios hinreichend berücksichtigt werden. Themenfonds können

---

[81] *Bundesministerium Land- und Forstwirtschaft, Klima- und Umweltschutz, Regionen und Wasserwirtschaft*, Österreichisches Umweltzeichen, Richtlinie UZ 49, Nachhaltige Finanzprodukte, Version 6.0 (2024), S. 13 ff.

[82] *Bundesministerium Land- und Forstwirtschaft, Klima- und Umweltschutz, Regionen und Wasserwirtschaft*, Österreichisches Umweltzeichen, Richtlinie UZ 49, Nachhaltige Finanzprodukte, Version 6.0 (2024), S. 17 ff.

anhand der europäischen Umwelt-Taxonomie bewertet werden.[83] Je größer der Anteil der Fondsvermögenswerte ist, der in „ökologisch nachhaltige" Wirtschaftstätigkeiten i.S.d. Art. 3 Taxonomie-VO investiert ist, desto mehr Punkte werden in der Regel vergeben.

Die europäische Umwelt-Taxonomie soll künftig nicht nur im Kontext von Themenfonds eine Rolle spielen. Die aktuellen Vergabekriterien sehen vor, dass künftig bezüglich eines jeden Portfoliotitels eine EU-Umwelt-Taxonomie-Analyse durchgeführt werden soll. Konkret soll bewertet (und anschließend darüber berichtet) werden, ob und in welchem Umfang Portfoliounternehmen taxonomiefähige und taxonomiekonforme Wirtschaftstätigkeiten ausüben. Daran anknüpfend soll der taxonomiekonforme Vermögenswertanteil eines Finanzprodukts berechnet werden. Bezüglich der Berechnungsmethode verweist das österreichische Bundesministerium auf die Formel, die im TR 4.0, der die Einführung von EU-Umweltzeichen-Kriterien für Finanzprodukte zum Gegenstand hat, vorgeschlagen wird.

Die materiellen Zertifizierungskriterien verlangen weiterhin die Erfüllung bestimmter Anforderungen in den Bereichen Engagement und Transparenz. Beispielsweise muss eine Engagement-Policy veröffentlicht und offengelegt werden, auf welche Art und Weise das Fondsmanagement mit Portfoliounternehmen über deren Beitrag zur Verwirklichung der Umweltziele der Taxonomie-VO zu kommunizieren beabsichtigt.[84] Im Falle der Umsetzung besonderer Strategien (z.B. Reduzierung von Carbon Risks und Ergreifen besonderer Maßnahmen zum Ausschluss fossiler Finanzierung) können schließlich „Bonuspunkte" vergeben werden.[85]

c) Kriterien für Finanzprodukte im Finanzierungsbereich

Im Rahmen der Kriterien für Finanzprodukte im Finanzierungsbereich wird zwischen verschiedenen Finanzinstrumenten differenziert.[86] Zur Erbringung des Nachweises, dass es sich bei einer Anleihe um eine grüne Anleihe handelt, kann auf den europäischen *Green Bond Standard* oder auf andere international anerkannte Rahmenwerke zurückgegriffen werden.

---

[83] Bei Themenfonds handelt es sich um Fonds, deren Vermögenswerte sozial- und umweltthemenbezogen investiert werden. Portfoliotitel werden anhand von Positiv-/Negativkriterien und/oder des „*Best in Class*"-Ansatzes ausgewählt, s. *Bundesministerium Land- und Forstwirtschaft, Klima- und Umweltschutz, Regionen und Wasserwirtschaft*, Österreichisches Umweltzeichen, Richtlinie UZ 49, Nachhaltige Finanzprodukte, Version 6.0 (2024), S. 8.

[84] Zum Engagement-Kriterium *Bundesministerium Land- und Forstwirtschaft, Klima- und Umweltschutz, Regionen und Wasserwirtschaft*, Österreichisches Umweltzeichen, Richtlinie UZ 49, Nachhaltige Finanzprodukte, Version 6.0 (2024), S. 24 ff.

[85] Hierzu *Bundesministerium Land- und Forstwirtschaft, Klima- und Umweltschutz, Regionen und Wasserwirtschaft*, Österreichisches Umweltzeichen, Richtlinie UZ 49, Nachhaltige Finanzprodukte, Version 6.0 (2024), S. 27 ff.

[86] Zu den Kriterien *Bundesministerium Land- und Forstwirtschaft, Klima- und Umweltschutz, Regionen und Wasserwirtschaft*, Österreichisches Umweltzeichen, Richtlinie UZ 49, Nachhaltige Finanzprodukte, Version 6.0 (2024), S. 31 ff.

Dasselbe gilt grundsätzlich für *Green Loans*. Für Spar- und Giroprodukte gelten besondere Regelungen. Ein Kreditinstitut, das solche Produkte anbietet, muss, um eine Chance auf Erhalt eines Umweltzeichens zu haben, bestimmte Transparenzvorgaben erfüllen. Außerdem dürfen die getätigten Investitionen nicht gegen die oben genannten Ausschlusskriterien verstoßen. Projektbasierte Sparprodukte müssen in Projekte investiert sein, die mit bestimmten internationalen Standards im Einklang stehen. Beispielsweise können Projekte finanziert werden, die entsprechend den europäischen *Green Bond Standards* oder den GBP der ICMA als grün qualifiziert werden.

3. Prozedurale Zertifizierungskriterien

Das Zertifizierungsverfahren wird eingeleitet, indem ein Unternehmen oder Institut einen Antrag bei einer qualifizierten Prüfstelle stellt. Dem Antrag sind umfangreiche Informationen über die Einhaltung der Zertifizierungskriterien beizufügen. Die Prüfstelle erstellt im Anschluss ein Gutachten, aus dem sich ergibt, ob ein Finanzprodukt den materiellen Zertifizierungskriterien Rechnung trägt. Wird ein Label vergeben, hat dies eine Gültigkeitsdauer von einem Jahr. Die Prüfstelle muss einmal jährlich prüfen, ob die materiellen Zertifizierungskriterien (weiterhin) eingehalten werden.[87]

III. LuxFLAG Climate Finance Label

1. Allgemeines

Das LuxFLAG Climate Finance Label wurde im Jahr 2016 durch die *Luxembourg Finance Labelling Agency* (LuxFLAG) eingeführt, einem von sieben privaten und öffentlichen Parteien gegründeten gemeinnützigen Verein.[88] Das Label soll Finanzprodukte kennzeichnen, deren Vermögenswerte zu mindestens 75 % in klimabezogene Tätigkeiten und Projekte investiert sind.[89] Es kann grundsätzlich für alle Finanzprodukte i.S.d. Art. 9 Offenlegungs-VO beantragt

---

[87] Zu den prozeduralen Zertifizierungskriterien *Bundesministerium Land- und Forstwirtschaft, Klima- und Umweltschutz, Regionen und Wasserwirtschaft*, Österreichisches Umweltzeichen, Richtlinie UZ 49, Nachhaltige Finanzprodukte, Version 6.0 (2024), S. 6 f.

[88] *Luxembourg Finance Labelling Agency*, Climate Finance, https://luxflag.org/labels/climate-finance/ (letzter Abruf: 8. März 2024).

[89] Das LuxFLAG Climate Finance Label existiert in dieser Form nicht mehr. In einer Pressemitteilung vom 9. Oktober 2025, also nach Einreichung dieser Dissertation an der Philipps-Universität Marburg, hat LuxFLAG bekanntgegeben, die bis dahin bestehende Label-Struktur vereinfachen zu wollen, s. *Luxembourg Finance Labelling Agency*, Pressemitteilung vom 9. Oktober 2025, https://luxflag.org/wp-content/uploads/2025/10/luxflags-refreshed-identity-refined-label-structure_de_final.pdf (letzter Abruf: 26. März 2026). Im Zuge dieses Vorhabens wurden unter anderem das LuxFLAG Climate Finance Label und das LuxFLAG Environment Label, auf das an späterer Stelle noch eingegangen wird (s. C. IV.), im sog. LuxFLAG Impact Label (Climate and Nature) gebündelt. Mit diesem Label sollen Finanzprodukte gekennzeichnet werden, die mit ihrer Anlagestrategie die Erzielung einer positiven, messbaren und gesteuerten Wirkung neben einer finanziellen Rendite ermöglichen. Mindestens 70 % der Gesamtvermögenswerte müssen in Anlagen investiert sein, die zu einem Klima- und Naturthema beitragen. Die Klima- und Naturthemen, die im ersten Anhang der Vergabekriterien aufgeführt sind, sind an die Umweltziele der Taxonomie-VO angelehnt, s. *Luxembourg Finance Labelling Agency*,

werden, also solche, mit denen eine nachhaltige Investition angestrebt wird. Der Impact-Investing-Ansatz spielt also eine deutlich stärkere Rolle als beispielsweise beim FNG-Siegel. Der thematische Fokus des LuxFLAG Climate Finance Labels liegt jedoch nahezu ausschließlich auf Klimaaspekten.[90] Die materiellen und prozeduralen Zertifizierungskriterien können auf der LuxFLAG-Homepage abgerufen werden.[91]

2. Materielle Zertifizierungskriterien

In materieller Hinsicht ist, wie bereits erwähnt, erforderlich, dass mindestens 75 % der gesamten verwalteten Vermögenswerte eines Finanzprodukts klimabezogen investiert sind. Die Investition muss einen direkten Bezug zu Tätigkeiten aufweisen, die der Minderung des Klimawandels oder der Anpassung an den Klimawandel dienen. Bei der Berechnung des klimabezogenen Vermögenswertanteils eines Finanzprodukts dürfen in der Regel nur Unternehmen berücksichtigt werden, die mindestens 50 % ihres Umsatzes mit klimabezogenen Tätigkeiten erwirtschaften. Alternativ können mindestens 75 % der Gesamtvermögenswerte eines Fonds in Anleihen investiert sein, die den Grundsätzen für grüne Anleihen einer international anerkannten Initiative, z.B. den GBP der ICMA, entsprechen.

Die materiellen Zertifizierungskriterien verlangen darüber hinaus, dass eine Fondsverwaltungsgesellschaft die Ziele beschreibt, die mit den Investitionen verfolgt werden, und einen Nachweis erbringt, dass ESG-Kriterien in den Anlageprozess integriert werden. Außerdem müssen Ausschlusskriterien und Transparenzvorgaben in Bezug auf indikative Messfaktoren erfüllt werden.

a) Taxonomie für klimabezogene Tätigkeiten (LuxFLAG-Taxonomie)

Die Taxonomie für klimabezogene Tätigkeiten (LuxFLAG-Taxonomie) findet sich in den ersten beiden Anhängen zu den Zertifizierungskriterien.

Der erste Anhang umfasst diejenigen Tätigkeiten, die als im Zusammenhang mit der Minderung des Klimawandels stehend eingestuft werden.[92] Ganz allgemein müssen diese Tätigkeiten Anstrengungen zur Reduzierung oder Begrenzung von Treibhausgasemissionen fördern oder die Bindung von Treibhausgasen verbessern. Die einzelnen Tätigkeiten werden im ersten

---

Impact Label - Eligibility Criteria (2026), S. 4 ff., https://luxflag.org/wp-content/uploads/2026/03/impact_label-eligibility-criteria-032026.pdf (letzter Abruf: 26. März 2026).

[90] Mit der Einführung des LuxFLAG Impact Label (Climate and Nature) wurde dem Umstand, dass klimabezogene Aspekte nicht isoliert von anderen umweltbezogenen Aspekten betrachtet werden können, also in gewisser Weise Rechnung getragen.

[91] *Luxembourg Finance Labelling Agency*, Climate Finance, https://luxflag.org/labels/climate-finance/ (letzter Abruf: 8. März 2024).

[92] *Luxembourg Finance Labelling Agency*, LuxFLAG Climate Finance Label, Eligibility Criteria (2023), S. 3 ff., abrufbar unter: https://luxflag.org/labels/climate-finance/ (letzter Abruf. 8. März 2024).

Anhang insgesamt neun Kategorien, darunter „erneuerbare Energien“, „Energieeffizienz“, „Landwirtschaft, Forstwirtschaft, Landnutzung“ und „Verkehr“, zugeordnet. In die LuxFLAG-Taxonomie fallen beispielsweise Stromerzeugung aus Windkraft (Kategorie „erneuerbare Energien“), Aufforstung (Kategorie „Landwirtschaft, Forstwirtschaft, Landnutzung“) und Recycling (Kategorie „Abfall und Abwasser“).

Im zweiten Anhang findet sich eine Auflistung derjenigen Tätigkeiten, die der Anpassung an den Klimawandel dienen.[93] Eine jede der aufgelisteten Tätigkeiten wird einer von insgesamt zehn Kategorien (z.B. „Nahrungsmittelproduktion“, „Küsten- und Flussinfrastruktur“ und „Finanzdienstleistungen“) zugeteilt. Als Beispiele für konkrete Tätigkeiten dienen die Verbesserung des Managements von Waldbränden und der Bau von Deichen zum Schutz von Infrastrukturen.

An dieser Stelle wird deutlich, welche Vorteile ein einheitliches Verständnis von Wirtschaftstätigkeiten, die zum Klimaschutz oder zur Anpassung an den Klimawandel beitragen, mit sich bringen würde. Eine Tätigkeit, die von der LuxFLAG-Taxonomie erfasst ist, erfüllt nicht zwingend die Anforderungen des Art. 3 Taxonomie-VO. Dies ergibt sich insbesondere daraus, dass die Klassifizierung als „ökologisch nachhaltig“ i.S.d. europäischen Umwelt-Taxonomie erfordert, dass DNSH-Kriterien und soziale Mindestschutzstandards (s. Art. 18 Taxonomie-VO) beachtet werden. Die LuxFLAG-Taxonomie unterscheidet sich auch von der GreenFin-Taxonomie, die beispielsweise „Informations- und Kommunikationstechnologie“ als eigenen Bereich, dem „ökologische“ Wirtschaftstätigkeiten zugeordnet werden, definiert. Es ist zwar sehr wahrscheinlich, dass der Betrieb von Rechenzentren mit erneuerbaren Energien, der zu einer Reduzierung von Treibhausgasemissionen führt, sowohl von der GreenFin-Taxonomie als auch von der LuxFLAG-Taxonomie erfasst wird. Die unterschiedliche Strukturierung von Taxonomien ist jedoch für sich ausreichend, den Informationsbeschaffungsaufwand insbesondere für private Anleger, die nachhaltigkeitsbewusst investieren wollen, zu erhöhen.

b) **<u>Ausschlusskriterien</u>**

Die Ausschlusskriterien, die zum Erhalt eines LuxFLAG Climate Finance Labels erfüllt sein müssen, sind im dritten Anhang der Vergabekriterien enthalten.[94] Die Vermögenswerte eines Finanzprodukts dürfen beispielsweise nicht in Unternehmen investiert sein, die am Neubau von Kohlekraftwerken, der Modernisierung von derartigen in Betrieb genommenen Anlagen und an

[93] *Luxembourg Finance Labelling Agency*, LuxFLAG Climate Finance Label, Eligibility Criteria (2023), S. 8 ff.
[94] *Luxembourg Finance Labelling Agency*, LuxFLAG Climate Finance Label, Eligibility Criteria (2023), S. 13.

Kernenergietätigkeiten beteiligt sind.[95] Atomenergietätigkeiten werden von LuxFLAG also als „nachhaltigkeitsschädlich" eingestuft.

Die Ausschlusskriterien des LuxFLAG Climate Finance Labels beziehen sich, ähnlich wie beim GreenFin-Label, nahezu ausschließlich auf ökologische Aspekte. Soziale Belange finden keine besondere Berücksichtigung.

c) Transparenzvorgaben in Bezug auf indikative Messfaktoren

Im vierten Anhang der Vergabekriterien findet sich schließlich eine Liste mit indikativen Messfaktoren und diesbezüglichen Transparenzvorgaben.[96] Demnach muss eine Fondsverwaltungsgesellschaft, die einen Fonds mit einem LuxFLAG Climate Finance Label bewerben möchte, die Methodik erläutern, die zur Überwachung und Messung der Klimaauswirkungen von Investitionen angewandt wird. Einen indikativen Messfaktor stellt beispielsweise die konkrete Menge an Treibhausgasemissionen dar, die mit einer Investition reduziert wird.

3. Prozedurale Zertifizierungskriterien

Die prozeduralen Zertifizierungskriterien können auf der LuxFLAG-Homepage unter „*Terms & Conditions*" und „*Letter of Intent*" abgerufen werden.[97] Das Vergabeverfahren beginnt mit einem Antrag. Dem Antrag müssen eine Reihe von Informationen beigefügt werden, die als Nachweis dienen, dass ein Fonds die materiellen Zertifizierungskriterien erfüllt. Über die Verleihung des Labels, das für ein Jahr gültig ist, entscheidet der LuxFLAG-Verwaltungsrat.

IV. LuxFLAG Environment Label und LuxFLAG ESG Label

LuxFLAG hat nicht nur das LuxFLAG Climate Finance Label, sondern eine Reihe weiterer Labels zur Kennzeichnung von Finanzprodukten, die auf eine bestimmte Art und Weise unter Berücksichtigung von ESG-Aspekten verwaltet werden, ins Leben gerufen. Diese Labels unterscheiden sich in ihren Zertifizierungskriterien nicht unerheblich vom LuxFLAG Climate Finance Label und von den anderen Labels, die oben dargelegt wurden. Die folgenden, überblicksartigen Ausführungen zur strukturellen und inhaltlichen Ausgestaltung insbesondere der materiellen Vergabekriterien des LuxFLAG Environment Labels und des LuxFLAG ESG

[95] Diese Ausschlusskriterien finden sich auch in den Vergabekriterien des LuxFLAG Impact Label (Climate and Nature), s. *Luxembourg Finance Labelling Agency*, Impact Label - Eligibility Criteria (2026), S. 7 ff.

[96] *Luxembourg Finance Labelling Agency*, LuxFLAG Climate Finance Label, Eligibility Criteria (2023), S. 14 f.

[97] *Luxembourg Finance Labelling Agency*, Climate Finance, https://luxflag.org/labels/climate-finance/ (letzter Abruf: 8. März 2024). Zu den Einzelheiten des Vergabeverfahrens seit der Änderung der Label-Struktur s. *Luxembourg Finance Labelling Agency*, Our Labels, https://luxflag.org/en/our-labels/ (letzter Abruf: 26. März 2026).

Labels sollen die Gefahren, die mit einer großen Vielfalt an Labels einhergehen, weiter veranschaulichen.

Das LuxFLAG Environment Label wurde im Jahr 2011 eingeführt.[98] Es kann grundsätzlich an Investmentfonds i.S.d. Art. 8 oder Art. 9 Offenlegungs-VO vergeben werden, deren Vermögenswerte zu mindestens 75 % in „umweltbezogene Sektoren" investiert sind. Bezüglich der Bestimmung, ob es sich um einen „umweltbezogenen Sektor" handelt, wird in den Zertifizierungskriterien auf „global anerkannte Klassifizierungssysteme" verwiesen. Als konkretes Beispiel nennt LuxFLAG das *Environmental Markets Classification System* von *FTSE Russell*.[99] In die Berechnung des „sektorspezifischen Vermögenswertanteils" eines Investmentfonds dürfen grundsätzlich nur solche Unternehmen einfließen, die mindestens 20 % ihres Umsatzes in „umweltbezogenen Sektoren" erzielen.

Die Zertifizierungskriterien verlangen außerdem, dass ESG-Aspekte in den Investitionsentscheidungsprozess einbezogen werden und sich das Fondsmanagement durch die „besten Marktpraktiken" auszeichnet. Konkrete Anforderungen zur Erfüllung dieser Kriterien fehlen. Die Zertifizierungskriterien des LuxFLAG Environment Labels sehen auch keine spezifischen Ausschlusskriterien vor.[100] Aus den Kriterien geht auch nicht hervor, welchen Mehrwert das LuxFLAG Environment Label, das einen sektorspezifischen Ansatz verfolgt, gegenüber dem „tätigkeitsbasierten" LuxFLAG Climate Finance Label haben soll.[101]

Anders als das LuxFLAG Climate Finance Label und das LuxFLAG Environment Label, verlangt das im Jahr 2014 eingeführte LuxFLAG ESG Label keine Investition in Unternehmen, die bestimmte Tätigkeiten ausüben oder einem bestimmten Sektor angehören.[102] Das LuxFLAG ESG Label hebt vielmehr Finanzprodukte i.S.d. Art. 8 oder Art. 9 Offenlegungs-VO hervor, die sich durch eine besondere Einbeziehung von ESG-Aspekten in den Investitionsprozess auszeichnen.[103] Sämtliche Portfoliotitel müssen einer ESG-Analyse

---

98 *Luxembourg Finance Labelling Agency*, Environment, https://luxflag.org/labels/environment/ (letzter Abruf: 8. März 2024). Wie bereits ausgeführt, gibt es das LuxFLAG Environment Label mittlerweile so nicht mehr. Es ist Teil des LuxFLAG Impact Labels (Climate and Nature) geworden.

99 *FTSE Russell*, FTSE Environmental Markets Classification System (2018), https://www.lseg.com/content/dam/ftse-russell/en_us/documents/other/env-mkts-class-sys.pdf (letzter Abruf: 26. März 2026).

100 Dies könnte dem Umstand geschuldet sein, dass „umweltbezogene Sektoren" in der Regel keine umweltschädlichen Tätigkeiten ausüben sollten.

101 Die Bündelung des LuxFLAG Climate Finance Labels und des LuxFLAG Environment Labels in einem LuxFLAG Impact Label scheint vor diesem Hintergrund durchaus sinnvoll.

102 Auch das LuxFLAG ESG Label ist Gegenstand der Neustrukturierung geworden. Das neue (wenn auch gleichnamige) LuxFLAG ESG Label bündelt die Labels ESG, ESG Insurance Products und ESG Discretionary Mandate, s. *Luxembourg Finance Labelling Agency*, ESG Label, https://luxflag.org/label/esg-label/ (letzter Abruf: 26. März 2026).

103 *Luxembourg Finance Labelling Agency*, LuxFLAG ESG Label, Eligibility Criteria (2023), abrufbar unter: https://luxflag.org/labels/esg/ (letzter Abruf: 8. März 2024).

unterzogen werden. Genaue Anforderungen an die Art und Weise einer solchen Analyse schreiben die materiellen Zertifizierungskriterien nicht vor. Derivate dürfen nur unter bestimmten Voraussetzungen eingesetzt werden. Außerdem müssen bestimmte Ausschlusskriterien eingehalten werden.[104] Beispielsweise dürfen die Vermögenswerte eines Finanzprodukts nicht in Tätigkeiten investiert sein, die im Zusammenhang mit der Herstellung kontroverser Waffen, der Tabakproduktion und Nuklearenergie stehen.

V. Nordic Swan Ecolabel für Anlageprodukte

1. Allgemeines

Das Nordic Swan Ecolabel wurde im Jahr 1989 durch den nordischen Ministerrat (*The Nordic Council of Ministers*) eingeführt, um umweltfreundliche Waren und Dienstleistungen zu kennzeichnen.[105] Im Jahr 2017 wurden Zertifizierungskriterien speziell für Finanzprodukte eingeführt.[106] Grundsätzlich kann für Investmentfonds i.S.d. Art. 8 und Art. 9 Offenlegungs-VO, die in mindestens einem nordischen Staat registriert sind, ein Nordic Swan Ecolabel beantragt werden.

2. Materielle Zertifizierungskriterien

Die einzelnen materiellen Zertifizierungskriterien werden den Bereichen „Ausschluss", „Inklusion", „Active Ownership" und „Transparenz" zugeordnet.[107] Es existieren, ähnlich wie beim österreichischen Umweltzeichen, Mindest- und Punktekriterien.[108]

a) Ausschlusskriterien

[104] *Luxembourg Finance Labelling Agency*, LuxFLAG ESG Label – Exclusion Policy, abrufbar unter: https://luxflag.org/labels/esg/ (letzter Abruf: 8. März 2024).

[105] *Nordic Ecolabelling*, The Nordic Swan Ecolabel, https://www.nordic-swan-ecolabel.org/official-nordic-ecolabel/ (letzter Abruf: 26. März 2026).

[106] *Nordic Ecolabelling*, About Nordic Swan Ecolabelled Investment funds and investment products, Version 2.3, 15 February 2022 – 31 January 2026, S. 3, https://www.nordic-swan-ecolabel.org/4ad70d/contentassets/1831da8fd64f4a04a2b27f6d0f3677a4/background-document_101_investment-funds-and-investment-products-101_english.pdf (letzter Abruf: 8. März 2024).

[107] Zu den materiellen Zertifizierungskriterien *Nordic Ecolabelling*, Nordic Ecolabelling for investment funds and investment products, Version 2.3, 15 February 2022 – 31. January 2026. Die Vergabekriterien wurden nach Einreichung dieser Dissertation an der Philipps-Universität Marburg mehrfach aktualisiert, zur aktuellen Version s. *Nordic Ecolabelling*, Nordic Ecolabelling for Investment funds and investment products, Version 2.6, 15 February 2022 – 31 August 2027, https://www.nordic-swan-ecolabel.org/497da5/contentassets/1831da8fd64f4a04a2b27f6d0f3677a4/criteria-document_101_investment-funds-and-investment-products-101_english2.pdf (letzter Abruf: 26. März 2026). Die folgenden Ausführungen zu den Zertifizierungskriterien blieben von den Änderungen unberührt.

[108] Hierzu *Nordic Ecolabelling*, Nordic Ecolabelling for investment funds and investment products, Version 2.3, 15 February 2022 – 31. January 2026, S. 8 f.

Die Ausschlusskriterien gehören zu den Mindestkriterien.[109] Die Vermögenswerte eines Anlageprodukts dürfen grundsätzlich nicht in Unternehmen investiert sein, die Tätigkeiten im Zusammenhang mit der Produktion von Tabak, der Herstellung kontroverser Waffen oder dem Abbau von fossilen Brennstoffen und Uran ausüben. Außerdem dürfen keine Investitionen in Unternehmen getätigt werden, die gegen grundlegende Arbeits- und Menschenrechte verstoßen oder schwerwiegende Korruption betreiben. Ebenfalls nicht investiert werden darf in Staaten, die grundlegende Menschenrechte missachten oder das Pariser Klimaschutzabkommen nicht unterzeichnet haben.

b) Inklusion-Kriterien

Durch die Kriterien im Bereich „Inklusion" soll sichergestellt werden, dass bei der Auswahl der Portfoliotitel in erster Linie Unternehmen berücksichtigt werden, die sich durch „strukturierte Nachhaltigkeitspraktiken" auszeichnen.[110]

Zur Erfüllung des Inklusion-Kriteriums ist erforderlich, dass sämtliche Portfoliotitel einer ESG- und Taxonomie-Analyse unterzogen werden. Dieser Analyse muss ein erhebliches Gewicht eingeräumt werden. ESG- und Taxonomie-Analyse wird im Kontext der Zertifizierungskriterien definiert als proaktive Analyse von ESG-Themen, die eine Bewertung einschließt, ob und in welchem Umfang (Portfolio-)Unternehmen Tätigkeiten ausüben, die mit der europäischen Umwelt-Taxonomie im Einklang stehen. Über die Art und Weise dieser Analyse und deren Ergebnisse muss transparent berichtet werden. Im Rahmen der Analyse muss insbesondere die Reduzierung von Treibhausgasemissionen im Fokus stehen. In Unternehmen treibhausgasemissionsintensiver Sektoren darf in der Regel nur investiert werden, wenn bestimmte Voraussetzungen vorliegen. Beispielsweise müssen mindestens 30 % des Umsatzes von Unternehmen solcher Sektoren auf Tätigkeiten zurückzuführen sein, die mit der europäischen Umwelt-Taxonomie im Einklang stehen.

Ganz allgemein gilt: Je größer der Anteil, zu dem Fondsvermögenswerte in taxonomiekonforme Tätigkeiten investiert sind, desto mehr Punkte werden im Rahmen des Inklusion-Kriteriums vergeben. Die Berechnung des taxonomiekonformen Vermögenswertanteils soll anhand der Methode erfolgen, die auch im TR 4.0 vorgeschlagen wird.[111]

---

[109] Zu den Ausschlusskriterien *Nordic Ecolabelling*, Nordic Ecolabelling for investment funds and investment products, Version 2.3, 15 February 2022 – 31. January 2026, S. 10 ff.

[110] Zu den Inklusion-Kriterien *Nordic Ecolabelling*, Nordic Ecolabelling for investment funds and investment products, Version 2.3, 15 February 2022 – 31. January 2026, S. 13 ff.

[111] *Nordic Ecolabelling*, Nordic Ecolabelling for investment funds and investment products, Version 2.3, 15 February 2022 – 31. January 2026, S. 34 f.

Die Zertifizierungskriterien verlangen darüber hinaus, dass mindestens 70 % der Fondsvermögenswerte in Beteiligungen mit „starken Nachhaltigkeitspraktiken“ investiert sind. Ob sich ein Portfoliotitel durch eine „starke Nachhaltigkeitspraxis“ auszeichnet, kann nicht anhand objektiver Kriterien beurteilt werden. *Nordic Ecolabelling* überlässt den Fondsverwaltungsgesellschaften diesbezüglich großen Gestaltungsspielraum. Es wird lediglich darauf hingewiesen, dass ökologische, soziale *und* Governance-Aspekte abgedeckt sein sollten. Der Gestaltungsspielraum wird damit begründet, dass hierdurch der Tatsache Rechnung getragen wird, dass Investmentfonds unterschiedliche Anlagestrategien und thematische Schwerpunkte zugrunde liegen.[112]

c) Active Ownership-Kriterien

Fondsverwaltungsgesellschaften haben grundsätzlich die Möglichkeit, (Portfolio-)Unternehmen zu beeinflussen. Die Kriterien im Bereich „Active Ownership“ sollen sicherstellen, dass Fondsverwaltungsgesellschaften von dieser Möglichkeit Gebrauch machen und (z.B. durch Kommunikation und die Ausübung von Stimmrechten) derart auf Unternehmen einwirken, dass diese zu mehr ökologischer und sozialer Verantwortungsübernahme bereit sind.[113]

d) Transparenzkriterien

Um die Transparenzkriterien zu erfüllen, muss unter anderem in regelmäßigen Abständen über die ESG-Risiken und ESG-Chancen, die sich aus der Investition in die zehn „größten“ Beteiligungen ergeben, berichtet werden. Außerdem muss einmal pro Jahr ein Bericht erstellt werden, aus dem die ESG-Aktivitäten und ESG-Leistungen des Investmentfonds hervorgehen.[114]

3. Prozedurale Zertifizierungskriterien

Das Zertifizierungsverfahren wird eingeleitet, indem ein Antrag bei *Nordic Ecolabelling* gestellt wird.[115] Diesem Antrag müssen Dokumente beigefügt werden, aus denen hervorgeht, dass die materiellen Zertifizierungskriterien erfüllt sind. *Nordic Ecolabelling* entscheidet nach einer Prüfung der Unterlagen, ob ein Nordic Swan Ecolabel vergeben wird. Die Gültigkeit des

---

[112] *Nordic Ecolabelling*, Nordic Ecolabelling for investment funds and investment products, Version 2.3, 15 February 2022 – 31. January 2026, S. 15 f., 33.

[113] Zu den Active-Ownership-Kriterien *Nordic Ecolabelling*, Nordic Ecolabelling for investment funds and investment products, Version 2.3, 15 February 2022 – 31. January 2026, S. 19 ff.

[114] Zu den Transparenzkriterien *Nordic Ecolabelling*, Nordic Ecolabelling for investment funds and investment products, Version 2.3, 15 February 2022 – 31. January 2026, S. 21 f.

[115] Zu den prozeduralen Zertifizierungskriterien *Nordic Ecolabelling*, Nordic Ecolabelling for investment funds and investment products, Version 2.3, 15 February 2022 – 31. January 2026, S. 6 f.

Labels endet grundsätzlich erst zum Ablaufdatum der Kriterien. Während der Gültigkeitsdauer kann *Nordic Ecolabelling* jederzeit Prüfungen vornehmen, ob die Anforderungen des Nordic Swan Ecolabels (weiterhin) eingehalten werden.

D. Zusammenfassung und Fazit

Die obige Darstellung verschiedener Systeme zur Zertifizierung „nachhaltiger" Finanzprodukte zeigt, wie stark sich die Zertifizierungskriterien bestehender Systeme sowohl in inhaltlicher als auch in struktureller Hinsicht voneinander unterscheiden. Diese Vielfalt, die einen Vergleich verschiedener Zertifizierungssysteme erschwert, kann der Funktionsfähigkeit von Finanz- und Kapitalmärkten schaden. Insbesondere private Anleger, die im Rahmen einer Investitionsentscheidung die globalen Nachhaltigkeitsziele berücksichtigen wollen, müssen sich unter Umständen mit den Zertifizierungskriterien zahlreicher Labels auseinandersetzen, um beurteilen zu können, ob diese Kriterien mit den eigenen Investitionsvorstellungen im Einklang stehen. Aus einer großen Vielfalt an Labels kann ein nicht zu unterschätzender *Information Overload* und Informationsbeschaffungsaufwand resultieren. Dies ändert sich auch nicht dadurch, dass die genauen Zertifizierungskriterien eines Labels der Öffentlichkeit, beispielsweise im Internet, zur Verfügung gestellt werden. Insbesondere bei privaten Anlegern, die sich mit den am Markt erhältlichen Informationen oftmals nur oberflächlich beschäftigen (können), besteht die Gefahr, dass z.B. ein Label, welches mit den Adjektiven „grün" oder „nachhaltig" beworben wird, fälschlicherweise mit der europäischen Umwelt-Taxonomie oder mit den globalen Nachhaltigkeitszielen in Verbindung gebracht wird. Ein damit unter Umständen einhergehender Verlust an Vertrauen in Zertifizierungssysteme könnte dazu führen, dass selbst Zertifizierungssysteme, die *nachhaltige* Finanzprodukte kennzeichnen, nicht geeignet sind, Kapitalströme in nachhaltige Investitionen zu lenken. Eine solche Entwicklung würde also nicht nur den allgemeinen Regelungszielen des Finanz- und Kapitalmarktrechts, sondern auch, damit verbunden, der Verwirklichung der globalen Nachhaltigkeitsziele entgegenlaufen.

Eine große Vielfalt an Labels schadet aber nicht nur Anlegern, sondern auch Anbietern von Finanzprodukten, die die Finanzproduktvermögenswerte nachhaltig investieren wollen. Ist ein angebotenes Finanzprodukt vom Anwendungsbereich mehrerer Zertifizierungskriterien umfasst, bedarf es in der Regel einer zeitintensiven Auseinandersetzung mit den Kriterien verschiedener Zertifizierungssysteme.

Vor diesem Hintergrund scheinen europäische Rahmenbedingungen, die die Zertifizierung von Finanzprodukten betreffen, äußerst sinnvoll. Schon ein einheitliches Begriffsverständnis von nachhaltigen Investitionen würde den Informationsbeschaffungsaufwand von privaten und institutionellen Investoren nicht unerheblich reduzieren. An dieser Stelle wird deutlich, welche Bedeutung der Entwicklung einer glaubwürdigen Taxonomie für nachhaltige Wirtschaftstätigkeiten zukommt. Würde sich diese Taxonomie als glaubwürdig erweisen, besteht eine realistische Chance, dass sie vom Markt als besonderer Qualitätsstandard anerkannt wird, auf den auch die Finanzindustrie bei der Ausgestaltung von Labels Bezug nimmt. Ein europäisches Label, das auf dieser Taxonomie aufbaut, hätte das Potenzial, in seiner Rolle als besonderes Gütesiegel andere Zertifizierungssysteme zu „verdrängen". Dies wäre im Interesse funktionierender Finanz- und Kapitalmärkte und der Verwirklichung der globalen Nachhaltigkeitsziele.

Mit der Taxonomie-VO hat der europäische Gesetzgeber ein Klassifizierungssystem für „ökologisch nachhaltige" Wirtschaftstätigkeiten eingeführt. Trotz ihres ökologischen Schwerpunkts zeichnet sich die europäische Umwelt-Taxonomie im Vergleich zu anderen Taxonomien durch einen deutlich höheren Detaillierungsgrad und einer stärkeren Berücksichtigung sozialer Aspekte aus. Ein europäisches Zertifizierungssystem, das auf die Umwelt-Taxonomie Bezug nimmt[116] und vom Markt als besonderer Qualitätsstandard akzeptiert würde, wäre zur Förderung eines nachhaltigen Finanzwesens deshalb mehr geeignet, als wenn die aktuelle Vielfalt an Labels für „nachhaltige" Finanzprodukte bestehen bleiben würde. Noch besser wäre es, wenn der europäische Gesetzgeber eine Erweiterung bzw. Änderung der geltenden Umwelt-Taxonomie entsprechend den Vorschlägen der PSF in Angriff nehmen würde. Je stärker soziale Aspekte in der bestehenden Umwelt-Taxonomie Berücksichtigung finden würden, desto größer wäre der Beitrag, den ein Zertifizierungssystem, das auf dieser Taxonomie aufbaut, zur Förderung eines nachhaltigen Finanzwesens leisten würde. Die Entwicklung einer nicht-binären Taxonomie könnte außerdem der unterschiedlichen Einordnung von Atomenergie, die je nach Label als „nachhaltigkeitsfördernd" oder „nachhaltigkeitsschädlich" qualifiziert wird, entgegenwirken.

[116] Ein solches Zertifizierungssystem könnte künftig durch EU-Umweltzeichen-Kriterien für Finanzprodukte eingeführt werden.

Kapitel 4: Einführung neuer Zertifizierungssysteme für Finanzprodukte auf mitgliedstaatlicher Ebene

A. Zertifizierungssysteme für „ökologisch nachhaltige" Finanzprodukte

Neben dem europäischen Gesetzgeber könnten auch Mitgliedstaaten in Erwägung ziehen, (neue) Zertifizierungssysteme für „ökologisch nachhaltige" Finanzprodukte, die auf der europäischen Umwelt-Taxonomie basieren, einzuführen. Dies scheint angesichts der Ausführungen im vorangegangen Kapitel auf den ersten Blick nicht sinnvoll, da eine große Vielzahl und Vielfalt an Labels der Förderung eines nachhaltigen Finanzwesens grundsätzlich schadet. Unter bestimmten Voraussetzungen kann ein mitgliedstaatliches Label allerdings selbst dann, wenn EU-Umweltzeichen-Kriterien für Finanzprodukte festgelegt werden, im Kontext der Verwirklichung der globalen Nachhaltigkeitsziele einen Mehrwert bieten. Diese Voraussetzungen sollen in diesem Kapitel aufgezeigt werden.

I. EU-rechtliche Zulässigkeit

Dass die Einführung mitgliedstaatlicher Labels zur Kennzeichnung „ökologisch nachhaltiger" Finanzprodukte insbesondere *nach* Festlegung von EU-Umweltzeichen-Kriterien für Finanzprodukte EU-rechtlich grundsätzlich zulässig wäre, geht aus Art. 11 Umweltzeichen-VO sowie aus dem Wortlaut und dem Telos der Taxonomie-VO hervor. Vor dem Hintergrund dieser Regelungen scheint es überraschend, dass der am 22. März 2023 veröffentlichte europäische *Green-Claims*-RL-Entwurf[1] vorsieht, die Einführung von Umweltlabels durch die Behörden der Mitgliedstaaten in Zukunft zu unterbinden.[2] Dies soll aber explizit *nicht* für Umweltlabels für Finanzdienstleistungen gelten.[3] Der im *Green-Claims*-RL-Entwurf zum Ausdruck kommende Gedanke, Zertifizierungssysteme sollten grundsätzlich nur auf europäischer Ebene eingeführt werden dürfen, könnte jedoch künftig auch bei Umweltkennzeichen für Finanzprodukte eine stärkere Rolle als bisher spielen. Der Entwurf gibt jedenfalls Anlass, über eine (stärkere) Einschränkung der Zulässigkeit mitgliedstaatlicher Zertifizierungssysteme nachzudenken.

1. Art. 11 Umweltzeichen-VO

Die VO (EWG) 880/92, mit welcher das EU-Umweltzeichen ins Leben gerufen wurde, ließ mitgliedstaatliche Labels gänzlich unberührt. Das europäische Umweltzeichen sollte weder

---

[1] *Europäische Kommission*, Vorschlag für eine Richtlinie des Europäischen Parlaments und des Rates über die Begründung ausdrücklicher Umweltaussagen und die diesbezügliche Kommunikation (Richtlinie über Umweltaussagen), COM(2023) 166 final.
[2] Art. 8 des *Green-Claims*-RL-Entwurf.
[3] Erwägungsgrund 10 des *Green-Claims*-RL-Entwurfs.

L. Beer, *Zertifizierung nachhaltiger Finanzprodukte*, Juridicum – Schriftenreihe zum Wirtschafts-, Unternehmens- und Bankrecht / Series on Business, Corporate and Banking Law, https://doi.org/10.1007/978-3-658-52193-6_5

Einfluss auf bestehende Kennzeichen haben noch die Einführung neuer Labels durch die Mitgliedstaaten behindern.[4] Allerdings wurde der Erlass der VO von einer lebhaften Debatte begleitet, ob ein Verbot mitgliedstaatlicher Umweltlabels zum besseren Schutz von Verbrauchern sinnvoll wäre.[5] Außerdem sollte das EU-Umweltzeichen-Vergabesystem spätestens fünf Jahre nach Inkrafttreten der VO (EWG) 880/92 unter anderem daraufhin überprüft werden, ob nationale Umweltkennzeichen weiterhin fortbestehen sollten.[6]

An der Zulässigkeit mitgliedstaatlicher Umweltkennzeichen hat sich jedoch auch durch die VO (EG) Nr. 1980/2000, welche die VO (EWG) 880/92 ersetzt hat, nichts geändert.[7] Entsprechend den Erwägungsgründen sollte lediglich sichergestellt werden, dass mitgliedstaatliche Systeme und das EU-Umweltzeichen aufeinander abgestimmt werden, um die „gemeinsamen Ziele des umweltverträglichen Verbrauchs zu fördern“.[8] Um diesem Abstimmungsanliegen Ausdruck zu verleihen, wurde Art. 11 Umweltzeichen-VO a.F.[9] eingeführt. Die Vorschrift sah in ihrer ursprünglichen Fassung jedoch lediglich vor, dass, mittels im Einzelnen festzulegender Kooperations- und Koordinierungsmaßnahmen, für die „notwendige Abstimmung“ zwischen dem europäischen Umweltzeichen und mitgliedstaatlichen Umweltkennzeichnungssystemen Sorge getragen werden müsste.

Durch die VO (EG) Nr. 66/2010 (Umweltzeichen-VO), die sich derzeit in Kraft befindet, haben sich Wortlaut und Inhalt des Art. 11 Umweltzeichen-VO deutlich geändert. Die Vorschrift verlangt nun nicht mehr eine bloße Abstimmung zwischen verschiedenen Kennzeichnungssystemen, sondern hält konkrete, auf eine stärkere Harmonisierung abzielende Vorgaben bereit. Anhand dieser Entwicklung wird deutlich, dass dem europäischen Gesetzgeber eine Harmonisierung von Regelungen im europäischen Raum immer wichtiger wurde. An dem Grundsatz, dass mitgliedstaatliche Umweltkennzeichen bestehen bleiben und neue Labels weiterhin eingeführt werden dürfen, hat sich jedoch nichts geändert. Im Folgenden wird der grundlegende Regelungsinhalt des Art. 11 Umweltzeichen-VO vorgestellt.

a) Regelungsinhalt des Art. 11 Abs. 1 Umweltzeichen-VO

[4] Erwägungsgründe 4 und 7 der VO (EWG) Nr. 880/92; zu dieser Regelung *Neveling*, Produktinnovation durch Umweltzeichen (1999), S. 247 f.

[5] Hierzu *Forgó*, Europäisches Umweltzeichen und Welthandel (1999), S. 113 ff. m.w.N.; das Außerkrafttreten bestehender nationaler Umweltzeichen fordernd *Diederichsen*, Ein neues Umweltzeichen für Europa, RIW 1993, 224 (228).

[6] *European Commission*, Proposal for a Council Regulation (EEC) on a Community award scheme for an Eco-label, COM(91) 37 final, Art. 22.

[7] S. Erwägungsgrund 16 der VO (EG) Nr. 1980/2000.

[8] Erwägungsgrund 16 der VO (EG) Nr. 1980/2000.

[9] Art. 11 in der Fassung der VO (EG) Nr. 1980/2000 galt bis zum 18. Februar 2010.

Art. 11 Abs. 1 Umweltzeichen-VO regelt den Fall, dass bestehende nationale Regelungen zur Typ-I-Umweltkennzeichnung nach EN ISO 14024 keine Kriterien zur Kennzeichnung einer bestimmten Produktgruppe enthalten, auf europäischer Ebene jedoch bereits Kriterien für diese Produktgruppe existieren. Bei Typ-I-Umweltkennzeichen nach EN ISO 14024 handelt es sich um freiwillige, auf mehreren Kriterien beruhende Programme, welche die Vergabe einer Lizenz vorsehen, die die Verwendung eines Umweltzeichens auf Produkten erlaubt.[10] Die Vergabe muss konkret Produkten (Waren oder Dienstleistungen) vorbehalten sein, die unter Berücksichtigung deren Lebenszyklus anderen Produkten derselben Produktkategorie unter Umweltaspekten vorzuziehen sind.[11]

Gem. Art. 11 Abs. 1 Umweltzeichen-VO dürfen nationale Kennzeichnungssysteme nur dann auf diese Produktgruppe ausgedehnt werden, wenn die Kriterien nicht weniger streng sind als die entsprechenden europäischen Umweltzeichen-Kriterien. Die europäischen Umweltzeichen-Kriterien entfalten also eine mindestharmonisierende Wirkung.

Die Regelung des Art. 11 Abs. 1 Umweltzeichen-VO wäre beispielsweise dann relevant, wenn der nationale Gesetzgeber die Einführung von Zertifizierungskriterien für „ökologisch nachhaltige" Finanzprodukte erwägen würde,[12] *nachdem* europäische Umweltzeichen-Kriterien für Finanzprodukte veröffentlicht worden wären. Die Vergabe des nationalen Labels dürfte nicht von der Erfüllung weniger strenger Vergabekriterien als derjenigen des europäischen Umweltzeichens abhängig gemacht werden, um mit Art. 11 Abs. 1 Umweltzeichen-VO im Einklang zu stehen. Der nationale Gesetzgeber müsste sich entscheiden, ob er die europäischen Kriterien übernimmt *oder* die Zertifizierungskriterien strenger ausgestaltet als die EU-Umweltzeichen-Kriterien.

Der Wortlaut des Art. 11 Abs. 1 Umweltzeichen-VO bezieht sich auf *bestehende* nationale Kennzeichnungssysteme, die in dem Zeitpunkt, in dem europäische Umweltzeichen-Kriterien für eine bestimmte Produktgruppe veröffentlicht werden, keine Kriterien für diese Produktgruppe bereitstellen. Möglicherweise existiert jedoch in einem Mitgliedstaat im Zeitpunkt der Veröffentlichung europäischer Umweltzeichen-Kriterien für Finanzprodukte kein staatliches Typ-1-Umweltkennzeichen nach EN ISO 14024. Möchte dieser Mitgliedstaat nun ein solches Umweltkennzeichen einführen, müsste er die Vorgabe des Art. 11 Abs. 1

[10] *DIN Deutsches Institut für Normierung e.V.*, Umweltmanagement 2, Umweltbezogene Kennzeichnung und Ökobilanzen (3. Aufl. 2024), S. 98.

[11] *DIN Deutsches Institut für Normierung e.V.*, Umweltmanagement 2, Umweltbezogene Kennzeichnung und Ökobilanzen (3. Aufl. 2024), S. 98.

[12] Der deutsche Gesetzgeber könnte beispielsweise eine Ausweitung des Umweltzeichens *Der Blaue Engel* in Erwägung ziehen, hierzu *Veil/Deckert/Kämmerer/Voigt*, Nachhaltige Kapitalanlagen durch Finanzmarktregulierung (2019), § 10 S. 222 ff.

Umweltzeichen-VO *erst recht* beachten. Es sind keine Gründe ersichtlich, die eine Ungleichbehandlung *bestehender* und *künftiger* mitgliedstaatlicher Umweltkennzeichen rechtfertigen könnten.[13]

Der primäre Zweck der Vorschrift des Art. 11 Abs. 1 Umweltzeichen-VO besteht darin, europäische und mitgliedstaatliche Typ-I-Umweltkennzeichen nach EN ISO 14024 im europäischen Raum in einem gewissen Umfang zu harmonisieren. Ohne jegliche Harmonisierung von europäischen und mitgliedstaatlichen Zertifizierungssystemen in der Form, dass die EU-Umweltzeichen-Kriterien als Mindeststandard dienen, könnte eine noch viel buntere Vielfalt an staatlichen Umweltlabels, die sich in ihren Vergabekriterien stark voneinander unterscheiden, als bisher entstehen.[14] Mit Zunahme dieser Vielfalt würde auch der Informationsbeschaffungsaufwand für private und institutionelle Anleger, die in ihre Investitionsentscheidung Nachhaltigkeitsaspekte einbeziehen wollen, steigen. Ein hoher Informationsbeschaffungsaufwand würde den Regelungszielen, die mit der Förderung eines nachhaltigen Finanzwesens verfolgt werden, entgegenlaufen.

Die mindestharmonisierende Wirkung des Art. 11 Abs. 1 Umweltzeichen-VO würde außerdem den Vorteil mit sich bringen, dass sich Anleger grundsätzlich darauf verlassen könnten, dass mitgliedstaatliche Labels für Finanzprodukte keine *weniger strengen* Vergabekriterien für Finanzprodukte als das EU-Umweltzeichen bereithalten würden. Dies würde zumindest dann gelten, wenn das mitgliedstaatliche Label *nach* Veröffentlichung von EU-Umweltzeichen-Kriterien eingeführt bzw. auf Finanzprodukte ausgedehnt worden wäre. Dieser Vorteil käme aber nur dann zum Tragen, wenn Anleger Kenntnis von der Existenz der Regelung in Art. 11 Abs. 1 Umweltzeichen-VO hätten.

b) <u>Regelungsinhalt des Art. 11 Abs. 2 Umweltzeichen-VO</u>

Gem. Art. 11 Abs. 2 Umweltzeichen-VO müssen bestehende Kriterien, die in offiziell anerkannten Umweltkennzeichenregelungen nach EN ISO 14024 Typ I in den Mitgliedstaaten ausgearbeitet worden sind, bei der Festlegung von EU-Umweltzeichen-Kriterien berücksichtigt werden. Aus dem Wortlaut dieser Vorschrift geht hervor, dass mitgliedstaatliche Umweltlabels, die bereits Kriterien für eine bestimmte Produktgruppe bereitstellen, während auf europäischer Ebene noch keine Umweltzeichen-Kriterien für diese Produktgruppe veröffentlicht worden

---

[13] Sollte der nationale Gesetzgeber ein Label speziell für Finanzprodukte „außerhalb" des Typ-I-Umweltkennzeichens *Der Blaue Engel* entwickeln, würde dies an der Bindung an die Vorschrift des Art. 11 Abs. 1 Umweltzeichen-VO selbstverständlich ebenfalls nichts ändern.

[14] Deshalb sollten auf europäischer Ebene Umweltzeichen-Kriterien für Finanzprodukte möglichst zeitnah eingeführt werden.

sind, „Bestandsschutz" genießen. Würde der nationale Gesetzgeber Zertifizierungskriterien für „ökologisch nachhaltige" Finanzprodukte einführen, *bevor* auf europäischer Ebene Umweltzeichen-Kriterien für Finanzprodukte festgelegt würden, könnten die nationalen Zertifizierungskriterien also unverändert bestehen bleiben.

Der Sinn und Zweck der Vorschrift des Art. 11 Abs. 2 Umweltzeichen-VO besteht darin, sicherzustellen, dass das europäische Umweltzeichen mit den verschiedenen Umweltlabels im europäischen Raum abgestimmt wird. Aufgrund dessen, dass sich bestehende mitgliedstaatliche Labels für Finanzprodukte durch eine große Vielfalt auszeichnen, kann durch diese Vorschrift jedoch keine wirkliche Harmonisierung herbeigeführt werden. Das Erfordernis einer Auseinandersetzung mit bestehenden Kennzeichnungssystemen der Mitgliedstaaten kann jedoch dazu beitragen, dass über eine bestmögliche Abstimmung verschiedener Systeme zumindest nachgedacht wird.

Das *Joint Research Centre* hat der Regelung des Art. 11 Abs. 2 Umweltzeichen-VO im *Preliminary Report* bezüglich der Ausweitung des EU-Umweltzeichens auf Finanzprodukte Rechnung getragen.[15]

2. Taxonomie-VO

Dass Mitgliedstaaten durch europäische Vorschriften keineswegs daran gehindert werden, Zertifizierungssysteme für „ökologisch nachhaltige" Finanzprodukte einzuführen, hat sich auch durch die Taxonomie-VO nicht geändert.

a) Wortlaut

Gem. Art. 1 Abs. 2 lit. a) Taxonomie-VO müssen sowohl die EU als auch ihre Mitgliedstaaten bei der Festlegung von Anforderungen an Finanzmarktteilnehmer oder Emittenten im Zusammenhang mit Finanzprodukten oder Unternehmensanleihen, die als „ökologisch nachhaltig" bereitgestellt werden, das Klassifizierungssystem der Taxonomie-VO in Bezug nehmen.[16] Erwägungsgrund 11 der Taxonomie-VO weist ausdrücklich darauf hin, dass solche Anforderungen unter anderem im Rahmen von Kennzeichnungssystemen für Finanzprodukte festgelegt werden können.

Hieraus geht eindeutig hervor, dass *sowohl* die EU *als auch* ihre Mitgliedstaaten die Möglichkeit haben sollen, Kriterien zur Kennzeichnung von Finanzprodukten einzuführen.

---

[15] *Joint Research Centre*, EU Ecolabel criteria for Financial Products, Preliminary Report, First draft (2019), S. 17 ff., abrufbar unter: https://susproc.jrc.ec.europa.eu/product-bureau/product-groups/432/documents (letzter Abruf: 26. März 2026).

[16] Zum Anwendungsbereich der Taxonomie-VO s. Kapitel 2, C. II.

Durch eine Bindung an die europäische Umwelt-Taxonomie soll lediglich sichergestellt werden, dass Zertifizierungssystemen für Finanzprodukte im europäischen Raum ein einheitliches Begriffsverständnis von „ökologisch nachhaltigen" Wirtschaftstätigkeiten zugrunde gelegt wird.[17] Eine Inbezugnahme der Umwelt-Taxonomie im Rahmen der Arbeiten zur Entwicklung europäischer Umweltzeichen-Kriterien für Finanzprodukte ist vor diesem Hintergrund nicht nur sinnvoll, sondern angesichts der Regelung in Art. 1 Abs. 2 lit. a) Taxonomie-VO sogar verpflichtend.

b) Telos

Auch der Telos der Taxonomie-VO steht der Einführung eines nationalen Zertifizierungssystems für „ökologisch nachhaltige" Finanzprodukte nicht entgegen. Der Sinn und Zweck der Taxonomie-VO besteht hauptsächlich darin, ein EU-weit einheitliches Begriffsverständnis von „ökologisch nachhaltigen" Wirtschaftstätigkeiten zu schaffen. Solange bei der Einführung eines mitgliedstaatlichen Zertifizierungssystems dem in der Taxonomie-VO zum Ausdruck kommenden Gedanken der Einheitlichkeit und Rechtssicherheit Rechnung getragen wird, steht dieses Zertifizierungssystem mit dem Telos der Taxonomie-VO also im Einklang.

Die Taxonomie-VO kann vor diesem Hintergrund als bedeutender Schritt in Richtung Harmonisierung von Kennzeichnungssystemen speziell für Finanzprodukte betrachtet werden. Mitgliedstaaten, die ein Label für Finanzprodukte *nach* einer Ausweitung des EU-Umweltzeichens auf Finanzprodukte einführen möchten, müssen hinsichtlich der Festlegung von Anforderungen an die „ökologisch nachhaltigen" Eigenschaften eines Finanzprodukts nicht nur die Regelung des Art. 11 Abs. 1 Umweltzeichen-VO beachten, sondern auch das Klassifizierungssystem der Taxonomie-VO Bezug nehmen. Aber auch dann, wenn Mitgliedstaaten noch *vor* dem europäischen Gesetzgeber Kriterien für die Kennzeichnung von Finanzprodukten festlegen sollten, gelten die Rahmenbedingungen der Taxonomie-VO.

3. Keine künftige Einschränkung der Zulässigkeit durch eine europäische *Green-Claims*-RL und durch die *Empowerment*-RL

Am 22. März 2023 wurde, wie bereits erwähnt, ein Vorschlag für eine Richtlinie über die Begründung ausdrücklicher Umweltaussagen und die diesbezügliche Kommunikation (sog. *Green-Claims*-RL) veröffentlicht.[18] Das Ziel des Vorschlags besteht darin, einen einheitlichen

[17] Erwägungsgrund 11 der Taxonomie-VO.
[18] *Europäische Kommission*, Vorschlag für eine Richtlinie des Europäischen Parlaments und des Rates über die Begründung ausdrücklicher Umweltaussagen und die diesbezügliche Kommunikation (Richtlinie über Umweltaussagen), COM(2023) 166 final.

Rahmen für Umweltaussagen festzulegen, um Greenwashing durch Unternehmen zu unterbinden.[19] Hierdurch soll das Vertrauen von Verbrauchern in den „grünen Markt" gestärkt werden.[20]

Der *Green-Claims*-RL-Entwurf basiert auf einem, am 30. März 2022 veröffentlichten, RL-Vorschlag der EU-Kommission zur „Stärkung der Verbraucher für den ökologischen Wandel durch besseren Schutz gegen unlautere Praktiken und bessere Informationen".[21] Am 28. Februar 2024 wurde auf der Grundlage dieses Vorschlags außerdem die RL (EU) 2024/825 (*Empowerment*-RL)[22] erlassen. Die *Empowerment*-RL hat unter anderem eine Änderung der UGP-RL zum Gegenstand. Im Folgenden werden der Gegenstand und Anwendungsbereich sowie der grundlegende Regelungsinhalt des *Green-Claims*-RL-Entwurfs und der *Empowerment*-RL vorgestellt. Dies dient dazu, zu veranschaulichen, dass eine künftige Einschränkung der EU-rechtlichen Zulässigkeit mitgliedstaatlicher Zertifizierungssysteme für „ökologisch nachhaltige" Finanzprodukte vorerst nicht bevorsteht.[23]

a) Gegenstand und Anwendungsbereich des *Green-Claims*-RL-Entwurfs und der *Empowerment*-RL

Der *Green-Claims*-RL-Entwurf umfasst *freiwillige* Umweltaussagen und die diesbezügliche Kommunikation. Von Vornherein aus dem Anwendungsbereich ausgenommen sind also umweltbezogene Informationen, zu deren Veröffentlichung Unternehmen durch die Bilanz-RL oder Art. 8 Taxonomie-VO verpflichtet sind.

Zu den Umweltaussagen sollen auch *Umweltzeichen* gehören. Dieser Hinweis hat angesichts dessen, dass auch (und insbesondere) mit Umweltzeichen, die auf einem Zertifizierungssystem basieren, eine Aussage über die umweltbezogenen Eigenschaften eines Produkts getroffen

[19] *Gebhardt/Leiendecker/Lienke/Meier*, Vorschlag der EU-Kommission für eine Green Claims-Richtlinie: Neuer Anforderungskatalog an Green Claims für Unternehmen, ESG 2023, 130 (130).
[20] *Steuer*, Der Vorschlag der Kommission für eine Green Claims-Richtlinie, EuZW 2023, 589 (589).
[21] *Europäische Kommission*, Vorschlag für eine Richtlinie des Europäischen Parlaments und des Rates zur Änderung der Richtlinien 2005/29/EG und 2011/83/EU hinsichtlich der Stärkung der Verbraucher für den ökologischen Wandel durch besseren Schutz gegen unlauterer Praktiken und bessere Informationen, COM(2022) 143 final; hierzu und zum *Green-Claims*-RL-Entwurf *Steuer*, „Klimaneutrale" Produkte im Lauterkeitsrecht, GRUR 2022, 1408 (1415 ff.).
[22] Richtlinie (EU) 2024/825 des Europäischen Parlaments und des Rates vom 28. Februar 2024 zur Änderung der Richtlinien 2005/29/EG und 2011/83/EU hinsichtlich der Stärkung der Verbraucher für den ökologischen Wandel durch besseren Schutz gegen unlautere Praktiken und durch bessere Informationen. Näher zur *Empowerment*-RL *Klein*, Green Claims: Die neuen Regelungen der EU zur umweltbezogenen Werbung, DB 2024, 575.
[23] Dieses Ergebnis gilt unabhängig davon, dass die EU-Kommission nach Einreichung dieser Dissertation an der Philipps-Universität Marburg vom Erlass der geplanten *Green-Claims*-RL Abstand genommen hat, s. *Europäische Kommission*, Pressemitteilung vom 23. Juni 2025, https://www.europarl.europa.eu/news/de/press-room/20250623IPR29094/green-claims-directive-ep-co-rapporteurs-hold-a-press-conference-at-15-15?utm_source=chatgpt.com (letzter Abruf: 26. März 2026).

wird, eine rein klarstellende Funktion. Bei einem Umweltzeichen handelt es sich gem. Art. 2 Nr. 8 des Entwurfs um ein „Nachhaltigkeitssiegel, das ausschließlich oder überwiegend Umweltaspekte eines Produkts, eines Verfahrens oder eines Gewerbetreibenden abdeckt". Anders als der Vorschlag einer RL zur „Stärkung der Verbraucher" fokussiert sich der *Green-Claims*-RL-Entwurf nicht auf ökologische *und* soziale Eigenschaften eines Produkts, sondern auf *Umwelt*aspekte.[24]

Gem. Art. 1 Abs. 2 des *Green Claims*-RL-Entwurfs gilt der Vorschlag *nicht* für Umweltkennzeichen, die bereits durch Vorschriften in europäischen Rechtsakten geregelt werden. Zu diesen Rechtsakten gehören unter anderem die Umweltzeichen-VO (lit. a)) und die Taxonomie-VO (lit. l)). Kennzeichnungssysteme für Finanzprodukte fallen also *nicht* in den Anwendungsbereich des Vorschlags, da diese bereits in gewisser Weise durch europäische Maßnahmen zur Umsetzung der *Sustainable-Finance*-Strategie reguliert werden. Der *Green-Claims*-RL-Entwurf kann vor diesem Hintergrund als Versuch verstanden werden, bestehende Lücken im Bereich der Regulierung von Umweltaussagen durch den europäischen Gesetzgeber zu schließen.[25] Dass Standards und Zertifizierungssysteme für Finanzdienstleistungen vom Anwendungsbereich ausgenommen sind, wird auch in den Erwägungsgründen des *Green-Claims*-RL-Entwurfs ausdrücklich klargestellt.[26]

Daran, dass die Einführung mitgliedstaatlicher Zertifizierungssysteme für „ökologisch nachhaltige" Finanzprodukte grundsätzlich zulässig ist, hat sich auch durch Erlass der *Empowerment*-RL nichts geändert. Aus den Erwägungsgründen zur *Empowerment*-RL geht klar hervor, dass die Verwendung unglaubwürdiger und intransparenter Nachhaltigkeitssiegel für *Hersteller*produkte eingeschränkt werden soll.[27] Der europäische Gesetzgeber hat seine Ausführungen in den Erwägungsgründen ausschließlich auf Herstellerprodukte bezogen und unter anderem die Haltbarkeit und Reparierbarkeit von Produkten sowie Software-Aktualisierungen thematisiert.[28] Diese Ausführungen lassen sich nicht auf Finanzprodukte übertragen.

[24] *Europäische Kommission*, Vorschlag für eine Richtlinie des Europäischen Parlaments und des Rates über die Begründung ausdrücklicher Umweltaussagen und die diesbezügliche Kommunikation (Richtlinie über Umweltaussagen), COM(2023) 166 final, S. 9.

[25] Ein Überblick über das ESG-Regelwerk, in das sich der *Green-Claims*-RL-Entwurf einfügt, in *Gebhardt/Leiendecker/Lienke/Meier*, Vorschlag der EU-Kommission für eine Green Claims-Richtlinie: Neuer Anforderungskatalog zu Green Claims für Unternehmen, ESG 2023, 130 (131).

[26] *Europäische Kommission*, Vorschlag für eine Richtlinie des Europäischen Parlaments und des Rates über die Begründung ausdrücklicher Umweltaussagen und die diesbezügliche Kommunikation (Richtlinie über Umweltaussagen), COM(2023) 166 final, S. 33.

[27] S. Erwägungsgründe 1 und 7 der *Empowerment*-RL.

[28] S. Erwägungsgründe 16, 17, 18, 19, 20, 21, 22 und 23 der *Empowerment*-RL.

b) Grundlegender Regelungsinhalt des *Green-Claims*-RL-Entwurfs und der *Empowerment*-RL

Obwohl Zertifizierungssysteme für Finanzprodukte nicht in den Anwendungsbereich des *Green-Claims*-RL-Entwurfs und der *Empowerment*-RL fallen, soll im Folgenden ein Überblick über den Regelungsinhalt insbesondere des *Green-Claims*-RL-Entwurfs gegeben werden. Eine Auseinandersetzung mit dem Vorhaben, mitgliedstaatliche und private Umweltkennzeichen für Nicht-Finanzprodukte künftig nur unter sehr engen Voraussetzungen zu erlauben, kann bei der Beantwortung der Frage helfen, ob die Einführung mitgliedstaatlicher Zertifizierungssysteme für „ökologisch nachhaltige" Finanzprodukte ungeachtet der EU-rechtlichen Zulässigkeit überhaupt sinnvoll sein kann.

Art. 8 Abs. 3 des *Green-Claims*-RL-Entwurfs sieht vor, dass ab einem bestimmten Zeitpunkt die Behörden der Mitgliedstaaten keine neuen nationalen oder regionalen Umweltzeichen mehr einführen sollen. Bereits existierende Umweltlabels sollen zwar bestehen bleiben dürfen, müssen jedoch den Anforderungen entsprechen, die sich aus Art. 7 Abs. 1 i.V.m. Art. 3 bis 6 des *Green-Claims*-RL-Entwurfs ergeben. Neue Umweltlabels sollen grundsätzlich nur noch auf europäischer Ebene eingeführt werden dürfen. Den Mitgliedstaaten würde lediglich die Möglichkeit offenstehen, die Kommission zu ersuchen, die Entwicklung öffentlicher Kennzeichnungssysteme auf Unionsebene für Produktgruppen oder Sektoren, für die noch keine Umweltkennzeichen auf europäischer Ebene existieren, in Erwägung zu ziehen.[29]

Die Regelung des Art. 11 Abs. 1 Umweltzeichen-VO würde hierdurch aufgehoben. Art. 11 Abs. 2 Umweltzeichen-VO würde faktisch dahingehend geändert, dass Labels der Mitgliedstaaten nicht mehr im Rahmen der Festlegung von EU-Umweltzeichen-Kriterien berücksichtigt werden, sondern gegebenenfalls an europäische Rahmenbedingungen angepasst werden müssten.

Besondere Regelungen sollen gem. Art. 8 Abs. 4 des *Green-Claims*-RL-Entwurf auch für Umweltlabels gelten, die von Behörden in Drittstaaten entwickelt worden sind. Werden ab einem bestimmten Zeitpunkt neue Umweltlabels von Drittstaaten eingeführt, soll es gem. Art. 8 Abs. 4 des *Green-Claims*-RL-Entwurf zur Verwendung auf dem Unionsmarkt einer Genehmigung durch die Kommission bedürfen. Eine Genehmigung soll nur dann erteilt werden können, wenn diese Umweltlabels im Vergleich zu bestehenden Umweltlabels einen *Mehrwert* hinsichtlich ihrer Umweltziele, beispielsweise in Bezug auf die Berücksichtigung der Umweltauswirkungen oder der Umweltleistung, bieten. Außerdem müssten die Umweltlabels

[29] Erwägungsgrund 44 des *Green-Claims*-RL-Entwurfs.

den Anforderungen des Art. 7 Abs. 1 i.V.m. Art. 3 bis 6 des *Green-Claims*-RL-Entwurfs entsprechen.

Erhebliche Einschränkungen soll es künftig auch bei der Einführung privater Umweltkennzeichen geben. In Art. 8 Abs. 5 des *Green-Claims*-RL-Entwurf wird vorgeschlagen, dass Mitgliedstaaten sicherstellen sollen, dass *neue* private Labels nur unter strengen Voraussetzungen zugelassen werden. Eine Zulassung soll grundsätzlich nur dann erfolgen, wenn die Vorgaben in Art. 7 Abs. 1 i.V.m. Art. 3 bis 6 des *Green-Claims*-RL-Entwurfs eingehalten werden. Außerdem muss ein Umweltkennzeichen im Vergleich zu den bestehenden Systemen einen *erheblichen Mehrwert* bieten.[30] Der Mehrwert muss sich konkret auf den „ökologischen Ehrgeiz“ der Vergabekriterien, die Abdeckung relevanter Umweltauswirkungen und die Vollständigkeit der zugrunde liegenden Bewertung beziehen.[31]

Bestehende Labels – von Drittstaaten oder Privaten – sollen (wie mitgliedstaatliche Umweltlabels) bestehen bleiben dürfen, wenn diese die Vorgaben des Art. 7 Abs. 1 i.V.m. Art. 3 bis 6 des *Green-Claims*-RL-Entwurfs erfüllen.

Gem. Art. 7 Abs. 1 des *Green-Claims*-RL-Entwurfs stellen die Mitgliedstaaten sicher, dass die Umweltzeichen die Anforderungen der Art. 3 bis 6 erfüllen und im Einklang mit Art. 10 des Entwurfs überprüft werden. Art. 3 Abs. 1 des *Green-Claims*-RL-Entwurfs verlangt beispielsweise, dass sich ausdrückliche Umweltaussagen auf allgemein anerkannte wissenschaftliche Erkenntnisse stützen und einschlägige internationale Standards berücksichtigen. Zudem müssen Nachweise darüber erbracht werden, dass die Umweltauswirkungen, die Umweltaspekte oder die Umweltleistungen, die Gegenstand der Aussage sind, im Hinblick auf den Lebenszyklus des Produkts, auf welches sich die Aussage bezieht, von Bedeutung sind.

In Art. 8 Abs. 2 des *Green-Claims*-RL-Entwurfs finden sich spezielle Anforderungen an Umweltkennzeichnungssysteme. Beispielsweise sollen die Anforderungen an das Kennzeichnungssystem von Sachverständigen, die deren wissenschaftliche Belastbarkeit gewährleisten können, entwickelt werden. Das System soll außerdem über einen Beschwerde- und Streitbeilegungsmechanismus verfügen.

Das Inkrafttreten des *Green-Claims*-RL-Entwurfs in seiner Fassung vom 23. März 2023 würde verhindern, dass die große Vielfalt mitgliedstaatlicher Umweltlabels im europäischen Raum

[30] Erwägungsgrund 46 des *Green-Claims*-RL-Entwurfs.
[31] Erwägungsgrund 46 des *Green-Claims*-RL-Entwurfs.

weiter zunimmt.[32] Zugleich würde sichergestellt werden, dass sämtliche (auch private) Umweltkennzeichen einheitliche Anforderungen erfüllen und in gewisser Weise harmonisiert sind.

Der Erlass der *Empowerment*-RL hat zu einer Ergänzung des ersten Anhangs der UGP-RL geführt. In diesem Anhang werden Geschäftspraktiken gelistet, die stets als unlauter gelten. Gem. der neu gefassten Nr. 2a des ersten Anhangs der UGP-RL handelt es sich beim Anbringen eines Nachhaltigkeitssiegels um eine unlautere geschäftliche Handlung, wenn das Siegel nicht auf einem Zertifizierungssystem beruht oder nicht von staatlichen Stellen festgesetzt wurde.[33] Diese Formulierung dürfte sich auf Nachhaltigkeitssiegel beziehen, die den Anforderungen einer (künftigen) *Green-Claims*-RL nicht entsprechen.[34]

II. Vor- und Nachteile einer Einschränkung der EU-rechtlichen Zulässigkeit

Standards und Zertifizierungssysteme für Finanzdienstleistungen fallen *nicht* in den Anwendungsbereich des *Green-Claims*-RL-Entwurfs. Entsprechend den Erwägungsgründen der Taxonomie-VO sind mitgliedstaatliche Labels zur Kennzeichnung „ökologisch nachhaltiger" Finanzprodukte sogar ausdrücklich erwünscht. Dennoch geben der Entwurf, der zeitlich *nach* Inkrafttreten der Taxonomie-VO veröffentlicht wurde, und die *Empowerment*-RL Anlass, darüber nachzudenken, welche Vor- und Nachteile eine Einschränkung der EU-rechtlichen Zulässigkeit mitgliedstaatlicher Zertifizierungssysteme für „ökologisch nachhaltige" Finanzprodukte mit sich bringen würde.

1. Vorteile

Dass die Existenz unzähliger Zertifizierungssysteme funktionierenden Finanz- und Kapitalmärkten und den Zielen, die mit der Förderung eines nachhaltigen Finanzwesens verfolgt werden, entgegenläuft, wurde bereits an mehreren Stellen dargelegt. Die Regelung des Art. 11 Abs. 1 Umweltzeichen-VO vermag die Nachteile, die mit eine großen Vielfalt an Zertifizierungssystemen einhergehen, nicht in vollem Umfang zu kompensieren. Diese Vorschrift verhindert nämlich nicht, dass selbst dann, wenn europäische Umweltzeichen-Kriterien für Finanzprodukte eingeführt werden, zahlreiche mitgliedstaatliche Umweltkennzeichen entstehen, die unterschiedliche Kriterien zur Kennzeichnung „ökologisch nachhaltiger" Finanzprodukte bereithalten. Die materiellen Vergabekriterien neuer

[32] Ausweislich des Erwägungsgrundes 39 des *Green-Claims*-RL-Entwurfs befinden sich mehr als 200 Umweltkennzeichen auf dem Unionsmarkt.
[33] Erwägungsgrund 7 der *Empowerment*-RL.
[34] So auch *Nieß/Voßberg*, Ist „grün" drin, wo „grün" draufsteht? – Die neue Richtlinie zur Stärkung der Verbraucher im ökologischen Wandel, GRUR-Prax 2024, 225 (226).

mitgliedstaatlicher Labels *entsprechen* entweder den EU-Umweltzeichen-Kriterien oder sind *strenger* als diese ausgestaltet. In beiden Fällen ist nicht ausgeschlossen, dass sich Anleger mit den Zertifizierungskriterien verschiedener Umweltlabels auseinandersetzen (müssen). Zur Veranschaulichung der Nachteile, die mit der EU-rechtlichen Zulässigkeit mitgliedstaatlicher Zertifizierungssysteme, die im Einklang mit Art. 11 Abs. 1 Umweltzeichen-VO geschaffen wurden, einhergehen können, dient folgendes Beispiel:

Am 1. Juni 2024 werden EU-Umweltzeichen-Kriterien für Finanzprodukte veröffentlicht. Mitgliedstaat M führt daraufhin am 1. Januar 2025 das Umweltzeichen U für „ökologisch nachhaltige" Finanzprodukte ein und gestaltet die materiellen Zertifizierungskriterien im Vergleich zum EU-Umweltzeichen deutlich strenger aus. Zwei Monate später, am 1. März 2025, ruft Mitgliedstaat N das Finanzprodukt-Umweltlabel L ins Leben. Die Vergabekriterien des Labels L entsprechen eins zu eins denen des EU-Umweltzeichens.

Der Investmentfonds I, der von der Gesellschaft G1 verwaltet wird, wird mit dem französischen GreenFin-Label, dem LuxFLAG Climate Finance Label und dem LuxFLAG Environment Label beworben. Die Gesellschaft G2, die den Investmentfonds F verwaltet, beschließt, das Umweltzeichen U zu beantragen, verzichtet jedoch auf eine Beantragung des europäischen Umweltzeichens.[35] Die Gesellschaft G3 beantragt für den von ihr verwalteten Investmentfonds S sowohl das EU-Umweltzeichen als auch das Label L.

Die private Anlegerin P möchte nachhaltigkeitsbewusst investieren und wird auf die Investmentfonds I, F und S aufmerksam. Es besteht die Gefahr, dass sie angesichts der Vielzahl an Labels den Überblick und infolgedessen die Motivation verliert, sich mit den Zertifizierungskriterien der verschiedenen Umweltlabels (und somit auch mit den Zertifizierungskriterien des EU-Umweltzeichens) näher zu befassen. Es könnte sein, dass sie sich infolge eines *Information Overloads* und adverser Selektion für eine Investition in dasjenige Finanzprodukt entscheidet, welches mit den meisten Labels, die durch ihre Bezeichnung einen Umwelt- und Nachhaltigkeitsbezug nahelegen, beworben wird (hier: Investmentfonds I). Stellt die Anlegerin P im Anschluss an eine getätigte Investition fest, dass die Kriterien des EU-Umweltzeichens ihren Vorstellungen vom Nachhaltigkeitsverständnis (z.B. aufgrund der stärkeren Einbeziehung sozialer Aspekte) deutlich mehr entsprochen hätten als die Kriterien des GreenFin-Labels, des LuxFLAG Climate Finance Labels und des

[35] Der Grund für einen solchen Verzicht könnte darin liegen, dass die Gesellschaft G das Umweltzeichen U für ambitionierter und infolgedessen eine Beantragung des EU-Umweltzeichens für unnötig hält.

LuxFLAG Environment Labels, könnte ihr Vertrauen in funktionierende Finanz- und Kapitalmärkte erschüttert sein.

Wäre die Einführung mitgliedstaatlicher Labels zumindest *nach* Veröffentlichung von EU-Umweltzeichen-Kriterien *nicht* möglich, würden die Investmentfonds F und S vermutlich nur mit dem europäischen Umweltzeichen beworben werden. Die Labels U und L würden wegfallen. Es wäre zwar nicht ausgeschlossen, dass sich die Gesellschaften G2 und G3 für die Beantragung eines anderen Umweltlabels (z.B. des GreenFin-Labels) entscheiden.[36] Die Anzahl staatlicher Labels, die im europäischen Raum existieren, wäre jedoch insgesamt geringer. Hierdurch könnte die Motivation von Anlegern steigen, sich mit den Zertifizierungskriterien verschiedener Labels zu beschäftigen. Die Anlegerin P würde auch nicht Gefahr laufen, zu verkennen, dass das Label U auf dem EU-Umweltzeichen basiert und ihren Vorstellungen von einer verantwortungsbewussten Investition stärker entspricht als das EU-Umweltzeichen.

Eine Einschränkung der Zulässigkeit mitgliedstaatlicher Zertifizierungssysteme würde außerdem dazu beitragen, einheitliche Wettbewerbsbedingungen für Finanzdienstleistungs- und Kreditinstitute zu schaffen. Diese können aus verschiedenen Gründen[37] ein Interesse daran haben, die „ökologisch nachhaltigen" Eigenschaften eines von ihnen angebotenen Finanzprodukts mit einem Umweltlabel hervorzuheben. Je größer die Vielfalt an Labels, desto größer ist der Aufwand, sich die relevanten Informationen zu beschaffen, um die Zertifizierungskriterien verschiedener Zertifizierungssysteme sinnvoll miteinander vergleichen zu können.

2. Nachteile

Eine Einschränkung der EU-rechtlichen Zulässigkeit mitgliedstaatlicher Zertifizierungssysteme für „ökologisch nachhaltige" Finanzprodukte würde jedoch auch mit einigen Nachteilen einhergehen.

Durch eine Einschränkung würde ein Wettbewerb zwischen den Mitgliedstaaten um die „nachhaltigkeitsförderndsten" Zertifizierungssysteme gänzlich unterbunden.[38] Ein solcher

[36] Je weniger Labels existieren, desto größer ist jedoch die Wahrscheinlichkeit, dass die Wahl auf das EU-Umweltzeichen fällt. Dies gilt insbesondere dann, wenn sich die EU-Umweltzeichen-Kriterien für Finanzprodukte als glaubwürdig erweisen und das EU-Umweltzeichen den Status eines besonderen Gütesiegels erlangt.

[37] Einen Grund stellen die erhöhten Chancen auf Zugang zu „nachhaltiger Finanzierung" dar, s. hierzu Kapitel 1, A. III. 2. a).

[38] Einen Wettbewerb zwischen staatlichen und privaten Umweltzeichen grundsätzlich begrüßend *Klinger*, Vom Blauen Engel zum Bekleidungsengel? Umweltsiegel als Vorbild staatlicher Zertifizierungen in der Textilindustrie, ZUR 2015, 270 (276).

Wettbewerb wurde vom *Umweltbundesamt*, nachdem das europäische Umweltzeichen eingeführt wurde, als erstrebenswert bezeichnet.[39]

Eine Aufhebung des Art. 11 Abs. 1 Umweltzeichen-VO könnte der Verwirklichung der Ziele, die mit der Förderung eines nachhaltigen Finanzwesens verfolgt werden, entgegenstehen. Mitgliedstaatliche Labels, deren Zertifizierungskriterien auf die Umwelt-Taxonomie Bezug nehmen und strenger als diejenigen des EU-Umweltzeichens ausgestaltet sind, könnten vom Markt als besondere Gütesiegel aufgefasst werden. Eine Investition in Finanzprodukte, die mit solchen Labels beworben werden, würde der Verwirklichung der globalen Nachhaltigkeitsziele mehr dienen als eine Investition in Finanzprodukte, die mit dem EU-Umweltzeichen gekennzeichnet sind. Die mitgliedstaatlichen Umweltlabels könnten als Ansporn dienen, die „Nachhaltigkeitsperformance“ eines Finanzprodukts zu verbessern. Dies würde insbesondere dann gelten, wenn sich die EU-Umweltzeichen-Kriterien für Finanzprodukte als anerkannter Standard etablieren würden. In diesem Fall wäre die Gefahr, dass institutionellen und privaten Anlegern durch einen solchen Wettbewerb ein unzumutbarer (Informationsbeschaffungs-)Aufwand entstehen würde, unter bestimmten Voraussetzungen gering. Zur Veranschaulichung dient folgendes Beispiel:

Am 1. Juni 2024 werden EU-Umweltzeichen-Kriterien für Finanzprodukte veröffentlicht. Mitgliedstaat M führt daraufhin am 1. Januar 2025 das Umweltzeichen U ein, dessen materiellen Zertifizierungskriterien deutlich strenger als diejenigen des EU-Umweltzeichens ausgestaltet sind. Beispielsweise verlangen die Zertifizierungskriterien des Labels U, dass die Vermögenswerte eines OGAW-Aktienfonds zu 65 % in „ökologisch nachhaltige“ Wirtschaftstätigkeiten i.S.d. Art. 3 Taxonomie-VO investiert sein müssen. Um ein EU-Umweltzeichen zu beantragen, muss der Anteil taxonomiekonform investierter Vermögenswerte hingegen lediglich 50 % betragen.

Die Gesellschaft G entscheidet sich dazu, den Investmentfonds I mit dem EU-Umweltzeichen bewerben zu wollen. Um einen Antrag auf Erhalt des EU-Umweltzeichens vorzubereiten, bewertet die Gesellschaft G, in welchem Umfang die Vermögenswerte des Investmentfonds I in taxonomiekonforme Wirtschaftstätigkeiten investiert sind. Sie kommt zu dem Ergebnis, dass der taxonomiekonforme Vermögenswertanteil 72 % beträgt. Mit diesem Ergebnis kann sie, wie geplant, einen Antrag auf Erhalt des EU-Umweltzeichens stellen. Sie kann außerdem, ohne erheblichen Mehraufwand, das Umweltlabel U beantragen. Dieses Label bietet der Gesellschaft

---

[39] *Umweltbundesamt*, Das Europäische Umweltzeichen, Wege zum produktbezogenen Umweltschutz in Europa (1996), S. 6.

G die Chance, sich positiv von anderen Finanzprodukten abzuheben, die mit dem EU-Umweltzeichen beworben werden, allerdings „lediglich" einen taxonomiekonformen Vermögenswertanteil von mindestens 50 % und weniger als 65 % aufweisen. Würde die Gesellschaft G der Transparenzpflicht des Art. 8 Taxonomie-VO unterliegen, wäre der Aufwand, den taxonomiekonformen Vermögenswertanteil zu ermitteln, gering.

Ein staatlicher Wettbewerb um das anspruchsvollste Umweltlabel kann der Umsetzung der europäischen *Sustainable-Finance*-Strategie also grundsätzlich dienen. Allerdings sollten im Interesse funktionierender Finanz- und Kapitalmärkte einige Vorkehrungen getroffen werden. Zum einen sollte verhindert werden, dass mitgliedstaatliche Umweltlabels existieren, deren Zertifizierungskriterien mit denen des EU-Umweltzeichens *identisch* sind. Art. 11 Abs. 1 Umweltzeichen-VO sollte dementsprechend geändert werden, um der Gefahr einer Irreführung zu begegnen.

Außerdem sollte vermieden werden, dass ein Finanzprodukt *ausschließlich* mit einem mitgliedstaatlichen Umweltlabel, das *nach* Veröffentlichung von EU-Umweltzeichen-Kriterien eingeführt wurde, beworben wird. Die Vergabe eines mitgliedstaatlichen Labels könnte beispielsweise davon abhängig gemacht werden, dass ein Finanzprodukt mit einem EU-Umweltzeichen (sozusagen als „Basissiegel") ausgezeichnet ist. Es sollte zumindest kenntlich gemacht werden, in welchem Zusammenhang das mitgliedstaatliche Umweltlabel mit dem EU-Umweltzeichen steht. In diesem Fall müssten sich Anleger mit den Anforderungen des mitgliedstaatlichen Labels nicht zwingend im Einzelnen beschäftigen, um eine fundierte Investitionsentscheidung treffen zu können.

Das Problem, dass auf dem europäischen Finanz- und Kapitalmarkt zahlreiche private Labels existieren, lösen die Taxonomie-VO und Art. 11 Umweltzeichen-VO nicht. Private Umweltlabels für Finanzprodukte müssen das Klassifizierungssystem der Taxonomie-VO selbst dann nicht in Bezug nehmen, wenn es sich um ein Impact-Investing-Label handelt. Auch gelten für sie keine sonstigen einheitlichen europäischen Rahmenbedingungen. Deshalb sollte bei der Festlegung von EU-Umweltzeichen-Kriterien für Finanzprodukte und bei der Weiterentwicklung der Umwelt-Taxonomie[40] mit äußerster Sorgfalt vorgegangen werden: Nur dann, wenn die europäische Umwelt-Taxonomie und die daran anknüpfenden EU-Umweltzeichen-Kriterien für Finanzprodukte glaubwürdig sind und als besonderer Qualitätsstandard breite Anerkennung auf dem Markt finden, besteht eine realistische Chance, dass private Labels an Bedeutung verlieren.

[40] In diesem Kontext spielt die Arbeit der PSF eine entscheidende Rolle, s. hierzu Kapitel 2, D. und E.

III. Gestaltungsspielraum des nationalen Gesetzgebers

Die Einführung mitgliedstaatlicher Zertifizierungssysteme für „ökologisch nachhaltige“ Finanzprodukte ist also nicht nur *zulässig*, sondern kann sogar sehr *sinnvoll* sein. Im Folgenden wird erörtert, inwiefern der nationale Gesetzgeber von seinem Gestaltungsspielraum konkret Gebrauch machen sollte.

1. *Vor* der Einführung von EU-Umweltzeichen-Kriterien für Finanzprodukte

Der nationale Gesetzgeber könnte Zertifizierungskriterien für „ökologisch nachhaltige“ Finanzprodukte festlegen, *bevor* auf europäischer Ebene Umweltzeichen-Kriterien für Finanzprodukte veröffentlicht werden. Dabei wäre der nationale Gesetzgeber an das Klassifizierungssystem der Taxonomie-VO gebunden. Im Übrigen würde ihm großer Gestaltungsspielraum verbleiben. Die nationalen Zertifizierungskriterien hätten gem. Art. 11 Abs. 2 Umweltzeichen-VO selbst dann, wenn der europäische Gesetzgeber aktiv werden und das EU-Umweltzeichen auf Finanzprodukte ausweiten würde, „Bestandsschutz“.

Im Interesse der Einheitlichkeit und Rechtssicherheit sollte der nationale Gesetzgeber jedoch davon absehen, ein Umweltlabel für Finanzprodukte einzuführen, welches auf *weniger strengen* Zertifizierungskriterien als das EU-Umweltzeichen beruhen würde. Die nationalen Zertifizierungskriterien sollten außerdem nicht *identisch* mit denen des EU-Umweltzeichens sein. Andernfalls könnte eine nicht zu unterschätzende Gefahr der Irreführung insbesondere privater Anleger entstehen. Da die Arbeiten um die Ausweitung des EU-Umweltzeichens auf Finanzprodukte nicht abgeschlossen sind, ist zum jetzigen Zeitpunkt keine abschließende Beurteilung möglich, wie ein nationales Zertifizierungssystem ausgestaltet sein müsste, um die genannten Voraussetzungen zu erfüllen. Aus diesem Grund sollte auf nationaler Ebene auf die Einführung eines Zertifizierungssystems für „ökologisch nachhaltige“ Finanzprodukte vorerst verzichtet werden.[41]

2. *Nach* der Einführung von EU-Umweltzeichen-Kriterien für Finanzprodukte

Der nationale Gesetzgeber sollte sich bereits *vor* Abschluss der Arbeiten um die Ausweitung des EU-Umweltzeichens auf Finanzprodukte mit dem Gestaltungsspielraum befassen, der ihm *nach* Veröffentlichung von EU-Umweltzeichen-Kriterien verbleiben würde. Hierdurch könnte er sich die aus diesem Gestaltungsspielraum ergebenden Chancen vor Augen führen, ein

[41] Zwar müssen die Bestrebungen bezüglich der Einführung eines EU-Umweltzeichens für Finanzprodukte mittlerweile als gescheitert angesehen werden, s. *Fonds Online*, EU-Ecolabel für Finanzprodukte wird begraben, 24. September 2024, https://www.fondsprofessionell.de/news/recht/headline/eu-ecolabel-fuer-finanzprodukte-wird-begraben-235789/ (letzter Abruf: 26. März 2026). Dieser Umstand berührt jedoch nicht die grundlegenden Überlegungen dieser Dissertation, insbesondere nicht die nachfolgenden Ausführungen.

Zertifizierungssystem zu entwickeln, welches einen spürbaren Beitrag zur Förderung eines nachhaltigen Finanzwesens leisten würde.

a) Anhebung des erforderlichen taxonomiekonformen Vermögenswertanteils eines Finanzprodukts

Der nationale Gesetzgeber könnte in Erwägung ziehen, den erforderlichen Anteil an „ökologisch nachhaltig" investierten Finanzproduktvermögenswerten zu erhöhen. Würden die EU-Umweltzeichen-Kriterien verlangen, dass mindestens 50 % der Vermögenswerte eines OGAW-Aktienfonds in „ökologisch nachhaltige" Wirtschaftstätigkeiten i.S.d. Art. 3 Taxonomie-VO investiert sein müssen, könnte die Vergabe eines nationalen Labels beispielsweise davon abhängig gemacht werden, dass mindestens 60 % der Vermögenswerte taxonomiekonform investiert sind.

Der Mehrwert, den eine solche nationale Regelung schaffen würde, würde sich nicht darauf beschränken, Finanzprodukte zu kennzeichnen, deren Vermögenswerte zu deutlich mehr als 50 % taxonomiekonform investiert sind. Je größer der taxonomiekonforme Vermögenswertanteil, desto stärker ausgeprägt dürfte in der Regel auch der „soziale Charakter" eines Finanzprodukts sein. Dies liegt daran, dass mit Zunahme des taxonomiekonformen Vermögenswertanteils der Anteil steigen dürfte, zu dem die Vermögenswerte eines Finanzprodukts in *Unternehmen*, die „ökologisch nachhaltige" Wirtschaftstätigkeiten ausüben, investiert sind. Die (Portfolio-)Unternehmen, die (wenn auch in geringem Umfang) taxonomiekonforme Tätigkeiten ausüben, müssen soziale Mindestschutzstandards einhalten. Ein Finanzprodukt, das sich durch einen besonders hohen taxonomiekonformen Vermögenswertanteil auszeichnet, dürfte also weniger Unternehmen, die nicht an die Einhaltung sozialer Mindestschutzstandards gebunden sind, finanzieren, als ein Finanzprodukt mit einem sehr niedrigen Anteil.[42] Abgesehen davon sinkt mit Zunahme des taxonomiekonformen Vermögenswertanteils der Anteil an Vermögenswerten, der in „nicht-ökologisch nachhaltige" oder sogar umweltschädliche Tätigkeiten investiert ist.

Bei der Ausgestaltung eines nationalen Zertifizierungssystems sollte darauf geachtet werden, die Vergabe eines Labels nicht von der Erreichung eines taxonomiekonformen Vermögenswertanteils abhängig zu machen, der *deutlich* über dem Anteil, den die EU-Umweltzeichen-Kriterien verlangen, liegt (z.B. bei 90 %). Andernfalls besteht die Gefahr, dass

[42] Sind die Finanzproduktvermögenswerte zu 100 % taxonomiekonform investiert, werden ausschließlich Unternehmen finanziert, die soziale Mindestschutzstandards einhalten. Bei einem taxonomiekonformen Vermögenswertanteil von 50 % ist die Wahrscheinlichkeit größer, dass sich im Portfolio Unternehmen befinden, die *nicht* an die Einhaltung sozialer Mindestschutzstandards gebunden sind (weil sie keine „ökologisch nachhaltigen" Tätigkeiten ausüben).

ein nationales Label keine praktische Bedeutung erlangt. Zu strenge Anforderungen könnten Finanzdienstleistungs- und Kreditinstitute außerdem davon abschrecken, sich am Wettbewerb um den Erhalt eines herausragenden Gütesiegels zu beteiligen.

b) Festlegung strengerer Kriterien bezüglich der „nicht-ökologisch-nachhaltigen“ Eigenschaften eines Finanzprodukts

Der nationale Gesetzgeber könnte außerdem – zusätzlich zur Anhebung des erforderlichen Anteils an „ökologisch nachhaltig“ investierten Vermögenswerten – strengere Kriterien im Vergleich zu den EU-Umweltzeichen-Kriterien bezüglich der „nicht-ökologisch-nachhaltigen“ Eigenschaften eines Finanzprodukts festlegen.

Beispielsweise könnten die Ausschlusskriterien bezüglich Unternehmen, die bestimmte sozialschädliche Tätigkeiten (z.B. im Zusammenhang mit der Produktion von Tabak oder der Herstellung von Waffen) ausüben oder bestimmte soziale Standards auf Unternehmensebene nicht einhalten, verschärft werden.

c) Schaffung eines „atom- und gasenergiefreien“ Umweltlabels

Es stellt sich die Frage, ob der nationalen Gesetzgeber die Möglichkeit hätte, ein „atom- und gasenergiefreies“ Umweltlabel einzuführen, und ob die Einführung eines solchen Labels sinnvoll wäre. Ein solches Umweltlabel würde sich dadurch auszeichnen, dass die Vergabe unter anderem davon abhängen würde, dass die Vermögenswerte eines Finanzprodukts *nicht* in bestimmte taxonomiekonforme Atom- und Gasenergietätigkeiten investiert wären. Beispielsweise könnten die Kriterien eines nationalen Zertifizierungssystems derart ausgestaltet sein, dass der taxonomiekonforme Vermögenswertanteil eines Finanzprodukts mindestens 60 % betragen muss. Die Vergabe des Labels könnte ausgeschlossen werden, wenn die Vermögenswerte in Atom- und Gasenergietätigkeiten, die die Klima-DelVO als „ökologisch nachhaltig“ i.S.d. Art. 3 Taxonomie-VO qualifiziert, investiert wären.[43] Dies würde bedeuten, dass das Klassifizierungssystem der Taxonomie-VO, auf dem ein nationales Kennzeichnungssystem basieren würde, um einige „ökologisch nachhaltige“ Wirtschaftstätigkeiten „reduziert“ würde.

Ein Interesse an der Einführung eines solchen Labels besteht deshalb, weil mit der Einordnung bestimmter Atom- und Gasenergietätigkeiten als „ökologisch nachhaltig“ ein erheblicher Verlust an Vertrauen in die Taxonomie-VO und in alle Maßnahmen, die auf der europäischen Umwelt-Taxonomie beruhen und zur Förderung eines nachhaltigen Finanzwesens beitragen

[43] Zur Klima-DelVO Kapitel 2, C. IV. 1. c).

sollen, einhergegangen sein dürfte.[44] Ein „atom- und gasenergiefreies“ Umweltlabel könnte sich grundsätzlich dazu eignen, diesen Verlust an Vertrauen in gewisser Weise zu „kompensieren“.

Zur Klärung der Frage, ob die Einführung eines „atom- und gasenergiefreien“ Umweltlabels auf nationaler Ebene zulässig und sinnvoll wäre, bedarf es zunächst einer näheren Betrachtung des Umfangs der Bindung an das Klassifizierungssystem der Taxonomie-VO. Dabei spielt auch eine Rolle, ob und unter welchen Voraussetzungen ein solches Label mit dem Sinn und Zweck von Art. 11 Umweltzeichen-VO und der Taxonomie-VO vereinbar wäre.

Die Mitgliedstaaten dürfen das Klassifizierungssystem der Taxonomie-VO nicht dahingehend „ändern“, dass sie Wirtschaftstätigkeiten als „ökologisch nachhaltig“ einordnen, obwohl diese Tätigkeiten vom europäischen Klassifizierungssystem (noch) nicht erfasst sind. Eine von der europäischen Umwelt-Taxonomie derart abweichende Taxonomie wäre mit der Taxonomie-VO nicht vereinbar. Private und institutionelle Anleger sollen darauf vertrauen dürfen, dass europäischen und mitgliedstaatlichen Maßnahmen ein einheitliches Begriffsverständnis von einer „ökologisch nachhaltigen“ Investition zugrunde gelegt wird. Dieses Vertrauen geht durch eine bloße „Reduzierung“ des Klassifizierungssystems um einzelne Wirtschaftstätigkeiten jedoch nicht verloren. Ein „atom- und gasenergiefreies“ Umweltlabel würde nach wie vor nur solche Wirtschaftstätigkeiten als „ökologisch nachhaltig“ anerkennen, die auch die Taxonomie-VO als „ökologisch nachhaltig“ einordnet. Es sind keine Gründe ersichtlich, weshalb es sich bei der Bindung der Mitgliedstaaten an das Klassifizierungssystem der Taxonomie-VO um eine „Alles-Oder-Nichts“-Bindung handeln sollte. Die Taxonomie-VO schützt nicht das Vertrauen von Anlegern darauf, dass die Vermögenswerte eines mit einem Umweltlabel beworbenen Finanzprodukts in Unternehmen investiert sind, die *ganz bestimmte* taxonomiekonforme Wirtschaftstätigkeiten ausüben.[45]

Im Interesse funktionierender Finanz- und Kapitalmärkte sollte allerdings verhindert werden, dass eine große Vielfalt an Labels für „ökologisch nachhaltige“ Finanzprodukte entsteht. Deshalb sollte im Rahmen der Ausgestaltung eines nationalen Labels eine Reduzierung der europäischen Umwelt-Taxonomie nur um solche Wirtschaftstätigkeiten erwogen werden, deren

[44] Hierzu auch *Forum Nachhaltige Geldanlagen*, Pressemitteilung vom 19. August 2021: Offener Brief an die EU Kommission - Ausschluss von Atomkraft als nachhaltige Wirtschaftsaktivität unter der EU Taxonomie-Verordnung, https://www.forum-ng.org/de/politik/position/pm/offenerbrief/atomkraft (letzter Abruf: 26. März 2026).

[45] In der Literatur wird sogar die Einführung von sechs Umweltlabels auf nationaler Ebene als zulässig erachtet. In diesem Fall würde beispielsweise ein Klimaschutz-Label nur diejenigen Tätigkeiten als „ökologisch nachhaltig“ anerkennen, die „ökologisch nachhaltig“ im Sinne des Umweltziels Klimaschutz sind. Hierzu *Veil/Deckert/Kämmerer/Voigt*, Nachhaltige Kapitalanlagen durch Finanzmarktregulierung (2019), § 11 S. 235.

Einordnung als „ökologisch nachhaltig" äußerst problematisch ist. Dieses Kriterium erfüllen diejenigen Tätigkeiten, die die EU-Kommission mit der Klima-Änderungs-DelVO in das europäische Klassifizierungssystem aufgenommen hat, zweifellos.

B. Weitere Zertifizierungssysteme

Die obigen Ausführungen beziehen sich auf Zertifizierungssysteme für „ökologisch nachhaltige" Finanzprodukte. Wenn selbst im Falle der Veröffentlichung von EU-Umweltzeichen-Kriterien die Einführung mitgliedstaatlicher Labels, die die „ökologisch nachhaltigen" Eigenschaften eines Finanzprodukts auszeichnen, erlaubt wäre, muss dies *erst recht* für nationale Zertifizierungssysteme für „soziale" Finanzprodukte gelten. Dieser Annahme stehen keine europäischen Regelungen entgegen.

Von der Einführung eines „sozialen" Labels sollte der Gesetzgeber jedoch Abstand nehmen. Er sollte sich vielmehr darauf konzentrieren, ein Label zu entwickeln, das tatsächlich geeignet ist, einen Beitrag zu einem *nachhaltigen* Finanzwesen zu leisten. Eine Orientierung an der europäischen Umwelt-Taxonomie ist sinnvoll, um Einheitlichkeit und Rechtssicherheit zu schaffen. Die Umwelt-Taxonomie berücksichtigt soziale Belange jedoch nur unzureichend und ist deshalb nur bedingt geeignet, der Förderung eines nachhaltigen Finanzwesens zu dienen. Es stellt sich die Frage, wie der nationale Gesetzgeber mit diesem Defizit umgehen und ein Label schaffen könnte, das einem integrierten Verständnis von Nachhaltigkeit mehr Rechnung trägt als die bisher vorgeschlagenen EU-Umweltzeichen-Kriterien für Finanzprodukte. Er könnte beispielsweise die sozialen Anforderungen bezüglich der „nicht-ökologisch-nachhaltigen" Eigenschaften eines Finanzprodukts erheblich verschärfen. Im Übrigen bleibt ihm wohl nichts anderes übrig als die Entwicklungen um die Einführung einer europäischen Sozial-Taxonomie abzuwarten.

Würde eine Sozial-Taxonomie entsprechend dem Vorschlag der PSF eingeführt, hätte der nationale Gesetzgeber die Möglichkeit, den Erhalt eines Labels daran zu knüpfen, dass die Vermögenswerte eines Finanzprodukts in einem bestimmten Umfang *entweder* in „ökologisch nachhaltige" *oder* in „soziale" Tätigkeiten investiert sind. Die Qualifizierung als „ökologisch nachhaltig" könnte er dabei davon abhängig machen, dass „soziale" DNSH-Kriterien eingehalten werden. Umgekehrt müsste er für die Qualifizierung als „sozial" die Einhaltung ökologischer DNSH-Kriterien verlangen. Diese Option hätte der Gesetzgeber selbst dann, wenn sich der europäische Gesetzgeber dazu entschließen würde, die Sozial-Taxonomie mit der Umwelt-Taxonomie entsprechend dem MS-Modell zu verbinden und neben dem EU-Umweltzeichen ein Label für „soziale" Finanzprodukte einzuführen. In diesem Fall wären die nationalen Zertifizierungskriterien *strenger* als diejenigen des EU-Umweltzeichens ausgestaltet. Der Vorschrift des Art. 11 Abs. 1 Umweltzeichen-VO würde also Rechnung getragen.

Auf nationaler Ebene sollte nach Veröffentlichung von EU-Umweltzeichen-Kriterien für Finanzprodukte außerdem in Erwägung gezogen werden, ein Zertifizierungssystem für Unternehmen einzuführen, die in einem bestimmten Umfang „ökologisch nachhaltig" handeln. Die Beantragung eines solchen Labels wäre insbesondere für Unternehmen, die den Transparenzpflichten des Art. 8 Taxonomie-VO unterliegen, mit geringem Aufwand verbunden. Ein Zertifizierungssystem für „ökologisch nachhaltige" Unternehmen sollte mit einem Zertifizierungssystem für „ökologisch nachhaltige" Finanzprodukte abgestimmt werden. Finanzdienstleistungs- und Kreditinstitute, die zum Zwecke der Beantragung eines Labels den taxonomiekonformen Vermögenswertanteil eines von ihnen angebotenen Finanzprodukts bestimmen müssen, könnten von einem Zertifizierungssystem für „ökologisch nachhaltige" Unternehmen enorm profitieren.[46]

C. Zusammenfassung und Fazit

Die Einführung mitgliedstaatlicher Zertifizierungssysteme für „ökologisch nachhaltige" Finanzprodukte wäre selbst dann zulässig, wenn EU-Umweltzeichen-Kriterien für Finanzprodukte eingeführt werden würden. Dem nationalen Gesetzgeber würde großer Gestaltungsspielraum verbleiben. Er sollte die Zertifizierungskriterien jedenfalls strenger als die EU-Umweltzeichen-Kriterien ausgestalten und vielleicht sogar in Betracht ziehen, die Zertifizierung eines Finanzprodukts davon abhängig zu machen, dass dieses Finanzprodukt mit einem EU-Umweltzeichen versehen ist.

Der nationale Gesetzgeber sollte aktuelle Entwicklungen auf europäischer Ebene (z.B. im Rahmen der Ausweitung des EU-Umweltzeichens auf Finanzprodukte, der Erweiterung der Taxonomie-VO um soziale Aspekte und der Schaffung einer nicht-binären Umwelt-Taxonomie) im Blick behalten und sich bereits jetzt Gedanken machen, wie ein nationales Label nach Veröffentlichung von EU-Umweltzeichen-Kriterien ausgestaltet werden könnte. Diese Entwicklungen beeinflussen seinen Gestaltungsspielraum. Ein zeitnahes Ergreifen gezielter Maßnahmen ist unentbehrlich, um die mit der Förderung eines nachhaltigen Finanzwesens verfolgten Ziele erreichen zu können.

---

46 S. hierzu auch Kapitel 2, B. II. 3.

Kapitel 5: Wirksame Durchsetzungsmechanismen

A. Bedeutung einer wirksamen Durchsetzung finanz- und kapitalmarktrechtlicher Vorschriften zur Umsetzung der europäischen *Sustainable-Finance*-Strategie

Die mit der Einführung kapital- und finanzmarktrechtlicher Vorschriften verfolgten Ziele können nur erreicht werden, wenn wirksame Mechanismen zur Durchsetzung dieser Vorschriften existieren.[1] Dies gilt auch für Vorschriften, die der Umsetzung der europäischen *Sustainable-Finance*-Strategie dienen sollen.[2] Die EU-Kommission räumt der Durchsetzung von Rechtsvorschriften, die auf die Förderung eines nachhaltigen Finanzwesens gerichtet sind, in der Theorie einen hohen Stellenwert ein.[3] Die Einhaltung geltender Vorschriften müsse streng überwacht werden, um Greenwashing verhindern und Kapitalströme in nachhaltige Investitionen umlenken zu können.[4]

I. ESG-bezogene Offenlegungs- und Berichterstattungspflichten

Die Bedeutung, die wirksamen Durchsetzungsmechanismen zukommt, kann anhand der Folgen, die mit einer unzureichenden Durchsetzung ESG-bezogener Offenlegungs- und Berichterstattungspflichten einhergehen würden, veranschaulicht werden.[5]

1. NFRD bzw. CSRD

Durch die NFRD wurden zahlreiche Unternehmen dazu verpflichtet, über soziale, ökologische und Governance-bezogene Aspekte zu berichten. Die Vollständigkeit und Vergleichbarkeit der zur Verfügung gestellten Informationen soll durch die Umsetzung der CSRD erheblich verbessert werden.[6] Die zu veröffentlichenden Informationen sind unter anderem für institutionelle Anleger relevant, die soziale und ökologische Belange bei ihren Investitionsentscheidungen berücksichtigen wollen. Würden im Falle eines Verstoßes gegen geltende Berichterstattungspflichten keine ernstzunehmenden Sanktionen drohen, könnte die

---

[1] S. zu Durchsetzungsmechanismen auch *Meyer-Eller*, Label für nachhaltige Investmentfonds (2025), S. 85 ff.
[2] *Steuer*, Rechtsdurchsetzung im „grünen" Kapitalmarkt, BKR 2022, 296 (297).
[3] *Europäische Kommission*, Strategie zur Finanzierung einer nachhaltigen Wirtschaft, COM(2021) 390 final, S. 20.
[4] *Europäische Kommission*, Strategie zur Finanzierung einer nachhaltigen Wirtschaft, COM(2021) 390 final, S. 20; s. auch *ESMA*, Sustainable Finance Roadmap 2022-2024 (2022), S. 16, https://www.esma.europa.eu/sites/default/files/library/esma30-379-1051_sustainable_finance_roadmap.pdf (letzter Abruf: 26. März 2026).
[5] Zu den Auswirkungen der öffentlichen Prüfungsaufsicht auf die Glaubwürdigkeit der *Finanz*berichterstattung *Gipper/Leuz/Maffett*, Public Oversight and Reporting Credibility: Evidence from the PCAOB Audit Inspection Regime, The Revue of Financial Studies 33 (2020), 4532.
[6] Ausführlich zur ESG-bezogenen Berichterstattung Kapitel 1, B. I. Die im Zuge der Omnibus-Initiative vorgenommenen Änderungen der CSRD lassen Zweifel daran aufkommen, ob die Vollständigkeit und Vergleichbarkeit der Informationen künftig tatsächlich verbessert wird, s. hierzu Kapitel 1, B. I. 4. e).

L. Beer, *Zertifizierung nachhaltiger Finanzprodukte*, Juridicum – Schriftenreihe zum Wirtschafts-, Unternehmens- und Bankrecht / Series on Business, Corporate and Banking Law, https://doi.org/10.1007/978-3-658-52193-6_6

Motivation einiger Unternehmen, diese Pflichten ordnungsgemäß zu erfüllen, sehr gering sein.[7] Unternehmen könnten außerdem dazu verleitet werden, ESG-bezogene Aussagen zwecks Reputations- und Wettbewerbsvorteilen zu „beschönigen". Greenwashing würde hierdurch nicht verhindert, sondern sogar begünstigt werden. Durch das Bekanntwerden von Verstößen würde außerdem Vertrauen in die Vollständigkeit und inhaltliche Richtigkeit der von Unternehmen bereitgestellten Informationen verloren gehen. Infolgedessen könnten institutionelle Anleger davon absehen, solche Informationen im Rahmen von Investitionsentscheidungen heranzuziehen. ESG-bezogene Berichterstattungspflichten wären dann nicht geeignet, einen Beitrag zur Umlenkung von Kapitalströmen in nachhaltige Investitionen zu leisten.

Eine unzureichende Durchsetzung der Berichterstattungspflichten würde sich außerdem nachteilig auf die Erfüllung von Transparenzpflichten auswirken, die sich aus der Offenlegungs-VO und der Taxonomie-VO ergeben und den Finanzsektor treffen.[8] Die Offenlegungs-VO verpflichtet bestimmte Finanzmarktteilnehmer und Finanzberater, über die Einbeziehung von Nachhaltigkeitsrisiken und die Berücksichtigung nachteiliger Nachhaltigkeitsauswirkungen in ihren Prozessen und bei der Bereitstellung von Informationen über die Nachhaltigkeit von Finanzprodukten zu informieren (Art. 1 Offenlegungs-VO).[9] Um die einzelnen Pflichten erfüllen zu können, werden in der Regel Informationen benötigt, ob und auf welche Art und Weise ESG-Aspekte in die Geschäftstätigkeit von Unternehmen, in die beispielsweise die Vermögenswerte eines Finanzprodukts investiert sind, einbezogen werden. Diesem Informationsbedarf sollen gesetzliche Vorschriften zur ESG-bezogenen Berichterstattung Rechnung tragen. Die in den Anwendungsbereich der Offenlegungs-VO fallenden Unternehmen müssen sich darauf verlassen können, dass die von berichtspflichtigen Unternehmen veröffentlichten Angaben vollständig und inhaltlich richtig sind. Ohne wirksame Durchsetzungsmechanismen kann dies nicht gewährleistet werden.

2. Art. 8 Taxonomie-VO

[7] S. auch *Veil*, in: Veil (Hrsg.), Europäisches und deutsches Kapitalmarktrecht (3. Aufl. 2022), § 12 Rn. 3.

[8] Zur Einbindung der ESG-bezogenen Berichterstattung in *Sustainable-Finance*-Maßnahmen durch die CSRD *Brinckmann*, in: Veil (Hrsg.), Europäisches und deutsches Kapitalmarktrecht (3. Aufl. 2022), § 18 Rn. 18 ff.

[9] Der am 20. November 2025, also nach Einreichung dieser Dissertation an der Philipps-Universität Marburg, von der EU-Kommission veröffentlichte Vorschlag zur Änderung der Offenlegungs-VO sieht eine Änderung des Art. 1 Offenlegungs-VO sowie eine erhebliche Einschränkung unternehmensbezogener Offenlegungspflichten vor, s. *Europäische Kommission*, Vorschlag für eine Verordnung des Europäischen Parlaments und des Rates zur Änderung der Verordnung (EU) 2019/2088 über nachhaltigkeitsbezogene Offenlegungspflichten im Finanzdienstleistungssektor und der Verordnung (EU) Nr. 1286/2014 über Basisinformationsblätter für verpackte Anlageprodukte für Kleinanleger und Versicherungsanlageprodukte (PRIIP) sowie zur Aufhebung der Delegierten Verordnung (EU) 2022/1288 der Kommission, COM(2025) 841 final, S. 12 ff.

Zur ESG-bezogenen Berichterstattung verpflichtete Unternehmen müssen auch die Vorschrift des Art. 8 Taxonomie-VO beachten. Eine wirksame Durchsetzung speziell dieser Vorschrift ist für die Glaubwürdigkeit eines Zertifizierungssystems für „ökologisch nachhaltige" Finanzprodukte besonders relevant.

Gem. Art. 8 Abs. 1 Taxonomie-VO müssen berichtspflichtige Unternehmen angeben, wie und in welchem Umfang ihre Tätigkeiten mit Wirtschaftstätigkeiten verbunden sind, die als „ökologisch nachhaltig" i.S.d. Taxonomie-VO gelten. Realwirtschaftlich handelnde Unternehmen, die in den Anwendungsbereich dieser Vorschrift fallen, müssen beispielsweise angeben, zu welchem Anteil ihr Umsatz auf „ökologisch nachhaltige" Tätigkeiten zurückzuführen ist. Finanzdienstleistungs- und Kreditinstitute sind in der Regel nicht nur dann auf die von Unternehmen der Realwirtschaft zur Verfügung gestellten Informationen angewiesen, wenn sie selbst in den Anwendungsbereich dieser Vorschrift fallen. Sie benötigen die Informationen auch dann, wenn sie die „ökologisch nachhaltigen" Eigenschaften eines Finanzprodukts bewerben (s. Art. 6 UAbs. 1 i.V.m. Art. 5 UAbs. 1 lit. b) Taxonomie-VO) oder eine „ökologisch nachhaltige Investition" anstreben (s. Art. 5 UAbs. 1 lit. b) Taxonomie-VO) wollen. Ohne wirksame Mechanismen zur Durchsetzung des Art. 8 Taxonomie-VO besteht die Gefahr, dass Unternehmen der Realwirtschaft unzutreffende Angaben machen. Unzutreffende Angaben könnten dazu führen, dass die im Rahmen der Transparenzvorgaben der Taxonomie-VO veröffentlichten Angaben zu den „ökologisch nachhaltigen" Eigenschaften eines Finanzprodukts fehlerhaft sind. Dieser Gefahr kann begegnet werden, indem Unternehmen im Falle eines Verstoßes gegen Art. 8 Taxonomie-VO mit ernsten Konsequenzen rechnen müssen. Aber auch Finanzdienstleistungs- und Kreditinstitute müssen davor abgeschreckt werden, gegen Art. 8 Taxonomie-VO zu verstoßen, um die Vollständigkeit und Verlässlichkeit der zur Verfügung gestellten Informationen zu gewährleisten.

3. Transparenzpflichten der Offenlegungs-VO und Art. 5, 6 und 7 Taxonomie-VO

Auch die Transparenzpflichten, die dem Finanzsektor durch die Offenlegungs-VO und die Taxonomie-VO auferlegt wurden, müssen wirksam durchgesetzt werden können. Andernfalls besteht die Gefahr, dass beispielsweise eine Fondsverwaltungsgesellschaft, die mit „ökologisch nachhaltigen" Eigenschaften eines Fonds werben möchte, gegen ihre Pflicht aus Art. 6 UAbs. 1 i.V.m. Art. 5 UAbs. 1 lit. b) Taxonomie-VO verstößt, indem sie den Umfang der dem Fonds zugrunde liegenden Investitionen in „ökologisch nachhaltige" Wirtschaftstätigkeiten absichtlich falsch beschreibt.[10] Dies würde sich äußerst nachteilig auf die Verwirklichung der Ziele auswirken, die mit der Förderung eines nachhaltigen Finanzwesens verfolgt werden.

Durch die Existenz wirksamer Durchsetzungsmechanismen kann auch erreicht werden, dass Transparenzpflichten der Offenlegungs-VO, die über die „ökologisch nachhaltigen" Eigenschaften eines Finanzprodukts hinausgehen, ordnungsgemäß erfüllt werden. Finanzdienstleistungs- und Kreditinstitute sollen beispielsweise im Falle einer unzutreffenden Darstellung ihres Umgangs mit Nachhaltigkeitsrisiken und der wichtigsten nachteiligen Nachhaltigkeitsauswirkungen mit Konsequenzen rechnen müssen.

4. Auswirkungen eines Durchsetzungsdefizits auf Zertifizierungssysteme für „ökologisch nachhaltige" Finanzprodukte

Ein erhebliches Durchsetzungsdefizit im Rahmen ESG-bezogener Offenlegungs- und Berichterstattungspflichten würde sich äußerst nachteilig auf europäische und mitgliedstaatliche Zertifizierungssysteme für „ökologisch nachhaltige" Finanzprodukte auswirken. Solche Zertifizierungssysteme müssen gem. Art. 1 Abs. 2 lit. a) Taxonomie-VO auf die europäische Umwelt-Taxonomie Bezug nehmen. Die vorgeschlagenen EU-Umweltzeichen-Kriterien für Finanzprodukte sehen deshalb vor, dass die Vermögenswerte eines Finanzprodukts zu einem bestimmten Anteil in „ökologisch nachhaltige" Wirtschaftstätigkeiten i.S.d. Taxonomie-VO investiert sein müssen.[11] Finanzdienstleistungs- und Kreditinstitute können bei der Berechnung des „ökologisch nachhaltigen" Vermögenswertanteils eines von ihnen angebotenen Finanzprodukts die Informationen heranziehen, die bestimmte (Portfolio-)Unternehmen im Einklang mit Art. 8 Taxonomie-VO zur Verfügung stellen müssen. Würde sich *nach* Erhalt eines Umweltkennzeichens herausstellen, dass der taxonomiekonforme Vermögenswertanteil eines Finanzprodukts infolge unzutreffender Angaben, die beispielsweise ein realwirtschaftlich handelndes (Portfolio-)Unternehmen bezüglich seines „ökologisch nachhaltigen" Umsatzanteils gemacht hat, fehlerhaft berechnet wurde, wäre das Vertrauen in das Umweltkennzeichen erheblich erschüttert.

Eine wirksame Rechtsdurchsetzung käme außerdem Zertifizierungsstellen zugute, die sich darauf verlassen können sollten, dass die Informationen, die im Rahmen der Erfüllung

[10] Ein Grund für ein solches Verhalten könnte darin zu sehen sein, dass sich die Fondsverwaltungsgesellschaft hierdurch Wettbewerbsvorteile verspricht.
[11] Ausführlich zu diesem Entwurf Kapitel 2, F. II.

nachhaltigkeitsbezogener Transparenzpflichten bereitgestellt werden, vollständig und inhaltlich richtig sind.

II. Regelungen bezüglich der Zertifizierung von Finanzprodukten

Wirksame Durchsetzungsmechanismen sind auch in Bezug auf Regelungen relevant, die die Zertifizierung von Finanzprodukten zum Gegenstand haben. Ohne eine wirksame Rechtsdurchsetzung können die Ziele, die mit der Einführung von Zertifizierungssystemen verfolgt werden, nicht erreicht werden. Dies kann an folgendem Beispiel veranschaulicht werden:

Die nachhaltigkeitsbewusste Anlegerin A erwirbt Anteile an dem OGAW-Aktienfonds O, der von der Gesellschaft G verwaltet und mit dem staatlichen Umweltzeichen U, welches *nach* Inkrafttreten der Taxonomie-VO eingeführt worden ist, beworben wird. Die Vergabekriterien des Umweltzeichens U sehen vor, dass mindestens 60 % der Vermögenswerte eines OGAW-Aktienfonds in Wirtschaftstätigkeiten investiert sein müssen, die als „ökologisch nachhaltig" i.S.d. Art. 3 Taxonomie-VO gelten. Außerdem dürfen die Vermögenswerte nicht in Unternehmen investiert sein, deren Tätigkeiten mit der Tabakproduktion oder mit dem Abbau fossiler Brennstoffe im Zusammenhang stehen. Die Anlegerin A ist aus persönlichen Gründen strikt gegen die Tabakindustrie und hat sich unter anderem aus diesem Grund für den Erwerb von Anteilen am Aktienfonds O entschieden. Einige Zeit nach ihrer Investition stellt sich heraus, dass die Vermögenswerte des Fonds zu 6 % in Wirtschaftstätigkeiten investiert sind, die mit der Tabakproduktion im Zusammenhang stehen. Der Aktienfonds O hat die materiellen Zertifizierungskriterien des Umweltzeichens U also eigentlich nicht erfüllt.

Die Anlegerin A wollte, indem sie sich für den Erwerb von Anteilen an einem OGAW-Aktienfonds mit dem Umweltzeichen U entschieden hat, von einer Investition in Tätigkeiten der Tabakindustrie ganz bewusst Abstand nehmen. Dass ihr Vertrauen in das Umweltzeichen U nun erheblich geschädigt ist, liegt auf der Hand. Dies gilt grundsätzlich unabhängig davon, auf welche Ursache die fehlerhafte Zertifizierung des Aktienfonds O zurückzuführen ist. Die Gesellschaft G könnte beispielsweise im Rahmen der Erfüllung diverser Transparenzpflichten fälschlicherweise veröffentlicht haben, dass keine Investitionen zur Unterstützung der Tabakindustrie vorgenommen werden. Möglich wäre auch, dass ein realwirtschaftlich handelndes Unternehmen, in das die Vermögenswerte des Aktienfonds O investiert sind, falsche Angaben zum Umsatz, den das Unternehmen mit der Produktion von Tabakerzeugnissen erwirtschaftet hat, veröffentlicht hat. In beiden Fällen dürfte der

„Vertrauensschaden", den die Anlegerin A erlitten hat, groß sein. Dieser Schaden kann auch nicht durch Geldzahlungen kompensiert werden.

Ohne wirksame Durchsetzungsmechanismen wäre das Vertrauen in ein Zertifizierungssystem also selbst dann erheblich erschüttert, wenn dieses System grundsätzlich auf glaubwürdigen und anspruchsvollen Zertifizierungskriterien beruhen würde. Der Rechtsdurchsetzung sollte deshalb nicht weniger Aufmerksamkeit geschenkt werden als der Ausgestaltung materiell-rechtlicher Vorschriften.

B. Rolle der Mitgliedstaaten bei der Durchsetzung europäischer Vorschriften

Die Durchsetzung europäischer Vorschriften obliegt in der Regel den Mitgliedstaaten. Dies gilt auch für alle europäischen Rechtsakte, die im Rahmen der Umsetzung der europäischen *Sustainable-Finance*-Strategie erlassen werden.

Die Mitgliedstaaten müssen beispielsweise für Verstöße gegen die Bilanz-RL Sanktionen festlegen und alle erforderlichen Maßnahmen treffen, um sicherzustellen, dass diese Sanktionen durchgesetzt werden (s. Art. 51 S. 1 Bilanz-RL). Die vorgesehenen Sanktionen müssen wirksam, verhältnismäßig und abschreckend sein (s. Art. 51 S. 2 Bilanz-RL). Eine entsprechende Regelung gilt für Verstöße gegen die Taxonomie-VO (s. Art. 22 Taxonomie-VO). Gem. Art. 14 Abs. 1 S. 1 Offenlegungs-VO haben die Mitgliedstaaten außerdem dafür Sorge zu tragen, dass die zuständigen Behörden die Einhaltung der in der Offenlegungs-VO festgelegten Anforderungen überwachen. Zu diesem Zweck sollen die zuständigen Behörden gem. Art. 14 Abs. 1 S. 2 Offenlegungs-VO alle Aufsichts- und Ermittlungsbefugnisse erhalten, die zur Erfüllung dieser Aufgaben notwendig sind.

Würden auf europäischer Ebene Umweltzeichen-Kriterien für Finanzprodukte festgelegt werden, müssten die Mitgliedstaaten nach aktueller Rechtslage auch für die Durchsetzung der damit verbundenen Regelungen sorgen. Dies folgt aus Art. 17 S. 1 Umweltzeichen-VO. Demnach müssen die Mitgliedstaaten bei Verstößen gegen die Umweltzeichen-VO Sanktionen festlegen und alle zur Anwendung dieser Sanktionen erforderlichen Maßnahmen treffen.

Die Mitgliedstaaten tragen also bei der Umsetzung der europäischen *Sustainable-Finance*-Strategie eine große Verantwortung. Wirksame Mechanismen zur Durchsetzung europäischer Rechtsakte, die der Umsetzung dieser Strategie dienen sollen, sind unumgänglich, um Greenwashing verhindern und Kapitalströme in nachhaltige Investitionen umlenken zu können.

C. Internationales Finanzmarktaufsichtsrecht und internationales Finanzmarktprivatrecht

Finanzdienstleistungen und Finanzprodukte werden nicht selten grenzüberschreitend angeboten.[12] Deshalb stellt sich oftmals die Frage, welche staatlichen Behörden für die Verfolgung von Verstößen gegen europäische Vorgaben zuständig sind und welche Rechtsordnung im Falle von Verstößen Anwendung findet. Zur Klärung dieser Frage bedarf es insbesondere einer Auseinandersetzung mit dem internationalen Finanzmarkt*aufsichts*recht. Das internationale Finanzmarktaufsichtsrecht umfasst allgemein Normen zur Zuständigkeit und regulativen Kompetenz staatlicher Behörden.[13] Harmonisierte Kollisionsregeln existieren nicht, die geltenden Regelungen müssen vielmehr den einzelnen nationalen Rechtsordnungen entnommen werden.[14]

Im Kontext von Finanzmarktaktivitäten, die einen Auslandsbezug aufweisen, spielt jedoch nicht nur das internationale Finanzmarktaufsichtsrecht, sondern auch das internationale Finanzmarkt*privat*recht eine wichtige Rolle. Hierbei handelt es sich um ein Teilgebiet des internationalen Privatrechts.[15] Das internationale Finanzmarktprivatrecht umfasst beispielsweise Normen, aus denen hervorgeht, nach welcher Rechtsordnung sich die Haftung für unerlaubte Handlungen auf den Finanzmärkten richtet.[16]

Zur Veranschaulichung der Bedeutung des internationales Finanzmarktaufsichtsrechts und des internationalen Finanzmarktprivatrechts dient folgendes Beispiel:

Die in Italien ansässige Kapitalverwaltungsgesellschaft K erwirbt Aktien des in Frankreich ansässigen Unternehmens U. Das Unternehmen U hat im Kontext seiner Verpflichtung aus Art. 8 Taxonomie-VO veröffentlicht, 32 % seines Umsatzes mit „ökologisch nachhaltigen“ Wirtschaftstätigkeiten i.S.d. Taxonomie-VO zu erwirtschaften. Die Gesellschaft K nimmt durch den Aktienerwerb das Unternehmen U in das Investmentportfolio des von ihr verwalteten Aktienfonds I auf. Der „ökologisch nachhaltige“ Umsatzanteil des Unternehmens U war für die Entscheidung über die Aufnahme in das Investmentportfolio ausschlaggebend. Die Gesellschaft K wollte durch diese Aufnahme nämlich erreichen, dass sich der „ökologisch nachhaltige“ Vermögenswertanteil des Investmentfonds I derart erhöht, dass der Fonds die

[12] *Lehmann*, in: MüKoBGB, Bd. 13 (9. Aufl. 2025), Internationales Wirtschaftsrecht, Teil 10. Internationales Finanzmarktrecht, A., Rn. 9.

[13] *Dornis*, in: BeckOGK Internationales Gesellschaftsrecht, Internationales und europäisches Finanzmarktrecht (Stand: 1. November 2022), Rn. 177; s. auch *Lehmann*, in: MüKoBGB, Bd. 13 (9. Aufl. 2025), Internationales Wirtschaftsrecht, Teil 10. Internationales Finanzmarktrecht, B., Rn. 208.

[14] *Dornis*, in: BeckOGK Internationales Gesellschaftsrecht, Internationales und europäisches Finanzmarktrecht (Stand: 1. November 2022), Rn. 177; *Lehmann*, in: MüKoBGB, Bd. 13 (8. Aufl. 2021), Internationales Wirtschaftsrecht, Teil 12. Internationales Finanzmarktrecht, B., Rn. 208.

[15] *Dornis*, in: BeckOGK Internationales Gesellschaftsrecht, Internationales und europäisches Finanzmarktrecht (Stand: 1. November 2022), Rn. 561.

[16] *Dornis*, in: BeckOGK Internationales Gesellschaftsrecht, Internationales und europäisches Finanzmarktrecht (Stand: 1. November 2022), Rn. 630.

Anforderungen des mitgliedstaatlichen Zertifizierungssystems Z erfüllt. Nach einem erfolgreich durchlaufenen Zertifizierungsverfahren investieren zahlreiche nachhaltigkeitsbedachte Anleger aus der ganzen EU in den zertifizierten Investmentfonds I.

Stellt sich heraus, dass das Unternehmen U gegen die Vorschrift des Art. 8 Taxonomie-VO verstoßen hat, indem es absichtlich falsche Informationen zum „ökologisch nachhaltigen" Umsatzanteil veröffentlicht hat, scheint zunächst naheliegend, dass die Behörden in Frankreich zur Sanktionierung des Verstoßes zuständig sind. Allerdings hat das Verhalten des Unternehmens U auch das Verhalten eines Finanzmarktakteurs in Italien beeinflusst. Die Behörden in Italien dürften also ebenfalls ein Interesse an einer Sanktionierung haben. Das internationale Finanzmarkt*privat*recht könnte relevant werden, wenn beispielsweise ein in Deutschland wohnender Anleger, der Aktien des Unternehmens U erworben hat, Schadensersatzansprüche gegen dieses Unternehmen geltend machen möchte. Aber auch dann, wenn die Gesellschaft K bewusst unzutreffende Angaben über den „ökologisch nachhaltigen" Vermögenswertanteil des Investmentfonds I gemacht hätte, stellt sich die Frage, nach welcher Rechtsordnung sich die Voraussetzungen eines Schadensersatzanspruchs richten würden.

Dadurch, dass der europäische Gesetzgeber die Einführung wirksamer Durchsetzungsmechanismen grundsätzlich den Mitgliedstaaten überlässt, besteht die Gefahr, dass in verschiedenen Mitgliedstaaten sehr unterschiedliche Vorschriften zur Durchsetzung europäischer Vorgaben existieren. Im Interesse von Rechtssicherheit wären daher europäische Vorgaben und Rahmenbedingungen bezüglich der Einführung wirksamer Durchsetzungsmechanismen sinnvoll. Hierdurch würde auch die Gefahr reduziert werden, dass einige Mitgliedstaaten keine wirksamen Mechanismen zur Rechtsdurchsetzung einrichten. Dass beispielsweise im deutschen Recht ein erhebliches Durchsetzungsdefizit bezüglich der Vorschriften zur Umsetzung der europäischen *Sustainable-Finance*-Strategie besteht, wird im Folgenden dargestellt.

D. Durchsetzung ESG-bezogener Offenlegungs- und Berichterstattungspflichten

Im Fokus der folgenden Ausführungen steht die Frage, ob der nationale Gesetzgeber der Verantwortung gerecht wird, die ihm bei der Durchsetzung ESG-bezogener Offenlegungs- und Berichterstattungspflichten zukommt.

I. NFRD

Die geltenden ESG-bezogenen Berichterstattungspflichten basieren aktuell (noch) auf der Bilanz-RL in der Fassung der NFRD.[17] Deshalb stellt sich zunächst die Frage, welche Mechanismen der nationale Gesetzgeber zur Durchsetzung der Vorschriften, die zur Umsetzung der NFRD erlassen wurden, eingeführt hat. Grundsätzlich ist zwischen der öffentlichen und der privaten Rechtsdurchsetzung zu unterscheiden.

1. Öffentliche Durchsetzung

Die öffentliche Durchsetzung erfolgt regelmäßig durch Behörden. Wird ein Nachhaltigkeitsbericht nicht, nicht vollständig oder inhaltlich unrichtig erstellt, liegt grundsätzlich eine Ordnungswidrigkeit i.S.d. § 334 Abs. 1 S. 1 Nr. 3 HGB vor.[18] In diesem Fall kann gem. § 334 Abs. 3a S. 1 HGB ein Bußgeld verhängt werden. Die Höhe beträgt fünf Prozent des jährlichen Gesamtumsatzes, den die Kapitalgesellschaft in dem Geschäftsjahr, das der Behördenentscheidung vorangegangen ist, erzielt hat (Nr. 2), oder das Zweifache des aus der Ordnungswidrigkeit gezogenen wirtschaftlichen Vorteils (Nr. 3). Das Bußgeld darf zehn Millionen Euro jedoch nicht überschreiten (Nr. 1). Die Geldbuße kann gem. § 30 Abs. 1 Nr. 1 OWiG sowohl gegen Gesellschaftsorgane als auch gegen die Gesellschaft verhängt werden. Der Abschlussprüfer kann im Falle eines fehlenden oder unvollständigen Berichts den Bestätigungsvermerk versagen oder einschränken (s. § 322 Abs. 2 HGB).[19]

Sind Angaben, die im Rahmen der „nicht-finanziellen" Erklärung gemacht wurden, unzutreffend, kommt außerdem eine Strafbarkeit gem. § 331 Abs. 1 Nr. 1 HGB in Betracht. Demnach wird mit Freiheitsstrafe bis zu drei Jahren oder mit Geldstrafe bestraft, wer als Mitglied des vertretungsberechtigten Organs oder des Aufsichtsrats einer Kapitalgesellschaft die Verhältnisse der Kapitalgesellschaft unrichtig wiedergibt oder verschleiert. Eine Strafbarkeit nach dieser Vorschrift erfordert Vorsatz.[20]

Das Fehlen eines Nachhaltigkeitsberichts dürfte in der Praxis ohne erheblichen Aufwand nachgewiesen werden können. Größere Schwierigkeiten bereiten Fälle, in denen im Rahmen der Nachhaltigkeitsberichterstattung falsche Angaben gemacht werden. Gem. § 317 Abs. 2 S. 4 HGB muss bei der Abschlussprüfung lediglich geprüft werden, *ob* eine Nachhaltigkeitserklärung vorgelegt wurde. Eine inhaltliche Prüfpflicht ist *nicht* vorgesehen.[21] Mangels Einblick in unternehmensinterne Abläufe dürfte es weder privaten noch institutionellen Anlegern möglich sein, Fehler in der Nachhaltigkeitsberichterstattung ohne

[17] Die Regelungen der CSRD bedürfen noch einer Umsetzung ins nationale Recht.
[18] *Kajüter*, in: MüKoHGB, Bd. 4 (5. Aufl. 2024), §§ 289b-289e Rn. 85.
[19] *Kajüter*, in: MüKoHGB, Bd. 4 (5. Aufl. 2024), §§ 289b-289e Rn. 86.
[20] *Klinger*, in: MüKoHGB, Bd. 4 (5. Aufl. 2024), § 331 Rn. 86.
[21] *Merkt*, in: Hopt, Beck`sche Kurzkommentare HGB (45. Aufl. 2026), § 289b Rn. 8.

Weiteres zu identifizieren.[22] Bilanzmanipulationen treten häufig erst dann zutage, wenn im Rahmen einer Insolvenz die vorangegangene Buchführung überprüft wird.[23] Die Vorschrift des § 331 HGB zeichnet sich deshalb durch eine sehr geringe praktische Bedeutung aus.[24] Außerdem erweisen sich behördliche Verfahren oft als langwierig. Dies liegt unter anderem daran, dass in der Regel nur begrenzte finanzielle, fachlich-personelle und technische Ressourcen zur Verfügung stehen.[25]

2. Private Durchsetzung

Um eine wirksame Rechtsdurchsetzung gewährleisten zu könnten, bedarf es auch privater Durchsetzungsmechanismen.[26] Diese könnten einen Anreiz schaffen, Verstöße gegen ESG-bezogene Berichterstattungspflichten aufzudecken.

Das nationale Recht sieht im Falle einer fehlenden, unvollständigen oder fehlerhaften Berichterstattung die Geltendmachung zivilrechtlicher Ansprüche gegen das berichtspflichtige Unternehmen nicht explizit vor.[27] Die Einführung solcher Ansprüche wird von der NFRD auch nicht ausdrücklich verlangt. Dies bedeutet jedoch nicht, dass auf nationaler Ebene keine Mechanismen zur privaten Rechtsdurchsetzung eingeführt werden *dürfen*.[28] Solche Mechanismen können sogar dringend geboten sein, wenn die Mitgliedstaaten gegen Verstöße gegen ESG-bezogene Berichterstattungspflichten nicht mit wirksamen, verhältnismäßigen und abschreckenden öffentlichen Sanktionen vorgehen. Zur Klärung der Frage, ob wirksame Mechanismen zur privaten Durchsetzung der Vorschriften zur ESG-bezogenen Berichterstattung existieren, bedarf es mangels expliziter Haftungstatbestände einer Orientierung an den allgemeinen zivilrechtlichen Grundsätzen.

a) Tatbestände des Deliktsrechts

Als Grundlage einer zivilrechtlichen Haftung könnten zunächst verschiedene Tatbestände des Deliktsrechts dienen.

aa) § 823 Abs. 2 BGB i.V.m. § 331 Abs. 1 Nr. 1 HGB

---

[22] S. auch *Birk*, in Nietsch (Hrsg.), Corporate Social Responsibility Compliance (2021), § 17 Rn. 45 f.

[23] *Birk*, in: Nietsch (Hrsg.), Corporate Social Responsibility Compliance § 17 Rn. 45; *Leplow*, in: MüKoStGB, Bd. 8 (4. Aufl. 2023), § 331 Vorbem. Rn. 27.

[24] *Leplow*, in: MüKoStGB, Bd. 8 (4. Aufl. 2023), § 331 Vorbem. Rn. 27 m.w.N.

[25] *Ackermann*, *Public* und *private enforcement* im Wirtschaftsrecht: Eine fragwürdige Dichotomie, in: Festschrift für Johannes Köndgen zum 70. Geburtstag (2016), S. 1 (14).

[26] Die private Durchsetzung insbesondere dann als notwendig erachtend, wenn Durchsetzungsdefizite bei behördlicher Verfolgung bestehen, *Ohly*, Vom abstrakten zum konkreten Verbraucherschutz im Rahmen des Rechtsbruchtatbestands, in: Festschrift für Helmut Köhler zum 70. Geburtstag (2014), S. 507 (510 f.).

[27] *Möslein*, in: Burgi/Möslein (Hrsg.), Zertifizierung nachhaltiger Kapitalgesellschaften, § 15 S. 360 ff.

[28] *Roth-Mingram*, Corporate Social Responsibility (CSR) durch eine Ausweitung der nichtfinanziellen Informationen von Unternehmen, NZG 2015, 1341 (1343).

Bei § 331 Abs. 1 Nr. 1 HGB handelt es sich um ein Schutzgesetz i.S.d. § 823 Abs. 2 BGB.[29] Der Geltendmachung eines Schadensersatzanspruchs gem. § 823 Abs. 2 BGB i.V.m. § 331 Abs. 1 Nr. 1 HGB muss jedoch der Abschluss eines Strafverfahrens vorausgehen. Der zu ersetzende Vermögensschaden könnte beispielsweise darin liegen, dass eine institutionelle Anlegerin auf dem Primärmarkt Aktien eines Unternehmens erworben hat, welches vorsätzlich gegen ESG-bezogene Berichterstattungspflichten verstoßen hat.[30] Rechtsfolge eines Anspruchs aus § 823 Abs. 2 BGB i.V.m. § 331 Abs. 1 Nr. 1 HGB wäre in diesem Fall die Rückgabe des Anteils gegen den Erwerbspreis. Diese Rechtsfolge ist nicht geeignet, einen Verlust an Vertrauen in die unternehmerische Berichterstattung zu kompensieren. Dies gilt vor allem dann, wenn die Anlegerin infolge der wahrheitswidrigen Berichterstattung in Unternehmen investiert hat, die bestimmte umweltschädliche Tätigkeiten ausüben, von denen die Anlegerin im Rahmen ihrer Investitionsentscheidung gezielt Abstand nehmen wollte. Die Geltendmachung eines Anspruchs aus § 823 Abs. 2 BGB wird dadurch erschwert, dass ein kausaler Zusammenhang zwischen der wahrheitswidrigen Berichterstattung und dem Eintritt eines Schadens nachgewiesen werden muss.[31] Ein solcher Nachweis dürfte schwer zu erbringen sein. Dies dürfte sich wiederum negativ auf die Motivation auswirken, auf die Aufdeckung von Rechtsverstößen hinzuwirken. Die praktische Bedeutung des § 823 Abs. 2 BGB i.V.m. § 331 Abs. 1 Nr. 1 HGB dürfte deshalb sogar noch geringer sein als die praktische Bedeutung des § 331 Abs. 1 Nr. 1 HGB.

bb) <u>§ 826 BGB</u>

Gegen ein Unternehmen, das im Rahmen der ESG-bezogenen Berichterstattung wahrheitswidrige Angaben macht, um Anleger zum Erwerb von Aktien zu bewegen, kann grundsätzlich auch ein Anspruch aus § 826 BGB geltend gemacht werden.[32]

Bei einer Bilanzmanipulation kann es sich durchaus um eine „vorsätzliche sittenwidrige Schädigung" i.S.d. § 826 BGB handeln. Der Geltendmachung eines Anspruchs aus § 826 BGB muss nicht zwingend ein Strafverfahren vorausgehen. Allerdings muss der Nachweis einer *vorsätzlichen* Bilanzmanipulation erbracht werden. Außerdem muss nachgewiesen werden, dass der Vermögensschaden *durch* ein vorsätzliches sittenwidriges Verhalten verursacht worden ist (Kausalitätsnachweis).[33] Die Erfolgsaussichten eines Anspruchs aus § 826 BGB sind

[29] *Grottel/Hoffmann*, in: Beck'scher Bilanz-Kommentar (15. Aufl. 2026), § 331 HGB Rn. 52.
[30] Allgemein zum Begriff des Schadens im Rahmen von § 823 Abs. 2 BGB *Wagner*, MüKoBGB, Bd. 7 (8. Aufl. 2020), § 823 Rn. 614.
[31] Allgemein zur Beweislast s. *Wagner*, in: MüKoBGB, Bd. 7 (9. Aufl. 2024), § 823 Rn. 712 ff.
[32] *Waßmer*, in: BeckOGK Bilanzrecht (Stand: 1. Oktober 2025), § 331 HGB Rn. 309.
[33] Allgemein zur Beweislast *Wagner*, in: MüKoBGB, Bd. 7 (9. Aufl. 2024), § 826 Rn. 60 f.

also sehr gering. Die Motivation, einen solchen Anspruch geltend zu machen, dürfte genauso gering sein.

b) *Private Enforcement* durch das Lauterkeitsrecht

Die bisherige Rechtslage lässt also ein erhebliches Durchsetzungsdefizit erkennen. Sowohl die öffentlichen als auch die privaten Mechanismen zur Durchsetzung der Vorschriften zur ESG-bezogenen Berichterstattung sind unzureichend. Deshalb verwundert es nicht, dass in der rechtswissenschaftlichen Literatur im Kontext ESG-bezogener Berichterstattungspflichten eine private Durchsetzung der Rechnungslegung durch das Lauterkeitsrecht diskutiert wird.[34]

Ob das Lauterkeitsrecht zum Zwecke eines *Private Enforcement* der Rechnungslegung instrumentalisiert werden kann, ist umstritten.[35] Im Fokus der Diskussion steht die Frage, ob es sich bei der ESG-bezogenen Berichterstattung um eine „geschäftliche Handlung" i.S.d. § 2 Abs. 1 Nr. 2 UWG handelt und ob die Sanktionsregelungen des HGB abschließend sind. Jedenfalls scheint Einigkeit dahingehend zu bestehen, dass der Anwendungsbereich des UWG nicht bereits deshalb nicht eröffnet sein kann, weil Unternehmen mit der Berichterstattung in der Regel eine *gesetzliche Pflicht* erfüllen wollen.[36]

aa) Vorliegen einer „geschäftlichen Handlung" i.S.d. § 2 Abs. 1 Nr. 2 UWG

Der Anwendungsbereich des UWG ist nur dann eröffnet, wenn eine „geschäftliche Handlung" vorliegt.[37] Gem. § 3 Abs. 1 UWG sind „*unlautere* geschäftliche Handlungen" unzulässig. An die Unzulässigkeit solcher Handlungen knüpft ein Großteil der Haftungstatbestände des UWG an.[38] Gem. § 2 Abs. 1 Nr. 2 UWG handelt es sich bei einer „geschäftlichen Handlung" um „jedes Verhalten einer Person zugunsten des eigenen oder eines fremden Unternehmens vor, nach oder bei einem Geschäftsabschluss, das mit der Förderung des Absatzes oder des Bezugs von Waren oder Dienstleistungen oder mit dem Abschluss oder der Durchführung eines

---

[34] S. *Birk*, in: Nietsch (Hrsg.), Corporate Social Responsibility Compliance (2021), § 17; *Meier*, Private Enforcement der Rechnungslegung durch das Lauterkeitsrecht, GRUR 2019, 581; s. auch *Meyeer-Eller*, Label für nachhaltige Investmentfonds (2025), S. 187 ff.

[35] Bejahend *Meier*, Private Enforcement der Rechnungslegung durch das Lauterkeitsrecht, GRUR 2019, 581; ablehnend *Birk*, in: Nietsch (Hrsg.), Corporate Social Responsibility Compliance (2021), § 17.

[36] *Birk*, in: Nietsch (Hrsg.), Corporate Social Responsibility Compliance (2021), § 17 Rn. 16; *Birk*, Fehler in der Nachhaltigkeitsberichterstattung und in „Umweltzertifikaten" – ein Fall für das UWG?, GRUR 2022, 1791 (1792); *Meier*, Private Enforcement der Rechnungslegung durch das Lauterkeitsrecht, GRUR 2019, 581 (582 f.).

[37] Allgemein zur Frage, ob Kapitalmarktinformationen und insbesondere regelmäßige Finanzberichte in den Anwendungsbereich des UWG fallen, *Windorfer*, Kapitalmarktinformationen aus der Perspektive des Lauterkeitsrechts (2014), § 5 und § 7 S. 356 ff.

[38] Aus diesem Grund wird § 3 UWG als „Zentralnorm" des UWG bezeichnet, s. *Köhler*, in: Köhler/Feddersen/Alexander/Odörfer/Scherer, Beck'scher Kurzkommentar, Gesetz gegen den unlauteren Wettbewerb (44. Aufl. 2026), § 3 UWG Rn. 1.1.

Vertrags über Waren oder Dienstleistungen unmittelbar und objektiv zusammenhängt". Bei Wertpapieren handelt es sich um Produkte i.S.d. § 2 Abs. 1 Nr. 2 UWG.

Einer Einordnung der ESG-bezogenen Berichterstattung als „geschäftliche Handlung" könnte der Wortlaut des Erwägungsgrundes 7 der UGP-RL, die durch die Vorschriften im UWG umgesetzt wurde, entgegenstehen. Demnach beziehe sich die UGP-RL auf Geschäftspraktiken, die in unmittelbarem Zusammenhang mit der Beeinflussung geschäftlicher Entscheidungen von Verbrauchern in Bezug auf Produkte stünden. Sie beziehe sich hingegen *nicht* auf Geschäftspraktiken, die vorrangig anderen Zielen dienen würden. Als Beispiele für solche Geschäftspraktiken werden Jahresberichte und Unternehmensprospekte genannt, bei denen es sich um kommerzielle, für Investoren gedachte Mitteilungen handele. Aufgrund dieses Wortlauts könnte der Schluss gezogen werden, dass die ESG-bezogene Berichterstattung keine „geschäftliche Handlung" i.S.d. § 2 Abs. 1 Nr. 2 UWG sein kann. Nach der Rechtsprechung des EuGH ist der Begriff der „geschäftlichen Handlung" jedoch grundsätzlich weit auszulegen.[39] Vor diesem Hintergrund könnte Erwägungsgrund 7 der UGP-RL auch so verstanden werden, dass nur solche Mitteilungen aus dem Anwendungsbereich der UGP-RL ausgeschlossen sind, die selbst ein „kapitalanlegender Verbraucher" bei seiner Anlageentscheidung *nicht* berücksichtigen würde.[40]

Es stellt sich also die Frage, ob sich die ESG-bezogene Berichterstattung nicht nur an institutionelle, sondern auch an private Anleger richtet. In den Erwägungsgründen zur NFRD wird hervorgehoben, dass ESG-bezogene Informationen für das Vertrauen von „Investoren und Verbrauchern" relevant seien.[41] Die CSRD nennt „Anleger" und „Akteure der Zivilgesellschaft" als die beiden Hauptgruppen, die Nachhaltigkeitsberichte nutzen würden.[42] Diese Formulierungen lassen Zweifel daran aufkommen, ob der in der Literatur vertretenen Ansicht, die Nachhaltigkeitsberichterstattung richte sich nach der gesetzlichen Systematik des HGB ausschließlich an Personen mit kommerziellem Interesse (z.B. institutionelle Anleger und Ratingagenturen), uneingeschränkt zugestimmt werden kann.[43] Es ist keinesfalls völlig fernliegend, dass sich Privatpersonen im Rahmen einer Investitionsentscheidung über die „Nachhaltigkeitsleistung" eines Unternehmens informieren, indem sie die „nicht-finanzielle" Erklärung des Unternehmens heranziehen. Dass die meisten Privatanleger *tatsächlich* andere

[39] EuGH, GRUR 2010, 244 (246 Rn. 39).
[40] *Meier*, Private Enforcement der Rechnungslegung durch das Lauterkeitsrecht, GRUR 2019, 581 (583).
[41] Erwägungsgrund 3 der NFRD.
[42] Erwägungsgrund 9 der CSRD.
[43] So *Birk*, Fehler in der Nachhaltigkeitsberichterstattung und in „Umweltzertifikaten" – ein Fall für das UWG?, GRUR 2022, 1791 (1792); *Roth-Mingram*, Corporate Social Responsibility (CSR) durch eine Ausweitung der nichtfinanziellen Informationen von Unternehmen, NZG 2015, 1341 (1345).

Informationsmedien (z.B. Prospekte) nutzen, ist unerheblich. Erwägungsgrund 7 der UGP-RL kann also durchaus dahingehend ausgelegt werden, dass die ESG-bezogene Berichterstattung nicht von Vornherein aus den Anwendungsbereich der UGP-RL fällt, weil sie sich *zumindest auch* an private Anleger richtet.

Die Vorschrift des § 2 Abs. 1 Nr. 2 UWG verlangt außerdem, dass es sich bei der ESG-bezogenen Berichterstattung um eine unternehmerische Tätigkeit handelt, die unmittelbar mit der Absatzförderung im Zusammenhang steht.[44] Ein solcher Zusammenhang wird von einem Teil der Literatur deshalb bejaht, weil die Rechnungslegung grundsätzlich geeignet sei, den Kurs von Aktien auf dem Sekundärmarkt zu beeinflussen.[45] Hierdurch werde in der Regel der Absatz zugunsten fremder Unternehmen (institutionelle Investoren) gefördert.[46] Ob in diesem Fall von einem *unmittelbaren* Zusammenhang mit der Absatzförderung die Rede sein kann, ist fraglich.[47] Außerdem gilt zu beachten, dass im Falle eines *Fehlens* der „nicht-finanziellen" Erklärung eine Absatzförderung besonders schwer zu begründen ist.[48]

bb) Abschließender Charakter der handelsrechtlichen Sanktionsregelungen

Gegen ein *Private Enforcement* durch das Lauterkeitsrecht wird in der Literatur auch angeführt, dass die handelsrechtlichen Sanktionsregelungen bei Verstößen gegen die Rechnungslegungsvorschriften abschließend seien.[49] Eine Anwendung des UWG unterlaufe das ausdifferenzierte Sanktionensystem des HGB.[50] Dieser Ansicht hat sich das OLG Köln mit Urteil vom 28. April 2017 angeschlossen, indem es entschieden hat, dass es sich bei § 325 HGB um keine Marktverhaltensregel i.S.d. § 3a UWG handelt.[51] Dies würde eine Auslegung der Gesetzgebungsmaterialien zu dem handelsrechtlichen Sanktionsregime ergeben, das als abschließend zu betrachten sei.[52]

cc) Bewertung

Es mag zutreffen, dass das Lauterkeitsrecht nicht auf eine Durchsetzung von Rechnungslegungsvorschriften zugeschnitten zu sein scheint. Dies und die Tatsache, dass das

---

[44] *Meier*, Private Enforcement der Rechnungslegung durch das Lauterkeitsrecht, GRUR 2019, 581 (582).
[45] *Meier*, Private Enforcement der Rechnungslegung durch das Lauterkeitsrecht, GRUR 2019, 581 (584 f.).
[46] *Meier*, Private Enforcement der Rechnungslegung durch das Lauterkeitsrecht, GRUR 2019, 581 (584 f.).
[47] *Birk*, in: Nietsch (Hrsg.), Corporate Social Responsibility Compliance (2021), § 17 Rn. 17.
[48] *Birk*, in: Nietsch (Hrsg.), Corporate Social Responsibility Compliance (2021), § 17 Rn. 25.
[49] *Birk*, in: Nietsch (Hrsg.), Corporate Social Responsibility Compliance (2021), § 17 Rn. 39, 43; *Birk*, Fehler in der Nachhaltigkeitsberichterstattung und in „Umweltzertifikaten" – ein Fall für das UWG?, GRUR 2022, 1791 (1793).
[50] *Birk*, in: Nietsch (Hrsg.), Corporate Social Responsibility Compliance (2021), § 17 Rn. 39, 43; *Birk*, Fehler in der Nachhaltigkeitsberichterstattung und in „Umweltzertifikaten" – ein Fall für das UWG?, GRUR 2022, 1791 (1793).
[51] OLG Köln, GRUR 2017, 1048.
[52] OLG Köln, GRUR 2017, 1048 (1050), Rn. 38 ff.

handelsrechtliche Sanktionsregime von Teilen der Literatur und Rechtsprechung als abschließend angesehen wird, verdeutlicht jedoch das erhebliche Durchsetzungsdefizit, das auf dem Gebiet der ESG-bezogenen Berichterstattung zu verzeichnen ist. Da ESG-bezogene Informationen über Unternehmen für Anleger und auch Ratingagenturen, die diese Informationen zum Zwecke der Bewertung eines Unternehmens nutzen, immer relevanter werden, sollte der Gesetzgeber dringend tätig werden, um dieses Durchsetzungsdefizit zu überwinden.

Eine private Durchsetzung durch das Lauterkeitsrecht wäre deshalb von Vorteil, weil das UWG unter anderem Mitbewerbern einen *verschuldensunabhängigen* Beseitigungs- und Unterlassungsanspruch einräumt (s. § 8 UWG). Auch dieser Anspruch setzt zwar voraus, dass fehlerhafte Angaben in der „nicht-finanziellen" Erklärung nachgewiesen werden. Im Vergleich zu Privatpersonen haben Mitbewerber aufgrund ihrer fachlichen Kompetenzen jedoch in der Regel einen besseren Sachverstand und mehr Mittel zur Überwachung und Rechtsverfolgung.[53] Ob es sich bei einem Anspruch auf Beseitigung oder künftige Unterlassung um eine „abschreckende" Sanktion handelt, ist allerdings fraglich.[54]

II. CSRD

Der europäische Gesetzgeber hat durch die CSRD zum Ausdruck gebracht, dass er der inhaltlichen Prüfung ESG-bezogener Berichte mehr Bedeutung beimessen möchte. Bei der Finanzberichterstattung und bei der Nachhaltigkeitsberichterstattung müsse künftig ein ähnliches Maß an Prüfungssicherheit erreicht werden.[55]

Eine inhaltliche Prüfung der ESG-bezogenen Berichterstattung würde die Aufdeckung von Verstößen gegen die Vorschriften, die zur Umsetzung der CSRD erlassen werden, erheblich erleichtern. Die Einführung einer Prüfpflicht befreit den Gesetzgeber jedoch nicht von der Notwendigkeit, wirksame Rechtsdurchsetzungsmechanismen, die an eine Bilanzmanipulation anknüpfen, einzuführen.

III. Art. 8 Taxonomie-VO

Die Durchsetzung des Art. 8 Taxonomie-VO richtet sich nach den Vorschriften zur Durchsetzung der ESG-bezogenen Berichterstattungspflichten. Aufgrund dessen, dass die gem. Art. 8 Taxonomie zu veröffentlichenden Informationen Teil der „nicht-finanziellen" Erklärung

[53] *Meier*, Private Enforcement der Rechnungslegung durch das Lauterkeitsrecht, GRUR 2019, 581 (587).
[54] So auch *Roth-Mingram*, Corporate Social Responsibility (CSR) durch eine Ausweitung der nichtfinanziellen Informationen von Unternehmen, NZG 2015, 1341 (1345).
[55] Erwägungsgrund 60 der CSRD. Von dieser Aussage hat sich die EU-Kommission wieder distanziert, indem sie im Rahmen der Omnibus-Initiative fordert, die Prüfpflichten zu reduzieren, s. Kapitel 1, B. I. 4. e).

sind, ist der *Inhalt* des Art. 8 Taxonomie-VO nach geltendem Recht *nicht* Teil der Abschlussprüfung (s. § 317 Abs. 2 S. 4 HGB).[56] Dies strahlt auch auf das *Enforcement* der Rechnungslegung aus (s. § 106 WpHG).[57]

Wird gegen Art. 8 Taxonomie-VO verstoßen, indem unrichtige Angaben über den Anteil veröffentlicht werden, zu dem wirtschaftliche Tätigkeiten eines Unternehmens „ökologisch nachhaltig" i.S.d. Taxonomie-VO sind, kommt eine Strafbarkeit nach § 331 Abs. 1 Nr. 1 HGB in Betracht.[58] Bei § 331 HGB handelt es sich um ein Schutzgesetz i.S.d. § 823 Abs. 2 BGB. Außerdem kann gem. § 334 Abs. 1 S. 1 Nr. 3 i.V.m. § 334 Abs. 3a HGB ein Bußgeld verhängt werden. Ob sich dieser Tatbestand jedoch ausschließlich auf Vorschriften zur Umsetzung der NFRD bezieht, ist in der Literatur nicht unumstritten.[59]

Der nationale Gesetzgeber hat keine Anstrengungen unternommen, die Sanktionen bei einem Verstoß gegen Art. 8 Taxonomie-VO zu verschärfen.[60] Auf europäischer Ebene wurden zwar keine diesbezüglichen gesonderten Sanktionen gefordert. Art. 21 und 22 Taxonomie-VO verweisen lediglich auf die Art. 5 bis 7 Taxonomie-VO.[61] Dies vermag das bestehende Durchsetzungsdefizit jedoch nicht zu rechtfertigen.

IV. Transparenzpflichten der Offenlegungs-VO und Art. 5, 6 und 7 Taxonomie-VO

Bei den Transparenzvorschriften der Offenlegungs-VO gilt die Besonderheit, dass die offenzulegenden Informationen nicht immer (nur) Teil der ESG-bezogenen Berichterstattung sind. Insbesondere produktbezogene Informationen müssen in der Regel in den gem. Art. 6 Abs. 3 Offenlegungs-VO genannten Haftungsdokumenten veröffentlicht werden.[62] Eine OGAW-Verwaltungsgesellschaft muss beispielsweise über die wichtigsten nachteiligen Nachhaltigkeitsauswirkungen auf Finanzproduktebene gem. Art. 7 i.V.m. Art. 6 Abs. 3 lit. g) Offenlegungs-VO in dem gem. Art. 69 OGAW-RL zu veröffentlichenden Prospekt berichten. Eine Anlageberatung erbringende Wertpapierfirma ist gem. Art. 6 Abs. 3 lit. h) i.V.m. Art. 6 Abs. 2 lit. a) Offenlegungs-VO verpflichtet, die Art und Weise, wie Nachhaltigkeitsrisiken bei ihrer Anlage- oder Versicherungsberatung einbezogen werden, im Rahmen vorvertraglicher Informationspflichten zu erläutern.[63] Dasselbe gilt für die aus Art. 8 Offenlegungs-VO

[56] So auch *Steuer*, Rechtsdurchsetzung im „grünen" Kapitalmarkt, BKR 2022, 296 (298).
[57] *Steuer*, Rechtsdurchsetzung im „grünen" Kapitalmarkt, BKR 2022, 296 (298) m.w.N.
[58] *Florian*, Haftung aus Nachhaltigkeitsgesetzen im Finanzsektor, WM 2022, 309 (314).
[59] Bejahend und infolgedessen eine Bußgeldbewehrung nach den genannten Vorschriften ablehnend *Steuer*, Rechtsdurchsetzung im „grünen" Kapitalmarkt, BKR 2022, 296 (298).
[60] *Steuer*, Rechtsdurchsetzung im „grünen" Kapitalmarkt, BKR 2022, 296 (298).
[61] *Steuer*, Rechtsdurchsetzung im „grünen" Kapitalmarkt, BKR 2022, 296 (298).
[62] *Florian*, Haftung aus Nachhaltigkeitsgesetzen im Finanzsektor, WM 2022, 309 (311).
[63] Bei einer „Wertpapierfirma" handelt es sich gem. Art. 2 Nr. 5 Offenlegungs-VO um eine solche i.S.d. Art. 4 Abs. 1 Nr. 1 MiFID II. Demnach ist eine „Wertpapierfirma" grundsätzlich jede juristische Person, die im Rahmen

resultierenden Transparenzpflichten einer Wertpapierfirma, die Portfolioverwaltung erbringt und die „ökologisch nachhaltigen" Merkmale eines Finanzprodukts bewirbt (s. Art. 8 i.V.m. Art. 6 Abs. 1, 3 lit. h) Offenlegungs-VO). Auch ein Portfolioverwaltung erbringendes Wertpapierdienstleistungsunternehmen, das mit einem Finanzprodukt eine „nachhaltige Investition" anstrebt, muss die geltenden Transparenzvorgaben im Rahmen vorvertraglicher Informationspflichten erfüllen (Art. 9 i.V.m. Art. 6 Abs. 1, 3 lit. h) Offenlegungs-VO).

Die Offenlegungs-VO hält also eine Reihe von Transparenzpflichten bereit, die von verschiedenen Unternehmen erfüllt werden müssen, die unterschiedliche Dienstleistungen anbieten und infolgedessen in den Anwendungsbereich unterschiedlicher Offenlegungsvorschriften fallen. Dementsprechend existiert keine Regelung, die im Falle eines Verstoßes gegen eine jede Transparenzpflicht eine einheitliche Sanktion anordnet. Welche Mechanismen zur Durchsetzung existieren, ist deshalb bezüglich einer jeden Transparenzpflicht der Offenlegungs-VO gesondert zu beurteilen.[64]

Die Vorschriften der Art. 5, 6 und 7 Taxonomie-VO bauen auf produktbezogenen Offenlegungspflichten der Offenlegungs-VO auf und ergänzen diese. Im Falle eines Verstoßes gegen Art. 5, 6 und 7 Taxonomie-VO gelten also keine Sanktionen, die über die Offenlegungspflichten, die konkret ergänzt werden, hinausgehen.

1. Öffentliche Durchsetzung

Zuständige Behörde für die Überwachung der Einhaltung der Vorschriften der Offenlegungs-VO ist die BaFin. Dies ergibt sich aus § 5 Abs. 13 S. 1 KAGB, § 10 Abs. 3 S. 1 WpHG und § 295 Abs. 1 Nr. 5 und 6 VAG. Gem. § 10 Abs. 3 S. 2 i.V.m. § 10 Abs. 3 S. 1 WpHG kann die BaFin die erforderlichen Maßnahmen treffen, um die Einhaltung der Verbote und Gebote der Offenlegungs-VO zu überwachen. Es existieren weder spezielle Ermächtigungsgrundlagen zu einem *bestimmten* Einschreiten noch Bußgeldbewehrungen.[65] Eine ähnlich offen formulierte Regelung findet sich in § 5 Abs. 13 S. 2 KAGB. Demnach ist die BaFin befugt, Maßnahmen zu treffen, die geeignet und erforderlich sind, um zu überwachen, ob die Offenlegungs-VO und die Taxonomie-VO sowie die auf ihrer Grundlage erlassenen delegierten Rechtsakte und

ihrer üblichen beruflichen oder gewerblichen Tätigkeit gewerbsmäßig eine oder mehrere Wertpapierdienstleistungen für Dritte erbringt und/oder eine oder mehrere Anlagetätigkeiten ausübt. Für eine Wertpapierfirma, die Portfolioverwaltung erbringt, gelten gem. Art. 2 Nr. 1 lit. b) Offenlegungs-VO die für Finanzmarktteilnehmer entsprechend der Offenlegungs-VO geltenden Pflichten. Wertpapierfirmen, die Anlageberatung erbringen, sind gem. Art. 2 Nr. 11 lit. d) Offenlegungs-VO als Finanzberater einzustufen.

[64] *Steuer*, Rechtsdurchsetzung im „grünen" Kapitalmarkt, BKR 2022, 296 (299).

[65] *Florian*, Haftung aus Nachhaltigkeitsgesetzen im Finanzsektor, WM 2022, 309 (310).

technischen Durchführungs- und Regulierungsstandards der EU-Kommission eingehalten werden.

Ob wirksame Mechanismen zur öffentlichen Durchsetzung der Vorschriften der Offenlegungs-VO existieren, hängt maßgeblich davon ab, welche *konkreten* Sanktionen bei einem Verstoß gegen Vorschriften vorgesehen sind.

a) Explizite Bußgeldbewehrung im VAG

Bei der einzigen Bußgeldvorschrift, die *explizit* auf die Offenlegungs-VO (und auch auf die Taxonomie-VO) Bezug nimmt, handelt es sich um § 332 Abs. 4k VAG.[66] Diese Vorschrift ist für Versicherungsunternehmen relevant, die gem. Art. 6 Abs. 3 lit. b) Offenlegungs-VO die gem. Art. 6 Abs. 1 Offenlegungs-VO (Transparenz bei der Berücksichtigung von Nachhaltigkeitsrisiken) zu veröffentlichenden Informationen grundsätzlich im Rahmen der nach Art. 185 Abs. 2 der Richtlinie 2009/138/EG bereitzustellenden Informationen offenlegen müssen. Durch das Fondsstandortgesetz wurde in § 35 Abs. 1 S. 1 VAG die Nr. 9 eingefügt, derzufolge der Wirtschafsprüfer bei der Prüfung des Jahresabschlusses festzustellen hat, ob die Anforderungen der Offenlegungs-VO und der Taxonomie-VO eingehalten wurden.[67] Eine Ordnungswidrigkeit nach § 332 Abs. 4k VAG kann gem. § 332 Abs. 5 S. 1 VAG mit einer Geldbuße von bis zu fünf Millionen Euro geahndet werden.

b) Rückgriff auf Blankett-Tatbestände des WpHG und KAGB

Der Anwendungsbereich des § 332 Abs. 4k VAG ist auf offenlegungspflichtige Unternehmen beschränkt, die der Versicherungsaufsicht unterstehen.[68] Deshalb stellt sich die Frage, ob aufgrund dessen, dass vorvertragliche und wiederkehrende *produktbezogene* Informationen grundsätzlich im Rahmen anderweitiger Pflichtinformationen bereitgestellt werden müssen (s. Art. 6 Abs. 3, Art. 11 Abs. 2 Offenlegungs-VO), auf bestehende Blankett-Tatbestände des WpHG und KAGB zurückgegriffen werden kann.[69]

In den §§ 63 ff. WpHG sind vorvertragliche Informationspflichten geregelt, die für Wertpapierdienstleistungsunternehmen gelten. § 63 WpHG statuiert allgemeine Verhaltensregeln. In § 64 Abs. 1 S. 1 WpHG ist festgelegt, welche Informationspflichten speziell Unternehmen treffen, die Anlageberatung erbringen. Gem. § 64 Abs. 1 S. 2 WpHG

---

[66] *Steuer*, Rechtsdurchsetzung im „grünen" Kapitalmarkt, BKR 2022, 296 (302); zu § 332 Abs. 4k VAG *Wache/Lutz*, in: Erbs/Kohlhaas, Strafrechtliche Nebengesetze, Bd. 1, § 332 VAG (Werkstand: 249. EL September 2023), Rn. 77 f.
[67] Art. 16 des Fondsstandortgesetzes; *Baroch Castellvi*, in: Brand/Baroch Castellvi (Hrsg.), VAG, Kommentar (2. Aufl. 2024), § 35 VAG Rn. 13.
[68] *Steuer*, Rechtsdurchsetzung im „grünen" Kapitalmarkt, BKR 2022, 296 (303).
[69] *Steuer*, Rechtsdurchsetzung im „grünen" Kapitalmarkt, BKR 2022, 296 (303 ff.).

sind diese Informationen um die Angaben nach § 6 Abs. 2 Offenlegungs-VO zu ergänzen. Dass Wertpapierdienstleistungsunternehmen, die Finanzportfolioverwaltung erbringen, die aus den Art. 6 Abs. 1 und Art. 7 bis 9 Offenlegungs-VO resultierenden Informationspflichten in die vorvertraglichen Informationen aufnehmen müssen, wurde in § 64 Abs. 7a S. 1 WpHG eingefügt.

Gem. § 120 Abs. 8 Nr. 35 WpHG handelt ordnungswidrig, wer vorsätzlich oder leichtfertig entgegen § 64 Abs. 1 WpHG nicht, nicht richtig, nicht vollständig, nicht in der vorgesehenen Weise oder nicht rechtzeitig informiert. Vom Wortlaut der Vorschrift sind also auch Verstöße gegen Vorschriften der Offenlegungs-VO erfasst, auf die in § 64 Abs. 1 S. 2 WpHG verwiesen wird. Hierbei handelt es sich jedoch keineswegs um eine *bewusste* Entscheidung des Gesetzgebers, Verstöße gegen § 64 Abs. 1 S. 2 WpHG mit einem Bußgeld bis zu fünf Millionen Euro (s. § 120 Abs. 20 S. 1 WpHG) zu ahnden. Dies ergibt sich insbesondere daraus, dass § 120 Abs. 8 Nr. 35 WpHG mit dem Einfügen des § 64 Abs. 1 S. 2 WpHG nicht geändert und ein Verstoß gegen § 64 Abs. 7a S. 1 WpHG *nicht* in den Bußgeldkatalog des WpHG aufgenommen wurde. Deshalb kann nicht ohne Weiteres davon ausgegangen werden, dass ein Verstoß gegen die in § 64 Abs. 1 S. 2 WpHG und § 64 Abs. 7a S. 1 WpHG genannten Pflichten mit einem Bußgeld geahndet wird.[70] Davon, dass der nationale Gesetzgeber seinem Durchsetzungsauftrag vollumfänglich gerecht geworden ist, kann nicht die Rede sein.

Dass sich der nationale Gesetzgeber um die Sanktionierung von Verstößen gegen Vorschriften der Offenlegungs-VO wenig Gedanken gemacht hat, wird unter anderem auch daran deutlich, dass manche Verstöße *nicht* unter den Blankett-Tatbestand einer Bußgeldvorschrift subsumiert werden können.[71] Veröffentlicht beispielsweise eine OGAW-Verwaltungsgesellschaft fehlerhafte vorvertragliche Informationen im Rahmen eines Verkaufsprospekts (§ 6 Abs. 2 lit. g) Offenlegungs-VO), liegt grundsätzlich eine Ordnungswidrigkeit i.S.d. § 340 Abs. 2 Nr. 38 KAGB vor.[72] Diese vorvertraglichen Informationen umfassen auch die gem. Art. 7 bis 9 Offenlegungs-VO offenzulegenden Angaben. Die Ordnungswidrigkeit kann gem. § 340 Abs. 7 S. 1 Nr. 2 KAGB mit einer Geldbuße bis zu einer Million Euro geahndet werden. OGAW-Verwaltungsgesellschaften, die die ökologischen oder sozialen Merkmale eines Finanzprodukts bewerben oder eine „nachhaltige Investition" anstreben, müssen spezifische Informationen gem. Art. 11 Abs. 2 lit. g) Offenlegungs-VO in dem in Art. 69 OGAW-RL genannten Jahresbericht (s. § 101 KAGB) veröffentlichen. Fehlerhafte Berichte stellen in der Regel eine

[70] So aber *Florian*, Haftung aus Nachhaltigkeitsgesetzen im Finanzsektor, WM 2022, 309 (311).
[71] *Steuer*, Rechtsdurchsetzung im „grünen" Kapitalmarkt, BKR 2022, 296 (303 f.).
[72] *Steuer*, Rechtsdurchsetzung im „grünen" Kapitalmarkt, BKR 2022, 296 (304).

Ordnungswidrigkeit gem. § 340 Abs. 2 Nr. 24 b) KAGB dar.[73] Die vorvertraglichen Informationen, die AIFM im Rahmen ihrer Informationspflichten gem. § 307 Abs. 1 KAGB zur Verfügung stellen müssen, sind vom Bußgeldkatalog des Art. 340 KAGB hingegen *nicht* erfasst.[74]

2. Private Durchsetzung

Es gibt keine Haftungstatbestände, die bei einem Verstoß gegen Vorschriften der Offenlegungs-VO explizit zur Anwendung kommen. Es bleibt also auch hier bei den allgemeinen zivilrechtlichen Grundsätzen. Im Falle eines Verstoßes gegen unternehmensbezogene Offenlegungspflichten scheint eine zivilrechtliche Haftung eher fernliegend.[75] Zur Beantwortung der Frage, ob bei einem Verstoß gegen produktbezogene Offenlegungspflichten zivilrechtliche Haftungstatbestände in Betracht kommen, muss eine jede Vorschrift, die Vorgaben der Offenlegungs-VO in Bezug nimmt, gesondert geprüft werden.

Ob und inwieweit die §§ 63 ff. WpHG die (vor-)vertraglichen Pflichten dahingehend beeinflussen, dass im Falle eines Verstoßes gegen diese Vorschriften zivilrechtliche Ansprüche geltend gemacht werden können, ist umstritten.[76] Bei fehlerhaften Angaben, die in einem Fondsprospekt gemacht werden, kommt eine Prospekthaftung gem. § 306 Abs. 1 S. 1 KAGB in Betracht.[77] Eine Prospekthaftung kann sich grundsätzlich auch aus anderen Vorschriften ergeben.[78] Bei einer irreführenden Werbung mit ökologischen oder sozialen Merkmalen eines Finanzprodukts können möglicherweise auch die wettbewerbsrechtlichen Tatbestände des §§ 5, 5a UWG verwirklicht sein.[79]

Die zivilrechtlichen Ansprüche, die unter bestimmten Umständen geltend gemacht werden können, sind in der Regel auf Ersatz des erlittenen Vermögensschadens, also z.B. auf Rückabwicklung des Erwerbs eines Anteils gerichtet.[80] Ob dies dem Charakter ESG-bezogener Offenlegungs- und Berichterstattungspflichten, die von Anlegern herangezogen werden, die

[73] *Florian*, Haftung aus Nachhaltigkeitsgesetzen im Finanzsektor, WM 2022, 309 (312).
[74] *Steuer*, Rechtsdurchsetzung im „grünen" Kapitalmarkt, BKR 2022, 296.
[75] *Florian*, Haftung aus Nachhaltigkeitsgesetzen im Finanzsektor, WM 2022, 309 (310).
[76] *Poelzig/van Kampen*, in: BeckOK Wertpapierhandelsrecht, 19. Edition (Stand: 1. Januar 2026), § 63 WpHG Rn. 222 ff. m.w.N.
[77] *Gerdes*, Die Taxonomie-VO: ein stumpfes Schwert für „Sustainable Finance"? – Eine Analyse, ZG 2023, 138 (147 f.); *Florian*, Haftung aus Nachhaltigkeitsgesetzen im Finanzsektor, WM 2022, 309 (311); *Stumpp*, Die EU-Taxonomie für nachhaltige Finanzprodukte – Eine belastbare Grundlage für Sustainable Finance in Europa?, ZBB 2019, 71 (79).
[78] *Hanke*, Der Vertrieb von ökologisch nachhaltigen Anlageprodukten – künftige rechtliche Anforderungen und Haftungsrisiken, ZIP 2022, 62 (73).
[79] *Hanke*, Der Vertrieb von ökologisch nachhaltigen Anlageprodukten – künftige rechtliche Anforderungen und Haftungsrisiken, ZIP 2022, 62 (72 f.); s. auch LG Stuttgart, BKR 2022, 462.
[80] Im Kontext des § 306 Abs. 1 KAGB *Gerdes*, Die Taxonomie-VO: ein stumpfes Schwert für „Sustainable Finance"? – Eine Analyse, ZG 2023, 138 (148 f.).

eine Investitionsentscheidung nicht ausschließlich aus finanziellen Gründen treffen, gerecht wird, ist fraglich.

E. Durchsetzung von Regelungen bezüglich der Kennzeichnung von Finanzprodukten

Die Mechanismen zur Durchsetzung der Transparenzvorschriften, auf denen ein staatliches Zertifizierungssystem für „ökologisch nachhaltige" Finanzprodukte aufbauen würde, sind also unzureichend. Dies würde auch der Durchsetzung von Regelungen bezüglich der Kennzeichnung solcher Finanzprodukte erheblich schaden. Diese Regelungen müssten aber auch ihrerseits wirksam durchgesetzt werden können. Bisher wurden zwar noch keine EU-Umweltzeichen-Kriterien für Finanzprodukte eingeführt. Auch hat der deutsche Gesetzgeber noch nicht ernsthaft erwogen, ein auf der europäischen Umwelt-Taxonomie basierendes Umweltkennzeichen für Finanzprodukte einzuführen. Dennoch soll an dieser Stelle erörtert werden, welche Mechanismen zur Durchsetzung von Vorschriften bezüglich der Kennzeichnung „ökologisch nachhaltiger" Finanzprodukte auf nationaler Ebene existieren würden.

I. Öffentliche Durchsetzung

Würde ein staatliches, auf der europäischen Umwelt-Taxonomie beruhendes Umweltkennzeichen unberechtigterweise zur Hervorhebung der „ökologischen Eigenschaften" eines Finanzprodukts verwendet, wäre grundsätzlich die BaFin die zuständige Behörde für Sanktionen. Je nachdem, in welchem Kontext Werbung mit einem (beispielsweise nie beantragten) Umweltkennzeichen gemacht würde, könnte eine bußgeldbewehrte Ordnungswidrigkeit vorliegen. Die unberechtigte Verwendung eines Umweltkennzeichens in einem Verkaufsprospekt könnte beispielsweise gem. § 340 Abs. 2 Nr. 38, Abs. 7 S. 1 Nr. 2 KAGB mit einem Bußgeld in Höhe von bis zu einer Million Euro geahndet werden. In Betracht käme außerdem eine Strafbarkeit nach § 263 oder § 264a StGB. Gem. § 264a Abs. 1 Nr. 1 StGB wird mit Freiheitsstrafe bis zu drei Jahren oder mit Geldstrafe bestraft, wer z.B. im Zusammenhang mit dem Vertrieb von Wertpapieren oder Anteilen, die eine Beteiligung an dem Ergebnis eines Unternehmens gewähren sollen, in Prospekten unrichtige vorteilhafte Angaben macht oder nachteilige Tatsachen verschweigt. Durch den Straftatbestand des § 264a StGB soll bestraft werden, wer einen größeren Kreis von Kapitalanlegern durch Falschinformationen hinsichtlich der für die Anlageentscheidung wesentlichen Aspekte zu einer Anlageentscheidung motivieren will, die diese Anleger ohne die Falschinformationen möglicherweise nicht tätigen würden.[81] Ob es zu einer vermögensschädigenden Kapitalanlage gekommen ist, ist aufgrund der Eigenschaft des § 264a StGB als abstraktes Gefährdungsdelikt unerheblich.[82] Möglich wäre Tateinheit mit dem Straftatbestand der Marktmanipulation (§§ 119 Abs. 1, 120 Abs. 2 Nr. 3, Abs. 15 Nr. 3 WpHG).[83]

II. Private Durchsetzung

1. Deliktsrechtliche Ansprüche

Bei § 264a StGB handelt es sich um ein Schutzgesetz i.S.d. § 823 Abs. 2 BGB. Die praktische Bedeutung eines Anspruchs aus § 823 Abs. 2 BGB dürfte jedoch genauso gering sein wie die praktische Bedeutung des § 823 Abs. 2 BGB i.V.m. § 331 Abs. 1 Nr. 1 HGB. Auch eine deliktsrechtliche Haftung nach § 826 BGB dürfte in der Praxis nur äußerst selten im Raum stehen. Dies liegt nicht zuletzt daran, dass eine Person, die einen deliktsrechtlichen Anspruch geltend machen möchte, beweisen müsste, dass sie z.B. *aufgrund* der Bewerbung eines Finanzprodukts mit einem Umweltkennzeichen Anteile an diesem Finanzprodukt erworben hat.

2. Haftung nach dem UWG

Wird ein Finanzprodukt mit einem Umweltzeichen beworben, obwohl für die Verwendung dieses Umweltzeichens keine Lizenz erteilt wurde, kommt eine Haftung nach dem UWG in Betracht. Das UWG würde sowohl bei einem europäischen als auch bei einem nationalen Umweltkennzeichen für Finanzprodukte Anwendung finden. Zwar waren in Art. 16 der VO 880/92/EWG spezifische wettbewerbsrechtliche Vorschriften zur Werbung mit dem EU-Umweltzeichen enthalten. Die Vorrangwirkung dieser Vorschrift hat eine Sperrwirkung des nationalen Rechts ausgelöst.[84] Eine solche Sperrwirkung liegt angesichts des Wortlauts des Art. 17 Umweltzeichen-VO jedoch nicht (mehr) vor.

a) Unerlaubte Verwendung eines Labels als „unlautere geschäftliche Handlung" i.S.d. § 3 Abs. 3 UWG

Die „unerlaubte Verwendung von Gütezeichen und Ähnlichem" gegenüber Verbrauchern ist im Anhang zu § 3 Abs. 3 UWG als „unlautere geschäftliche Handlung" aufgeführt und deshalb unzulässig. Dabei ist unerheblich, ob es sich um ein öffentliches oder ein privates Gütezeichen

---

[81] *Mosbacher*, Kapitalanlagebetrug durch „Greenwashing", NJW 2023, 14 (15); allgemein zu Strafbarkeitsrisiken im Kontext von Greenwashing von Finanzprodukten *Kasiske*, Strafbarkeitsrisiken beim „Greenwashing" von Finanzprodukten, WM 2023, 53.

[82] *Mosbacher*, Kapitalanlagebetrug durch „Greenwashing", NJW 2023, 14 (15); *Hellmann*, in: Kindhäuser/Neumann/Paeffgen/Saliger (Hrsg.), StGB (6. Aufl. 2023), § 264a Rn. 11.

[83] *Hellmann*, in: Kindhäuser/Neumann/Paeffgen/Saliger (Hrsg.), StGB (6. Aufl. 2023), § 264a Rn. 83.

[84] *Klindt*, Die Umweltzeichen 'Blauer Engel' und 'Europäische Blume' zwischen produktbezogenem Umweltschutz und Wettbewerbsrecht, BB 1998, 545 (553 f.).

handelt. Dass dies auch bei einer Verwendung eines Gütezeichens für *Finanzprodukte* gilt, folgt aus § 2 Abs. 1 Nr. 2 UWG.[85] In dieser Vorschrift wird der „Geschäftsabschluss über Waren oder Dienstleistungen“ zum Anknüpfungspunkt einer „geschäftlichen Handlung“ gemacht.[86] Unter den Begriff der Waren fallen auch unkörperliche Gegenstände (z.B. Wertpapiere).[87] Beim Abschluss eines Vertrags über den Erwerb von Anteilen an einem Finanzprodukt, der beispielsweise zwischen einem privaten Anleger und einer Kapitalverwaltungsgesellschaft geschlossen wird, handelt es sich also um einen „Geschäftsabschluss über Waren“ und somit um eine „geschäftliche Handlung“. Wird dieses Finanzprodukt mit einem Umweltlabel beworben, obwohl die Anforderungen an den Erhalt dieses Labels nicht erfüllt sind, liegt eine „unerlaubte Verwendung eines Gütezeichens“ und infolgedessen eine „unzulässige geschäftliche Handlung“ vor.

b) Unerlaubte Verwendung eines Labels als „irreführende Handlung“ i.S.d. § 5 UWG

In der unberechtigten Verwendung eines Labels für Finanzprodukte könnte auch eine „irreführende Handlung“ i.S.d. § 5 UWG zu sehen sein. Wer eine irreführende geschäftliche Handlung vornimmt, die geeignet ist, Verbraucher oder sonstige Marktteilnehmer zu einer geschäftlichen Entscheidung zu veranlassen, die sie andernfalls nicht getroffen hätten, handelt gem. § 5 Abs. 1 UWG unlauter.[88] Eine „unlautere geschäftliche Handlung“ ist gem. § 3 Abs. 1 UWG unzulässig. Die Verwendung eines Labels für Finanzprodukte ist geeignet, Investitionsentscheidungen sowohl privater als auch institutioneller Anleger zu beeinflussen.

Eine irreführende Handlung kann auch vorgenommen werden, indem ein Finanzprodukt mit einem *tatsächlich verliehenen* Umweltlabel beworben wird.[89] Dies folgt daraus, dass der Verkehr nicht nur erwartet, dass das Umweltlabel tatsächlich verliehen wurde, sondern auch, dass die für eine Verleihung erforderlichen Voraussetzungen tatsächlich erfüllt sind.[90] Mit Umweltzeichen darf außerdem nur in der verliehenen Form geworben werden, der konkrete Grund der Verleihung muss dabei grundsätzlich kenntlich gemacht werden.[91] Diese Grundsätze wurden zwar für Umweltlabels für Produkte, die nicht *Finanz*produkte sind, entwickelt, können

[85] Die „Unerlaubtheit“ kann sich jedoch nicht daraus ergeben, dass den Anforderungen, die der *Green-Claims*-RL-Entwurf an ein Umweltsiegel aufstellt, nicht Genüge getan wird. Umweltsiegel für Finanzprodukte fallen *nicht* in den Anwendungsbereich des *Green-Claims*-RL-Entwurfs.
[86] Zur „geschäftlichen Handlung“ s. *Sosnitza*, in: Ohly/Sosnitza (Hrsg.), UWG (8. Aufl. 2023) § 2 Rn. 6 ff.
[87] *Veil/Deckert/Kämmerer/Voigt*, Nachhaltigkeit Kapitalanlagen durch Finanzmarktregulierung (2019), § 11 S. 260; *Meier*, Private Enforcement der Rechnungslegung durch das Lauterkeitsrecht, GRUR 2019, 581 (584).
[88] Die Anforderungen an eine „irreführende geschäftliche Darstellung“ werden in § 5 Abs. 2, 3, 4 und 5 sowie in § 5a UWG näher dargestellt.
[89] *Weidert*, in: Harte-Bavendamm/Henning-Bodewig (5. Aufl. 2021), § 5 UWG Rn. 580.
[90] *Weidert*, in: Harte-Bavendamm/Henning-Bodewig (5. Aufl. 2021), § 5 UWG Rn. 580; s. auch *Fischer*, Irreführung durch Werbung mit Prüfzeichen, Gütesiegeln und Gütezeichen, WRP 2009, 408 (410).
[91] *Weidert*, in: Harte-Bavendamm/Henning-Bodewig (5. Aufl. 2021), § 5 UWG Rn. 580.

aber auf Umweltlabels für Finanzprodukte übertragen werden. Auch dann, wenn Finanzprodukte mit einem tatsächlich verliehenen Label beworben werden, obwohl die materiellen Vergabekriterien nicht erfüllt sind, ist also von einer Irreführung i.S.d. § 5 UWG auszugehen. Der Grund für die Verleihung könnte beispielsweise darin liegen, dass Anbieter von Finanzprodukten gegenüber einer Zertifizierungsstelle (bewusst) unzutreffende Angaben bezüglich der Erfüllung der materiellen Vergabekriterien gemacht haben. Basieren diese Angaben auf einem Verstoß gegen geltende ESG-bezogene Offenlegungs- und Berichterstattungspflichten, dürfte die fehlerhafte Zertifizierung allerdings nur schwer nachzuweisen sein.

c) Beseitigungs- und Unterlassungsanspruch (§ 8 Abs. 1 S. 1 UWG)

Gem. § 8 Abs. 1 S. 1 UWG kann derjenige, der eine unzulässige geschäftliche Handlung vornimmt, auf Beseitigung und bei Wiederholungsgefahr auf Unterlassung in Anspruch genommen werden.

Dieser Anspruch kann jedoch nicht von privaten Anlegern geltend gemacht werden. Gem. § 8 Abs. 3 UWG steht die Geltendmachung grundsätzlich Mitbewerbern (Nr. 1), Wirtschafts- und Verbraucherverbänden (Nr. 2 und 3) und Industrie- und Handelskammern (Nr. 4) zu.[92] Institutionelle Anleger können hingegen als Mitbewerber i.S.d. § 8 Abs. 3 Nr. 1 UWG qualifiziert werden.[93]

Die Rechtsfolge eines Anspruchs aus § 8 Abs. 1 S. 1 UWG wäre, dass das Umweltzeichen nicht mehr zum Zwecke der Bewerbung eines Finanzprodukts verwendet werden dürfte. Diese Rechtsfolge ist sicherlich absolut notwendig, allerdings wenig geeignet, bereits verlorengegangenes Vertrauen in Umweltkennzeichen wiederherzustellen.[94]

d) Schadensersatzanspruch aus § 9 UWG

§ 9 UWG sind im Falle der Vornahme einer unzulässigen geschäftlichen Handlung einen Anspruch auf Schadensersatz vor.

aa) § 9 Abs. 1 UWG

Wer vorsätzlich oder fahrlässig eine unzulässige geschäftliche Handlung vornimmt, ist gem. § 9 Abs. 1 UWG den Mitbewerbern zum Ersatz des daraus entstehenden Schadens verpflichtet.

---

[92] Ausführlich zur Aktivlegitimation und Klagebefugnis *Ottofülling*, in: MüKoLauterkeitsrecht, Bd. 2 (3. Aufl. 2022), § 8 UWG Rn. 391 ff.

[93] Ausführlich zu den Mitbewerbern, die gem. § 8 Abs. 3 Nr. 1 UWG zur Geltendmachung eines Anspruchs aus § 8 Abs. 1 S. 1 UWG berechtigt sind, *Ottofülling*, in: MüKoLauterkeitsrecht, Bd. 2 (3. Aufl. 2022), § 8 UWG Rn. 411 ff.

[94] So bereits in C. I. 2. b) cc).

Dieser Anspruch kann also nicht von privaten Anlegern geltend gemacht werden. Der Schaden dürfte darin zu sehen sein, dass sich die Wettbewerbschancen eines Finanzdienstleistungs- oder Kreditinstituts, das ein angebotenes Finanzprodukt unberechtigterweise mit einem Umweltzeichen bewirbt, gegenüber anderen Finanzdienstleistungs- und Kreditinstituten, die von einer unberechtigten Verwendung absehen, erhöhen.[95]

bb) § 9 Abs. 2 S. 1 UWG

Wer vorsätzlich oder fahrlässig eine gem. § 3 UWG unzulässige geschäftliche Handlung vornimmt und hierdurch Verbraucher zu einer geschäftlichen Entscheidung veranlasst, die sie ohne Vornahme der unzulässigen Handlung nicht getroffen hätten, ist ihnen gem. § 9 Abs. 2 S. 1 UWG zum Ersatz des daraus entstehenden Schadens verpflichtet. Zur Geltendmachung eines Anspruchs aus § 9 Abs. 2 S. 1 UWG sind also grundsätzlich auch private Anleger berechtigt.

In der Verwendung eines Umweltkennzeichens ohne Durchlaufen des vorgesehenen Zertifizierungsverfahrens dürfte regelmäßig eine *vorsätzliche* unzulässige Handlung zu sehen sein. Dennoch dürfte ein solcher Anspruch in der Praxis selbst dann, wenn ein Verstoß gegen Regelungen zur Kennzeichnung von Finanzprodukten nachweislich vorliegt, nur selten vorkommen. Der Grund liegt darin, dass die Darlegungs- und Beweislast für den Kausalzusammenhang zwischen der unzulässigen geschäftlichen Handlung des Unternehmens (unberechtigte Verwendung eines Umweltlabels) und der getroffenen geschäftlichen Entscheidung (Erwerb von Anteilen an einem Finanzprodukt) grundsätzlich bei den Verbrauchern liegt, die einen Anspruch aus § 9 Abs. 2 UWG geltend machen wollen.[96] Der Anreiz, diesen Nachweis zu erbringen, dürfte besonders gering sein, wenn beispielsweise ein Anteil erworben wurde, der in seinem Wert inzwischen gestiegen ist.

F. Zusammenfassung und Fazit

Aus den obigen Ausführungen geht hervor, dass die Vorschriften, die auf europäischer Ebene zur Umsetzung der europäischen *Sustainable-Finance*-Strategie erlassen wurden und für die Zertifizierung „ökologisch nachhaltiger" Finanzprodukte relevant sein können, auf nationaler Ebene nur unzureichend durchgesetzt werden können. Auch die Mechanismen, die der Durchsetzung von Regelungen bezüglich der Kennzeichnung „ökologisch nachhaltiger" Finanzprodukte dienen würden, wären nach geltender Rechtslage allenfalls geeignet,

[95] Allgemein zur Schadenszurechnung sowie zum Inhalt und Umfang des Schadensersatzes im Kontext des § 9 Abs. 1 UWG *Köhler*, in: Köhler/Feddersen/Alexander/Odörfer/Scherer, Beck'scher Kurzkommentar, Gesetz gegen den unlauteren Wettbewerb (44. Aufl. 2026), § 9 Rn. 1.12 ff.

[96] *Köhler*, in: Köhler/Feddersen/Alexander/Odörfer/Scherer, Beck'scher Kurzkommentar, Gesetz gegen den unlauteren Wettbewerb (44. Aufl. 2026), § 9 Rn. 2.24.

Finanzdienstleistungs- und Kreditinstitute von der unberechtigten Verwendung eines Umweltkennzeichens, das tatsächlich nicht verliehen wurde, abzuschrecken.

Der nationale Gesetzgeber sollte in Erwägung ziehen, die Rechte insbesondere privater Anleger zu stärken. Die Umsetzung der europäischen *Sustainable-Finance*-Strategie soll dazu führen, dass mehr Kapital in nachhaltige Investitionen fließt. Dies kann nur erreicht werden, wenn sowohl private als auch institutionelle Anleger Nachhaltigkeitsbelange in Investitionsentscheidungen einbeziehen. Die Einführung von Zertifizierungssystemen für „ökologisch nachhaltige" Finanzprodukte soll bei der Auswahl nachhaltiger Anlageprodukte helfen. Würde ein Finanzprodukt mit einem EU-Umweltzeichen oder mit einem anderen staatlichen Umweltlabel, das auf die europäische Umwelt-Taxonomie Bezug nimmt, beworben werden, obwohl es die Anforderungen des Zertifizierungssystems nicht erfüllt, dürfte die Umsetzung der *Sustainable-Finance*-Strategie auch aus Sicht des europäischen Gesetzgebers also erheblich gefährdet sein. Um dies zu verhindern, müssen Hindernisse, die der privaten Rechtsdurchsetzung entgegenstehen, unbedingt beseitigt werden.

Kapitel 6: Zusammenfassung und Fazit

Bei der Einführung von Zertifizierungssystemen zur Kennzeichnung nachhaltiger Finanzprodukte handelt es sich grundsätzlich um eine sinnvolle Maßnahme, um Kapitalströme in nachhaltige Investitionen umzulenken und ein nachhaltiges Finanzwesen zu fördern. Labels, die am Ende eines erfolgreich durchlaufenen Zertifizierungsverfahrens vergeben werden, kommt eine komplexitätsreduzierende, informationsvermittelnde und vertrauensbildende Funktion zu. Sie können daher zu funktionierenden Finanz- und Kapitalmärkten *und* zur Verwirklichung der globalen Nachhaltigkeitsziele beitragen. Allerdings müssen sowohl die materiellen als auch die prozeduralen Zertifizierungskriterien *glaubwürdig* ausgestaltet sein. Den Zertifizierungskriterien muss insbesondere ein Verständnis von Nachhaltigkeit zugrunde gelegt werden, das mit den Nachhaltigkeitszielen der globalen Weltgemeinschaft (also mit den SDGs und Pariser Klimaschutzzielen) im Einklang steht.

Um Zertifizierungskriterien zu entwickeln, die den obigen Anforderungen entsprechen, ist es unumgänglich, sich mit der natur- und geisteswissenschaftlichen Forschung im Bereich der Operationalisierung des Nachhaltigkeitsbegriffs zu beschäftigen. Von dieser Notwendigkeit ist auch der europäische Gesetzgeber nicht befreit, der durch gezielte Maßnahmen, darunter auch Maßnahmen betreffend der Kennzeichnung von Finanzprodukten, einen Beitrag zur Umsetzung der europäischen *Sustainable-Finance*-Strategie leisten möchte. Die europäische *Sustainable-Finance*-Strategie soll explizit der Verwirklichung der globalen Nachhaltigkeitsziele dienen.

Im Rahmen der Umsetzung der europäischen *Sustainable-Finance*-Strategie wurde die Taxonomie-VO erlassen, die ein Klassifizierungssystem für „ökologisch nachhaltige" Wirtschaftstätigkeiten enthält. Dieses Klassifizierungssystem müssen sowohl die EU als auch ihre Mitgliedstaaten beim Erlass von Rechtsakten, die die Kennzeichnung „ökologisch nachhaltiger" Finanzprodukte betreffen, in Bezug nehmen. Ein einheitliches Begriffsverständnis von nachhaltigen Wirtschaftstätigkeiten und infolgedessen von nachhaltigen Investitionen kann zwar Einheitlichkeit und Rechtssicherheit im europäischen Raum schaffen und Greenwashing entgegenwirken. Allerdings ist die europäische Umwelt-Taxonomie nur bedingt geeignet, einem glaubwürdigen Zertifizierungssystem für *nachhaltige* Finanzprodukte als Grundbaustein zu dienen. Der Grund hierfür liegt zum einen darin, dass in der bestehenden Umwelt-Taxonomie soziale Aspekte eine untergeordnete Rolle spielen und diese Taxonomie nicht vor dem Hintergrund eines integrierten Verständnisses von Nachhaltigkeit entwickelt wurde. Zum anderen hat die EU-Kommission durch die Einordnung

L. Beer, *Zertifizierung nachhaltiger Finanzprodukte*, Juridicum – Schriftenreihe zum Wirtschafts-, Unternehmens- und Bankrecht / Series on Business, Corporate and Banking Law, https://doi.org/10.1007/978-3-658-52193-6_7

bestimmter Atom- und Gasenergietätigkeiten als „ökologisch nachhaltig" das erforderliche breite Vertrauen in die europäische Umwelt-Taxonomie erheblich gefährdet. Die PSF hat mit ihren Vorschlägen zur Entwicklung einer nicht-binären Umwelt-Taxonomie und einer Sozial-Taxonomie Möglichkeiten aufgezeigt, die bestehende Umwelt-Taxonomie zu erweitern. Der europäische Gesetzgeber sollte sich mit diesen Vorschlägen stärker befassen, um den Schwächen der Umwelt-Taxonomie zu begegnen. Dies würde sich auch positiv auf die Glaubwürdigkeit von EU-Umweltzeichen-Kriterien auswirken, die das Klassifizierungssystem für „ökologisch nachhaltige" Wirtschaftstätigkeiten in Bezug nehmen.

Eine glaubwürdige Ausgestaltung von EU-Umweltzeichen-Kriterien für Finanzprodukte könnte dazu führen, dass andere Zertifizierungssysteme für „nachhaltige" Finanzprodukte, die im europäischen Raum existieren, an Bedeutung verlieren. Eine solche Entwicklung wäre unter anderem deshalb wünschenswert, weil die bestehende Vielzahl und Vielfalt an Labels, die zum Teil staatlicher, zum Teil privater Natur sind, den Zielen entgegensteht, die mit der Einführung von Zertifizierungssystemen eigentlich verfolgt werden.

Selbst wenn ein europäisches Zertifizierungssystem für „ökologisch nachhaltige" Finanzprodukte eingeführt werden würde, wäre der nationale Gesetzgeber nicht von seiner Verantwortung befreit, den Erlass von Rechtsakten in Erwägung zu ziehen, die der Förderung eines nachhaltigen Finanzwesens dienen. Er könnte ein Zertifizierungssystem einführen, welches sich insbesondere durch strengere Vergabekriterien im Vergleich zu den EU-Umweltzeichen-Kriterien auszeichnen würde. Außerdem ist eine wirksame Rechtsdurchsetzung nicht weniger relevant als der materiell-rechtliche Inhalt von Rechtsvorschriften. Hier könnte der nationale Gesetzgeber zusätzliche Mechanismen zur Durchsetzung der Vorschriften schaffen, die die Kennzeichnung von Finanzprodukten mittelbar oder unmittelbar betreffen.

Literaturverzeichnis

Ackermann, Thomas, *Public* und *private enforcement* im Wirtschaftsrecht: Eine fragwürdige Dichotomie, in: Festschrift für Johannes Köndgen zum 70. Geburtstag, Köln 2016, S. 1 – 16.

Akerlof, George, Market for „Lemons“: Quality Uncertainty and the Market Mechanism, The Quarterly Journal of Economics 84 (1970), S. 488 – 500.

Allgeier, Sina, CSRD-Nachhaltigkeitsberichterstattung und KMU-Schutz, NZG 2023, S. 195 – 200.

Anzini, Martina/Van Roosebeke, Bert, EU-Verordnung, Grüne Taxonomie, cepAnalyse Nr. 08/2019, https://www.cep.eu/fileadmin/user_upload/cep.eu/Analysen/COM_2018_353_Green_Taxonomy/cepAnalyse_COM_2018__353_Gruene_Taxonomie_01.pdf (letzter Abruf: 26. März 2026).

Arjaliès, Diane-Laure/Chollet, Pierre/Crifo, Patricia/Mottis, Nicolas, The Motivations and Practices of Impact Assessment in Socially Responsible Investing: The French Case and its Implications for the Accounting and Impact Investing Communities, Social and Environmental Accounting Journal 43 (2022), S. 1 – 29.

Assmann, Heinz-Dieter/Schütze, Rolf A./Buck-Heeb, Petra (Hrsg.), Handbuch des Kapitalanlagerechts, 6. Aufl. München 2024.

Assmann, Heinz-Dieter/Wallach, Edgar/Zetzsche, Dirk (Hrsg.), KAGB Kommentar, 2. Aufl. Köln 2022.

Baumüller, Josef/Haring, Nicolai/Merl, Stefan, Erstanwendung der Berichtspflichten gem. Taxonomie-VO: Überblick und Handlungsempfehlungen, IRZ 2022, S. 77 – 84.

Baumüller, Josef/Hrinkow, Matthias, „Taxo 4“ und die vorläufige Vollendung der „grünen EU-Nachhaltigkeitstaxonomie“: Eine Gesamtschau, IRZ 2023, S. 539 – 544.

Berg, René, Legitimation durch Informationsintermediäre mit Nachhaltigkeitsbezug, Wiesbaden 2018.

Berrou, Romain/Dessertine, Philippe/Migliorelli, Marco, An Overview of Green Finance, in: Migliorelli, Marco/Dessertine, Philippe (Hrsg.), The Rise of Green Finance in Europe, Opportunities and Challenges for Issuers, Investors and Marketplaces, Cham 2019, S. 3 – 29.

Biermann, Frank/Kim, Rakhyun, The Boundaries of the Planetary Boundary Framework: A Critical Appraisal of Approaches to Define „Safe Operating Space” for Humanity, Annual Reviews of Environment and Ressources 45 (2020), S. 497 – 521.

Biller, Sebastian, Die Auswirkungen von Art. 8 Taxonomie-Verordnung auf Inlandsemittenten aus Drittstaaten und deren (vermeintliche) Pflicht zur nichtfinanziellen Berichterstattung, AG 2022, S. 612 – 616.

Birk, Axel, Fehler in der Nachhaltigkeitsberichterstattung und in „Umweltzertifikaten“ – ein Fall für das UWG?, GRUR 2022, S. 1791 – 1795.

Bischof, Thorsten, Das Pariser Klimaschutzabkommen, Tübingen 2022.

Bosco, Luigi, The Moral Wiggle Room: When Avoiding Information is Strategically Optimal, International Journal of Business and Social Science 13 (2022), S. 20 – 27.

Bourgon, Gabriele, Im Blickpunkt, BB 2022, S. 553.

Brand, Oliver/Baroch Castellvi, Manuel (Hrsg.), Kommentar zum Versicherungsaufsichtsgesetz, 2. Aufl. Baden-Baden 2024.

Brauneck, Jens, Neues EU-Öko-Label für Finanzprodukte nach Vorgaben der EU-Kommission?, WM 2019, S. 1530 – 1537.

Buck-Heeb, Petra, Kapitalmarktrecht, 13. Aufl. Heidelberg 2023.

Budzikiewicz, Christine/Weller, Marc-Philippe/Wurmnest, Wolfgang (Hrsg.), BeckOGK Internationales Gesellschaftsrecht, Internationales und europäisches Finanzmarktrecht, Stand: 1. November 2022, München 2022.

Bueren, Eckart, Sustainable Finance, ZGR 48 (2019), S. 813 – 875.

Bundesanstalt für Finanzdienstleistungsaufsicht (BaFin), Merkblatt zum Umgang mit Nachhaltigkeitsrisiken, 2019, abrufbar unter: https://www.bafin.de/SharedDocs/Downloads/DE/Merkblatt/dl_mb_Nachhaltigkeitsrisiken.html (letzter Abruf: 26. März 2026).

L. Beer, *Zertifizierung nachhaltiger Finanzprodukte*, Juridicum – Schriftenreihe zum Wirtschafts-, Unternehmens- und Bankrecht / Series on Business, Corporate and Banking Law, https://doi.org/10.1007/978-3-658-52193-6

Bundesministerium für Umwelt, Klimaschutz, Naturschutz und nukleare Sicherheit, EU Umweltzeichen (EU Ecolabel), https://www.bundesumweltministerium.de/themen/nachhaltigkeit/konsum-und-produkte/eu-umweltzeichen-eu-ecolabel?utm_source=chatgpt.com (letzter Abruf: 26. März 2026).

Bundesministerium Land- und Forstwirtschaft, Klima- und Umweltschutz, Regionen und Wasserwirtschaft, Österreichisches Umweltzeichen, Richtlinie UZ 49, Nachhaltige Finanzprodukte, Version 6.0, 2024, https://www.umweltzeichen.at/file/Richtlinie/UZ%2049/Long/UZ49%20Nachhaltige%20Finanzprodukte%202024.pdf, (letzter Abruf: 26. März 2026).

Bundesministerium Land- und Forstwirtschaft, Klima- und Umweltschutz, Regionen und Wasserwirtschaft, UZ49: Das Umweltzeichen für grüne Finanzprodukte, https://www.bmluk.gv.at/themen/klima-und-umwelt/nachhaltigkeit/green-economy-und-green-finance/green-finance/finanzen/umweltzeichen49.html (letzter Abruf: 26. März 2026).

Bundesregierung, „Der Atomausstieg macht unser Land sicherer", 2023, https://www.bundesregierung.de/breg-de/aktuelles/ausstieg-aus-der-kernkraft-2135796 (letzter Abruf: 26. März 2026).

Burgi, Martin/Möslein, Florian (Hrsg.), Zertifizierung nachhaltiger Kapitalgesellschaften, Tübingen 2021.

Busch, Timo/Bruce-Clark, Peter/Derwall, Jeroen/Eccles, Robert/Hebb, Tessa/Hoepner, Andreas/Klein, Christian/Krueger, Philipp/Paetzold, Falko/Scholtens, Bert/Weber, Olaf, Impact Investments: a call for (re)orientation, SN Business & Economics 1 (2021), Art. 33.

California Legislative Counsel, Senate Bill No. 261, https://leginfo.legislature.ca.gov/faces/billTextClient.xhtml?bill_id=202320240SB261 (letzter Abruf: 26. März 2026).

Calliess, Christian/Ruffert, Matthias (Hrsg.), EUV/AEUV-Kommentar, 6. Aufl. München 2022.

Campe, Joachim Heinrich (Hrsg.), Wörterbuch der deutschen Sprache, Band 3, Braunschweig 1809.

Carè, Rosella/Wendt, Karen, Investing with Impact: An Integrated Analysis Between Academics and Practitioners, in: La Torre, Mario/Calderini, Mario (Hrsg.), Social Impact Investing Beyond the SIB, Cham 2018, S. 5 – 45.

Chiu, Iris, Disclosure Regulation and Sustainability, in: Sjåfjell, Beate/Bruner, Christopher (Hrsg.), The Cambridge Handbook of Corporate Law, Corporate Governance and Sustainability, Cambridge 2020, S. 521 – 535.

Climate Bonds Initiative, Climate Bonds Taxonomy, 2021, https://www.climatebonds.net/files/documents/Climate-Bonds_Taxonomy_Sep-2021.pdf (letzter Abruf: 26. März 2026).

Club of Rome, The Limits to Growth, 1972, http://www.donellameadows.org/wp-content/userfiles/Limits-to-Growth-digital-scan-version.pdf (letzter Abruf: 26. März 2026).

Crifo, Patricia/Durand, Rodolphe/Gond, Jean-Pascal, The role of labels in green finance: construction and regulation of a label market in France, Revue d'economie financiere 138 (2020), S. 209 – 223.

CRO Forum, The heat is on, Insurability and Resilience in a Changing Climate, 2019, https://www.thecroforum.org/wp-content/uploads/2019/01/CROF-ERI-2019-The-heat-is-on-Position-paper-1.pdf (letzter Abruf: 26. März 2026).

Crutzen, Paul/Stoermer, Eugene, The 'Anthropocene' (2000), in: Robin, Libby/Sörlin, Sverker/Warde, Paul (Hrsg.), The Future of Nature, Documents of Global Change, New Haven 2013, S. 479 – 490.

Dany, Luisa-Sophie, Die EU ESG-Rating-Verordnung – Die Regulierung von ESG-Ratings auf dem Weg zu einem nachhaltigen Finanzmarkt, WM 2025, S. 556 – 563.

Dauses, Manfred/Ludwigs, Markus, Handbuch des EU-Wirtschaftsrechts, Band 1, München 2025.

Deutsches Rechnungslegungs Standards Committee e.V. (DRSC), Kernbotschaften des DRSC-Verwaltungsrates zur Corporate Sustainability Reporting Directive (CSRD), https://www.drsc.de/app/uploads/2021/04/210430_Kernbotschaften_VR_CSRD.pdf (letzter Abruf: 26. März 2026).

Development Assistance Committee, Shaping the 21st Century: The Contribution of Development Co-operation, 1996, https://www.oecd.org/dac/2508761.pdf (letzter Abruf: 26. März 2026).

Diederichsen, Lars, Ein neues Umweltzeichen für Europa, RIW 1993, S. 224 – 228.

DIN Deutsches Institut für Normierung e.V., Umweltmanagement 2, Umweltbezogene Kennzeichnung und Ökobilanzen, 3. Aufl. Berlin 2024.

Drescher, Ingo/Fleischer, Holger/Schmidt, Karsten (Hrsg.), Münchener Kommentar zum HGB, Band 4, 5. Aufl. München 2024.

Dreyfus, Magali/Allemand, Roselyne, Three Years After the French Energy Transition for Green Growth Law: Has the 'Energy Transition' Actually Started at the Local Level?, Journal of Environmental Law 30 (2018), S. 109 – 133.

Dudenredaktion (Hrsg.), Das Bedeutungswörterbuch, 5. Aufl. Berlin 2018.

Dürig, Günter/Herzog, Roman/Scholz, Rupert, Grundgesetz Kommentar, Band III, München 2025.

Ebenroth, Carsten Thomas/Boujong, Karlheinz (Begr.), HGB Kommentar, Band 2, §§ 343-475h, Transportrecht, Bank- und Kapitalmarktrecht, 5. Aufl. München 2024.

Eberius, Robert, Verrechtlichung der ESG-Compliance: Pflichten für Fondsmanager und institutionelle Investoren, WM 2019, S. 2143 – 2152.

Ellenberger, Jürgen/Bunte, Hermann-Josef (Hrsg.), Bankrechts-Handbuch, Band I, 6. Aufl. München 2022.

Émane Meyo, Martin, La promotion, en Europe, des labels écologiques destinés aux fonds d'investissement: l'exemple, en France, du dècret n° 2019-568 du 7 juin 2019, Revue de l'Union Européenne 635 (2020), S. 123 – 126.

Erb, Volker/Schäfer, Jürgen (Hrsg.), Münchener Kommentar zum StGB, Band 8, 4. Aufl. München 2023.

ESMA, Sustainable Finance Roadmap 2022-2024, 2022, https://www.esma.europa.eu/sites/default/files/library/esma30-379-1051_sustainable_finance_roadmap.pdf (letzter Abruf: 26. März 2026).

Europäische Kommission, Aktionsplan: Finanzierung nachhaltigen Wachstums, COM(2018) 97 final.

Europäische Kommission, Delegierte Verordnung (EU) .../... der Kommission vom 31. Juli 2023 zur Ergänzung der Richtlinie 2013/34/EU des Europäischen Parlaments und des Rates durch Standards für die Nachhaltigkeitsberichterstattung, C(2023) 5303 final.

Europäische Kommission, Der europäische Grüne Deal, COM(2019) 640 final.

Europäische Kommission, Ein neuer Aktionsplan für die Kreislaufwirtschaft, Für ein saubereres und wettbewerbsfähigeres Europa, COM(2020) 98 final.

Europäische Kommission, Initiative für soziales Unternehmertum, Schaffung eines „Ökosystems" zur Förderung der Sozialunternehmen als Schlüsselakteure der Sozialwirtschaft und der sozialen Innovation, KOM(2011) 682 endg.

Europäische Kommission, Mitteilung der Europäischen Kommission an das Europäische Parlament und den Rat, den Europäischen Wirtschafts- und Sozialausschuss und den Ausschuss der Regionen, Ein Rahmen für ein nachhaltiges Finanzwesen, der in der Praxis funktioniert, COM(2023) 317 final.

Europäische Kommission, Mitteilung der Kommission, Leitlinien für die Berichterstattung über nichtfinanzielle Informationen (Methode zur Berichterstattung über nichtfinanzielle Informationen) vom 5. Juli 2017, https://eur-lex.europa.eu/legal-content/DE/TXT/PDF/?uri=CELEX:52017XC0705(01) (letzter Abruf: 26. März 2026).

Europäische Kommission, Mitteilung der Kommission, Leitlinien für die Berichterstattung über nichtfinanzielle Informationen: Nachtrag zur klimabezogenen Berichterstattung vom 20. Juni 2019, https://eur-lex.europa.eu/legal-content/DE/TXT/PDF/?uri=CELEX:52019XC0620(01) (letzter Abruf: 26. März 2026).

Europäische Kommission, Pressemitteilung vom 23. Juni 2025, https://www.europarl.europa.eu/news/de/press-room/20250623IPR29094/green-claims-directive-ep-co-rapporteurs-hold-a-press-conference-at-15-15?utm_source=chatgpt.com (letzter Abruf: 26. März 2026).

Europäische Kommission, Strategie zur Finanzierung einer nachhaltigen Wirtschaft, COM(2021) 390 final.

Europäische Kommission, Vorschlag für eine Richtlinie des Europäischen Parlaments und des Rates über die Begründung ausdrücklicher Umweltaussagen und die diesbezügliche Kommunikation (Richtlinie über Umweltaussagen), COM(2023) 166 final.

Europäische Kommission, Vorschlag für eine Richtlinie des Europäischen Parlaments und des Rates über die Sorgfaltspflichten von Unternehmen im Hinblick auf Nachhaltigkeit und zur Änderung der Richtlinie (EU) 2019/1937, COM(2022) 71 final.

Europäische Kommission, Vorschlag für eine Richtlinie des Europäischen Parlaments und des Rates zur Änderung der Richtlinie 2013/36/EU im Hinblick auf Aufsichtsbefugnisse, Sanktionen, Zweigstellen aus Drittländern sowie

Umwelt-, Sozial- und Unternehmensführungsrisiken und zur Änderung der Richtlinie 2014/59/EU, COM(2021) 663 final.

Europäische Kommission, Vorschlag für eine Richtlinie des Europäischen Parlaments und des Rates zur Änderung der Richtlinien 2005/29/EG und 2011/83/EU hinsichtlich der Stärkung der Verbraucher für den ökologischen Wandel durch besseren Schutz gegen unlauterer Praktiken und bessere Informationen, COM(2022) 143 final.

Europäische Kommission, Vorschlag für eine Richtlinie des Europäischen Parlaments und des Rates zur Änderung der Richtlinien 2006/43/EG, 2013/34/EU, (EU) 2022/2464 und (EU) 2024/1760 im Hinblick auf bestimmte Anforderungen an die Nachhaltigkeitsberichterstattung und die Sorgfaltspflichten von Unternehmen, COM(2025) 81 final.

Europäische Kommission, Vorschlag für eine Richtlinie des Europäischen Parlaments und des Rates zur Änderung der Richtlinien 2013/34/EU, 2004/109/EG und 2006/43/EG und der Verordnung (EU) Nr. 537/2014 hinsichtlich der Nachhaltigkeitsberichterstattung von Unternehmen, COM(2021) 189 final.

Europäische Kommission, Vorschlag für eine Verordnung des Europäischen Parlaments und des Rates über die Transparenz und Integrität von Rating-Tätigkeiten in den Bereichen Umwelt, Soziales und Governance (ESG), COM(2023) 314 final.

Europäische Kommission, Vorschlag für eine Verordnung des Europäischen Parlaments und des Rates über europäische grüne Anleihen, COM(2021) 391 final.

Europäische Kommission, Vorschlag für eine Verordnung des Europäischen Parlaments und des Rates zur Änderung der Verordnung (EU) 2019/2088 über nachhaltigkeitsbezogene Offenlegungspflichten im Finanzdienstleistungssektor und der Verordnung (EU) Nr. 1286/2014 über Basisinformationsblätter für verpackte Anlageprodukte für Kleinanleger und Versicherungsanlageprodukte (PRIIP) sowie zur Aufhebung der Delegierten Verordnung (EU) 2022/1288 der Kommission, COM(2025) 841 final.

Europäische Kommission, Vorschlag für eine Verordnung des Europäischen Parlaments und des Rates zur Änderung der Verordnung (EU) Nr. 575/2013 im Hinblick auf Vorschriften für das Kreditrisiko, das Risiko einer Anpassung der Kreditbewertung, das operationelle Risiko, das Marktrisiko und die Eigenmitteluntergrenze (Output-Floor), COM(2021) 664 final.

Europäischer Rat, Nachhaltiges Finanzwesen: Vorläufige Einigung über europäische grüne Anleihen, 2023, https://www.consilium.europa.eu/de/press/press-releases/2023/02/28/sustainable-finance-provisional-agreement-reached-on-european-green-bonds/ (letzter Abruf: 26. März 2026).

European Commission, Proposal for a Council Regulation (EEC) on a Community award scheme for an Eco-label, COM(91) 37 final.

European Financial Reporting Advisory Group, Draft European Sustainability Reporting Standards, 2022, https://www.efrag.org/Assets/Download?assetUrl=%2Fsites%2Fwebpublishing%2FSiteAssets%2F06%2520Draft%2520ESRS%25201%2520General%2520requirements%2520November%25202022.pdf (letzter Abruf: 26. März 2026).

Eurosif, Classification Scheme for Sustainable Investments, 2022, https://www.eurosif.org/wp-content/uploads/2022/07/FINAL-White-Paper-Eurosif-Classification.pdf (letzter Abruf: 26. März 2026).

Eurosif, Promoting sustainability through European financial markets, https://www.eurosif.org/ (letzter Abruf: 26. März 2026).

Eurosif, The Inclusion of Gas and Nuclear brings major Challenges for the Credibility and Adoption of the EU Taxonomie, 2021, https://www.eurosif.org/wp-content/uploads/2021/11/2021-11-24-Eurosif-Statement-Taxonomy-Gas-Nuclear.pdf (letzter Abruf: 26. März 2026).

Falke, Josef, EU-Taxonomie – Greenwashing für Atom- und Gaskraftwerke?, ZUR 2022, S. 207 – 215.

Fanning, Andrew/O'Neill, Daniel/Hickel, Jason/Roux, Nicolas, The social shortfall and ecological overshoot of nations, Nature Sustainability 5 (2022), S. 26 – 36.

Fehrenbacher, Oliver/Dicken, André/Hennrichs, Joachim/Kleindiek, Detlef/Watrin, Christoph (Hrsg.), BeckOGK Bilanzrecht, München 2026.

Feisel, Edda/Makowka, Celine, Die neue Nachhaltigkeitsberichterstattung – Welche Anforderungen kommen durch die CSRD auf deutsche Unternehmen zu?, DB 2024, S. 65 – 68.

Ferrat, Yann, Le label ISR français : gage de qualité extra-financière sans coût financier, Revue d'Économie Financière No. 149 (2023), S. 295 – 308.

Filipiak, Beata Zofia, Interdependencies Between Sustainable Financial Market and Sustainable Business, in: Ziolo, Magdalena/Escrig-Olmedo, Elena/Lozano, Rodrigo (Hrsg.), Fostering Sustainable Business Models through Financial Markets, Cham 2022, S. 35 – 58.

Fischer, Klaus, Corporate Sustainability Governance, Nachhaltigkeitsbezogene Steuerung von Unternehmen in einer globalisierten Welt, Wiesbaden 2017.

Fischer, Thomas, Irreführung durch Werbung mit Prüfzeichen, Gütesiegeln und Gütezeichen, WRP 2009, S. 408 – 412.

Fleischer, Holger/Chatard, Yannick, Gesetzliche Zertifizierung nachhaltiger Unternehmen, NZG 2021, S. 1525 – 1532.

Fleischer, Holger, Corporate Social Responsibility, AG 2017, S. 509 – 525.

Fleischer, Holger/Goette, Wulf (Hrsg.), Münchener Kommentar zum GmbH-Gesetz, Band 2, 5. Aufl. München 2026.

Fleischer, Holger/Mankowski, Peter (Hrsg.), LkSG-Kommentar, München 2023.

Florian, Ulrich, Haftung aus Nachhaltigkeitsgesetzen im Finanzsektor, WM 2022, S. 309 – 316.

Folqué, Maria/Escrig-Olmedo, Elena/Corzo Santamaría, Teresa, Sustainable development and financial system: Integrating ESG-risks through sustainable investment strategies in a climate change context, Sustainable Development 29 (2021), S. 876 – 890.

Fonds Online, EU-Ecolabel für Finanzprodukte wird begraben, 24. September 2024, https://www.fondsprofessionell.de/news/recht/headline/eu-ecolabel-fuer-finanzprodukte-wird-begraben-235789/ (letzter Abruf: 26. März 2026).

Forgó, Katrin, Europäisches Umweltzeichen und Welthandel, Wien 1999.

Forum Nachhaltige Geldanlagen, Die Akteure, https://fng-siegel.org/akteure/ (letzter Abruf: 26. März 2026).

Forum Nachhaltige Geldanlagen, Die FNG-Siegel - Der Qualitätsstandard für nachhaltige Geldanlagen, https://fng-siegel.org/ (letzter Abruf: 26. März 2026).

Forum Nachhaltige Geldanlagen, Einführung – Die FNG-Siegel, https://fng-siegel.org/einfuehrung/ (letzter Abruf: 26. März 2026).

Forum Nachhaltige Geldanlagen, FNG-Nachhaltigkeitsprofile, https://www.forum-ng.org/de/fng-nachhaltigkeitsprofile (letzter Abruf: 26. März 2026).

Forum Nachhaltige Geldanlagen, FNG-Siegel für nachhaltige Investmentfonds und ähnliche Produkte, Verfahrensbedingungen 2023, https://fng-siegel.org/media/downloads/FNG-Siegel2024-Verfahrensbedingungen.pdf (letzter Abruf: 26. März 2026).

Forum Nachhaltige Geldanlagen, FNG-Siegel für nachhaltige Investmentfonds und ähnliche Produkte, Verfahrensbedingungen 2025, https://fng-siegel.org/media/downloads/FNG-Siegel2026-Verfahrensbedingungen.pdf (letzter Abruf: 26. März 2026).

Forum Nachhaltige Geldanlagen, Forum Nachhaltige Geldanlagen (FNG), https://www.forum-ng.org/de/fng (letzter Abruf: 26. März 2026).

Forum Nachhaltige Geldanlagen, Nachhaltige Geldanlagen, https://www.forum-ng.org/de/markt/nachhaltige-anlagestrategien (letzter Abruf: 26. März 2026).

Forum Nachhaltige Geldanlagen, Pressemitteilung vom 19. August 2021: Offener Brief an die EU Kommission - Ausschluss von Atomkraft als nachhaltige Wirtschaftsaktivität unter der EU Taxonomie-Verordnung, https://www.forum-ng.org/de/politik/position/pm/offenerbrief/atomkraft (letzter Abruf: 26. März 2026).

Forum Nachhaltige Geldanlagen, Pressemitteilung vom 9. Juni 2022, FNG-Marktbericht 2022, https://www.forum-ng.org/de/neuigkeiten/artikel/pressemitteilung-fng-marktbericht-2022-deutschland (letzter Abruf: 26. März 2026).

Friede, Gunnar/Busch, Timo/Bassen, Alexander, ESG and Financial Performance: Aggregated Evidence from More than 2000 Empirical Studies, Journal of Sustainable Finance & Investment 5 (2015), S. 210 – 233.

FTSE, FTSE Environmental Markets Classification System, 2018, https://www.lseg.com/content/dam/ftse-russell/en_us/documents/other/env-mkts-class-sys.pdf (letzter Abruf: 26. März 2026).

Gadow, Stefanie/Hartmann, Ullrich/Lienland, Dieter/Bruhn, Benjamin, Berücksichtigung von ESG-Risiken im Rahmen der Kreditvergabe und -überwachungsprozesse von Finanzinstituten, DB 2023, S. 564 – 568.

Gebhardt, Julia/Leiendecker, Jannik/Lienke, Georg/Meier, Florian, Vorschlag der EU-Kommission für eine Green Claims-Richtlinie: Neuer Anforderungskatalog an Green Claims für Unternehmen, ESG 2023, S. 130 – 134.

Gehne, Katja, Nachhaltige Entwicklung als Rechtsprinzip, Tübingen 2011.

Geier, Bernd/Meringdal, Inga Elise/Stille, Simone, Taxonomie – Offenlegung – Governance, München 2023.

Geiger, Rudolf/Khan, Daniel-Erasmus/Kotzur, Markus/Kirchmair, Lando (Hrsg.), EUV/AEUV-Kommentar, 7. Aufl. München 2023.

Gerdes, Sandra, Die Taxonomie-VO: ein stumpfes Schwert für „Sustainable Finance"? - Eine Analyse, ZG 2023, S. 138 – 158.

Giesberts, Ludger, Sorgfaltspflichten für die Lieferkette, Das deutsche Gesetz und der EU-Richtlinienentwurf, NVwZ 2022, S. 1497 – 1505.

Gipper, Brandon/Leuz, Christian/Maffett, Mark, Public Oversight and Reporting Credibility: Evidence from the PCAOB Audit Inspection Regime, The Revue of Financial Studies 33 (2020), S. 4532 – 4579.

Glander, Harald/Lühmann, Daniel, Auswirkungen der europäischen ESG-Regulierung auf Asset Manager, RdF 2020, S. 12 – 19.

Global Impact Investing Network, Core Characteristics of Impact Investing, https://thegiin.org/publication/post/core-characteristics-of-impact-investing/ (letzter Abruf: 26. März 2026).

Global Reporting Initiative, Introduction, https://globalreporting.org/publications/documents/english/gri-3-material-topics-2021/ (letzter Abruf: 26. März 2026).

Golan, Elise/Kuchler, Fred/Mitchell, Lorraine, Economics of Food Labeling, Journal of Consumer Policy 24 (2001), S. 117 – 184.

Görlitz, Sascha, Atomenergie und Erdgas als nachhaltige Wirtschaftsaktivität in der EU-Taxonomie?, Ökologisches Wirtschaften – Fachzeitschrift 37 (2022), S. 11.

Grabitz, Eberhard/Hilf, Meinhard/Nettesheim, Martin, Das Recht der Europäischen Union, Band I, Werkstand: 86. EL, München September 2025.

Graewe, Daniel, Die EU-Sozialtaxonomie und ihre Auswirkungen auf ESG-Ratings von Unternehmen, BB 2023, S. 262 - 266.

Gramlich, Ludwig/Gluchowski, Peter/Horsch, Andreas/Schäfer, Klaus/Waschbusch, Gerd (Hrsg.), Gabler Banklexikon (K Z), 15. Aufl. Wiesbaden 2020, https://www.gabler-banklexikon.de/definition/sustainable-finance-99711 (letzter Abruf: 26. März 2026).

Grober, Ulrich, Die Entdeckung der Nachhaltigkeit, Kulturgeschichte eines Begriffs, München 2010.

Grober, Ulrich, Hans Carl von Carlowitz, Der Erfinder der Nachhaltigkeit, 7. Februar 2012, https://www.zeit.de/1999/48/Der_Erfinder_der_Nachhaltigkeit (letzter Abruf: 26. März 2026).

von der Groeben, Hans/Schwarze, Jürgen/Hatje, Armin, Europäisches Unionsrecht, 8. Aufl. Baden-Baden 2025.

Grottel, Bernd/Justenhoven, Petra/Kliem, Bernd/Schubert, Wolfgang (Hrsg.), Beck'scher Bilanz-Kommentar, Handels- und Steuerbilanz, §§ 238 bis 339, 342 bis 342a HGB, 15. Aufl. München 2026.

Grundmann, Stefan, Deutsches Anlegerschutzrecht in internationalen Sachverhalten, RabelsZ 54 (1990), S. 283 – 322.

Gupta, Joyeeta et al., Earth system justice needed to identify and live within Earth system boundaries, Nature Sustainability 6 (2023), S. 630 – 638.

Häberle, Peter (Hrsg.), Strafrechtliche Nebengesetze, Kommentar, Band 1, Werkstand: 249. EL September 2023 (zit.: *Bearb.*, in: Erbs/Kohlhaas).

Hagel, Ulrich/Wiedmann, Michael, EU-Omnibus zur CSRD und CS3D und Koalitionsvertrag zum LkSG – Vereinfachung oder Erschwernis?, CCZ 2025, S. 116 – 126.

Hamberger, Joachim (Hrsg.), Hans Carl von Carlowitz, Sylvicultura oeconomica oder Haußwirthliche Nachricht und Naturmäßige Anweisung zur Wilden Baumzucht, 2. Aufl. München 2022.

Hanke, Stefan, Der Vertrieb von ökologisch nachhaltigen Anlageprodukten – künftige rechtliche Anforderungen und Haftungsrisiken, ZIP 2022, S. 62 – 73.

Harte-Bavendamm, Henning/Henning-Bodewig, Frauke/Goldmann, Michael/Tolkmitt, Jan (Hrsg.), Gesetz gegen den unlauteren Wettbewerb (UWG), Kommentar, 5. Aufl. München 2021.

Heermann, Peter/Schlingloff, Jochen (Hrsg.), Münchener Kommentar zum Lauterkeitsrecht, Band 2, 3. Aufl. München 2022.

Hell, Patrick, Grundsatzfragen der Ausgestaltung der nichtfinanziellen Unternehmenspublizität, EuZW 2018, S. 1015 – 1020.

Hellgardt, Alexander/Jouannaud, Viktor, Nachhaltigkeitsziele und Privatrecht, AcP 2022, S. 163 – 216.

Hembach, Holger, Das LkSG und seine Umsetzung – ein Überblick, LMuR 2023, S. 9 – 16.

Hepburn, Cameron/Beinhocker, Eric/Farmer, Doyne/Teytelboym, Alexander, Resilient and Inclusive Prosperity within Planetary Boundaries, China & World Economy 22 (2014), S. 76 – 91.

Herold, Christian/Grottel, Gregor/Klein, Lukas, Die Wesentlichkeitsanalyse gemäß den *European Sustainability Reporting Standards* (ESRS), IRZ 2023, S. 475 – 481.

Hertel, Tobias, Unsicherheitsdimensionen und Entwicklungstrends von ESG-Ratings, Corporate Finance 2022, S. 153 – 158.

High-Level Expert Group on Sustainable Finance, Financing a Sustainable European Economy, 2018, https://finance.ec.europa.eu/system/files/2018-01/180131-sustainable-finance-final-report_en.pdf (letzter Abruf: 26. März 2026).

Hirschmann, Stefan, Sozialer Mindestschutz gemäß EU-Taxonomie, ESG 2023, S. 42 – 46.

Hong Kong Airport Authority, Offering Memorandum, 2023, https://www.hongkongairport.com/iwov-resources/file/airport-authority/tender-notices/USDBonds2023_OM.pdf (letzter Abruf am 26. März 2026).

Hopt, Klaus, Beck`sche Kurzkommentare HGB, 45. Aufl. München 2026.

Hopt, Klaus/Seibt, Christoph (Hrsg.), Schuldverschreibungsrecht, 3. Aufl. Köln 1/2026.

Intergovernmental Panel on Climate Change, Climate Change 2022: Impacts, Adaption and Vulnerability, 2022, https://www.ipcc.ch/report/ar6/wg2/downloads/report/IPCC_AR6_WGII_FullReport.pdf (letzter Abruf: 26. März 2026).

Intergovernmental Panel on Climate Change, Special Report 2015, Summary for Policymakers, https://www.ipcc.ch/site/assets/uploads/sites/2/2022/06/SPM_version_report_LR.pdf (letzter Abruf: 26. März 2026).

International Energy Agency, World Energy Outlook 2017, https://iea.blob.core.windows.net/assets/4a50d774-5e8c-457e-bcc9-513357f9b2fb/World_Energy_Outlook_2017.pdf (letzter Abruf: 26. März 2026).

International Financing Review, Airport Authority HK sells controversial green bond, 2022, https://www.ifre.com/esg/423088/update-2-airport-authority-hk-sells-controversial-green-bond (letzter Abruf: 26. März 2026).

Ipsen, Nils/Plappert, Liesa, Klimaschutz durch DAX & Co, WM 2022, S. 209 – 214.

Ipsen, Nils/Röh, Lars, Was ist eine ökologisch nachhaltige Wirtschaftstätigkeit?, ZIP 2020, S. 2001 – 2010.

Jahn, Gabriele/Schramm, Matthias/Spiller, Achim, The Reliability of Certification: Quality Labels as a Consumer Policy Tool, Journal of Consumer Policy 28 (2005), S. 53 – 73.

Jeroen/van den Bergh, Jeroen/Kallis, Giorgos, Growth, A-Growth or Degrowth to Stay within Planetary Boundaries?, Journal of Economic Issues 46 (2012), S. 909 – 920.

Joint Research Centre, Development of EU Ecolabel criteria for Retail Financial Products, Technical Report 2.0, 2019, abrufbar unter: https://susproc.jrc.ec.europa.eu/product-bureau/product-groups/432/documents (letzter Abruf: 26. März 2026).

Joint Research Centre, Development of EU Ecolabel criteria for Retail Financial Products, Technical Report 4.0, 2021, abrufbar unter: https://susproc.jrc.ec.europa.eu/product-bureau/product-groups/432/documents (letzter Abruf: 26. März 2026).

Joint Research Centre, EU Ecolabel criteria for Financial Products, Preliminary Report, First draft, 2019, abrufbar unter: https://susproc.jrc.ec.europa.eu/product-bureau/product-groups/432/documents (letzter Abruf: 26. März 2026).

Kasapovic, Boris/Pietzka, Dennis, Qualitative Angabeerfordernisse über die Konformitätsprüfung gem. Taxonomie-VO für Nicht-Finanzunternehmen – ein praxisorientiertes Beispiel, IRZ 2023, S. 247 – 254.

Kashwan, Prakash/Biermann, Frank/Gupta, Aarti/Okereke, Chupwumerije, Planetary justice: Prioritizing the poor in Earth System Governance, Earth System Governance 6 (2020), 100075.

Kasiske, Peter, Strafbarkeitsrisiken beim „Greenwashing" von Finanzprodukten, WM 2023, S. 53 – 59.

Keys, Patrick W., Anthropocene risks, Nature Sustainability 2 (2019), S. 667 – 673.

Kindhäuser, Urs/Neumann, Ulfrid/Paeffgen, Hans-Ullrich/Saliger, Frank (Hrsg.), Strafgesetzbuch, Kommentar, 6. Aufl. Baden-Baden 2023.

Klein, Fabian, Green Claims: Die neuen Regelungen der EU zur umweltbezogenen Werbung, DB 2024, S. 575 – 580.

Klindt, Thomas, Die Umweltzeichen 'Blauer Engel' und 'Europäische Blume' zwischen produktbezogenem Umweltschutz und Wettbewerbsrecht, BB 1998, S. 545 – 544.

Klinger, Remo, Vom Blauen Engel zum Bekleidungsengel? Umweltsiegel als Vorbild staatlicher Zertifizierungen in der Textilindustrie, ZUR 2015, S. 270 – 277.

Kloven, Kristen, Eco-Labeling of Sustainably Harvested Wood under the Forest Stewardship Council: Seeing the Forest for the Trees, Colo. J. Int'l Envtl. L. & Pol'y 9 (1998), S. 48 – 55.

Kluza, Krzysztof/Kluza, Stanislaw, Interdependencies Between Sustainable Financial Market and Sustainable Business, in: Ziolo, Magdalena/Escrig-Olmedo, Elena/Lozano, Rodrigo (Hrsg.), Fostering Sustainable Business Models through Financial Markets, Cham 2022, S. 1 – 34.

Köhler, Helmut/Feddersen, Jörn/Alexander, Christian/Odörfer, Bernd/Scherer, Inge, Beck'scher Kurzkommentar, Gesetz gegen den unlauteren Wettbewerb, 44. Aufl. München 2026.

Koller, Ingo/Kindler, Peter/Drüen, Klaus-Dieter/Huber, Stefan/Stelmaszczyk, Peter/Bach, Nina (Hrsg.), Handelsgesetzbuch Kommentar, 10. Aufl. München 2023.

Kosoy, Nicolas/Brown, Peter/Bosselmann, Klaus/Duraiappah, Anantha/Mackey, Brendan/Martinez-Alier, Joan/Rogers, Deborah/Thomson, Robert, Pillars for a flourishing Earth: planetary boundaries, economic growth delusion and green economy, Environmental Sustainability 4 (2012), S. 74 – 79.

Kromarek, Pascale, Die Umweltrechtskodifikation in Frankreich, EurUP 2006, S. 299 – 309.

Kropf, Christian, Aktuelle vertragsrechtliche und regulatorische Entwicklungen zu Grünen und Nachhaltigen Kreditfinanzierungen, WM 2022, S. 162 – 171.

Kumpan, Christoph/Misterek, Robin, Nachhaltigkeitsrisiken für Kreditinstitute, ZBB 2023, S. 1 – 22.

Kümpel, Siegfried/Mülbert, Peter/Früh, Andreas/Seyfried, Thorsten, Bankrecht und Kapitalmarktrecht, 6. Aufl. Köln 2022.

Lange, Markus, Sustainable Finance: Nachhaltigkeit durch Regulierung? (Teil 1), BKR 2020, S. 216 – 224.

Larousse, Durable, https://www.larousse.fr/dictionnaires/francais/durable/27025 (letzter Abruf: 26. März 2026).

Lau, Maximilian, ESG-Ratings: Bestandsaufnahme und Überblick über den neuen Regulierungsrahmen, WM 2025, S. 549 – 556.

Lenton, Timothy M./Held, Hermann/Kriegler, Elmar/Hall, Jim W./Lucht, Wolfgang/Rahmstorf, Stefan/Schellnhuber, Hans Joachim, Tipping elements in the Earth's climate system, PNAS 105 (2008), S. 1786 – 1793.

Lewis, Simon/Maslin, Mark, Defining the Anthropocene, Nature 519 (2015), S. 171 – 180.

Litten, Rüdiger, ESG – Wind of Change im Kapitalmarktrecht, BKR 2023, S. 569 – 584.

Lorenzen, Jacqueline, Nachhaltige Kernenergie – Eine rechtliche Einordnung der Kommissionsinitiative zu „grünen" Investitionen in Kernkraft, ESG 2022, S. 12 – 17.

Lünenbürger, Simone/Kottmann, Matthias/Reiter, Korbinian, Nuclear Power and the Taxonomy Regulation, Final report, 2021.

Luxembourg Finance Labelling Agency, Climate Finance, https://luxflag.org/labels/climate-finance/ (letzter Abruf: 8. März 2024).

Luxembourg Finance Labelling Agency, Environment, https://luxflag.org/labels/environment/ (letzter Abruf: 8. März 2024).

Luxembourg Finance Labelling Agency, ESG Label, https://luxflag.org/label/esg-label/ (letzter Abruf: 26. März 2026).

Luxembourg Finance Labelling Agency, Impact Label - Eligibility Criteria (2026), Impact Label - Climate and Nature, Eligibility Criteria, https://luxflag.org/wp-content/uploads/2026/03/impact_label-eligibility-criteria-032026.pdf (letzter Abruf: 26. März 2026).

Luxembourg Finance Labelling Agency, LuxFLAG Climate Finance Label, Eligibility Criteria, 2023, S. 3 ff., abrufbar unter: https://luxflag.org/labels/climate-finance/ (letzter Abruf. 8. März 2024).

Luxembourg Finance Labelling Agency, LuxFLAG ESG Label, Eligibility Criteria, 2023, abrufbar unter: https://luxflag.org/labels/esg/ (letzter Abruf: 8. März 2024).

Luxembourg Finance Labelling Agency, LuxFLAG ESG Label – Exclusion Policy, abrufbar unter: https://luxflag.org/labels/esg/ (letzter Abruf: 8. März 2024).

Luxembourg Finance Labelling Agency, Our Labels, https://luxflag.org/en/our-labels/ (letzter Abruf: 26. März 2026).

Luxembourg Finance Labelling Agency, Pressemitteilung vom 9. Oktober 2025, https://luxflag.org/wp-content/uploads/2025/10/luxflags-refreshed-identity-refined-label-structure_de_final.pdf (letzter Abruf: 26. März 2026).

Marsch, Nikolaus/Vilain, Yoan/Wendel, Mattias, Französisches und Deutsches Verfassungsrecht, Ein Rechtsvergleich, Berlin 2015.

Martinek, Michael/Semler, Franz-Jörg/Flohr, Eckhard (Hrsg.), Handbuch des Vertriebsrechts, 4. Aufl. München 2016.

Megaeva, Karina/Engelen, Peter-Jan/Liedekerke, Luc, A Comparative Study of European Sustainable Finance Labels, 2021, abrufbar unter: https://papers.ssrn.com/sol3/papers.cfm (letzter Abruf: 26. März 2026).

Meier, Dominik, Private Enforcement der Rechnungslegung durch das Lauterkeitsrecht, GRUR 2019, S. 581 – 589.

Messner, Dirk, Entwicklungspolitik als globale Strukturpolitik, in: Jäger, Thomas/Höse, Alexander/Oppermann, Kai (Hrsg.): Deutsche Außenpolitik, 2. Aufl. Wiesbaden 2011, S. 414 – 442.

Messner, Dirk/Scholz, Imme, Entwicklungspolitik als Beitrag zur globalen Zukunftssicherung, in: Faust, Jörg/Neubert, Susanne (Hrsg.), Wirksamere Entwicklungspolitik, Baden-Baden 2010, S. 71 – 100.

Meyer-Eller, Nils, Label für nachhaltige Investmentfonds, Tübingen 2025.

Migliorelli, Marco/Dessertine, Philippe, Preface, in: Migliorelli, Marco/Dessertine, Philippe (Hrsg.), The Rise of Green Finance in Europe, Cham 2019, S. v – viii.

Millward-Hopkins, Joel, Inequality can double the energy required to secure universal decent living, Nature Communications 13 (2022), Art. 5028.

Millward-Hopkins, Joel/Steinberger, Julia/Rao, Narasimha/Oswald Yannick, Providing decent living with minimum energy: A global scenario, Global Environmental Change 65 (2020), 102168.

Ministère de l'Agriculture et de l'Agro-Alimentaire et de la Souveraineté Alimentaire, HEV certification : Recognition of the environmental performance of farmers (2017), https://agriculture.gouv.fr/hev-certification (letzter Abruf: 26. März 2026).

Ministère de la Transition Écologique, de la Biodiversité et des Négociations Internationales sur les Climat et la Nature, GreenFin Label, Référentiel (2026), https://www.ecologie.gouv.fr/sites/default/files/documents/Referentiel_PCS_Greenfin_v2026.pdf (letzter Abruf: 26. März 2026).

Ministère de la Transition Écologique et de la Cohésion des Territoires/Ministère de la Transition Énergétique, GreenFin Label, Plan de contrôle et de surveillance cadre, https://www.ecologie.gouv.fr/sites/default/files/Label_TEEC_Plan_de_controle_.pdf (letzter Abruf: 26. März 2026).

Ministère de la Transition Écologique et de la Cohésion des Territoires/Ministère de la Transition Énergétique, GreenFin Label, Référentiel, 2024, https://www.ecologie.gouv.fr/sites/default/files/Label_TEEC_R%C3%A9f%C3%A9rentiel_janvier_2024.pdf (letzter Abruf: 26. März 2026).

Ministère de la Transition Écologique et Solidaire, Label Transition Ènergetiquè et Ecologique pour le Climat pour les investisseurs qui s`engagent, https://www.ecologie.gouv.fr/sites/default/files/publications/Le%20label%20transition%20%C3%A9nerg%C3%A9tique%20et%20%C3%A9cologique%20pour%20le%20climat%20pour%20les%20investisseurs%20qui%20s%27engagent.pdf letzter Abruf: 26. März 2026).

Ministère de la Transition Écologique, Label Greenfin France finance verte, Référentiel, 2021, https://www.ecologie.gouv.fr/sites/default/files/Label_TEEC_labellisation_r%C3%A9f%C3%A9rentiel_0.pdf (letzter Abruf: 26. März 2026).

Ministère de l'Economie, des Finances et de la Souveraineté Industrielle, Énergétique et Numérique, Label ISR, Plan de contrôle et de surveillance cadre (2026), https://www.tresor.economie.gouv.fr/Articles/4363d0da-e86d-47d3-bd03-022ec865822c/files/f6ded8f5-f1c8-4fcf-b6b7-2a4f34b710bb (letzter Abruf: 26. März 2026).

Ministère de l'Économie, des Finances et de la Relance, Les fonds immobiliers, désormais éligibles au Label ISR, 2021, https://www.lelabelisr.fr/les-fonds-immobiliers-desormais-eligibles-au-label-isr/ (letzter Abruf: 26. März 2026).

Ministère de l'Économie, des Finances et de la Souveraineté Industrielle et Numérique, Label ISR, Plan de contrôle et de surveillance, 2023, https://www.lelabelisr.fr/wp-content/uploads/Label-ISR-Plan-de-controle-et-de-surveillance.pdf (letzter Abruf: 26. März 2026).

Ministère de l'Économie, des Finances et de la Souveraineté Industrielle et Numérique, Référentiel du Label ISR, 2024, https://www.lelabelisr.fr/wp-content/uploads/Referentiel-Label-ISR-mars24.pdf (letzter Abruf: 26. März 2026).

Ministero delle imprese e del Made in Italy, Imprese Benefit, https://www.mimit.gov.it/it/benefit/societa-benefit (letzter Abruf: 26. März 2026).

Ministères Transition Écologique Aménagement du Territoire Transports Ville et Logement, Le label Greenfin (2019), https://www.ecologie.gouv.fr/politiques-publiques/label-greenfin (letzter Abruf: 26. März 2026).

Mittwoch, Anne-Christin, Nachhaltigkeit und Unternehmensrecht, Tübingen 2022.

Mittwoch, Anne-Christin/Wetenkamp, Leah/Bleier, Annika, Unternehmensrechtliche Nachhaltigkeit und ESG, NJW 2022, S. 3601 – 3605.

Möllers, Thomas, Europäische Methoden- und Gesetzgebungslehre im Kapitalmarktrecht – Vollharmonisierung, Generalklauseln und soft law im Rahmen des Lamfalussy-Verfahrens als Mittel zur Etablierung von Standards, ZEuP 2008, S. 480 – 505.

Möllers, Thomas, Green Deal: Greenwashing, Information Overload und der vergessene Good Corporate Citizen als Investor, ZHR 185 (2021), S. 881 – 919.

Momsen, Katharina/Ohndorf, Markus, When do people exploit moral wiggle room? An experimental analysis of information avoidance in a market setup, Ecological Economics 169 (2020), 106479.

Mosbacher, Andreas, Kapitalanlagebetrug durch „Greenwashing", NJW 2023, S. 14 – 18.

Möslein, Florian, Certifying 'Good' Companies, A Comparative Study of Regulatory Design, in: Sjåfjell, Beate/Bruner, Christopher (Hrsg.), The Cambridge Handbook of Corporate Law, Corporate Governance and Sustainability, Cambridge 2020, S. 669 – 681.

Möslein, Florian/Mittwoch, Anne-Christin, Der Europäische Aktionsplan zur Finanzierung nachhaltigen Wachstums, WM 2019, S. 481 – 489.

Möslein, Florian/Mittwoch, Anne-Christin, Soziales Unternehmertum im US-amerikanischen Gesellschaftsrecht: Benefit Corporation und Certified B Corporations, RabelsZ 80 (2016), S. 399 – 434.

Möslein, Florian/Sørensen, Karsten Engsig, Nudging for corporate long-termism and sustainability? Regulatory instruments from a comparative and functional perspective, Columbia Journal of European Law 24 (2018), S. 391 – 454.

Möslein, Florian/Sørensen, Karsten Engsig, The Commission's Action Plan for Financing Sustainable Growth and its Corporate Governance Implications, European Company Law 15 (2018), S. 221 – 231.

MSCI, ESG Ratings, https://www.msci.com/data-and-analytics/sustainability-solutions/esg-ratings (letzter Abruf: 26. März 2026).

Mülbert, Peter/Sajnovits, Alexander, Vertrauen und Finanzmarktrecht, ZfPW 2016, S. 1 – 51.

Nagel, Stefanie/Lorenz, Lennart/El-Qalqili, Joel, Nachhaltige Investitionen im System der Offenlegungs-VO und Taxonomie-VO, BKR 2022, S. 360 – 366.

Neveling, Stefanie, Produktinnovation durch Umweltzeichen, Baden-Baden 1999.

Newbold, Tim et al., Global effects of land use on local terrestrial biodiversity, Nature 520 (2015), S. 45 – 50.

Nieß, Valentina/Voßberg, Tobias, Ist „grün" drin, wo „grün" draufsteht? – Die neue Richtlinie zur Stärkung der Verbraucher im ökologischen Wandel, GRUR-Prax 2024, S. 225 – 227.

Nietsch, Michael (Hrsg.), Corporate Social Responsibility Compliance, München 2021.

Nietsch, Michael, Von der nichtfinanziellen Berichterstattung zur Nachhaltigkeitsberichterstattung – Eine Momentaufnahme zum Vorschlag der Corporate Sustainability Reporting Directive, ZIP 2022, S. 449 – 461.

Nordic Ecolabelling, About Nordic Swan Ecolabelled Investment funds and investment products, Version 2.3, 15 February 2022 – 31 January 2026, https://www.nordic-swan-ecolabel.org/4ad70d/contentassets/1831da8fd64f4a04a2b27f6d0f3677a4/background-document_101_investment-funds-and-investment-products-101_english.pdf (letzter Abruf: 8. März 2024).

Nordic Ecolabelling, Nordic Ecolabelling for Investment funds and investment products, Version 2.6, 15 February 2022 – 31 August 2027, https://www.nordic-swan-ecolabel.org/497da5/contentassets/1831da8fd64f4a04a2b27f6d0f3677a4/criteria-document_101_investment-funds-and-investment-products-101_english2.pdf (letzter Abruf: 26. März 2026).

Nordic Ecolabelling, The Nordic Swan Ecolabel, https://www.nordic-swan-ecolabel.org/official-nordic-ecolabel/ (letzter Abruf: 26. März 2026).

OECD, Investing in Climate, Investing in Growth, 2017, abrufbar unter: https://www.oecd.org/env/investing-in-climate-investing-in-growth-9789264273528-en.htm (letzter Abruf: 26. März 2026).

OECD, OECD Guidelines for Multinational Enterprises, 2011, https://www.oecd.org/en/publications/oecd-guidelines-for-multinational-enterprises_9789264115415-en.html (letzter Abruf: 26. März 2026).

OED, Sustainable, https://www.oed.com/dictionary/sustainable_adj (letzter Abruf: 26. März 2026).

Ohly, Ansgar/Sosnitza, Olaf (Hrsg.), Gesetz gegen den unlauteren Wettbewerb, Kommentar, 8. Aufl. München 2023.

Ohly, Ansgar, Vom abstrakten zum konkreten Verbraucherschutz im Rahmen des Rechtsbruchtatbestands, in: Festschrift für Helmut Köhler zum 70. Geburtstag (2014), S. 507 – 517.

Petschel-Held, Gerhard/Schellnhuber, Hans-Joachim/Bruckner, Thomas/Tóth, Ferenc L./Hasselmann, Klaus, The Tolerable Windows Approach: Theoretical and Methodological Foundations, Climate Change 41 (1999), S. 303 – 331.

Platform on Sustainable Finance, Final Report on Minimum Safeguards, 2022, https://finance.ec.europa.eu/system/files/2022-10/221011-sustainable-finance-platform-finance-report-minimum-safeguards_en.pdf (letzter Abruf: 26. März 2026).

Platform on Sustainable Finance, Final Report on Social Taxonomy, 2022, https://finance.ec.europa.eu/system/files/2022-08/220228-sustainable-finance-platform-finance-report-social-taxonomy_en.pdf (letzter Abruf: 26. März 2026).

Platform on Sustainable Finance, Platform Response to the Call for feedback on draft ESRS delegated act, 2023, https://finance.ec.europa.eu/system/files/2023-07/230707-sustainable-finance-platform-response-esrs-delegated-act_en_0.pdf (letzter Abruf: 26. März 2026).

Platform on Sustainable Finance, Response to the Complementary Delegated Act, 2022, https://finance.ec.europa.eu/system/files/2022-01/220121-sustainable-finance-platform-response-taxonomy-complementary-delegated-act_en.pdf (letzter Abruf: 26. März 2026).

Platform on Sustainable Finance, The Extended Environmental Taxonomy: Final Report on Taxonomy, extension options supporting a sustainable transition, 2022, https://finance.ec.europa.eu/system/files/2022-03/220329-sustainable-finance-platform-finance-report-environmental-transition-taxonomy_en.pdf (letzter Abruf: 26. März 2026).

Poelzig, Dörte, Kapitalmarktrecht, 3. Aufl. München 2023.

Poindron, Olivier/Moreau, Mélanie, Finance durable au service de l'immobilier : modes de financement et réglementation, Actualité Juridique Droit Immobilier (AJDI) 2023, S. 85 – 91.

PRI, 2022-23 Annual Report, https://dwtyzx6upklss.cloudfront.net/Uploads/z/s/n/pri_ar2023_smaller_file_8875.pdf (letzter Abruf: 26. März 2026).

PricewaterhouseCoopers (PwC), PwC's Global investor survey, The economic realities of ESG, 2021, https://www.pwc.de/de/nachhaltigkeit/pwc-global-investor-survey-2021.pdf (letzter Abruf: 26. März 2026).

Quick, Reiner, Nachhaltigkeitsberichte werden prüfungspflichtig, GmbHR 2023, S. 722 – 730.

Rahmstorf, Stefan/Schellnhuber, Hans Joachim, Der Klimawandel, 9. Aufl. München 2019.

Rammelt, Crelis F. et al., Impacts of meeting minimum access on critical earth system amidst the Great Inequality, Nature Sustainability 6 (2023), S. 212 – 221.

Raworth, Kate, A Safe and Just Space for Humanity: Can we live within the doughnut?, Oxfam Discussion Paper, 2012, abrufbar unter: https://www.oxfam.org/en/research/safe-and-just-space-humanity (letzter Abruf: 26. März 2026).

Raworth, Kate, Doughnut Economics, Vermont 2017.

Renner, Moritz, Die geplante „European Green Bond"-Verordnung und ihre (international-)privatrechtliche Durchsetzung, ZBB 35 (2023), S. 23 – 34.

Renner, Moritz, Menschenrechts- und umweltbezogene Unternehmensverantwortung zwischen Kapitalmarkt und Lieferkette, ZEuP 2022, S. 782 – 819.

Renner, Moritz/Kindt, Torsten/Strunk, Charlotte, Nachhaltigkeitsbezogene Berichterstattungspflichten für Drittstaatenunternehmen, NZG 2026, S. 200 – 207.

Reudelhuber, Eva/Baldwin, Teresa, Nachhaltige Finanzierungen – schon ein Standard oder noch ein Trend?, ESG 2022, S. 69 – 75.

Richardson, Katherine et al., Earth beyond six of nine planetary boundaries, Science Advances 9 (2023), https://www.science.org/doi/10.1126/sciadv.adh2458 (letzter Abruf: 26. März 2026).

Rockström, Johan et al., A safe operating space for humanity, Nature 461 (2009), S. 472 – 475.

Rockström, Johan et al., Planetary Boundaries: Exploring the Safe Operating Space for Humanity, Ecology and Society 14 (2009), Art. 32.

Rockström, Johan et al., Safe and just Earth system boundaries, Nature 619 (2023), S. 102 – 111.

Rodin, Judith/Brandenburg, Margot, The Power of Impact Investing, Philadelphia 2014.

Roth-Mingram, Berrit, Corporate Social Responsibility (CSR) durch eine Ausweitung der nichtfinanziellen Informationen von Unternehmen, NZG 2015, S. 1341 – 1346.

Rüdinger, Andreas, The French Energy Transition Law for Green Growth: At the limits of governance of objectives, IDDRI 7 (2015), https://www.iddri.org/sites/default/files/import/publications/ib0715_ar_fetl.pdf (letzter Abruf: 26. März 2026).

Ruland, Yorick/Bürger, Christian/Weber, Lars/Kroth, Lea, Environment, Social, Governance – ESG-bezogene Haftungsrisiken, Newsdienst Compliance 2022, 220027.

Ruth, Matthias, Innovation, technology and economic growth, in: A. Victor, Peter/Dolter, Brett (Hrsg.), Handbook on Growth and Sustainability, Cheltenham 2017, S. 213 – 231.

Säcker, Fran Jürgen/Rixecker, Roland/Oetker, Hartmut/Limperg, Bettina (Hrsg.), Münchener Kommentar zum Bürgerlichen Gesetzbuch, Band 7, 9. Aufl. München 2024.

Säcker, Fran Jürgen/Rixecker, Roland/Oetker, Hartmut/Limperg, Bettina (Hrsg.), Münchener Kommentar zum Bürgerlichen Gesetzbuch, Band 13, 9. Aufl. München 2025.

Sandbaek, Benedikte, Herausforderungen für Kreditinstitute im Zusammenhang mit der Offenlegung nach Artikel 8 der EU-Taxonomie, WPg 2024, S. 157 – 166.

Saunders, Fred, Planetary boundaries: at the threshold… again: sustainable development ideas and politics, Environment, Development and Sustainability 17 (2015), S. 823 – 835.

Scherer, Peter, Ein europäisches Umweltzeichen steht ins Haus, RIW 1990, S. 908 – 911.

Schiereck, Dirk/Friede, Gunnar/Bassen, Alexander, Financial Performance of Green Securities, in: Migliorelli, Marco/Dessertine, Philippe (Hrsg.), The Rise of Green Finance in Europe (2019), S. 95 – 117.

Schnell, Tobias, Ökolabel zwischen Greenwashing und Entscheidungshilfe, Wiesbaden 2020.

Schön, Wolfgang, „Nachhaltigkeit" in der Unternehmensberichterstattung, ZfPW 2022, S. 207 – 256.

Schriever, Karolin/Grabau, Maik, Green and more: Komplexe Regulierung – Hemmnis für mehr Nachhaltigkeit?, WPg 2024, S. 321 – 323.

Schüßler, Thomas/Ventura, Livia, Hybride Rechtsformen für das soziale Unternehmertum, RIW 2020, S. 405 – 411.

Seibt, Christoph/Buck-Heeb, Petra/Harnos, Rafael (Hrsg.), BeckOK Wertpapierhandelsrecht, 19. Edition, Stand: 1. April 2026, München 2026.

Sjåfjell, Beate/Bruner, Christopher, Corporations and Sustainability, in: Sjåfjell, Beate/Bruner, Christopher (Hrsg.), The Cambridge Handbook of Corporate Law, Corporate Governance and Sustainability, Cambridge 2020, S. 3 – 12.

Sørensen, Karsten Engsig/Neville, Mette, Social Enterprises: How Should Company Law Balance Flexibility and Credibility?, EBOR 15 (2014), S. 267 – 308.

Stagl, Sigrid, Die Taxonomie-VO und Kernenergie unter Berücksichtigung der DNSH-Kriterien: eine Literaturstudie, 2020.

Statista, Vermögensverwaltung – Deutschland, https://de.statista.com/outlook/fmo/vermoegensverwaltung/deutschland (letzter Abruf: 26. März 2026).

Stawinoga, Martin, Das Sektorprogramm der Global Reporting Initiative, IRZ 2022, S. 387 – 393.

Steffen, Will et al., Planetary Boundaries: Guiding human development on a changing planet, Science 347 (2015), 1259855.

Steffen, Will/Jäger, Jill/Carson, David J./Bradshaw, Clare (Hrsg.), Challenges of a Changing Earth, Proceedings of the Global Change Open Science Conference, Amsterdam, The Netherlands, 10-13 July 2001, Berlin 2002.

Steuer, Sebastian, Der Vorschlag der Kommission für eine Green Claims-Richtlinie, EuZW 2023, S. 589 – 596.

Steuer, Sebastian, „Klimaneutrale" Produkte im Lauterkeitsrecht, GRUR 2022, S. 1408 – 1417.

Steuer, Sebastian, Rechtsdurchsetzung im „grünen" Kapitalmarkt, BKR 2022, S. 296 – 304.

Steuer, Sebastian/Tröger, Tobias, The Role of Disclosure in Green Finance, Journal of Financial Regulation 8 (2022), S. 1 – 50.

Stöbener de Mora, Patricia Sarah/Noll, Paul, Das Omnibus-I-Paket zur Vereinfachung der Nachhaltigkeitsberichterstattung und Sorgfaltspflichten, EuZW 2025, S. 501 – 506.

Stockholm Resilience Centre, Global sustainability, national responsibility, 2017, https://www.stockholmresilience.org/research/research-news/2017-01-09-global-sustainability-national-responsibility.html (letzter Abruf: 26. März 2026).

Stockholm Resilience Centre, Planetary boundaries, https://www.stockholmresilience.org/research/planetary-boundaries.html (letzter Abruf: 26. März 2026).

Stumpp, Maximilian, Die EU-Taxonomie für nachhaltige Finanzprodukte – Eine belastbare Grundlage für Sustainable Finance in Europa?, ZBB 2019, S. 71 – 80.

Sustainalytics, ESG Risk Ratings, https://www.sustainalytics.com/esg-data (letzter Abruf: 26. März 2026).

Sustmann, Marco/Retsch, Alexander/Gerding, Martin, Kapitalmarktrechtliche Pflichten und Haftungsrisiken im Zusammenhang mit der ESG-Berichterstattung, AG 2022, S. 602 – 611.

Terhechte, Jörg Philipp (Hrsg.), Verwaltungsrecht der Europäischen Union, 2. Aufl. Baden-Baden 2022.

Tönningsen, Gerrit, Der Vorschlag der Europäischen Kommission für eine Verordnung über die Transparenz und Integrität von ESG-Rating-Tätigkeiten: Ein erster Überblick, DB 2023, S. 2485 – 2489.

Trinks, Pieter Jan/Scholtens, Bert, The Opportunity Cost of Negative Screening in Socially Responsible Investing, Journal of Business Ethics 140 (2017), S. 193 – 208.

Ulmer-Eilfort, Constanze, Soziale Nachhaltigkeit – Risiken, Auswirkungen, Chancen, ESG 2022, S. 76 – 84.

Umweltbundesamt, Das Europäische Umweltzeichen, Wege zum produktbezogenen Umweltschutz in Europa, 1996.

United Nations, Agenda 2021, 1992, https://sustainabledevelopment.un.org/content/documents/Agenda21.pdf (letzter Abruf: 26. März 2026).

United Nations, Guiding Principles on Business and Human Rights, 2011, https://www.ohchr.org/sites/default/files/Documents/Publications/GuidingPrinciplesBusinessHR_EN.pdf (letzter Abruf: 26. März 2026).

United Nations, International Bill of Human Rights, https://www.ohchr.org/en/what-are-human-rights/international-bill-human-rights (letzter Abruf: 26. März 2026).

United Nation, Our Work, https://www.un.org/en/our-work (letzter Abruf: 26. März 2026).

United Nations, Paris Agreement, 2015, https://unfccc.int/files/meetings/paris_nov_2015/application/pdf/paris_agreement_english_.pdf (letzter Abruf: 26. März 2026).

United Nations, Rio Declaration on Environment and Development, 1992, A/CONF.151/26, http://www.un-documents.net/rio-dec.htm (letzter Abruf: 26. März 2026).

United Nations, Support Sustainable Development and Climate Action, https://www.un.org/en/our-work/support-sustainable-development-and-climate-action (letzter Abruf: 26. März 2026).

United Nations, The Corporate Responsibility to Respect Human Rights: An Interpretive Guide (2012), https://www.securityhumanrightshub.org/sites/default/files/2020-04/hr.pub_.12.2_en.pdf (letzter Abruf: 26. März 2026).

United Nations, The Millennium Development Goals Report 2015, https://www.un.org/millenniumgoals/2015_MDG_Report/pdf/MDG%202015%20rev%20(July%201).pdf (letzter Abruf: 26. März 2026).

United Nations, Transforming Our World: The 2030 Agenda for Sustainable Development, A/RES/70/1.

United Nations, United Nations Conference on Sustainable Development, 20-22 June, 2012, Rio de Janeiro, https://www.un.org/en/conferences/environment/rio2012 (letzter Abruf: 26. März 2026).

United Nations, United Nations Millennium Declaration, 2000, A/RES/55/2.

United Nations, Unlocking SDG Financing: Good Practices from Early Adopters (2018), https://unsdg.un.org/sites/default/files/Unlocking-SDG-Financing-Good-Practices-Early-Adopters.pdf (letzter Abruf: 26. März 2026).

United Nations Development Programme, Data Downloads, https://hdr.undp.org/data-center/documentation-and-downloads (letzter Abruf: 26. März 2026).

United Nations Development Programme, Human Development Report 2003, https://hdr.undp.org/system/files/documents/human-development-report-2003-english.human-development-report-2003-english (letzter Abruf: 26. März 2026).

United Nations Environment Programme, Facts about the nature crisis, https://www.unep.org/facts-about-nature-crisis (letzter Abruf: 26. März 2026).

United Nations Sustainable Development Group, UN Sustainable Development Group, https://unsdg.un.org/ (letzter Abruf: 26. März 2026).

Veil, Rüdiger (Hrsg.), Europäisches und deutsches Kapitalmarktrecht, 3. Aufl. Tübingen 2022.

Veil, Rüdiger/Deckert, Katrin/Kämmerer, Jörn Axel/Voigt, Christian, Nachhaltige Kapitalanlagen durch Finanzmarktregulierung, Tübingen 2019.

Voit, Ann-Katrin, Nachhaltige Geldanlagen und ihre Bewertung durch Siegel, in: Seidel, Marcel/Reuse, Svend (Hrsg.), Banking & Innovation 2022/2023, Wiesbaden 2023, S. 27 – 39.

Vorndran, Alexander, Nachhaltigkeitsbezogene Finanzierungsinstrumente als Baustein in der Unternehmensfinanzierung, BKR 2022, S. 777 – 783.

Weitnauer, Wolfgang/Boxberger, Lutz/Anders, Dietmar (Hrsg.), Kapitalanlagegesetzbuch, 3. Aufl. München 2021.

Weller, Marc-Philippe/Hoppmann, Vincent, Environmental Social Governance (ESG). Neue Kompetenzen der Hauptversammlung?, AG 2022, S. 640 – 647.

Wellerdt, Alexander, Der Legislativvorschlag für eine Verordnung zu Europäischen Green Bonds, DÖV 2021, S. 1109 – 1117.

Wiedemann, Arnd/Bröhl, Yanik/Mies, Michael, Implikationen der European Sustainability Reporting Standards für das Risikomanagement von Banken, WPg 2024, S. 270 – 276.

Wiener, Scott, Mitteilung vom 30. Januar 2023, California Senators Announce Climate Accountability Package To Raise The Bar For Corporate Climate Action, https://sd11.senate.ca.gov/news/california-senators-announce-climate-accountability-package-raise-bar-corporate-climate-action (letzter Abruf: 26. März 2026).

Wiesemann, Hans Peter, IT-rechtliche Rahmenbedingungen für „intelligente" Stromzähler und Netze – Smart Meter und Smart Grids, MMR 2011, S. 355 – 359.

Windorfer, Matthias, Kapitalmarktinformationen aus der Perspektive des Lauterkeitsrechts, Baden-Baden 2014.

Wirtschaftsprüferkammer, Corporate Sustainability Reporting Directive (CSRD), https://www.wpk.de/nachhaltigkeit/kompass/regulatorische-anforderungen/csrd/ (letzter Abruf: 26. März 2026).

World Commission on Environment and Development, Our Common Future, New York 1987.

World Economic Forum, Global Risks Report 2026, https://reports.weforum.org/docs/WEF_Global_Risks_Report_2026.pdf (letzter Abruf: 26. März 2026).

World Nuclear Association, Nuclear Power in France, 2023, https://www.world-nuclear.org/information-library/country-profiles/countries-a-f/france.aspx (letzter Abruf: 26. März 2026).

Wüstemann, Jens/Büchner, Franziska, Das Lieferkettensorgfaltspflichtengesetz: Pflichten und Verantwortung von Unternehmen – Eine kritische Würdigung, BB 2024, S. 579 – 585.

WWF, Earth Overshoot Day, https://www.wwf.de/earth-overshoot-day/ (letzter Abruf: 26. März 2026).

Yonzan, Nishant/Lakner, Christoph/Gerszon Mahler, Daniel/Castaneda Aguilar, Andres/Wu, Haoyu, The impact of COVID-19 on global poverty under worsening growth and inequality (2020), https://blogs.worldbank.org/opendata/impact-covid-19-global-poverty-under-worsening-growth-and-inequality (letzter Abruf: 26. März 2026).

ZeitOnline, Luxemburg will gegen EU-Einstufung von Kernenergie klagen, 2022, https://www.zeit.de/politik/ausland/2022-01/eu-taxonomie-luxemburg-klage-atomkraft-gas-gruene-investition (letzter Abruf: 26. März 2026).

Zwirner, Christian/Boecker, Corinna, Die EU-Standards zur Nachhaltigkeitsberichterstattung (ESRS) liegen vor, BC 2023, S. 405.

Zwirner, Christian/Boecker, Corinna, Omnibus-Verfahren der EU, BC 2025, S. 157 – 163.

Kolibri 360 GmbH
Ferdinand-Jühlke-Straße 7
99095 Erfurt, Deutschland
produktsicherheit@kolibri360.de